可持续生计与区域发展

赵雪雁 王伟军 著

商务印书馆

图书在版编目（CIP）数据

可持续生计与区域发展/赵雪雁，王伟军著. —北京：商务印书馆，2024
ISBN 978-7-100-23918-9

Ⅰ.①可… Ⅱ.①赵… ②王… Ⅲ.①农民—生活状况—可持续性发展—研究—中国②区域经济发展—研究—中国 Ⅳ.①D422.7②F127

中国国家版本馆 CIP 数据核字（2024）第 087087 号

权利保留，侵权必究。

可持续生计与区域发展

赵雪雁　王伟军　著

商　务　印　书　馆　出　版
（北京王府井大街 36 号邮政编码 100710）
商　务　印　书　馆　发　行
北京市白帆印务有限公司印刷
ISBN 978-7-100-23918-9

2024 年 8 月第 1 版　　开本 787×1092　1/16
2024 年 8 月北京第 1 次印刷　印张 23 3/4
定价：108.00 元

前　言

地球已进入人类世的新纪元，人类活动在不同尺度上影响着环境变化过程，使人类不仅面临着气候变化、生物多样性损失、环境污染、水土流失、荒漠化、资源枯竭等全球或地区尺度的资源环境问题，更面临着经济全球化、大规模人口迁移、快速城镇化等问题，人地关系变得异常复杂难解，当前亟需寻求全新的视角阐释复杂的人地关系。生计作为人类最主要的行为方式，已成为驱动人地系统演化的主导因素，影响着人地关系的发展与走向。因而，可持续生计方法一经提出，就得到以"人地关系"为核心议题的地理学的广泛关注，并将其作为理解贫困、自然资源利用、环境保护及可持续发展的一个新视角和新工具来探索复杂的人地关系。

可持续生计作为一种国际发展思想的范式转变，起源于 20 世纪 80—90 年代森（Sen）及钱伯斯（Chambers）等人关于贫困问题的研究。基于农村贫困人口的研究，可持续生计方法以"资产—可得性—活动"为主线，将人放在发展的中心，把参与式、自下而上方法与宏观管理、政策及制度的影响识别等结合起来，形成了一种思维方式、一套原则及一个分析框架。目前，不仅被广泛用于南美洲、非洲、中东欧以及亚洲等地的扶贫开发和生计建设项目实践中，也被用于贫困与乡村转型、土地利用/覆被变化、气候变化适应、自然保护地高质量发展，以及对突发事件、冲突与灾难的响应等研究中。目前实证研究较多，理论层面未取得突破性进展。

地理学作为一个由动态观察世界的方法、综合的领域、空间表述等概念和方法组成的三维学科矩阵，其多样化的研究范式为可持续生计研究提供了更加多维的研究视角和更广阔的研究平台；但目前在可持续生计研究中地理学尚未完全彰显其综合性、区域性、交叉性等优势，尤其未能在地理学框架内开展生计的时空格局—演变轨迹—驱动机制—综合效应、生计对人地系统演变的驱动过程与驱动机制等问题的深化研究。

鉴于此，本书结合国家重大战略需求和学科发展前沿，基于地理学视角，在系统剖析关键生计要素时空特征的基础上，以生态环境保护、气候变化适应、多重压力响应、精准扶贫干预为切入点，深入探索生计对人地系统演化的影响。

本书的主要内容与写作分工如下：

第一章为导论，由赵雪雁、王伟军完成。主要追溯了可持续生计研究的缘起，阐释了可持续生计的内涵及组成，梳理了主要的可持续生计分析框架，并基于地理学视角审视了可持续生计研究的现状、问题及未来研究的重点领域。

第二章为关键生计要素检视，由赵雪雁、江进德、马艳艳、陈欢欢、王伟军完成。基于典型案例区的调查数据，从生计资本核算、生计策略选择、生计风险识别及生计恢复力评价入手，系统剖析了关键生计要素的时空特征及其影响因素。

第三章为生计方式与生态环境保护，由赵雪雁、王晓琪、王蓉、郭芳、王伟军完成。以感知—行为—效应为逻辑主线，以农户的生态环境感知、环境资源依赖性、生活能源消费模式及生活碳排放为切入点，多维度探索了生计方式对生态环境的影响过程与影响机制。

第四章为气候变化与生计适应，由赵雪雁、王伟军、张钦、王亚茹、雒丽完成。在模拟气候变化趋势、评估气候变化对农户生计影响的基础上，剖析了农户应对气候变化的生计适应意向及生计适应策略选择，厘清了农户应对气候变化的生计适应障碍与需求。

第五章为多重压力与生计响应，由赵雪雁、高志玉、母方方、苏慧珍、介永庆、王伟军完成。在识别农户所遭受生计压力来源及特征的基础上，剖析了多重压力对生计资产可得性、生计脆弱性及生活满意度的影响，探讨了农户应对多重压力的生计响应策略。

第六章为精准扶贫与可持续生计，由王伟军、赵雪雁、任娟、王鹤霖、介永庆完成。以易地搬迁为切入点，剖析了精准扶贫干预对生计空间的影响；刻画了贫困山区农户生计转型轨迹，探讨了精准扶贫对农户生计转型的驱动作用，进而评估了精准扶贫对生计可持续性的作用效果。

全书由赵雪雁、王伟军统稿，图件由孙彦、徐省超、王鹤霖、任娟、马平易、杜昱璇、李文青编绘。

本书的出版得到了国家自然科学基金"国家公园居民生计发展与生态保护的适配机理及实现机制研究（No.42371313）""多重风险冲击下脱贫山区农户的生计响应机制及调控策略（No.42301354）""多维脱贫干预对贫困山区农户可持续生计的作用机制研

究（No.41971268）""重点生态功能区农户的生计脆弱性研究：以甘南黄河重要水源补给区为例（No.41661115）"等项目的资助。调研过程中，得到了甘肃省陇南市、甘南藏族自治州相关部门的大力支持；西北师范大学地理与环境科学学院提供了优良的科研环境和硬件支持；商务印书馆李娟主任、编辑陈思宏在出版过程中付出了艰辛的劳动，在此致以诚挚的感谢！

可持续生计为理解复杂的人地关系提供了一种新视角，本书仅以生态保护、气候变化、多重压力、精准扶贫等为切入点，希望借助可持续生计透镜来探索人地系统的奥秘。然而，本书对于复杂的人地系统而言，无异于管中窥豹。由于作者水平有限，本书内容中必然有许多值得商榷之处。错误和不足之处，敬请学界前辈和同人批评指正！本书引用了大量学界前辈和同人的研究成果，在此向各位前辈与同人表示衷心的感谢。如有疏漏，恳请谅解！

经历沧海桑田以及冰期、间冰期的洗礼，地球的演化仍在继续；走过渔猎文明、农业文明与工业文明，人类的发展仍将持续。在这漫长的人地耦合过程中，人类由"自然界中的人""与自然对抗的人"走向"与自然和谐的人"。在可预见的未来，地球仍将演化、人类仍将发展，作为人与地连接的桥梁，生计的故事仍将继续，解锁人地关系密码的生计研究也将继续行走在路上……

作　者

2022 年初秋于金城

目 录

第一章 导论 1
    第一节 可持续生计研究缘起 1
    第二节 可持续生计分析框架 15
    第三节 可持续生计研究进展 42

第二章 关键生计要素检视 71
    第一节 生计资本核算 71
    第二节 生计策略选择 83
    第三节 生计风险识别 98
    第四节 生计恢复力评价 115

第三章 生计方式与生态环境保护 132
    第一节 生计方式与生态环境感知 132
    第二节 生计方式与环境资源依赖性 155
    第三节 生计方式与生活能源消费模式 165
    第四节 生计方式与生活碳排放 174

第四章 气候变化与生计适应 191
    第一节 气候变化对农户生计的影响 191
    第二节 农户应对气候变化的生计适应意向 206
    第三节 农户应对气候变化的生计适应策略 216
    第四节 农户应对气候变化的生计适应障碍与需求 234

第五章　多重压力与生计响应 ······ 257
第一节　多重压力对资产可得性的影响 ······ 257
第二节　多重压力对生计脆弱性的影响 ······ 271
第三节　多重压力对生活满意度的影响 ······ 284
第四节　农户对多重压力的生计响应 ······ 295

第六章　精准扶贫与可持续生计 ······ 310
第一节　易地扶贫搬迁对生计空间的影响 ······ 310
第二节　精准扶贫对生计策略的影响 ······ 323
第三节　精准扶贫对生计恢复力的影响 ······ 344
第四节　脱贫农户的生计可持续性 ······ 356

第一章 导论

生计作为人类最主要的行为方式，驱动着人地系统的演化，影响着人地关系的发展与走向（赵雪雁，2013）。源自贫困研究的可持续生计方法，致力于探索各种生计要素之间复杂的多重反馈关系、寻求贫困的根本原因并提供多种解决方案，为系统理解与解决农村贫困、自然资源利用、环境保护等人地关系问题提供了一个新视角和新工具。在众多国际机构和学者的倡议与推广下，可持续生计思想和实践经验不断发展并日臻成熟，成为当前主流的国际发展方法（Morse *et al.*，2009），不仅被广泛用于南美洲、非洲、中东欧以及亚洲等地的扶贫开发和生计建设项目实践中，也被用于乡村可持续发展、气候变化适应性以及生物多样性保护等研究中。

第一节 可持续生计研究缘起

可持续生计作为一种国际发展思想的范式转变（Solesbury，2003），起源于20世纪80—90年代森及钱伯斯等人关于贫困问题的研究（Sen，1999；Chambers，1995）。基于农村贫困人口的研究，可持续生计方法以"资产—可得性—活动"为主线，将人放在发展的中心，把参与式、自下而上方法与宏观管理、政策及制度的影响识别等结合起来，形成了一种思维方式、一套原则及一个分析框架（Farrington，2001），为理解与解决复杂的农村发展问题提供了重要工具，跨学科生计观点已深刻地影响着农村发展思想与实践，成为农村发展思想与实践的核心范式（Scoones，2009）。

一、可持续生计的定义

（一）生计的相关概念

1. 生计

生计观点关注不同地方的不同人如何生活。通常，人们的生活总处于一种不断变化的状态，他们在不同的时间、出于不同的原因从事不同的生计活动（Parrott et al., 2006）。《牛津词典》将生计定义为"确保生活必需品的一种手段"，其起源于古英语词汇 līflād（即"生活方式"），由 līfl（意为"生活"）和 lād（意为"航向"）组成。"生计"（livelihood）一词中的"hood"部分是后来形成的，用来表示"条件或质量"，也来源于古英语单词 hād（意为"人、条件、质量"）（Morse et al., 2009）。"生计"一词非常灵活，可与各种词语相结合来建构发展需求与实践领域。例如区域（农村或城市生计）、职业（农业、牧业或渔业生计）、社会阶层（依照性别、年龄限定的生计）、方向（生计途径、轨迹）、动态模式（可持续或有弹性的生计）等（Scoones, 2009）。

不同学者提出了不同的生计定义。钱伯斯和康韦（Chambers and Conway, 1992）提出"生计包括谋生所需的能力、资产（储备物、资源、索偿权和享有权）和活动"；钱伯斯（Chambers, 1995）提出生计是"谋生的一种手段"或"未来谋生所使用资源的组合以及所采取的活动"；卡尼（Carney, 1998）提出了一个更简单的概念，将其定义为"维持生计所需的能力、资产（包括物质和社会资源）和活动"；尼霍夫和普赖斯（Niehof and Price, 2001）将生计定义为"一个人赖以生存的物质手段"；爱尔兰（Ireland et al., 2004）将其定义为"人们将自己的能力、技能和知识与所拥有的资产结合起来，创造能够使他们谋生的活动方式"；帕罗特等（Parrott et al., 2006）强调生计涉及人、人们拥有的资源以及人们利用资源的方式；霍格等（Hogger et al., 2004）则从生活方式和各种维持方式的角度，提出生计包括物质和非物质元素。

生计是复杂的，并基于广泛的活动，尤其发展中国家的大多数家庭以复杂的策略为生计基础，来最大限度地利用他们可获得的资源。受社会、经济、政治、法律、环境和体制等外部因素的影响，生计具有动态性（Eills, 1998）。这些外部因素本身并不是静态的，而是动态变化的，可能是长期趋势（例如气候变化、荒漠化等），也可能是突然的冲击（例如自然灾害、流行病等），它们直接影响着家庭生计的基本结构和运行，驱动着生计变化。在很大程度上，家庭无法控制这些外部因素。为了应对外部因素的影响，大多数家庭尤其发展中国家的农村家庭，在有限的选择范围内配置不同的资产，以达到最佳效果（Rennie and Singh，1996）。通常，拥有较多资本的人们往往具有更多的选择权及较强的处理胁迫和冲击、发现和利用机会的能力，以确保其生计安全并可持续地使用自然资源；而那些资本贫乏的人们往往缺乏开发替代资源的能力，从而使其在自然灾害面前显得脆弱无助，缺乏应对环境变化的缓冲能力，只能依赖免费的公共资源（Eills，2000）。

2. 可持续生计

在有关农村发展、减贫和环境管理的研究和实践中，可持续生计概念正日益成为焦点。"可持续生计"概念最早见于20世纪末世界环境与发展委员会报告。1992年联合国环境与发展大会将此概念引入行动议程，主张将稳定的生计作为消除贫困的主要目标。1995年哥本哈根社会发展世界峰会和北京第四届世界妇女大会进一步强调了可持续生计对于减贫政策和发展计划的重要意义。1997年英国国际发展部（DFID）在其白皮书中提出"要将国际发展努力的重点重新放在消除贫困和鼓励有利于贫困人口的经济增长上，将通过支持为贫困人口创造可持续生计、促进人类发展和保护环境的国际可持续发展目标和政策来做到这一点"。

钱伯斯和康韦（Chambers and Conway，1992）提出："当一种生计能够应对压力和冲击并从中恢复过来，维持或提高其能力和资产，并为下一代提供可持续的生计机会；在长期和短期内，在当地和全球范围内，为其他人的生计带来净收益时，它就是可持续的。"卡尼（Carney，1998）提出了一个更简单的可持续生计愿景，即"当一种生计能够应对压力和冲击并从中恢复，在现在和将来保持或增强其能力和资产，同时不破坏自然资源基础时，它就是可持续的"。这与钱伯斯和康韦（Chambers and Conway，1992）的定义相呼应。对于农村发展干预而言，可持续生计是一种追求目标，对农民来说只是一种生计结果（李斌等，2004）。

国际农业发展基金（International Fund for Agricultural Development，IFAD）提出可持续生计的原则包括：①以人为中心。可持续生计优先关注的是人而不是他们使用的资源，只有支持和理解不同群体的不同需要，并且协同当地人按照适合当前社会环境、适应能力的生计策略共同行动，可持续减贫才能取得成功。②整体观。可持续生计强调要从整体上理解利益相关者的生计及其各个方面，确定人们所面临的最紧迫制约因素和最有希望的发展机会，而不论这些制约因素存在于哪个部门、哪个区域。③动态性。人们的生计和塑造生计的环境都具有高度动态性，可持续生计强调要及时认识到发生的变化，并从变化中学习，来帮助减轻负面影响、支持积极影响。外部帮助也必须基于生计的动态属性，应随人们境况的改变而变化。④基于自身优势。可持续生计建立在人们感知到的优势和机会上,强调要充分认识每个人的内在潜力,而不是仅关注他们的问题和需求,要消除限制因素、挖掘自身潜力,提升人们的自我发展能力。⑤宏观—微观联系。微观层面上的活动能为宏观层面的发展政策提供信息,而宏观层面的政策制度影响着微观层面社区和人们的生计选择,并支持人们增进他们的发展能力,因此,可持续生计强调要将宏观与微观层面联系起来,根据地方层面的见解和贫困人口的优先事项来制定政策,并鼓励广泛的伙伴关系,包括公共和私营部门。⑥可持续性。如果减贫要持久,可持续性是重要的,可持续生计强调不仅关注环境、社会、经济的可持续,更要关注制度的可持续性(Morse et al., 2009)。

3. 生计系统

生计系统作为生计研究的核心概念,是一个包含环境、经济、社会和制度等因素的复杂系统,同时也是一个涉及自然科学和社会科学交叉领域的多元互动开放系统(何仁伟等,2013;Tebboth et al., 2019)。关于生计系统的概念与内涵,不同学者持有不同的观点。如弗兰肯伯格等(Frankenberger et al., 2002)根据家庭所从事的谋生活动来定义生计系统;卡恩(Cahn, 2006)从生计策略、为生计策略提供机会的资本和资源等方面描述生计系统;巴斯蒂达斯(Bastidas, 2001)认为,生计系统包括影响家庭的农业、社会文化和社会组织的组成部分,村民为维持日常生活而采取的各种生计策略,为生计策略提供必要投入的各种资本、决策环境及其参与生计策略的愿望,影响生计选择的结构、过程、政策和制度,以及他们每天面临的脆弱性环境;美国非政府组织CARE(Cooperative for Assistance and Relief Everywhere)将农户的生计系统概述为由三个要素组成,即农户的经济活动、农户拥有的能力以及有形资产和无形资产可及性(伍艳,2016);霍格等(Hogger et al., 2004)认为生计系统是一个多维的整体,它包括决定家庭整体生活的所有力量和约束,并将生计系统比喻为一个以家庭为中心的宇宙,其全部内容和意义只有其居民才能感受到,另外他还强调,生计系统可被视为一个文化、社会和经济实体,需要以多学科的方法来综合理解。

生计系统由生计环境、生计资产、生计策略、生计结果等各种生计要素组成。各生计要素相互影响、相互关联,形成复杂的多重反馈关系,共同促进生计系统的动态演化。作为演化过程的一部分,生计系统及其组成要素并非只在真空中存在的,而是受到外部力量的影响。通常,贫困人口的生计系统具有多样化特征,家庭经常依靠其能力、技能和专门知识使收入来源多样化,从而抵消风险(Davis, 1996)。生计系统的类型多样,因环境不同,生计系统的形式和本质也不同。例如城市与农村的生计系统不同,沿海和内陆地区的生计系统也存在差异性(Modowa, 2010)。甚至同样是农村地区，但因自然环境差异，其生计系统也存在差异，例如农区、牧区、农牧交错区的生计系统就存在显著差异。

（二）主要的生计要素

1. 生计资产

生计资产不仅是人们用来构建生计的资源，也是控制、利用、转变资源规则的权利基础；它不仅是进入生产过程的"东西"，也是一种手段及行动的基础，通过它，人们可以"更富有成效、更有意义地与世界接触，最重要的是，它能够改变世界"。贝宾顿（Bebbington，1999）指出生计资本承担着工具性行动（谋生）、解释性行动（使谋生有意义）、解放性行动（挑战谋生的结构）的载体等三种不同的角色。家庭或个人所拥有的资产状况不仅是理解其所拥有的选择机会、采用的生计策略和所处风险环境的基础，也是贫困地区扶贫和发展项目设计和实施、政策制定的切入点（Carney，1998；Ashley and Carney，1999）。

钱伯斯和康韦（Chambers and Conway，1992）将生计资产划分为有形资产（储备物和资源）和无形资产（要求权和可获得权）两类。有形资产中的储备物包括食物储备、有价物品的收藏（黄金和珠宝等）以及存款，而资源包括土地、水、树木、牲畜和生产工具等；无形资产中的要求权指能够带来物质、道德和其他实际支持的要求和呼吁，而可获得权指实践中的机会，包括使用资源、储备物的机会和利用服务的机会以及获得信息、物质、技术、就业、食物和收入的机会。英国国际发展部则将生计资本分为自然资本、金融资本、物资资本、人力资本和社会资本，各种生计资产可通过政策、流程和制度进行转变，以产生理想的结果，如增加收入、增加福祉、减少脆弱性、改善粮食安全、自然资源基础的可持续利用等。

自然资本指能从中导出有利于生计的资源流和服务的自然资源的储存（例如土地和水）和环境服务（例如水循环），即以生存为目的，用于生产产品的自然资源。对于那些依赖于自然资源的群体，例如从事种植业、畜牧业或采集业的群体，自然资本对维护其生计可持续至关重要。自然资本也为良好的健康和其他生活方面提供着支撑，例如清新的空气和洁净的水体有助于提升人力资本。同时，自然资本与脆弱性背景之间存在着密切关系，许多外部性冲击（例如火灾、洪水、地震等）也是破坏自然资本的自然过程。

物质资本指用于经济生产过程中除去自然资源的物质，如基础设施和生产工具。例如负担得起的交通、安全的住房和建筑物、充足的供水和卫生设施、清洁并负担得起的能源、获取信息的途径等。物质资本对生计可持续性的影响可通过"机会成本"或"权衡"的概念来体现,例如基础设施差可能会妨碍教育、保健服务的获得及创收,缺乏灌溉设施则会在非生产性活动上投入额外的劳动力或时间(例如挑水),而消减从事其他活动的劳动力或时间(例如上学时间)。

人力资本指个人拥有的用于谋生的知识、技能、劳动能力和健康状况,它可支撑人们追求不同的生计策略并实现其生计目标。在家庭层面,人力资本取决于家庭规模、技能水平、领导潜力、健康状况等,它也是利用其他类型资产的一个决定性因素,也对成功实施不同的生计策略至关重要。

金融资本是人们用来实现其生计目标的金融资源,或用于购买消费和生产物品的现金以及可获得的贷款和个人借款。通常,金融资本有两个来源,一种是可利用的积蓄,例如现金、储蓄、存款或牲畜、珠宝等流动资产,另一种是经常性的资金流入,例如收入、汇款、补贴等。通常,金融资本是交换媒介,对市场经济的运作起着核心作用,它的可用性是成功利用其他因素/资产的关键。在各种生计资本中,金融资本是最通用的,它可以转换为其他类型的资本,也可以用来直接实现生计成果(例如购买粮食以减少粮食不安全),但金融资本也是贫困人口最难以获得的资产。

社会资本指人们寻求生计结果的社会资源。帕特南(Putnam,1993)将社会资本理解为社会组织的特征,将"信任、规范和网络"看作其基本要素;奥斯特罗姆(Ostrom,1999)则将社会资本理解为个人组成群体的互动模式,将共享的知识、理解、规范、规则和期望看作其基本要素。维贾亚拉特纳(Wijayaratna,2000)将社会资本分为认知型和结构型两部分,其中:结构型社会资本是通过规则、程序和先例建立起来的社会网络和确定的社会角色,可促进分享信息、采取集体行动和制定政策制度;而认知型社会资本是指共享的规范、价值观、信任、态度和信仰,可促使人们更倾向于采取互惠的共同行为。伍尔科克(Woolcock,2000)则将其分为结合型、沟通型及联系型社会资本,其中:结合型社会资本指与行为人有较为紧密联系的人群之间的关系,往往以家族、宗教和种族为基础,强调一个组织内部的凝聚力;沟通型社会资本则指处于不同阶层人之间的关系,以不同组织、群体之间的交错纽带为基础,强调团体之间的联系;联系型社会资本是跨越不均匀能力与资源的垂直桥梁,主要指水平组织与不同阶层之间的关系,它是组织或群体本身处外部影响的能力。

在开展以资产为基础的生计分析时,应该考虑生计资产的顺序性、替代性、集合性、获得性、交易性以及趋势性(Scoones,1998;Ellis,2000;李斌等,2004)。其中,顺序性需要考虑建立成功生计策略的开端是什么?对于随后获得的其他资产来说,哪一种资产与这些资产更相关等问题；替代性需要考虑一种资本能替代另一种资本吗？为了特殊的生计策略，这些资本是否需要结合在一起等问题；集合性则需要考虑拥有获得一种资产的权利能否被赋予获得另一种资产的权利？是否存在与特殊生计策略相关的特殊资产组合等问题；获得性需要考虑导致不同群体获得特殊资产的因素是什么等问题；交易性则需要考虑在追求特殊行动组合的过程中，涉及交易的资产是什么？对于被采纳的生计策略的未来可持续性来说，这些资产交换意味着什么等问题；趋势性需要考虑的是资产如何耗尽和积累，以及由谁耗尽和积累资产？资产获得性趋势是什么？随着时间的推移，被创造的新资产是什么等问题。

2. 生计策略

生计策略是指人们为了实现生计目标而采取的行动与选择的范围和组合，包括生产活动、投资策略、生育安排等。农户作为广大农村最主要的经济活动主体与最基本的决策单位，其所采取的生计策略不仅决定着当地自然资源的利用方式与利用效率，更决定着对当地生态环境的干预方式及干预强度，对生态环境产生深远影响（王成超、杨玉盛，2011；赵雪雁，2013）。

埃利斯和莫德（Ellis and Mdoe，2003）将生计策略归纳为以自然资源为基础的活动和以非自然资源为基础的活动（包括汇款以及其他收入转移）两种。斯库恩斯（Scoones，1998）则将农户生计策略分为扩张型、集约化、多样化和迁移型四种类型，其中：扩张型生计策略是指在一定的农业生产技术和生产力条件下，通过扩大农地规模来增加农产品产出的一种手段，扩张型生计会导致砍伐森林和坡地开垦等行为，致使生态环境恶化；集约化生计策略是指通过增加小块农地上的资本和劳动力投入而增加单位土地产出的一种方式，通常优质农地的集约利用会替代劣质农地，从而促进边际土地的撂荒，同时高度集约化也可能导致环境退化，例如高强度的化学品投入会导致土地和环境退化；生计多样化是指农业和非农活动的多样化，生计多样化已成为当前发展中国家居民广泛采取的一种重要生计策略，它有利于降低生计脆弱性和风险，保障食物安全，减少饥荒威胁（Ellis and Bahiigwa，2003；Ellis and Mdoe，2003；Glavovic and Boonzaier，2007）；迁移是指农户自愿或被迫离开居住地，到新的地方从事雇佣劳动或经济活动，会降低原居住区的资源与生态压力，有利于生态恢复。

佐姆斯（Zoomers，1999）在安第斯山脉农村生计研究中将策略分为积累、巩固、补偿和安全四种类型。其中，积累策略包括建立最低限度的资源基础和为将来的扩展做准备，这些措施特别适用于新近结婚的夫妇和有年幼子女的家庭，他们希望为未来的发展积累资金，其主要目标是获得向上流动所需的最小机动空间。在经过一段时间的向上流动达到一定的富裕水平后,较富裕的家庭会采用巩固策略,包括投资以稳定家庭福祉和在短期内提高生活质量。补偿性策略在遭受突然冲击(例如作物歉收或劳动力损失)或土地/劳动力结构性短缺的农户中比较流行,他们经历了向下流动,试图通过移民、节约、出售资本、借贷、物物交换以及社会保障来生存或寻找出路。安全策略在生态环境脆弱、高海拔地区农户中比较普遍,包括通过多茬种植和多任务实现生计多样化,探索非农业机会、分享作物和储存等。

生计策略是动态的。随着时间变化,家庭按照资产组成、背景因素与内部压力采取与其相应的生计策略,来建立他们的生计恢复力,并维持生计可持续(Ellis,2000;Scoones,2009)。当环境背景、生计资本及政策制度发生剧烈变化时,家庭往往会转变生计策略以适应新的人地关系,生计转型已成为家庭响应人地关系变化的最佳选择(张芳芳、赵雪雁,2015)。例如:在人口密度小,且土地易获得的条件下,子女多的农户首先采取扩张型生计策略;当资源利用和劳动力饱和后又选择集约化生计策略;当边际规模递减、出现"内卷"现象时,为了继续增加生计产出,维持生计的稳定性,多样化策略就成了另一个选择;当人口增长或环境恶化无法承载时,农户则会选择迁移策略(左停、王智杰,2011)。生计转型不仅反映了家庭的能力和资产以及谋生所需活动之间的结合,也反映了社会制度、家庭关系以及在生活周期中资源获得机制的调整,更反映了农户对生态环境变化的适应。当家庭成功地采取一种更高回报的生计策略时,向上的流动性就发生;当家庭转变为一个较低回报的生计策略时,向下流动就发生;家庭通过保持同样的生计策略或转变为同等回报的生计策略,也可能会停留在贫困或非贫困状态(Jiao et al.,2017)。家庭的生计转型决策不仅受他们的资产、生活背景的影响,还受先前生计活动结果(即通过投资与储蓄)的影响。

3. 生计结果

生计结果是从事生计策略的产出与结果,在给定环境中生计资产通过一些策略被结合在一起,产生期望的生计结果(Babulo et al.,2008)。不同群体期望的生计结果存在差异,对于贫困农户而言,期望的生计结果不仅包括收入增加、生活状况改善、食物安全更有保障、生计脆弱性降低,也包括对自然资源的更可持续利用等。

消除贫困不仅是农村贫困家庭期望的生计结果,也是世界各国面临的最大挑战,更是实现可持续发展必不可少的要求(United Nations,2015),联合国《2030年可持续发展议程》提出的首要目标就是在世界各地消除一切形式的贫穷(SDG1)。贫困作为一个全球性的发展问题与现实难题,具有多维性与动态性(郭熙保、周强,2017),它不仅仅是缺乏收入或支出,更是基本能力的被剥夺(Chambers and Conway,1992)。

由于单一的收入/支出贫困既不能准确地代替其他剥夺（Alkire *et al.*，2017），也不能全面反映贫困的复杂性、脆弱性和持久性（Sen，1999；邹薇、方迎风，2011），因而从单一维度转向多维度理解贫困成为学术界与决策层的共识。目前，多维贫困研究尺度已从国家（Labar and Bresson，2011；Alkire *et al.*，2017）、区域（Saboor *et al.*，2015；Pasha，2017；徐黎丹等，2021）深入到家庭与个人（王小林等，2009；Vijaya *et al.*，2014）；研究视野也从多维贫困的测量扩展到多维贫困的空间分异、多维减贫模式及减贫政策等领域（刘艳华、徐勇，2015）。

应对压力和冲击并从中恢复是可持续生计的核心要求。作为农村社会中最小的生计单位，农户遭受着自然、社会、经济等多种压力和冲击（Dercon，2002；赵雪雁等，2015），各种压力相互作用形成多层次、复杂的反馈和嵌套关系，不仅放大了各种压力的危害性，也加强了不同压力之间的转化性，那些无法应对或适应压力与冲击的农户将不可避免地变得很脆弱。减轻生计脆弱性不仅是广大农户期望的生计结果，对于建立可持续社会也至关重要（Kates *et al.*，2001）。已有研究显示，生计脆弱性源于结构性因素和胁迫性因素，其中结构性因素源于生计内部结构，胁迫性因素是外界扰动对生计的压力（Nazari *et al.*，2015）。探索阻碍农户有效响应的潜在因素并寻求降低其生计脆弱性的对策，不仅需要明确农户面临的主要生计压力及其特征与来源，也需要厘清生计压力与结构性因素之间的复杂关系，确定不同的压力在哪里以及如何起作用（Moser，2010）。

自然资源基础可持续性是指在受到压力（小的、有规律的、可预测、具有累积效应）或冲击（大的、不常见的、不可预测的、有直接影响的）干扰时，自然资源系统保持生产力的能力，也就是要避免将自然资源存量消耗到使其产出有用产品或服务的速率永久下降的水平。自然资源利用的更可持续性不仅是人类期望的生计结果，也是维持人类可持续生计的基础，联合国在《2030年可持续发展议程》中也提出"到2030年，实现自然资源的可持续管理和高效利用（SDG12.2）"。但目前，人类对自然资源的透支程度仍不断增加，全球仍有13亿人依赖环境资源来维持生计，其中3亿多人高度依赖环境资源（Shrestha and Dhital，2017）。尤其在发展中国家的农村地区，自然资源更发挥着关键作用，大多数农村家庭的生计依赖于自然资源，其提供的木材、非木材植物产品（食物、燃料、洁净水）等已成为贫困家庭的生活必需品。但是，过度依赖自然资源，不仅会使农村家庭的生计脆弱性加剧，还会增加生态环境压力，从而严重阻碍农村可持续发展，甚至影响国家生态安全。

4. 脆弱性背景

脆弱性背景是人们生活在其中的外部环境，包括特定的条件、趋势、冲击及季节性等。这些构成脆弱性背景的因素往往是自然、社会、经济、政治、法律、环境和体制性质的，人们对它们的控制是有限的或无法控制。关键趋势（例如人口趋势、资源趋势、国家和国际经济趋势、技术趋势等）、冲击（例如人类健康冲击、自然冲击、经济冲击、冲突、作物/牲畜健康冲击）和季节性（例如价格、生产、健康和就业机会等）直接影响人们的资产状况和他们在追求有益生计结果时所能采取的策略，例如土地所有权决定了农户获得耕地的机会，而价格变化则决定着农户的生产决策（Frankenberger et al.，2002；Glavovic and Boonzaier，2007）。

脆弱性背景本身不是静态的，而是动态的、不断发展的。正因为它们具有动态性，更广泛的经济、社会和自然环境的变化过程为生计变化创造了条件，这些变化可能是长期趋势，也可能是突然的冲击。冲击往往意味着生计面临更突然的压力，例如一场严重的洪水和干旱可在短时间内严重影响自然资本和物质资本，蝗虫群可在数小时内摧毁庄稼；而趋势意味着生计遭受长期的压力（例如经济衰退和气候变化）。已有研究显示，自1850年以来，全球经历着明显的气候变化（包括气温和海温升高、降水变化、气象灾害发生频率变化等），这些变化对食物、水安全、公共健康、自然资源和生物多样性等造成严重威胁（赵雪雁，2014），从而给人们的福利与生计带来多重压力，尤其加剧了生态脆弱区以自然资源为生计基础的贫困人口的生计脆弱性，甚至会导致这些地区的社会生态系统发生转变（Rodima et al.，2012）。已有研究也显示，气候变化已成为农村贫困人口的一种额外负担，不仅限制了贫困人口获取各种生计资本的能力，也减少了他们谋生活动的选择范围，对农村社团的生计、资源退化、食物安全、基本服务、社会平等带来严峻挑战（Gentle and Narayan，2012）。这主要是因为贫困农业人口的生计更多地依赖于自然生态系统，而剧烈的气候变化（例如干旱期的延长、降雨推迟、异常降雨等）强烈干扰着自然生态系统，通过"事先"生产力损失、早期应对成本、实物资本的资产损害和人类机会的资产损害等渠道影响贫困农业人口的生计（UNDP，2007）。

脆弱性背景也直接影响生计结果。伦尼和辛格（Rennie and Singh，1996）等发现，家庭越富裕，资产越丰富，在面对冲击时拥有的选择就越多，其生计恢复力就越强，而对于弱势群体和贫困人口，外部冲击和趋势会进一步降低其应对和抵御冲击的能力。脆弱性背景对生计的影响存在明显时间效应与尺度效应。例如，从短期来看，干旱会影响自然资本，进而减少作物产量，但对其他资本的影响可能微乎其微；但从长期来看，严重的干旱可能会影响其他各种资本，因为人们可能会因为长期干旱而采取移民等适应策略；全球层面面临的冲击，可能会对地方层面的生计产生影响，例如全球经济危机会导致地方层面的就业，削弱家庭的金融资本。因此，开展生计研究时，一旦确定了生计资本并评估了它们所做（或可能做出）的贡献，就有必要探讨生计资本所处的脆弱性环境，探明在时间和空间上面临的趋势、冲击和压力是什么？而且为了维持生计的可持续性，通常不仅需要知道现在正在发生什么问题，而且还要知道未来的趋势是什么和将会是什么，因为有些资产可能随时间推进而变化不大（例如土地和建筑物），而有些资产（例如现金和社交网络）随着时间推进可能不稳定。

5. 制度过程与组织结构

组织结构与制度过程指塑造生计的机构、组织、政策和立法。斯库恩斯（Scoones，1998）认为结构就是组织，过程就是制度。组织结构是指制定和实施政策与立法、提供服务、购买、交易及执行各种影响生计的职能"硬件"（例如私人和公共组织）（DFID，2000），它也是动态的，随着时间的推移不断地被塑造和重塑；制度是社会的黏合剂，它将利益相关者与获取不同类型资本的途径与行使权力的方式联系起来，通过这种联系通道，制度将积极或消极地适应生计（Davies，1996）。

制度过程与组织结构在所有层面上起作用，不仅直接影响脆弱性背景，通过政治结构影响和决定生态或经济趋势、通过市场结构减轻或加强冲击的影响或控制季节性，而且决定着资源的可得性，影响着不同类型资本之间的交换条件及生计策略的选择（Scoones，2009）。通常，不利的组织结构会阻碍生计策略的实施，使简单的资产创造变得很困难，而良好的组织机构有助于实现可持续发展。例如有些资本虽然可能容易受到某些冲击的影响，但政府会采取行动，减少所发生的损害或提供赔偿（Morse et al.，2009）。制度过程也影响着人们对许多资产的自然获取以及人们的机会和选择，它可在许多层面上帮助管理社会关系和权力结构，既可激励人们选择、获取资产，也可使利益相关者通过另一种资产来转换或替代某种资产。例如，查利斯和默里（Challies and Murray，2011）强调了制度支持对智利小规模树莓种植者的重要性，方法是提高他们遵守安全和质量标准的能力，从而通过全球价值链获得并保持市场准入，这种进入全球市场的途径为这些种植者的可持续生计奠定了基础。

制度过程对可持续生计发展尤为重要。了解制度过程有助于识别可持续生计的限制/障碍和机会。由于正式和非正式机构（从使用权制度到劳动分享制度再到市场网络或信贷安排）影响生计资源的获取，进而影响生计策略组合，所以了解机构和组织对于设计改善生计结果的干预措施非常关键。同时，深入了解社会关系、制度形式（正式和非正式的)以及其中所蕴含的权力动态,有助于寻找恰当的切入点,支持可持续生计干预措施适应这种复杂性。此外,不同层面的制度形成的制度矩阵调节着生计变化的过程,分析从家庭内部到国家(甚至国际层面)不同层次上运作的各种非正式和正式机构的组合以及在不同层面运作的组织,特别是影响不同人追求不同生计策略组合的能力以及可持续生计的结果,也有助于在不同层次上创新生计干预措施(Scoones,1998)。

二、可持续生计研究历程

可持续生计方法并不是凭空出现的,而是经过几十年的发展才形成的一系列方法和思想,开发人员通过这种方法最大限度地提高其干预措施的有效性,以帮助弱势群体。实际上,它是一种诊断工具,为提出具体的干预建议提供了一个分析框架,常用于比较贫穷的国家或地区,来分析人们的生活状况以及需要通过什么措施来改善。在很大程度上,可持续生计方法的起源是作为一种开发干预的实用工具,而不是作为一种研究工具。

1987年召开的联合国环境与发展大会上,布伦特兰(Brundtland)在她的报告"我们共同的未来"中首次提出可持续生计,但直到1992年钱伯斯和康韦在向世界环境与发展委员会(WCED)提供的工作论文中才明确提出可持续生计的概念(苏芳等,2009)。事实上,早在1992年钱伯斯和康韦明确可持续生计概念以前,跨学科的生计观点已经深刻影响着农村发展思想与实践,虽然这些研究没有被贴上生计分析的标签,但这种综合性、跨部门、地方性以及更深领域的参与和行动承诺已属于经典生计分析范畴(Scoones,2009)。

作为一种寻找农户生计脆弱原因并提供多种解决方案的集成分析框架和建设性工具(Roberts、杨国安,2003),可持续生计方法引起了牛津饥荒救济委员会(Oxfam)、联合国开发计划署(UNDP)、美国援外合作署(CARE)、英国国际发展部(DFID)与联合国粮农组织(FAO)等国际机构的兴趣,并将其作为"一种可更好地掌握生计复杂性、理解生计策略对贫困的影响及识别采取何种干预措施的方法"(Farrington,2001),广泛用于南美洲、非洲、中东欧以及亚洲等地的扶贫开发和生计建设实践中,为可持续生计研究带来了新思想和实践经验,使其不断发展并日臻成熟,成为1990年以来主流的国际发展方法(Morse et al.,2009)(表1-1)。

表 1-1　可持续生计方法大事记（Morse *et al.*, 2009）

时间	事件
20世纪60年代—70年代	• 由世界银行和其他机构资助的综合农村发展项目中出现了农业生态系统分析的概念。1970—1980年，"系统"方法逐步演变，出现了农业系统研究和参与式方法（RRA和PRA）等。
20世纪80年代	• 20世纪80年代兴起了新家庭经济学。
1984	• 朗在他的著作《农村社会的家庭和工作》（Long, 1984）中提到了"生计策略"。
1985	• 阿马蒂亚·森（Amartya Sen）的著作《商品与能力》由牛津大学出版社出版。
1987	• 世界环境与发展委员会（The World Commission on Environment and Development, WCED）发表了《我们共同的未来》，该报告首次提出了"可持续生计"的概念。
1988	• 国际环境与发展研究所（IIED）发表了论文《绿色援助：实践中的可持续生计》（Conroy and Litvinoff, 1988）。
1990	• 联合国开发计划署（United Nations Development Programme, UNDP）出版第一份包括人类发展指数的《人类发展报告》，将收入、预期寿命和教育作为能力的重要组成部分。1990年以来，人类发展指数每年公布一次。
1992	• 联合国（United Nations, UN）在里约热内卢召开环境与发展会议； • 国际可持续发展研究所（International Institute for Sustainable Development, IISD）出版了《可持续的农村生计：21世纪的实用概念》（Chambers and Conway, 1992）。
1993	• 牛津饥荒救济委员会（Oxford Committee for Famine Relief, Oxfam）开始利用SLA制定整体目标、改善项目策略及培训员工。
1994	• 美国援外合作署（Cooperative for American Relief Everywhere, CARE）将家庭生计安全作为其救济和发展工作的规划框架。
1995	• 联合国（UN）召开社会发展问题世界首脑会议（World Summit for Social Development）； • 联合国开发计划署（United Nations Development Programme, UNDP）将就业和可持续生计作为其全面人类发展任务的五个优先事项之一，作为减贫的概念和实施框架； • 国际可持续发展研究所（IISD）出版了《适应性战略和可持续生计》（Singh and Kalala, 1995）； • 国际发展协会（Society for International Development, SID）启动了关于可持续生计和居民日常经济的项目。
1996	• 《适应性生计：应对马里萨赫勒地区的粮食不安全》（Davies, 1996）由麦克米伦出版社出版； • 英国国际发展部（DFID）提出了关于可持续生计的重要ESCOR研究项目的建议； • 国际可持续发展研究所（IISD）出版了《可持续生计参与性研究：野外项目指南》（Rennie and Singh, 1996）。
1997	• 英国新工党政府发表首份关于国际发展的白皮书：《消除世界贫困：21世纪的挑战》。
1998	• 英国国际发展部（DFID）自然资源部召开了关于可持续生计的咨询会议，并成立了农村生计咨询小组； • 自然资源顾问年度会议以可持续生计为主题，随后发表了论文《可持续农村生计：我们能做什么贡献？》（Carney, 1998）； • 国际发展协会（SID）出版了《可持续生计方法》；

续表

时间	事件
1998	・联合国开发计划署（UNDP）出版了《可持续生计政策分析和制定》（Roe, 1998）； ・英国国际发展部（DFID）建立了 SL 虚拟资源中心，SL 主题组； ・国际可持续发展研究所（IISD）出版了《可持续农村生计：分析框架》（Scoones, 1998）； ・联合国粮农组织（FAO）/开发计划署（UNDP）关于支持可持续生计和粮食安全的参与式方法的非正式工作组首次举行会议。
1999	・英国国际发展部（DFID）成立了可持续生计支持办公室，并任命简・克拉克（Jane Clark）为其负责人； ・英国国际发展部（DFID）发布了第一份可持续生计指导文件，该文件定期更新； ・英国国际发展部（DFID）出版了《可持续生计与消除贫困》和《生计方法比较》（Carney, 1998）； ・自然资源顾问会议的主持人报告了 SL 方法的实施进展情况，后来 DFID 在《可持续生计：来自早期的经验教训》（Ashley and Carney, 1999）中发表了这些内容； ・海外发展研究所（ODI）发表了《实践中的可持续生计：概念在农村地区的早期应用》（Farrington et al., 1999）； ・英国国际发展部（DFID）成立了由研究人员/顾问组成的可持续生计资源小组； ・阿马蒂亚・森（Amartya Sen）的《发展与自由》一书出版（Sen, 1999）。
2000	・英国国际发展部（DFID）委托并资助"Livelihoods Connect"的 SLA 学习平台； ・联合国粮农组织（FAO）组织了一个关于实施可持续生计方法的机构间论坛； ・英国国际发展部（DFID）出版了《可持续生计现状的思考与实践》《可持续生计：优势建设》《实现可持续性：消除贫困与环境》（DFID, 2000）及其他可持续生计指南； ・可持续生计资源小组成立了政策、制度和流程（PIP）小组； ・国际可持续发展研究所（IISD）出版了《可持续生计政策分析》； ・牛津饥荒救济委员会（Oxfam）出版了《环境与生计：可持续发展战略》； ・埃利斯（Ellis）的著作《混合：发展中国家的农村生计和多样性》出版； ・英国政府发表第二份白皮书《消除世界贫困：全球化造福贫困人口》。
2001	・联合国（UN）确立千年发展目标； ・英国国际发展部（DFID）委托进一步开展 SLA 框架的研究；支持可持续生计的实际政策选择； ・《可持续生计：建立在贫困人口的财富之上》出版。
2002	・英国国际发展部组织了由官员、研究人员和从业者等参加的 SLA 审查会议； ・可持续发展世界首脑会议在南非约翰内斯堡举行。
2012	・可持续发展世界首脑会议在里约热内卢举行。
2015	・联合国发布了《变革我们的世界：2030 年可持续发展议程》，确定了 2030 可持续发展目标。

第二节　可持续生计分析框架

框架是一种"看待世界的特殊方式",使用框架需要了解它的不同要素以及它们之间的联系,因为人们以不同的方式看待世界,并以不同的方式将事物之间的关系理论化;即使人们在基本的核心概念上达成一致,他们也可能使用不同的术语来描述它们;他们可能会强调不同的要素,或者以不同的方式思考要素之间的相互作用。生计框架是了解家庭如何通过利用能力和资产发展由一系列活动组成的生计策略来谋生的一种方式(Satge et al.,2002)。许多国际机构和组织如英国国际发展部(DFID)、美国援外合作署(CARE)、联合国开发计划署(UNDP)、联合国粮农组织(FAO)以及一些研究者如斯库恩斯、贝宾顿、埃利斯等开发了各有侧重的可持续生计方法框架,阐述各种生计要素及其相互作用,旨在为全面理解基于原因与效果分析的可持续生计形成过程、增强对贫困人口生计的了解、帮助以及规划和管理提供一个适用工具。

一、国际组织开发的分析框架

(一)英国国际发展部(DFID)框架

英国国际发展部(DFID,2000)在斯库恩斯(Scoones,1998)的可持续农村生计分析框架的基础上,结合森(Sen,1999)、钱伯斯和康韦(Chambers and Conway,1992)等对贫困性质的理解,开发了包括脆弱性背景、生计资本、结构和过程转变、生计策略、生计产出等组成部分的可持续生计分析框架(图1-1)。该框架关注人们如何在由不同因素(例如不断变化的季节性约束和机会)、经济冲击和长期趋势等形成的脆弱性环境中运作以及他们如何利用不同类型的生计资本以不同的组合以图实现预期的生计产出。

框架中的箭头展示了不同要素是如何相互关联和影响的,指出在制度和政策等因素造成的风险性环境中,在资本与政策和制度相互影响下,作为生计核心的资本的性质和状况,决定了采用生计策略的类型,从而导致某种生计产出,生计产出又反作用于资本,影响资本的性质和状况。该框架倡导以人为本,即发展政策和实践应源于对贫困人口及其生计策略的理解,贫困人口应直接参与确定发展优先事项,并影响对其生活有约束的机构和过程。该框架强调整体性与动态性,鼓励开展跨部门的分析,鼓

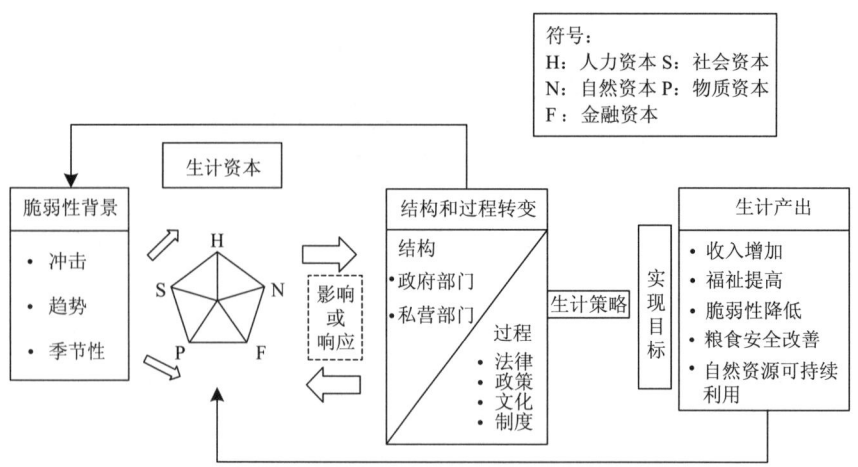

图 1-1 DFID 的可持续生计分析框架（DFID，1999）

励探索随时间而发生的变化及不同因素间的复杂相互作用；该框架始于对优势的分析，而不是需求和问题，寻找并建立"微观"和"宏观"层面之间的联系，关注社会、经济、制度和生态等层面的可持续性。

DFID 框架为发展和贫困研究提供了一系列重要问题的核对清单，并概括出这些问题之间的联系，它提醒人们把注意力放在关键的影响和过程上，强调影响农户生计的不同因素之间的多重互动作用，可帮助人们理解生计的复杂性和影响贫困的主要因素。它是目前应用最为广泛、最具有影响力的可持续生计分析框架，不仅成为许多国际组织和非政府机构对发展中国家进行经济资助和干预性指导的发展规划工具，也为可持续生计研究提供了一种规范化的工具和系统化的思路（Obrist et al.，2010）。

（二）国际农业发展基金（IFAD）框架

国际农业发展基金（IFAD）是联合国的一个专门机构，成立于 1977 年，旨在增强贫困人口的能力，以实现更高的收入和更好的粮食安全。该机构制定的可持续生计框架如图 1-2 所示。与 DFID 框架相比，该框架虽不太连续，但更强调不同要素之间的联系；把贫困人口放在中心；增加了"个人资本"，纳入了用于分析政策和机构的"轮毂模型"，并用授权机构和服务提供者取代了 DFID 框架中的结构和过程转变；拆分了性别、年龄、阶级、种族和能力、授权机构、服务提供者及市场文化、政治权利等"过程"；突出了与脆弱性背景的联系，强调发展干预措施有助于贫困人口减轻生计脆弱性；引入了个人抱负和机会；行动取代了策略；强调从策略和结果到其他生计要素的"反馈"。例如强加给贫困人口的策略，因为他们的脆弱性或因为他们从授权机构和服务提供者那里得到的支持很少，可能会对他们的生计系统可持续性产生直接的负面影响（Hamilton-Peach and Townsley，2004）。

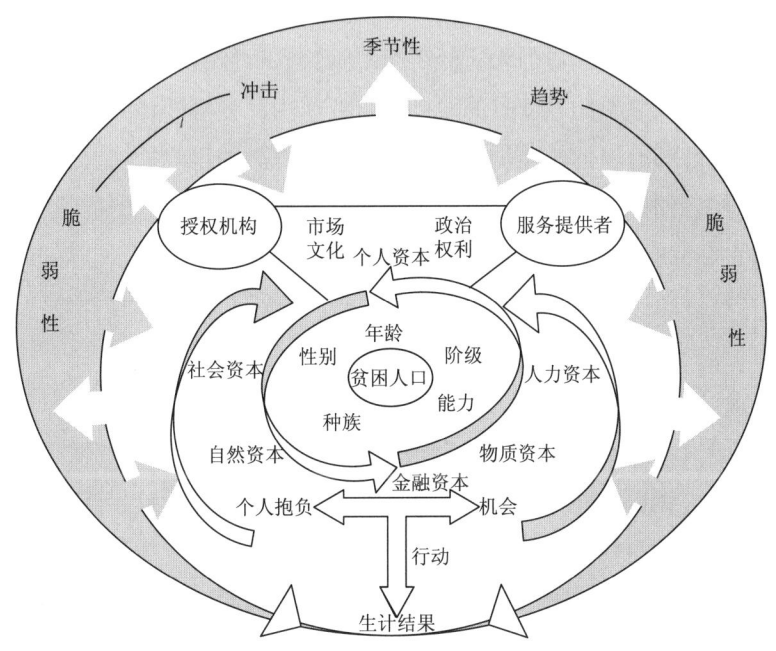

图1-2　国际农业发展基金可持续生计框架（Hamilton-Peach and Townsley，2004）

该框架按性别、年龄、阶级、种族和能力划分贫困人口，将个人资本纳入贫困人口的资本基础，它们不仅涉及人们的内在动机、行动和推动变革的意愿、维护自己权利和参与政治活动的动力，以及他们生活的精神方面，强调个人因素可能会影响个人和家庭对其生计的选择。该框架利用"轮毂模型"（Hub model）来代表授权机构和服务提供者两个基本机构，并将贫困人口及其一系列生计资产确定为这些机构的"用户"。其中，授权机构可以是国家最高决策机构，也可以是地方行政机构；服务提供者包括从负责执行政策措施的国家级部门到贫困人口在日常生活中可能直接接触的社区级经营者。这两个机构在处理贫困问题的优先事项和策略方面的决定会促进或阻碍那些负责执行的人的工作。"轮毂模型"侧重于机构角色以及不同机构与贫困人口之间的关系，在该模式中机构的功能、特征和结构虽然很重要，但只是其中一部分，而机构与贫困人口合作的方式、赋能机构的政策决定反映贫困人口的需求和优先事项并转化为向贫困人口提供服务的方式等则更显重要（Hamilton-Peach and Townsley，2004）。

在该框架中，市场、政治、文化和权利的作用被赋予了特殊的意义，它们具有强大的影响力，既影响与这些机构的关系，也通过授权机构或服务提供商的积极行动来改变或影响自身，尤其对贫困人口与机构互动方式的影响非常显著。其中，市场在决定贫困人口如何将可支配的资源转化为生计资产方面发挥着重要作用，将市场作为一种关键影响纳入其中很重要，因为它们在确定贫困人口能够创造的改善生计策略的机会以及他们能够实现愿望的程度方面发挥着重要作用。该框架还纳入了贫困人口的个人抱负以及他们能够追求的机会，鼓励可持续生计框架的用户关注贫困人口自己的抱负和他们利用机会的能力，强调以人为本的分析和对贫困人口优势的理解，而不是对特定生计系统中可能存在的选择和机会做出假设（Hamilton-Peach and Townsley，2004）。

（三）美国援外合作署（CARE）框架

美国援外合作署（CARE）是一个国际非政府组织，家庭生计安全（Household livelihood security，HLS）框架已成为该组织进行项目分析、设计、监测和评估的基本框架（图 1-3）。CARE 使用钱伯斯和康韦的生计定义，确定了生计的三个基本属性，即具备的能力（例如教育、技能、健康、心理倾向）、有形和无形资产的获取、存在的经济活动。CARE 提出家庭生计安全指获得足够和可持续的收入和资源，以满足基本需要（包括获得足够的食物、饮用水、保健设施、教育机会、住房和社区参与和社会

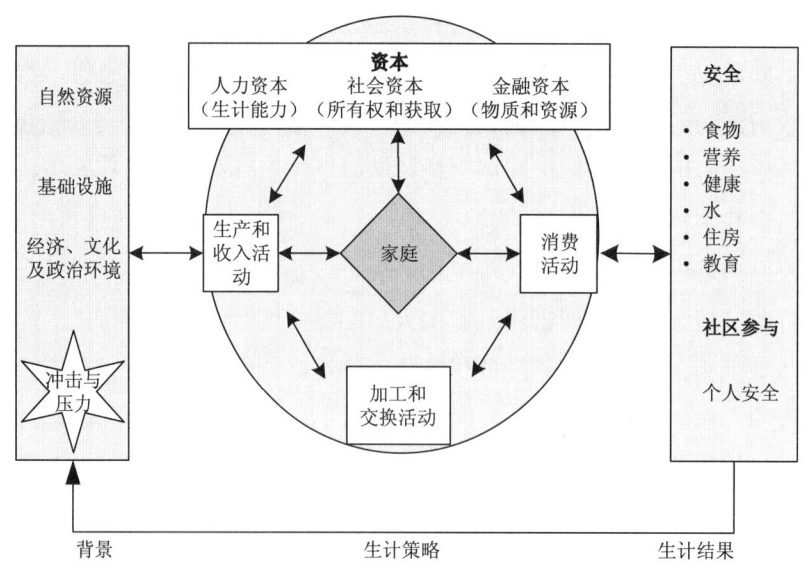

图 1-3　CARE 生计安全框架（Frankenberger *et al*.，2002）

融合的时间）（Frankenberger，1996）。对 CARE 来说，维持生计安全取决于必须具备的若干有利条件，其中包括承认人权、公民参与/行动、风险管理、有利的政策环境、性别平等和环境管理等。

CARE 生计安全框架的基本组成部分包括背景、生计策略和生计结果。其中，个人具备的能力、资产的可获得性及经济活动三者间的互动关系决定了家庭所追求的生计策略，它们处于 CARE 生计安全框架的中心。该框架中的环境与以往框架中的也有所不同，不仅包括经济、文化及政治环境、冲击与压力，也包括自然资源，且 CARE 指出农户能够直接控制的资源基础（家庭资产）与在社区中通过成员资格所确定的资源基础（公共资产）之间是有差别的。

CARE 生计安全框架以家庭为焦点，把家庭作为分析单元，关注家庭内部的性别和生育关系，分析儿童、妇女、男性和老人在社会中的作用（Frankenberger *et al.*, 2002）。重点是考察与基本需求相关的家庭生计安全；它将活动分为生计促进、生计保障和生计供应三类，其中生计促进旨在提高家庭的抗风险能力，生计保障有助于防止家庭生计安全性下降，生计供应涉及在紧急情况下基本需求的直接供应（Frankenberger *et al.*, 2002）。

与 DFID 方法一样，CARE 方法重视构成框架内各组成部分之间的动态关系。其中，资产影响生计策略，生计策略与生计结果之间存在双向联系，生计结果会影响背景（自然资源，基础设施，经济、文化及政治环境和冲击与压力），进而影响生计策略。然而，该框架没有考虑用"五大资本"的方法来处理资本，而是区分了资本、能力和活动；也没有明确确定"结构和过程转变"，且不太重视框架内的宏观和微观联系。CARE 方法鼓励在实践过程中吸取经验教训，不断完善生计框架。

（四）牛津饥荒救济委员会（Oxfam）框架

牛津饥荒救济委员会（Oxfam）使用的生计框架（图 1-4）与 DFID 框架有很多共同之处。然而，Oxfam 强调没有既定的规则，认为现有的框架尽管在规划和政策层面很有价值，但仍然过于抽象，实践人员无法理解。

Oxfam 借鉴了钱伯斯和康韦对可持续生计的定义，强调必须从经济（例如市场运作和信贷供应）、社会（例如互惠网络、性别平等）、体制（例如能力建设、获得服务和技术、政治自由）和生态（例如环境资源的质量和可用性）角度看待可持续性，预期结果是贫困人口实现粮食和收入安全、获得保障的有偿就业、劳动权利和改善工作条件。

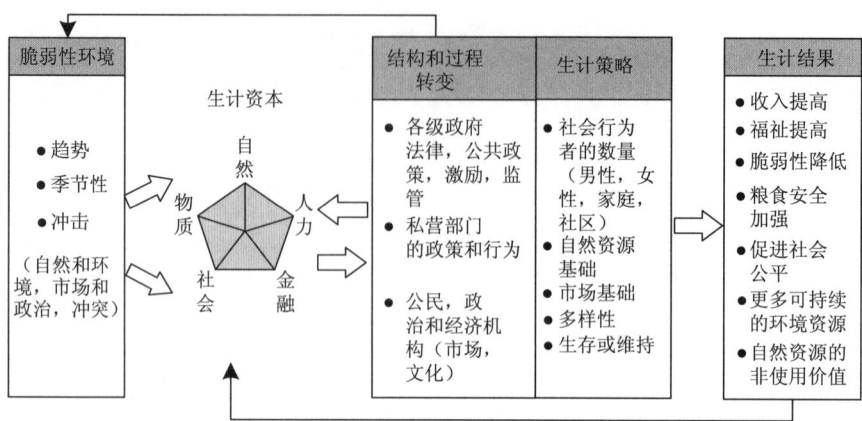

图 1-4 Oxfam 的生计框架（Satge et al., 2002）

Oxfam 框架以权利为基础，强调每个人都享有可持续生计的权利，Oxfam 利用该框架作为制定实施其政策和计划的指南。

（五）联合国粮食及农业组织（FAO）框架

联合国粮食及农业组织（FAO）的可持续生计框架组成（图 1-5）类似于原始的 IDS 和 DFID 框架，主要组成要素也包括脆弱性背景，政策、机构和流程，生计资本，生计策略和生计结果。但在 FAO 框架内，家庭及其获得资本的机会占据了中心地位，且强调了地方机构对家庭的影响。一个机构通过控制获得这些资本的途径，或通过影响如何、在何处、何时以及由谁使用这些资本和做出决策，而影响人们用来谋生的不同生计资本。一个机构即使不直接影响人们使用的资本，也可能改变人们的生活环境，

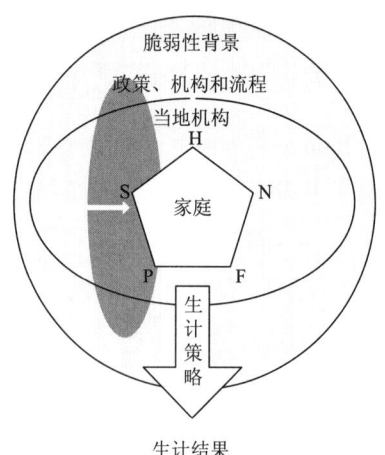

图 1-5 FAO 框架（Messer and Townsley，2003；Christensen and Porzany，2008）

从而影响他们的脆弱性和抵御外部冲击的能力。与此同时，机构也可通过积累和保护贫困人口的资本（自然、金融、物质、人力、社会）帮助拓宽和提供多样化生计选择，并促进获取成功的可持续结果；促进社区/家庭恢复力、生计多样化和自助能力，以减少对灾害（自然、冲突、经济）的脆弱性；改善农业和农村发展服务的提供，从而促进农业增长和农村发展；促进改善地方治理和可持续发展（Christensen and Porzany，2008）。

（六）联合国开发计划署（UNDP）生计框架

联合国开发计划署（UNDP）将生计理解为人们赖以谋生的手段、活动、权利和资产，将可持续生计定义为能够通过响应和适应策略应对干旱、内战和政策失败等冲击和压力并从中恢复，且经济有效、生态无害、社会公平的生计。

与DFID一样，UNDP注重人民的优势，而不是他们的需求，强调建立微观—宏观联系的重要性。UNDP框架由驱动因素、切入点和结果三个层面构成，其中政策、治理和技术被认为是驱动因素，切入点是当地自适应策略、资本、知识和技术，以实现可持续的生计结果（图1-6）。

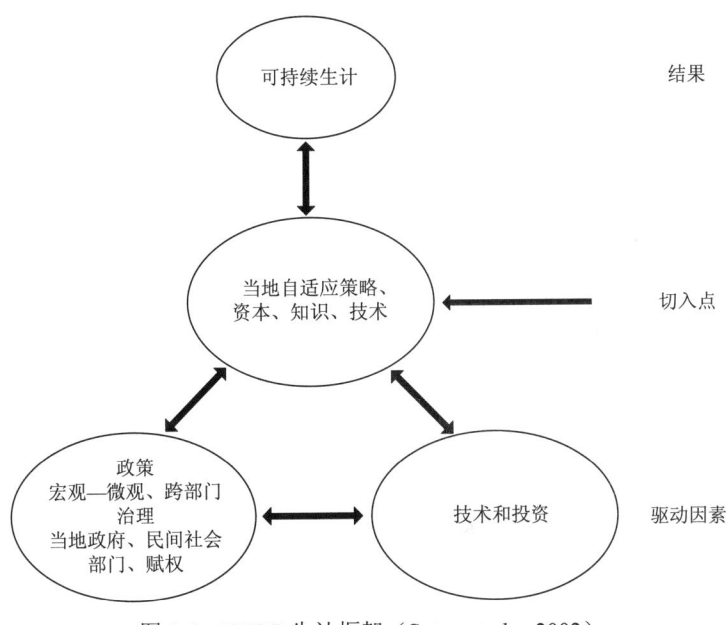

图1-6 UNDP生计框架（Satge et al.，2002）

（七）国际货币市场（IMM）框架

国际货币市场（IMM）框架（IMM，2003；Ireland et al.，2004）特别关注沿海地

区的生计，是为沿海地区开发的可持续生计框架。在确定干预措施之前需要更好地了解沿海地区的生计，而该框架有助于分析不同生计维度之间的关系和联系。对照该框架，可审视不同生计策略的优势、劣势、机会和威胁（SWOT），来确定可能的切入点（干预措施），以支持沿海生计更可持续。

该框架由脆弱性背景、直接影响因素、资本、生计策略和生计结果组成（图 1-7），关注重点是能够获得资本（自然、社会、物质、人力和金融）的沿海贫困人口（内圈），这些资本影响着沿海的贫困人口；直接影响因素（外圈）包括市场、治理、提供服务、

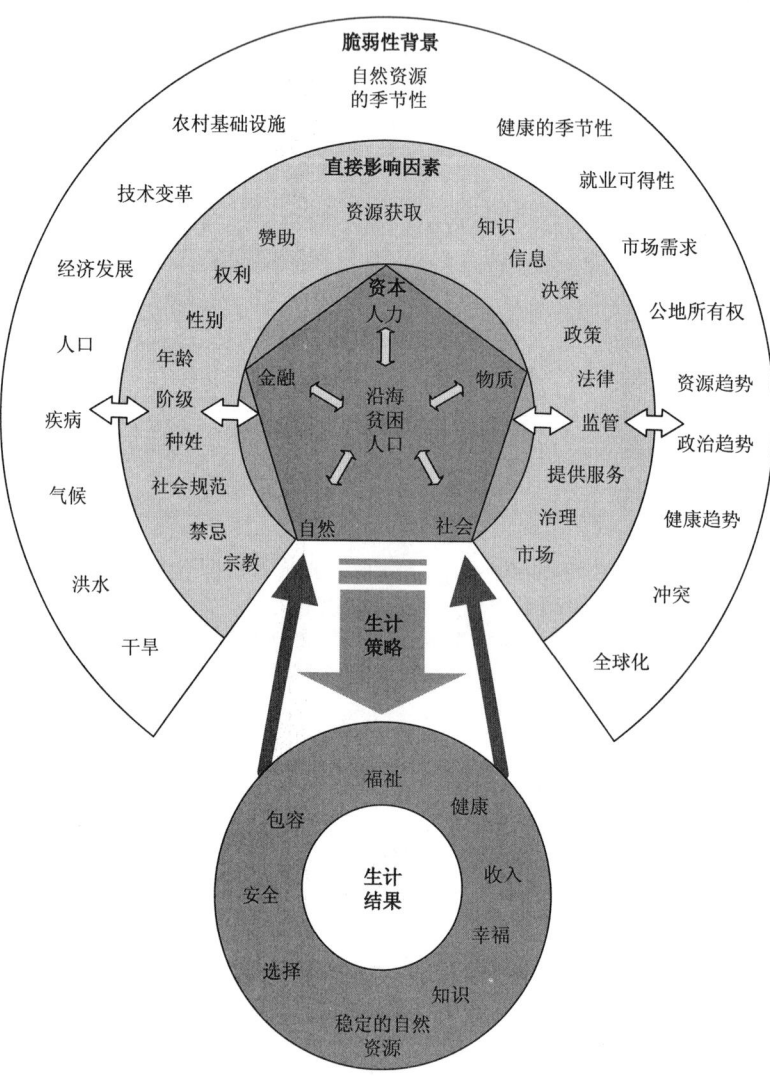

图 1-7　IMM 沿海可持续生计框架（Ireland *et al.*，2004）

监管、法律、政策、决策、信息、知识、资源获取、赞助、权利、性别、年龄、阶级、种姓、社会规范、禁忌和宗教等，这些因素影响着资本并受其影响；脆弱性背景（最外层）包括干旱、洪水、气候、疾病、人口、经济发展、技术变革、农村基础设施、自然资源的季节性、健康的季节性、就业可得性、市场需求、公地所有权、资源趋势、政治趋势、健康趋势、冲突和全球化等，脆弱性背景影响并受直接影响因素的影响；拥有资本的沿海贫困人口制定了生计策略，生计策略产生的生计结果也影响着资本基础；生计结果包括福祉、健康、收入、幸福、知识、稳定的自然资源、选择、安全和包容等。

（八）《将环境规划纳入土地改革方案的政策指南》（PGIEP）生计框架

PGIEP 生计框架（图 1-8）是《将环境规划纳入土地改革方案的政策指南》的成果，该方案是南非国土事务部和丹麦环境和发展合作机构的一项联合倡议（Satge et al., 2002），其重点是可持续生计和土地改革。该生计框架促进了土地改革方案从关注数

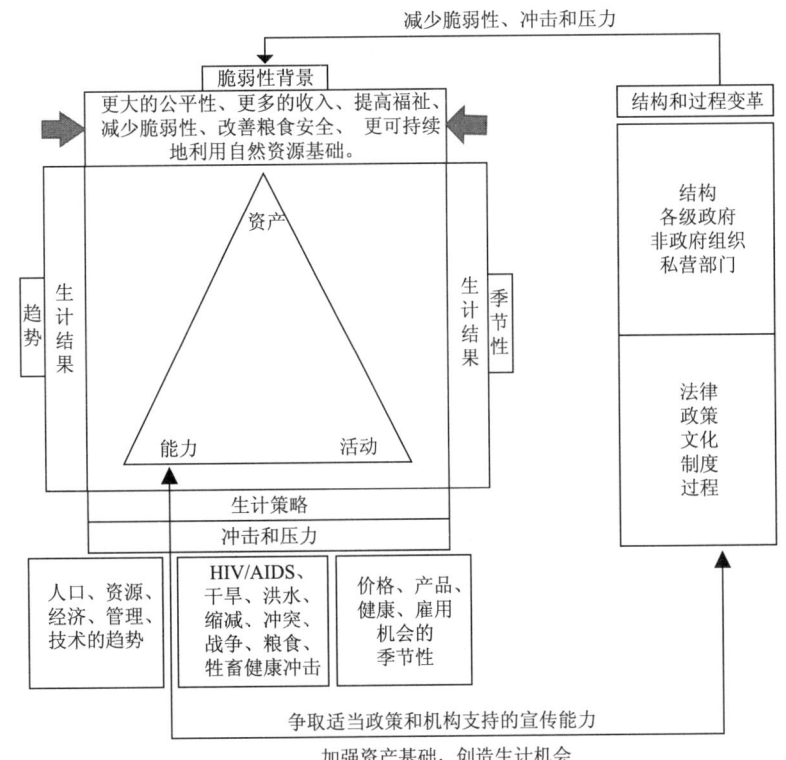

图 1-8　PGIEP 生计框架（Satge et al., 2002）

量（有多少家庭获得土地和转让了多少公顷土地）转向关注质量方面，它有助于规划者更好地了解人们如何生活，注意到他们不同的生计策略；也有助于确保获得土地或使用权保障的人是土地改革项目规划的核心，而且这些计划能使人们在其资产、能力和现有生计活动的基础上得到发展，从而改善其生活；亦有助于激发对脆弱性背景的分析，使人们能够思考可持续性的不同维度，并为探索微观和宏观的联系以及不同部门之间的联系提供机会。

PGIEP 框架是以 CARE 框架和 Oxfam 框架为蓝本的。在该框架中，人和资产之间的关系是框架的核心，由资产、能力和活动构成的家庭三角位于一个代表土地、自然资源以及人们可以利用的其他农场内外资源的矩形内。人们将他们的资产和能力转化为生计策略，以实现特定的生计结果（由第二个矩形表示）。家庭的生计策略越成功，生计结果就会越好。这些生计结果可能包括更大的公平性、更多的收入、提高福祉、减少脆弱性、改善粮食安全以及更可持续地利用自然资源基础。多样化是良好生计策略的一部分，这样家庭的生存就不会只依赖少数策略；生计活动越多样化、越可持续，生计结果会越好。人们如何利用他们的资产并使他们的生计策略多样化，取决于外部环境中的一系列因素，即脆弱性背景（由第三个矩形表示）。脆弱性背景带来冲击、压力和其他趋势，会减少资产基础、降低能力或限制家庭活动。

PGIEP 框架强调了资产基础、生计策略和脆弱性背景之间的动态相互作用，各种地方和外部结构和过程以多种方式影响和冲击着人们的生计和生活。斯特奇（Satge et al., 2002）认为 PGIEP 框架概念化总结了以下过程：加强由中央矩形代表的自然资产基础（扩大和增加人们对资产基础的使用）、扩大第二个矩形所代表的结果（生计机会的多样化和达到预期的生计结果）以及减少最外部矩形所代表的脆弱性背景的影响（限制风险和脆弱性）。

（九）可持续农村生计中心（CSRL）可持续生计框架

美国艾奥瓦州立大学的 CSRL 开发了一个可持续生计框架（图 1-9），该框架在很大程度上基于斯库恩斯（Scoones, 1998）开发的原始 IDS 可持续生计框架，根据 CSRL 的策略愿景和目标对原始 IDS 框架进行了修改。与 IDS 框架相比，该框架仅保留了 IDS 框架中环境、条件和趋势要素中的"政策"，"当地产品的需求、市场价格、移民和环境因素"取代了其他要素；将文化、政治和物质资本纳入生计资源；在制度过程和组织结构要素中，明确提出了社区和非政府组织、地方和区域政府以及私营部门；在生计策略要素中，"非农业收入"取代了"移民"，强调了农业集约化和扩大化的重点是生产力和生产；在可持续生计结果部分，"增加收入的机会"取代了"工作天数增加"。

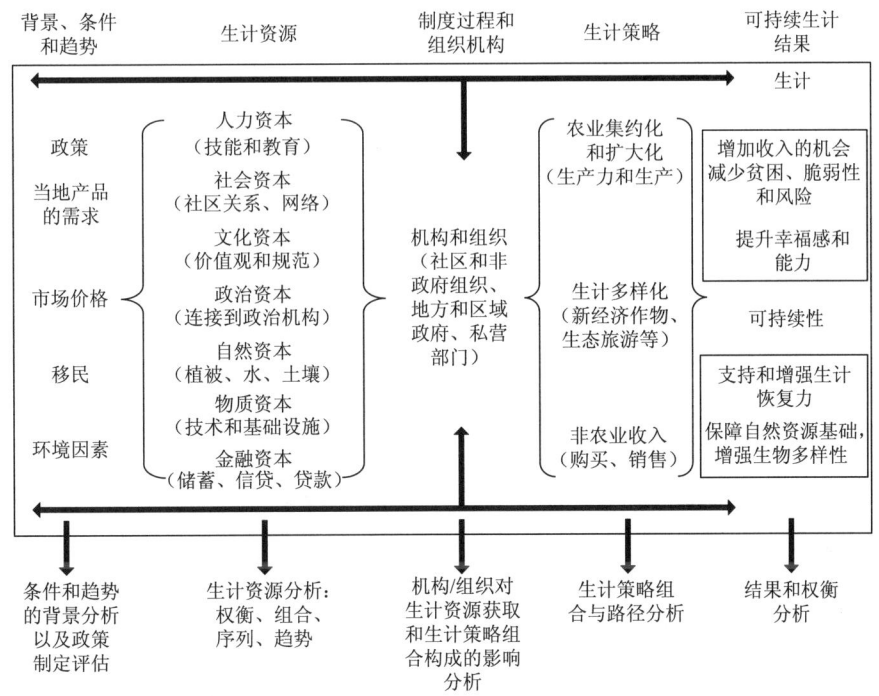

图1-9 CSRL可持续生计框架（CSRL网站）

CSRL认为可持续生计方法是一种"思考实施发展项目以消除贫困的目标、范围、优先事项和方法的方式"。CSRL可持续生计框架的指导原则包括：①以人为本，即关注人们在应对风险和不确定性方面所采取措施的优点和缺点，而不仅仅是他们的需求和问题；②参与性，即生计目标、优先事项和策略由贫困人口确定；③差异化策略，即认识到社区内个人和家庭之间的现有差异，以及生计多样化的必要性；④系统导向，即强调在更广泛的环境中关注增强或限制家庭生计的因素与政策、制度之间的联系；⑤有针对性的干预措施，即加强当地人的能力、资产和活动，以确保产生更大的影响，减少贫困程度和脆弱性；⑥可持续性问题，即在社会、文化、经济、制度和环境层面考虑可持续性；⑦反思实践，即进行动态分析，了解随时间的变化和因素间的相互关系，以改善分析和干预质量。

CSRL明确指出，虽然该框架不是项目活动的蓝图，但上述核心原则实现了基本的生计目标，即提高当地粮食安全、加强可持续自然资源利用实践、增加收入来源和水平、提高对经济和环境变化的适应能力以及改善家庭和社区福祉（Gumoi，2010）。

（十）生计学习（LAL）框架

生计学习（The Learning about Livelihoods，LAL）框架（图 1-10）是由开普敦大学（南非）环境与地理科学系和其合作组织基于 PGIEP 框架开发的（Satge et al., 2002）。该框架是可持续生计减灾项目（Disaster Mitigation for Sustainable Livelihoods Project, DiMP）的成果，该项目旨在减灾和评估处于不稳定状况的人们所面临的各种压力。LAL 框架已被用于探讨洪水风险、干旱、裁员、HIV 和 AIDS、暴力和政治不稳定等对家庭和社区的影响。

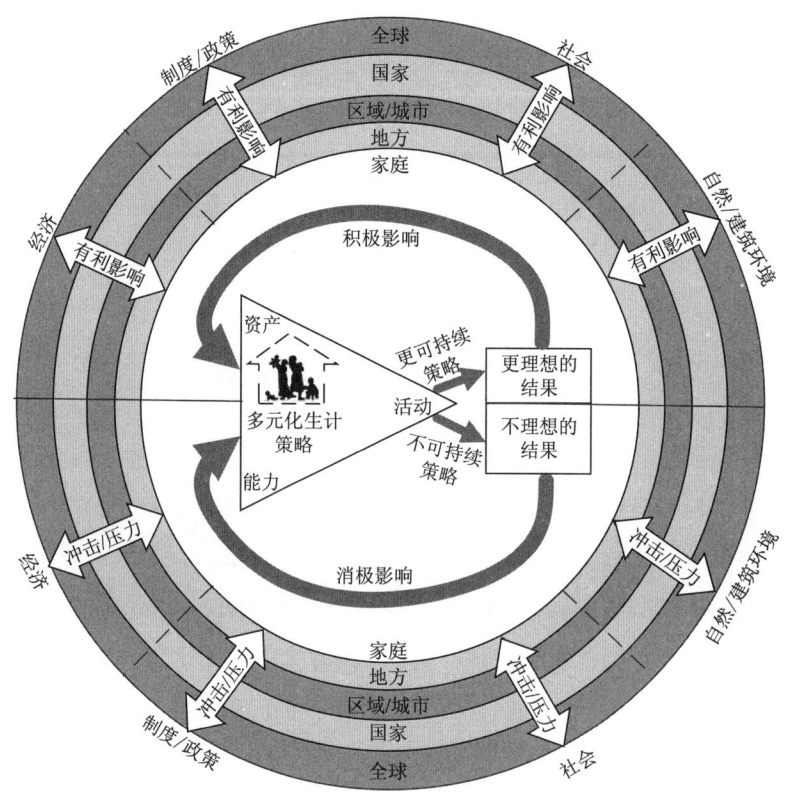

图 1-10　LAL 框架（Satge et al., 2002）

与 PGIEP 框架一样，LAL 框架的中心是不同的家庭（或人们），他们的能力不同，用于生计活动的资产可得性也不同，迫使他们只能采取不同的生计策略。家庭利用他们的资产和能力来追求不同的生计策略，不同的生计策略有不同的结果（包括理想的和不理想的)。这些结果的程度和范围因家庭而异,理想的结果对资产和能力产生积极影响,而不理想的结果对资产和能力产生消极影响(Satge et al., 2002)。

家庭活动受到地方、区域或城市、国家和全球各级宏观(外部)环境因素的影响。外部环境由自然(物理)、经济、社会和制度/政策组成。这些因素可能会发挥有利影响,帮助家庭参与可持续生计策略,它们还可能会形成冲击和压力破坏生计的可持续性。反过来,正如外部环境影响家庭一样,家庭也影响外部环境;这些影响可以是积极的,也可以是消极的。一项家庭活动有可能在个人改善家庭福利的同时,对外部环境产生消极影响。例如,一个家庭可以通过砍柴来获得现金收入,但这种活动也将破坏自然资源基础,损害许多人的生计。

LAL 的生计框架是全面的,它可以用来分析微观和宏观环境以及它们对彼此的影响。通过这种方式,可以确定主要的趋势,显示不同福利类型的家庭如何走向更强的恢复力和生计可持续性,或陷入更大的脆弱性。该框架允许在分析中引入随时间而发生的变化,例如季节性和历史变化,还考察了家庭内外的性别和年龄关系,性别和年龄影响到资源的获取和可能的生计活动种类。

(十一)促进生计事务机构(BASIX ISLP)生计框架

该生计框架是由 BASIX 和 ISLP 共同开发和使用的(图 1-11)。BASIX 成立于 1996 年,是印度的一个生计机构,旨在通过提供金融服务和技术援助(农业和商业发展服务),以综合的方式促进可持续生计。ISLP(印度促进生计学校)是由 BASIX 的一家控股公司建立的一个独立组织,位于印度的海德拉巴。与 BASIX 一样,它参与了与支持生计和传播知识有关的知识建设领域的活动,以提高影响贫困人口生计的个人实施能力。

该生计框架旨在设计针对贫困人口的生计干预措施,重点关注干预措施的背景,考虑了需求条件、因素条件、制度条件和产业条件,并提出资产、意识、能力和可得性也是生计的重要组成部分(Rengasamy, 2008)。

(十二)沙漠原住民生计框架

澳大利亚可持续生态系统研究组织(The CSIRO Sustainable Ecosystem)开发了一个沙漠版本的土著生计框架,这是在土地管理中利用参与方法进行沙漠原住民生计跨文化参与模式研究工作的一部分(LaFlamme, 2007)。该研究关注自然和文化资源管

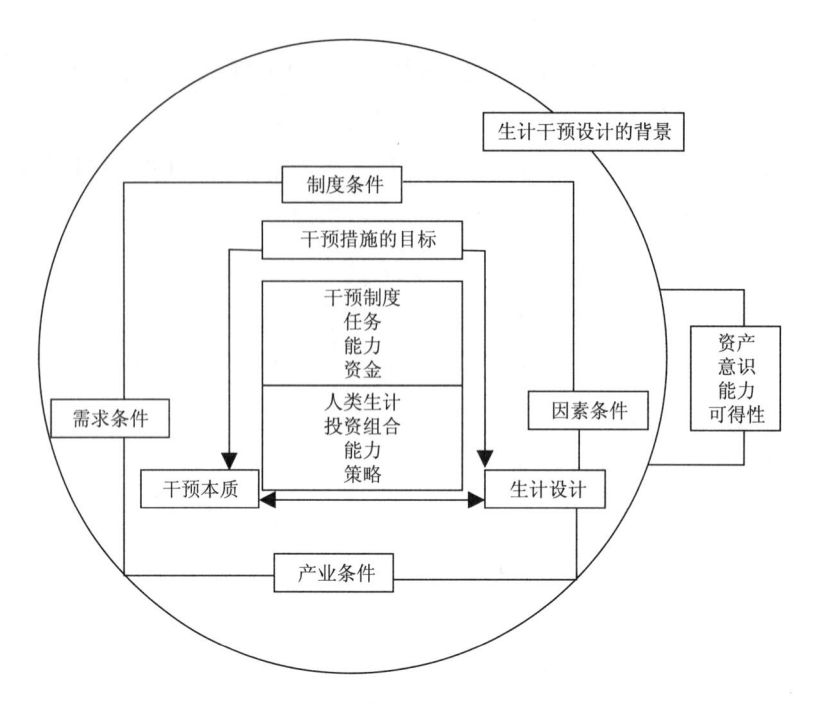

图 1-11 BASIX ISLP 生计框架（Rengasamy，2008）

理与可持续生计结果间的关系、生计干预的效果，以及不同文化、不同部门和不同层次人的思维模式差异（LaFlamme，2007）。为了反映沙漠原住民的背景（现实或本体）和经验，基于实地考察，该组织对 DFID 可持续生计框架及其组成要素进行本土化和重新定义，提出了沙漠原住民生计框架（图 1-12）。该框架被用于评估从地方到国际各级的跨文化土地管理政策、计划和活动，其重点是来自不同策略的生计结果、受资产影响的规则、各级支持性规则以及对生计系统的共同理解。

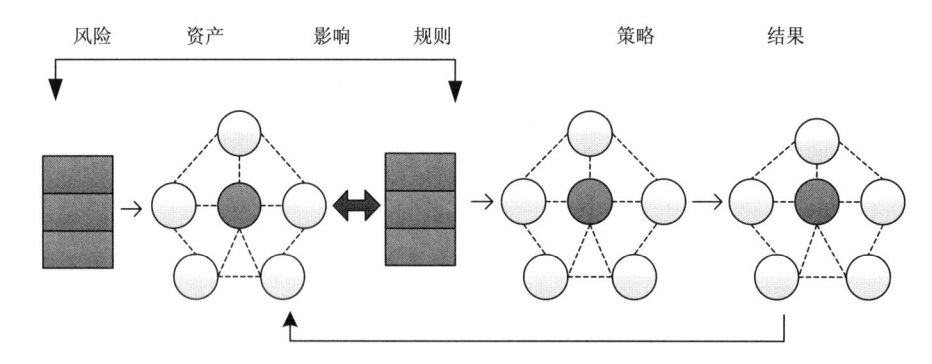

图 1-12 沙漠原住民生计框架（LaFlamme，2007）

土地是沙漠原住民可持续生计框架的核心，习惯法、仪式、语言、精神、亲属关系和其他要素（例如植物和动物），围绕着土地，并与土地联系在一起。土地就像重心，原住民生计资产、策略和结果表现为土地及其与习惯法、亲属关系、语言、精神和仪式的关系，这与 DFID 及其他框架截然不同。

沙漠原住民生计框架由资产、策略、规则、风险和结果组成。DFID 可持续生计框架中的资产（即人力、社会、金融、实物和自然）并没有完全被取代，而是被纳入通用的原住民资产框架（图 1-13）。在原住民背景下，这些资产类别中的每一个都是根据土地、习惯法、仪式、语言和亲属关系来定义的。其中，资产是人们所拥有的，策略是人们用他们所拥有的资产去做，而结果是人们从他们所做的事情中得到的。规则取代了 DFID 框架中的政策和程序。规则包括操作性、集体性和宪法性三种类型，其中操作规则是日常活动的结构及其影响，决定结构的政策是集体规则，而定义政策的法律或社会契约是宪法规则。风险是脆弱性的原因。在非洲，缺乏财富意味着人们容易受到环境因素的影响。然而，在原住民背景下，贫困使得风险由文化同化政策驱动，而不一定由环境因素及其所代表的脆弱性驱动（LaFlamme，2007）。

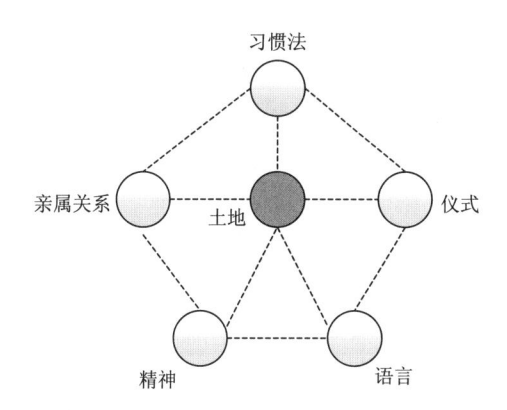

图 1-13　原住民资产图（LaFlamme，2007）

（十三）非洲社区驱动发展研究所（KANYA-AICDD）可持续生计框架

设在南非的 KANYA-AICDD 也提出了一个可持续生计框架（图 1-14）。该研究所与发展伙伴合作，一起促进社区发展和可持续生计。

可持续生计框架有助于组织制约或提高生计机会的因素，并显示它们之间的相互关系。KANYA-AICDD 框架保留了标准可持续生计框架中的大部分内容，包括资产、脆弱性、政策、机构、过程和组织、结果和策略等。其中，政策、机构、过程和组织分为正式和非正式以及宏观、中观和微观层次，生计策略以期望的生计为基础。该框架中贫困人口必须经常权衡和选择的生计资本包括自然资本、人力资本、金融资本、心理资本、社会资本，未考虑精神资本、信息资本和政治资本等，家庭地位也不明显。

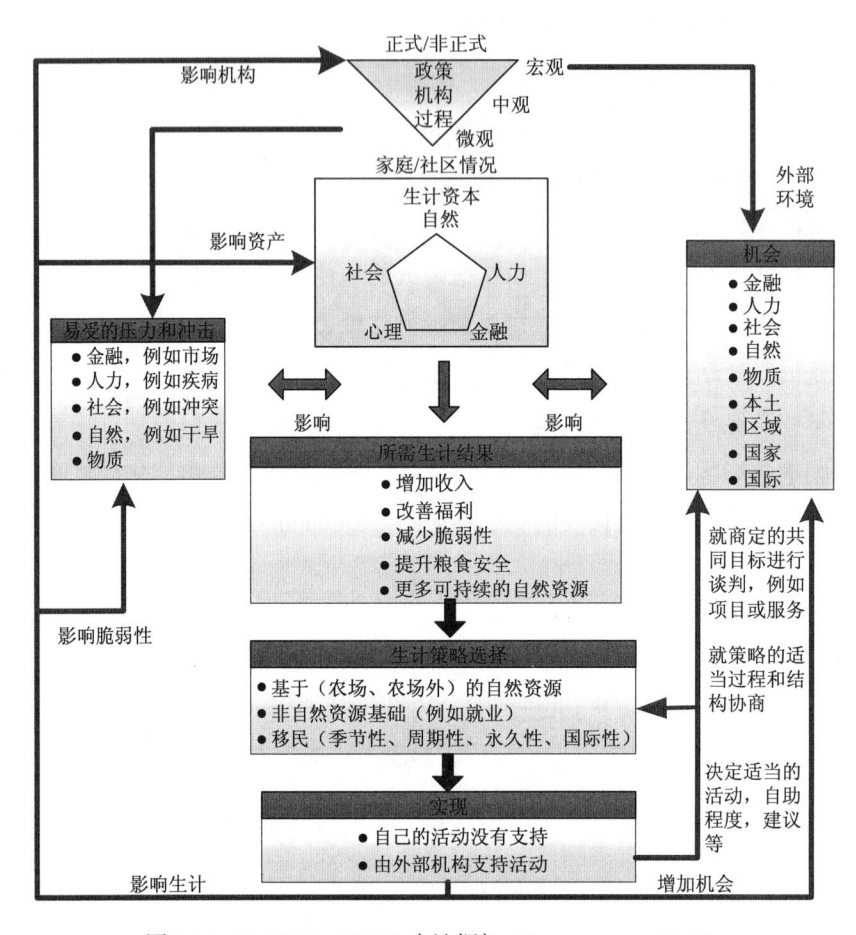

图1-14　KANYA-AICDD生计框架（Rengasamy，2008）

脆弱性的特点是当面对外部环境变化时，个人、家庭和社区的福利没有保障。脆弱性背景包括外部冲击、季节性和关键趋势，由于缺乏应对这些脆弱性背景的能力和手段导致抵御能力缺乏；生计策略和结果不仅取决于获得资本资产的机会或受到脆弱性背景的限制，它们还会被机构和过程改变。机构是指制定和实施政策与立法、提供服务、购买、贸易和履行影响生计的所有其他职能的公共和私营部门组织，过程包括法律、法规、政策、操作安排、协议、社会规范和实践，这些反过来决定了机构的运作方式。如果没有实施政策的适当机构和程序，决定政策的机构就不能有效。过程对生计的每个方面都很重要，它们提供激励，刺激人们作出更好的选择；他们允许或拒绝获得资产，使人们能够通过市场将一种资产转换为另一种资产。他们对人际关系也有很强的影响。尤其对于贫困人口和弱势群体，如果政府不采取有利于贫困人口的政策，而这些政策反过来又渗透到立法和更不正式的程序中，那么框定他们生计的过程可能会限制他们。

生计策略旨在实现生计成果。生计策略决策可能涉及基于自然资源活动、基于非自然资源和非农活动、移民和汇款、抚恤金和赠款、集约与多样化、短期与长期结果，其中一些可能相互竞争。潜在生计结果包括增加收入、改善福利、减少脆弱性、提升粮食安全、更多可持续的自然资源，这些结果之间也可能再次发生冲突。

二、研究者开发的分析框架

（一）斯库恩斯（Scoones）生计框架

Scoones（1998）的可持续生计分析框架包括背景、条件和趋势、生计来源、制度过程和组织结构、生计策略以及可持续生计结果等核心部分（图1-15）。在该框架中，斯库恩斯将资本分为自然资本、经济金融资本、人力资本和社会资本四种，对各种资本之间的关系（例如顺序性、转化、替代、集合、可获得性及发展趋势等）进行了简要解释，并提出从就业、减贫、福利和能力、生计适应、脆弱性和恢复力以及自然资源基础的可持续性等出发来衡量可持续生计结果。

该框架显示，在不同背景下，农户和其他决策主体通过获得生计资源、并在采取不同的生计策略（例如农业集约化或扩大化、生计多样化、迁移）时相结合，来实现可持续生计。该框架的核心是分析那些影响生计结果的正式和非正式的制度和组织因素，认为农户是在一定的背景下（例如政策、政治、历史、农业生态和社会经济条件），以不同形式的资本结合生计资源，实现不同的生计策略（例如农业集约化及扩大化、生计多样性和迁移），从而取得不同的生计结果，它特别强调制度过程会调节采取某种生计策略和实现生计结果的能力。农户实现不同生计活动的能力依赖于个人拥有的有形和无形资本。该框架可用于不同尺度对象的研究，从个人、家庭到家庭集群、亲属分组，还可扩展到村庄、地区甚至国家。

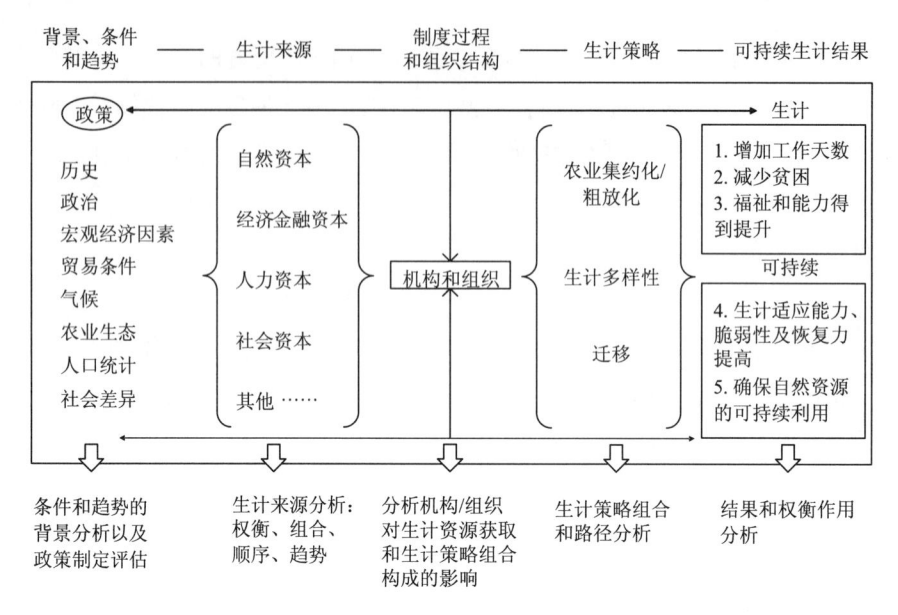

图 1-15　Scoones 可持续生计框架（Scoones，1998）

（二）贝宾顿（Bebbington）生计框架

Bebbington（1999）强调了资本（Capitals）和能力（Capability）在生计分析中的作用，他认为资本为农户参与和改变世界提供了能力。他提出了以资本（Capitals）和能力（Capability）为核心的用于分析农民脆弱性、农村生计和贫困的框架（图 1-16、图 1-17）（Bebbington，1999）。在该框架中，资本是工具性活动、诠释性活动和解放性活动的载体。这三类活动分别对应于谋生、使生活有意义以及挑战现有生计结构。

该框架认为分析农户生计需要根据：①人们对于五种资本的可获得性；②农户结合和资本转化的方式；③农户扩展资本的方式，既是为了改善生活，也是为了改变主要的规则与关系，这些规则和关系决定着控制、分配和转化农户资源的方式。该框架特别强调社会资本对农户获得其他资源的作用。生计分析强调，要认识到是政策、制度运作过程决定了人们对于资本的拥有与使用状况以及他们对生计策略的选择；可持续生计途径力求理解影响人们对生计策略选择的背后因素，以便强调积极因素、减轻消极因素，而不是因为存在某种"原料"，例如林地、耕地或就业机会，就简单地推荐某种生计策略（黎洁等，2017）。

图 1-16　资本、生计和贫困

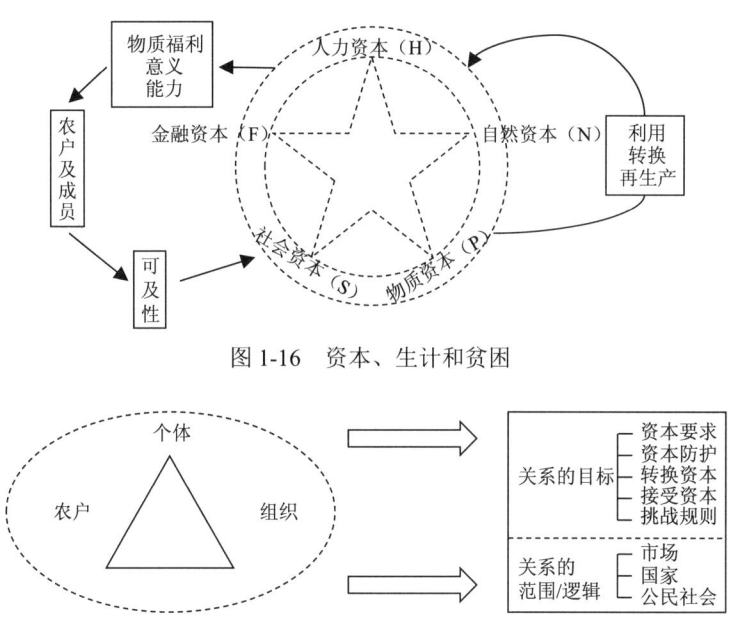

图 1-17　资源可及、使用和转换

（三）埃利斯（Ellis）生计框架

Ellis（2000）提出了一个分析农村生计的可持续生计框架（图 1-18），该框架改编自斯库恩斯（Scoones，1998）和 DFID（1999）框架，融合了这些框架的许多特点。该框架中的资本包括人力资本（例如家庭成员的教育、技能和健康）、物质资本（例如农业设备或缝纫机）、社会资本（例如人们所属的社会网络和协会）、金融资本及其替代品（例如储蓄、信贷、牛等）和自然资本（例如自然资源基础）。在实施由一系列活动组成的生计策略时，资产的获取和使用受到社会因素（例如社会关系、体系、组织）以及外部趋势（例如经济趋势）和冲击（例如干旱、疾病、洪水、虫灾）的影响；该框架将生计策略分为基于自然资源的活动和基于非自然资源的活动，尤其关注生计多样化对生计结构的影响；同时，根据生计多样化对生计安全和环境可持续性的影响来衡量生计结果，认为多样性的增加将促进更大的灵活性，提高了农户面对不利趋势或突发冲击的长期恢复力，故多样化的活动组合有助于农村生计的可持续性。

该框架提供了一个清单，通过该清单可以确定消除制约生计成功因素的优先行动，并确定它们之间的联系，不仅有助于人们提高对农村发展方法中生计多样化的认识，也有助于理解农村地区多样化与贫困、农业生产力、自然资源管理和性别关系之间的相互作用，更有助于对增强农村多样化生计政策的理解。

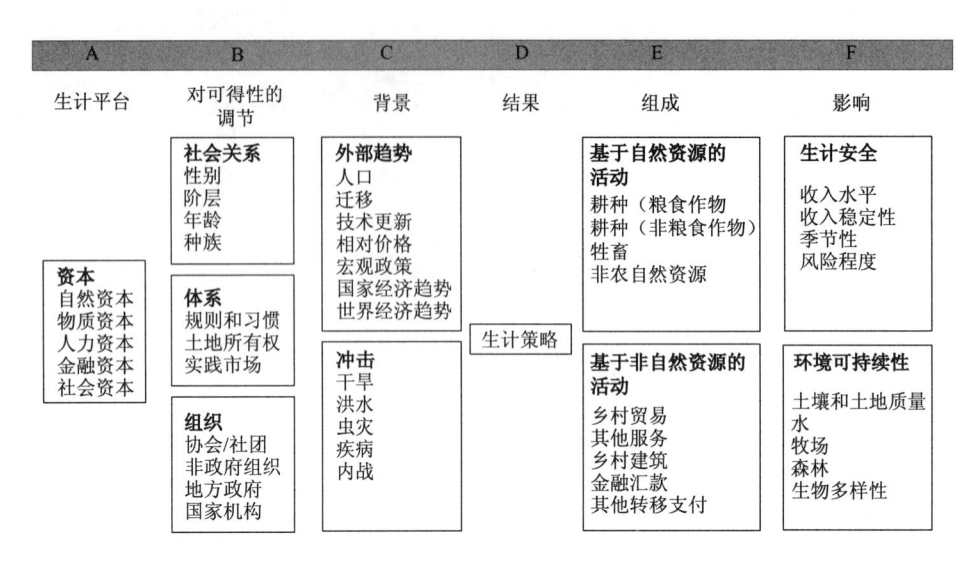

图 1-18 Ellis 生计分析框架（Eills，2000）

（四）苏桑（Soussan）生计框架

认识和理解生计过程的动态是对安全、脆弱性、恢复力和敏感性等因素进行分析的基础。这些都与生计运作条件的变化过程以及生计对这些变化的反应有关。人们的生计结构（特别是生计资产的拥有量和多样性）差异很大，外部影响对它们的影响也是如此。苏桑等（Soussan et al.，2004）为了追踪人们生计的不同方面及其影响因素之间的相互联系，开发了一个理解这些动态和多样性的框架（图 1-19）。

该框架指出家庭可获得的资本（例如人力、自然、金融、社会和物质资本）反映了他们进入生产这些资本的系统（例如资源基础、金融系统和社会）的能力。生计建立在对这些资产使用的一系列选择之上，决策过程可以看作是一种生计策略，虽然它是一个连续过程，但总有关键的决策点，有时是有规律性和季节性，有时是偶然的和意想不到的，有些是被动的，有些具有"既定"特征，而另一些是重大的结构性决策。根据所做的选择，家庭成员将进行一系列的生计活动，例如园艺、钓鱼和打猎。有些活动可能占主导地位，但一个家庭很少完全依赖一种生计来源，大多数家庭都采取一系列复杂的生计活动。这些活动为家庭产生"收入"，包括商品、服务和现金等，然后用于进行生计活动的投入再循环、社会支付（例如税收和贷款利息）、维持或提升生计资产的投资，或者消费（例如食物、住房、衣服和所有其他有助于提升家庭生活质量的商品和服务）等。

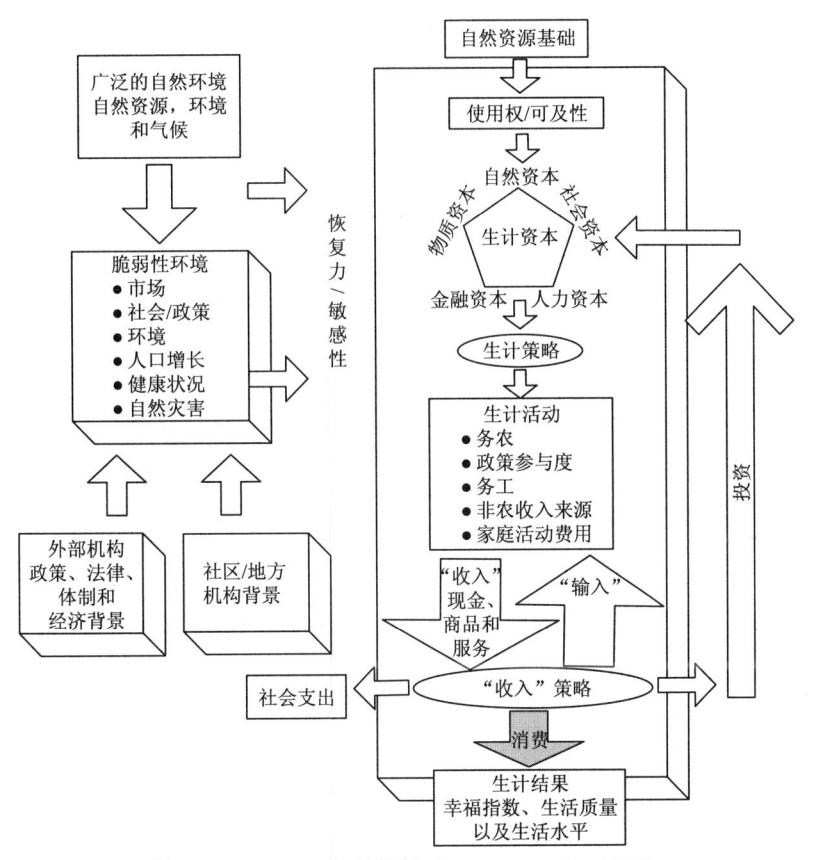

图 1-19 Soussan 生计框架（Soussan et al., 2004）

该框架同样提出生计很容易受到家庭所在地区内外、各种超出家庭控制范围的外部力量的影响，包括市场、物质环境以及社会和政治环境等，这些因素本身是动态的。它们的影响将因家庭而异，有些家庭对它们的影响更敏感，而另一些家庭则能更好地吸收它们的影响或对它们可能提供的机会做出反应。这些外部力量代表了不同家庭生计系统发展的脆弱性背景，而家庭应对这些脆弱性的能力，则是他们针对这些脆弱性的恢复能力。通常，家庭越富裕，资产越丰富，在面对冲击时所拥有的选择就越多，其生计基础受到破坏时的适应力也就越强（Soussan et al., 2004）。

（五）卡恩（Cahn）生计框架

Cahn 框架（2002）是对国际开发署（IDS）和国际发展部（DFID）可持续生计框架的调整，是根据南太平洋实际情况量身定做的（图 1-20）。该框架与其他框架有许多相似之处，但也存在差异。该框架强调文化的重要性，提出生计必须在文化和传统范围内运行。

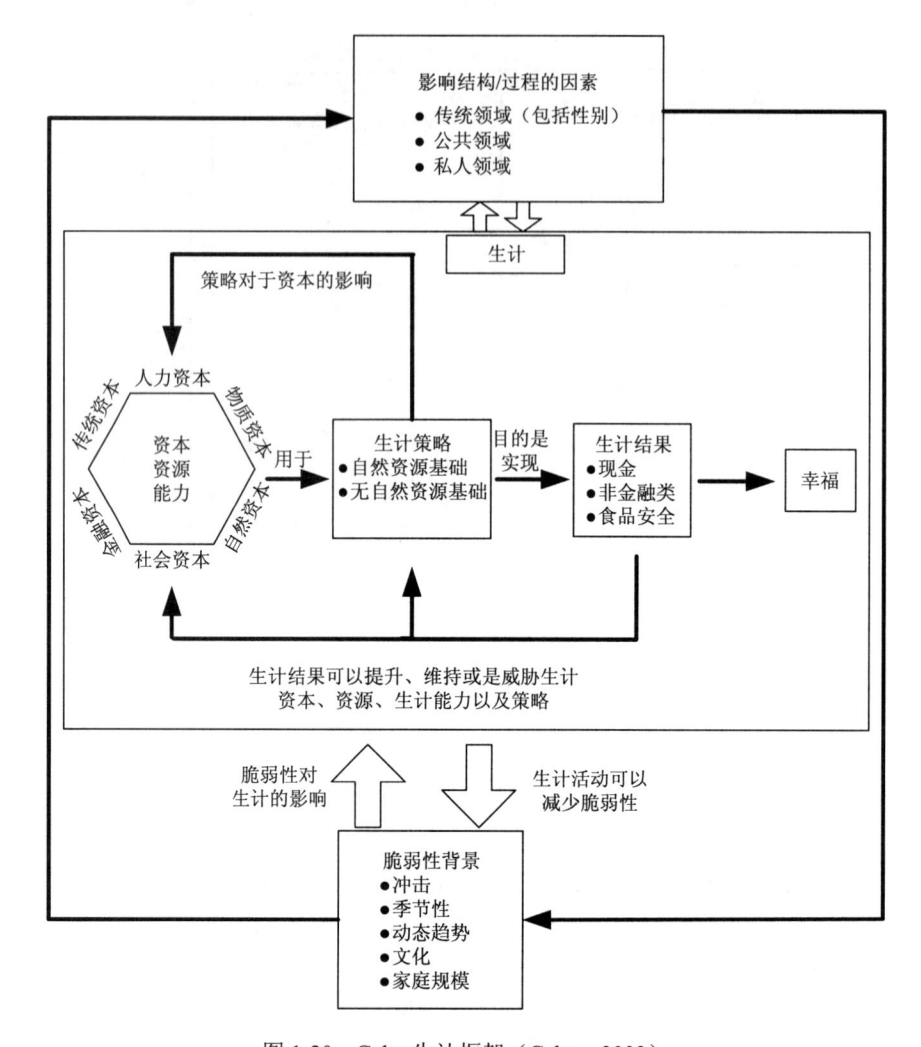

图 1-20　Cahn 生计框架（Cahn，2002）

该框架与其他框架相比，其影响结构和过程要素包括传统领域（包括性别）、公共领域和私人领域三个领域，脆弱性背景包括文化和家庭方面；影响结构和过程的脆弱性背景被置于生计之外，因为它们影响生计资产、生计策略和生计结果的所有方面；明确阐述了要素之间的联系和流动（变化），将传统资产作为单独的资产纳入其中，并将幸福包括在最终目标或生计结果中。

基于上述的太平洋框架，卡恩（Cahn，2006）通过对萨摩瓦（Samoa）可持续农村生计、小型企业和文化的案例研究，开发了修订后的可持续生计框架。该修订框架是在卡尼（Carney，1998）、斯库恩斯（Scoones，1998）、DFID（1999）和埃利斯（Ellis，2000）框架的基础上改编的，但卡恩将其置于萨摩瓦（Samoa）案例的研究背景中。

该修订框架保留了卡恩（Cahn，2002）框架中的大部分组件，但文化资产、资源和能力取代了传统资产、资源和能力，且将资本添加到资产、资源和能力中，影响结构和过程也被一系列文化、性别、政策机构和过程组合所取代。

（六）伦加萨米（Rengasamy）框架

设在印度南部的马杜赖（Madurai）社会科学研究所的伦加萨米博士开发了一个整体的可持续农村生计框架（图 1-21）。Rengasamy 框架中的风险性和机会背景以及政策、制度、组织和过程与最初的 DFID 和其他框架是相同的，但它们的构成已有所拓展。

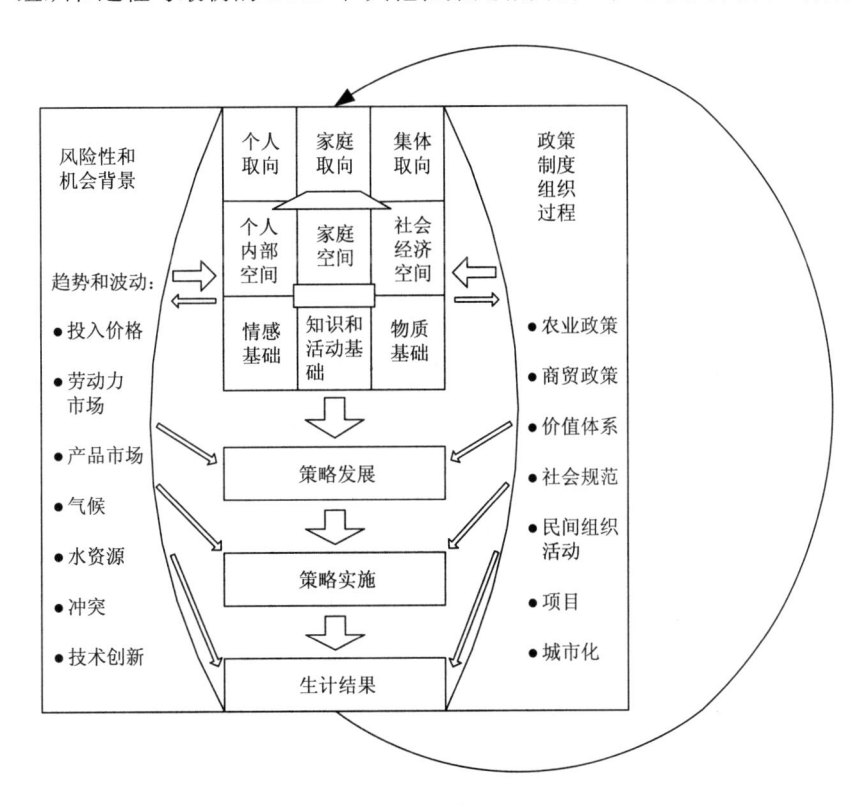

图 1-21　Rengasamy 生计框架（Rengasamy，2008）

Rengasamy 框架具有两个明显的特点：一是生计资产被取代，作为一种启发式的工具，它将框架转换为一个整体；二是将生计策略分为策略发展和策略实施，这是由于人们认识到，在生计结果实现之前，需要制定和形成策略，这些策略得到实施才能转化为结果（Rengasamy，2008）。

（七）资源和塑造力（RLS）框架

资源和塑造力（the Resources and Shaping Forces Model，RSF）模型是马鲁和伍德福德（Maru and Woodford，2005）开发的。该模型是马鲁（Maru，2001）为埃塞俄比亚提格里州开发的一个基于社区的可持续发展监测系统的详细实质性模型的简化版本。马鲁和伍德福德提出该模型，将可持续生计原则与社区发展联系起来，是一个识别、描述和分析社区层面生计与自然系统的框架。

RSF 模型由两个相互作用的三元组合组成，即基于资源的三元组合（图 1-22）和塑造力三元组合（图 1-23）。其中，以资源为基础的三个方面包括禀赋（提供实物资源、服务和程序）、权利（获得实物和社会资源、服务和程序）和责任（新的职责和责任类别）；三种塑造力量包括制度（规则、规范和信仰体系）、干预（涉及社区外部组织的救济、恢复和改进活动）和扰动。

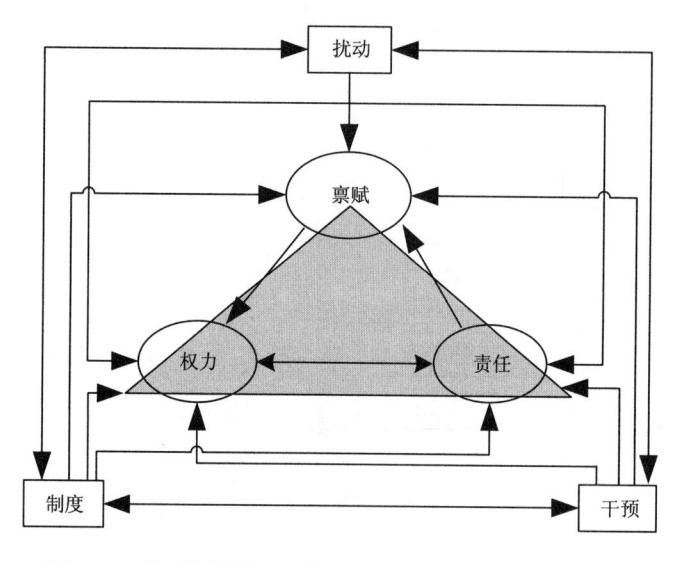

图 1-22 基于资源的三元组（Maru and Woodford，2005）

马鲁和伍德福德（Maru and Woodford，2005）认为 RSF 框架对生计和权利理论作出了贡献，它修正了权利理论，将干预和扰动纳入其中，作为塑造和影响自然和生计系统动态的主要力量。他们提出该框架强调了在不同层次和群体之间进行迭代和关联分析的必要性，纳入了权利理论中的委托，将制度视为信仰体系以及正式和非正式的规则，并提出社会驱动的塑造力量是多样化的。

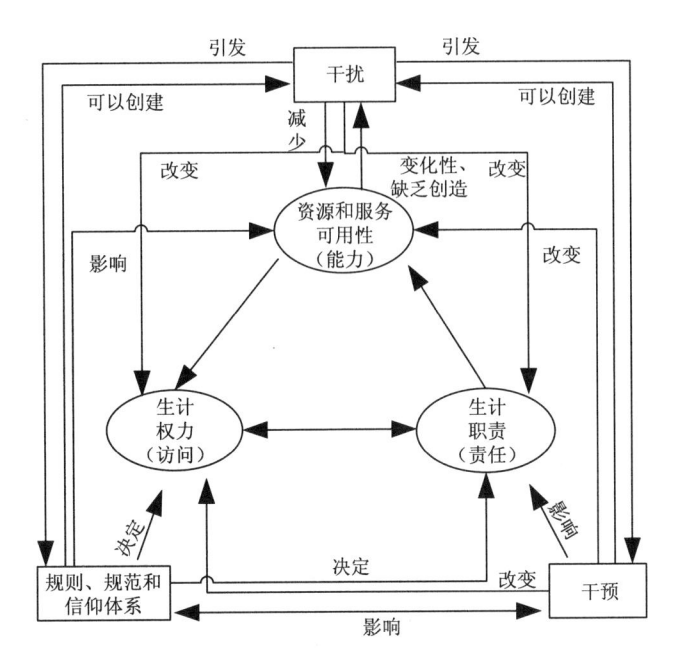

图 1-23　塑造力三元组（Maru and Woodford，2005）

马鲁和伍德福德（Maru and Woodford，2005）提出在操作层面 RSF 模型不仅可成为识别、描述和分析社会生态系统中与资源、权利和责任以及塑造它们的力量有关问题的有用框架，也可作为社区行动辅助工具，指导社区发展和增强系统可持续性。

（八）多沃德和全（Dorward-Quan）框架

虽然研究人员和政策制定者越来越认识到市场在生计中的作用，但因在分析框架内将市场和生计结合在一起的方式面临挑战，最初的 DFID 可持续生计框架及其他框架中未包括且淡化了市场、机构和技术等因素。事实上，生计分析和供应链分析可以结合且相互补充，这种结合可提高对市场结构和特定商品市场与生计策略互动方式的更全面理解（Kanji et al.，2005）。其中，生计分析可以评估选择（策略和结果）之间可能的权衡，而供应链分析可以提供本地市场如何与全球市场互动的基本情况。不考虑生计因素而单独进行价值链分析，有可能会过分强调产品和供应链中行为者之间的关系，而不是探讨人们如何利用其资产或资本创造这些产品，以及市场对生计的总体影响。通常，将市场与生计结合在一起的方法有两种：一种是将市场和相关供应链与生计一起进行独立但互补的分析；另一种是将市场开发和相关供应链视为一个具体因素，作为生计框架内的转型过程。这两种方法中，市场可能是积极的，会导致生活水平的提高；也可能是消极的，因为市场可通过鼓励不可持续的做法或导致社会中特定群体的进一步边缘化而增加脆弱性（Quan，2009）。

多沃德等人（Dorward，2001；Dorward *et al.*，2003）对其进行了修订，提出了Dorward可持续生计框架（图1-24），明确将市场及其相互关系纳入生计框架内。全（Quan，2009）又进一步修改了这个框架，以越南从自给农业向商品农业的演化过渡为研究蓝本（图1-25）。这两个框架被用来研究生计和市场之间的相互作用，具有商业导向。在Dorward-Quan框架内，生计仍然是分析的中心，就像在传统的可持续生计框架内一样；然而，该框架明确探讨了生计和市场之间的相互作用，尤其考虑了不同类型的市场以及这些市场以不同方式产生影响的可能性。其中，不同类型市场的运输系统和道路基础设施等支撑因素（所需干预措施）以及每个市场与生计系统其他要素互动的方式成为这一框架的重要要素，这包括基本要素，例如家庭食品消费模式的变化和生产活动的变化。在这个以商业为基础的可持续生计框架中，也强调了市场与政策、机构和进程之间的相互作用（Quan，2009）。

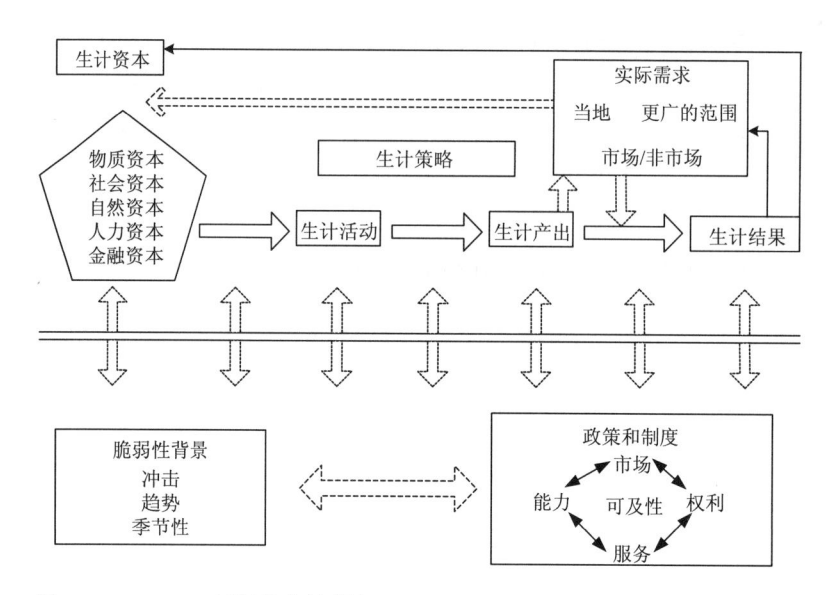

图 1-24　Dorward 可持续生计框架（Dorward，2001；Dorward *et al.*，2003）

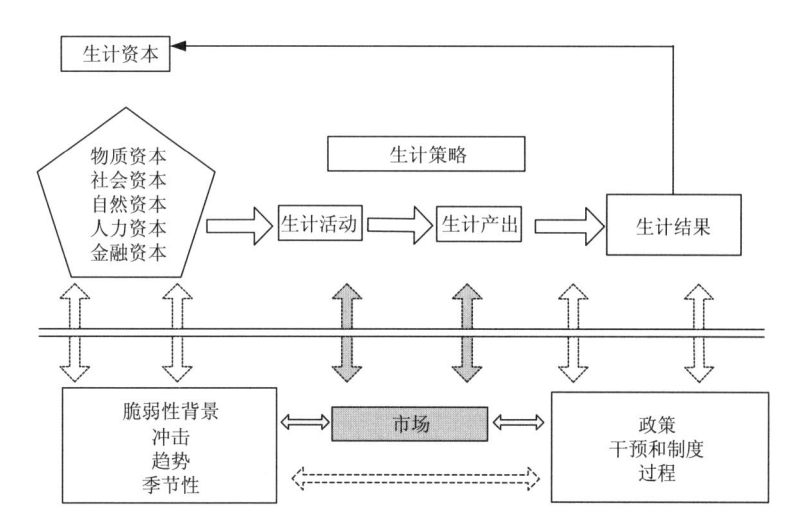

图 1-25　Quan 框架（Quan，2009）

  Dorward 框架强调了市场、服务、能力、权利以及在政策和制度下的可及性之间的关系，包括当地和更广范围内的市场和非市场实际需求。市场包括投入和产出市场及其各自的投入和产出链，其中投入市场包括土地、劳动力、信贷和物质投入。土地市场可通过销售和租赁为土地集聚创造机会；劳动力市场的有效运作可促进劳动力从农业和农村部门的转移，这一过程不仅可创造更多的非农收入，也可为推广节省劳动力的新技术创造机会；物质投入市场包括机械、种子、牲畜、化肥、杀虫剂和除草剂等，其可及性不仅影响交易成本，还可创造新的生产机会。产出市场包括商品和增值产出。农业企业链包括价格、质量和数量的信息流，可帮助塑造生计机会和行为。这些市场和农业综合企业链的发展可直接创造就业机会、促进新技术、提高产量、降低交易成本，从而提高经济效率。政府政策、干预和机构既可以促进市场发展，也可以限制市场发展。而市场发展本身也可以导致新的政策和制度。同样，市场不仅受到冲击和趋势的影响，本身也会产生冲击，产生新的风险，从而增加脆弱性。传统的饮食习惯、文化、季节性活动和节日也会影响需求。

第三节 可持续生计研究进展

一、可持续生计研究可视化图谱

基于 CiteSpace 的文献计量方法可从宏观上掌握某一领域的研究现状,厘清研究发展脉络。CiteSpace 是由美国德雷塞尔大学(Drexel University)陈超美博士开发的可视化分析工具,用于探测科学文献的发展趋势和模式,它主要通过数据挖掘、信息分析、科学计量和图形绘制等一系列处理来对某一学科领域的知识进行可视化展示(Chen, 2006;李琬、孙斌栋,2014)。为了更好地了解国内外可持续生计研究的热点与前沿、研究趋势等问题,可借助 CiteSpace 5.7.R5 软件,绘制可持续生计相关研究的知识图谱。本节分别以中国知网(CNKI)期刊数据库和 Web of Science 核心合集数据库为主要数据源,时间跨度为 1980—2020 年,其中:中国知网(CNKI)期刊数据库中主要选择核心期刊、CSSCI(中文社会科学引文索引)和 CSCD(中国科学引文数据库)中文来源期刊作为数据源,以"生计"为检索主题,文献类型为"期刊论文";Web of Science 核心合集数据库中主要选择 SCI、SSCI 和 A&HCI 外文来源期刊作为数据源,以"Livelihood"为检索主题,文献类型为"Article"或"Review"。与此同时,为提高检索文献的准确性,对检索结果进行逐一筛选,剔除卷首语、会议征稿、书评、成果介绍等文献条目及不相关条目,最终分别得到中文文献 2 055 篇,外文文献 9 124 篇。

(一)国内生计研究可视化图谱

1. 关键词共现分析

关键词是文章核心内容的高度概括和总结,体现着文章的研究价值与方向,关键词之间的关联性可在一定程度上展现各学科知识中的内在联系,不同时期出现的高频关键词也代表了该学科领域当时的研究热点与学术前沿(李伯华等,2017;苏飞等,2016)。因此,为了更准确地反映可持续生计研究的热点和前沿,采用关键词共现网络分析方法,通过网络节点间的疏密关系,来展现相关领域的热门话题。如图 1-26 所示,国内生计研究关键词共现图谱由 767 个节点和 1 236 条连接线组成。其中,"生计资本"出现频次最高,达到 325 次,其次为"可持续生计"和"农户",出现频次分别为 246 次、211 次,其他高频关键词包括"生计策略"(129 次)、"生计"(97 次)、"生计方式"（73次）、"失地农民"（70次）、"脆弱性"（58次）、"精准扶贫"（57次）等。可见，目前国内可持续生计领域的研究主要集中在贫困山区、生态脆弱区等典型区域，研究对象多以农民、牧民等弱势群体为主，研究内容主要涉及生计资本、生计策略、生计脆弱性、精准扶贫等多个方面。

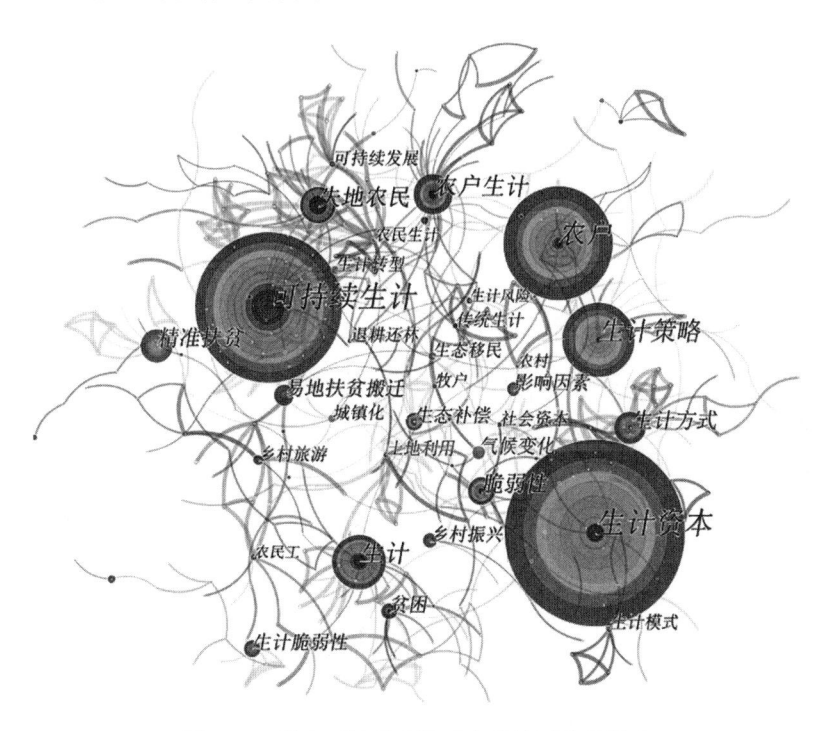

图 1-26　国内可持续生计研究关键词共现图谱

从研究对象来看，国内研究主要以农户、牧户等为研究对象，重点关注失地农民（周洁等，2013；丁士军等，2016）、生态移民（唐宏等，2011；钟水映、冯英杰，2018）、水库移民（王沛沛、许佳君，2013）、土地流转农户（朱兰兰、蔡银莺，2016；张仕超等，2018）、易地扶贫搬迁农户（贺立龙等，2017；周丽等，2020）等特殊个体或群体的生计可持续性。例如，丁士军等（2016）从生计资本视角出发，提出了一套测量农户生计能力的方法，并利用该方法评价了失地前后农户生计能力的变化情况；张仕超等（2018）以土地流转农户的生计资本为切入点，从土地流转前后农户劳动力的从业属性及其转移方向出发，分析了不同类型流转农户生计资本在整合方向、整合强度和整合效益等方面的差异性；李芬等（2014）以三江源地区的生态移民为研究对象，对比分析了搬迁前后农户生计结构的差异，并指出提高移民技能水平、促进后续产业发展、提高补偿力度等是实现搬迁农户生计可持续的关键。

从研究区域来看，贫困山区、民族地区、生态功能区等是目前国内众多学者关注的重点区域（刘卫柏等，2019；高志玉等，2020），尤其是脱贫攻坚战打响以来，贫困地区农户生计问题得到了高度关注（孙晗霖等，2019；谢大伟，2020）。例如，孙晗霖等（2019）以中国九大连片特困地区内的 134 个行政村作为研究样本，以脱贫户为研究对象，通过构建可持续生计评价指标体系，探讨了影响精准脱贫户家庭生计的关键因素；高志玉等（2020）以甘南黄河水源补给区为例，基于入户调查数据，在识别当地农户面临的关键生计压力基础上，进一步探讨了生计压力的交互作用对农户资产可得性变化的影响；刘卫柏等（2019）基于贵州省 3 个民族自治贫困县 341 户贫困农户的调研数据，采用 Probit 计量分析模型和广义精确匹配方法，探究了产业扶贫对民族地区贫困农户生计策略和收入水平的影响。

从研究内容来看，目前研究主要集中在生计脆弱性、生计恢复力、生计可持续性等的综合评价（李立娜等，2018；刘伟等，2019；赵雪雁等，2020），以及外部扰动对农户生计系统的影响等方面。外部扰动不仅包括自然灾害、气候变化等自然因素的扰动（张钦等，2016；张丽琼等，2020），还包括城镇化、精准扶贫、退耕还林、生态补偿、乡村旅游、农地整治等一系列人为因素的扰动（李树茁、梁义成，2010；安祥生等，2014；陈佳等，2017），尤其是人为因素扰动下的农户生计问题研究，已成为近年来国内学术界关注的焦点。例如，吴孔森等（2019）从农户微观视角出发，定量测度了不同生计类型农户的生计脆弱性，识别了影响农户生计系统的主要致脆因子，并针对性提出了农户的生计适应模式；刘伟等（2018）基于实地调研数据，分别从暴露度、敏感性和适应能力三个维度出发，构建了易地扶贫搬迁农户的生计脆弱性评价指标体系及评估模型，评估了易地扶贫搬迁对农户生计脆弱性的影响，识别了影响易地扶贫搬迁农户生计脆弱性的关键要素；熊思鸿等（2020）基于生计恢复力分析框架和可持续生计框架，提出了农户生计应对气候变化的恢复力研究框架，重点分析了农户生计应对气候变化的恢复力表现，并从定性和定量两个方面归纳总结了生计恢复力的度量方法。

2. 突现关键词分析

关键词突现度可以反映一段时间内影响力较大的研究领域或新兴趋势（安传艳等，2018）。通过对国内可持续生计研究领域的突现关键词进行分析，共得到 14 个突现词（图1-27）。其中，突现度排在前 5 位的关键词依次为："生计""失地农民""易地扶贫搬迁""生计资本"和"可持续生计"。从时间序列来看，2006 年以前的突现词为"生计"和"可持续生计";2006—2010年间的突现词为"失地农民""生计资本""退耕还林""社会保障""传统生计""牧民生计""变迁"和"脆弱性";2011—2015年间的突现词为"生态补偿"和"水库移民";2015年之后为"易地扶贫搬迁"和"乡村旅游"。从这些关键词的突现度和突现时间节点来看,国内可持续生计研究紧跟国家方针政策,与国家需求、重大战略紧密结合,具有明显的政策导向性。从突现词的影响周期来看,除了"生计"(10年)和"可持续生计"(10年)以外,"生计资本"的影响周期最长(10年),"失地农民"和"变迁"为8年,"退耕还林""传统生计""牧民生计"和"水库移民"为6年,其他突现关键词的影响时间集中在2—4年。虽然关注的具体问题跳跃性较强,但乡村发展和弱势群体一直贯穿始终。在2015年以后,随着国家精准扶贫、乡村振兴等战略的深入实施,易地扶贫搬迁、乡村旅游等主题已成为当前该领域的研究热点和前沿。

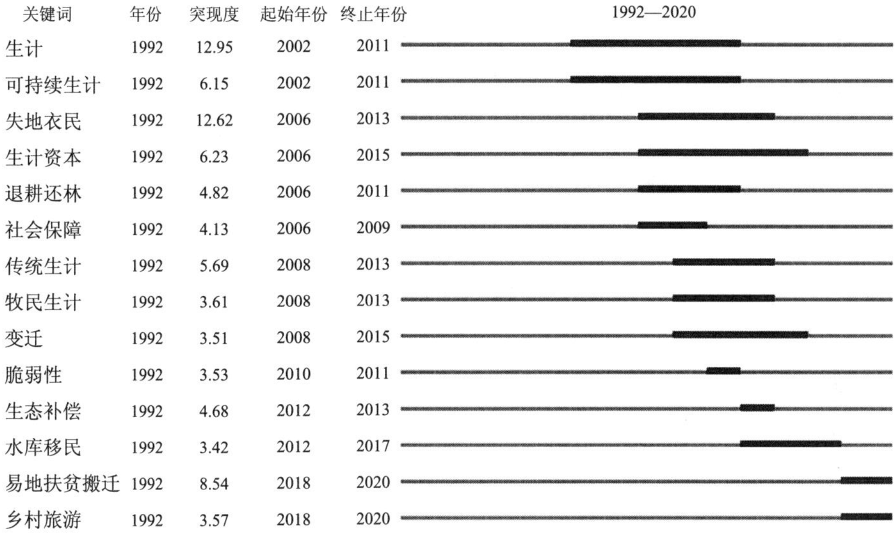

关键词	年份	突现度	起始年份	终止年份	1992—2020
生计	1992	12.95	2002	2011	
可持续生计	1992	6.15	2002	2011	
失地农民	1992	12.62	2006	2013	
生计资本	1992	6.23	2006	2015	
退耕还林	1992	4.82	2006	2011	
社会保障	1992	4.13	2006	2009	
传统生计	1992	5.69	2008	2013	
牧民生计	1992	3.61	2008	2013	
变迁	1992	3.51	2008	2015	
脆弱性	1992	3.53	2010	2011	
生态补偿	1992	4.68	2012	2013	
水库移民	1992	3.42	2012	2017	
易地扶贫搬迁	1992	8.54	2018	2020	
乡村旅游	1992	3.57	2018	2020	

图 1-27　1992—2020 年中国可持续生计研究前 14 位突现关键词

(二)国外生计研究可视化图谱

1. 关键词共现分析

国外可持续生计研究领域的关键词共现图谱如图 1-28 所示,共有 898 个节点和 4 603 条连线组成。其中,"livelihood"出现频次最高,高达 1 440 次;其次为"management"和"climate change",出现频次分别为 1 040 次、901 次;其他高频关键词主要包括

"conservation"（857 次）、"impact"（806 次）、"poverty"（698 次）、"vulnerability"（638 次）、"adaptation"（601 次）、"Africa"（472 次）、"community"（439 次）、"agriculture"（433 次）、"strategy"（386 次）、"food security"（373 次）、"policy"（368 次）、"sustainability"（368 次）、"resilience"（364 次）等。可见，目前国外可持续生计研究的案例区选择主要集中在非洲、亚洲等地区，研究对象主要以农民、渔民、移民等个体或群体为主，研究内容主要涉及资源管理与生计、风险冲击对生计的影响以及生计系统的脆弱性、恢复力、适应性等方面。

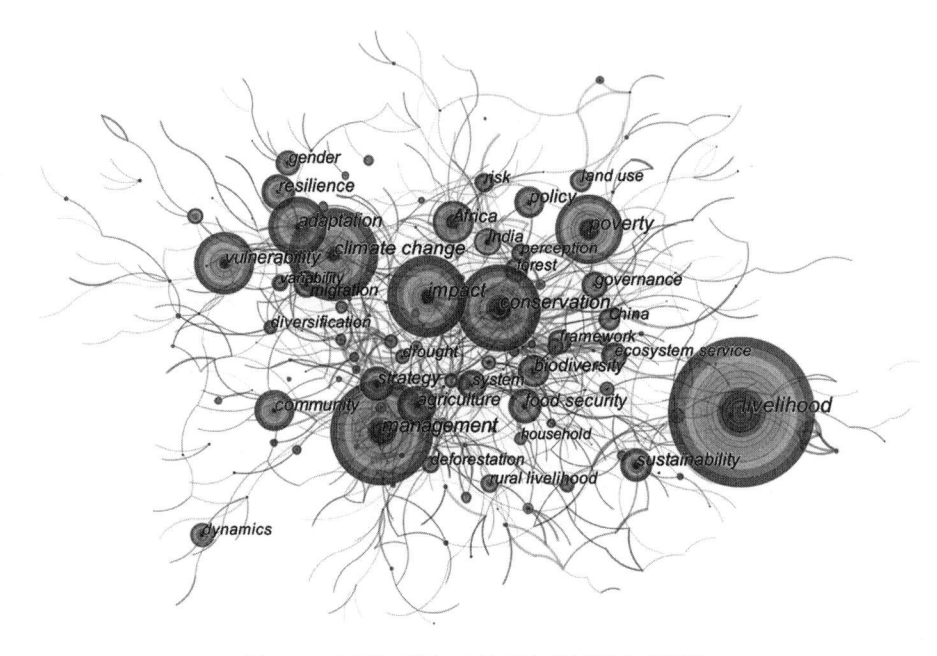

图 1-28　国外可持续生计研究关键词共现图谱

从研究对象来看，国外可持续生计研究主要以农民、牧民、渔民、移民等弱势个体或群体为主（Iwasaki et al.，2009；Mitra，2014；Ota et al.，2020），与国内研究相比，研究对象更加多样，且更注重不同民族、不同性别、不同年龄个体或群体的生计差异性（Francis，2002；Alarcón and Sato，2019；Loison，2019；Amraa et al.，2020）。例如，弗朗西斯（Francis，2002）以肯尼亚、莱索托和南非等地区为重点，考察了城市地区就业前景急剧下降对移民劳动力来源地的社会影响，主要包括对农村生计的影响，以及性别关系在人们构建多样化生计过程中发挥的作用；斯泰西等（Stacey et al.，2019）探讨了性别平等和妇女赋权在印度尼西亚沿海社区减少贫困和提高民生福祉方面的作用，并强调在政府实施的减贫项目中需要充分考虑性别问题，不断提升女性的生计适应能力；阿姆拉等（Amraa et al.，2020）基于入户调查和深度访谈数据，分析了乌干达农村地区年轻人对务农作为一种职业的看法，揭示了他们生计选择与一系列维持性别不平等的规范和结构性约束之间的关系。

从研究区域来看，目前国外案例区选择主要集中在非洲（Africa）、亚洲（Asia）等地区的发展中国家，例如印度（India）、中国（China）、加纳（Ghana）、肯尼亚（Kenya）、埃塞俄比亚（Ethiopia）、坦桑尼亚（Tanzania）、孟加拉国（Bangladesh）、尼泊尔（Nepal）等国家（Parker et al.，2015；Mumuni et al.，2019；Sarker et al.，2020）。萨克尔等（Sarker et al.，2020）通过对孟加拉国 374 名生活在洪水和河岸侵蚀易发地区居民的调查，探讨了当地居民在面对气候变化风险冲击时的适应策略选择，并提出了增强其生计恢复力的有效对策；穆穆尼等（Mumuni et al.，2019）基于加纳北部地区的家庭调查数据，分析了有无大规模土地征用家庭的生计保障能力变化情况，并指出土地征用对当地农户生计有显著的负面影响；帕克等（Parker et al.，2015）探讨了尼泊尔自然保护区项目对家庭生计多样化的影响，并强调应加强对边缘群体的政策扶持，不断提高其生计多样化程度，使其逐步降低对自然资源的依赖。

从研究内容来看，目前国外可持续生计研究主要集中在资源管理（例如水资源、土地资源、森林资源、草地资源等）与生计的关系（Ali and Rahut，2018），气候变化、贫困、粮食安全、移民、干旱、土地变化、冲突、政策干预等扰动对生计的影响（Mubaya et al.，2012；Khayyati and Aazami，2016；Wayessa，2020），以及生计系统的脆弱性、恢复力、可持续性、适应性等方面（Noralene et al.，2011；Islam et al.，2014；Sina et al.，2019），尤其是气候变化背景下的可持续生计研究一直是学术界关注的焦点。例如，伯尼尔等（Bernier et al.，2016）从可持续生计视角出发，探讨了孟加拉国沿海居民在飓风、洪水、干旱等环境风险冲击下，水资源管理和灌溉投资等项目对居民生计转型和可持续生计的影响；哈等（Ha et al.，2014）采用定性与定量相结合的方法，分析了越南红树林管理政策下放与改善农户生计之间的关系，重点探讨了实现生态保护与生计可持续双赢结果的可能性；特怀曼（Twyman，2001）分析了野生动物管理区中人与环境的相互作用关系，指出必须通过适当的干预措施来解决资源使用与生计之间的复杂性和多样性等问题。

2. 突现关键词分析

国外可持续生计研究领域的突现关键词分析结果如图 1-29 所示，共得到 30 个突现词。其中，突现度排在前 10 位的关键词依次为："非木材林产品""非洲""贫困""南非""墨西哥""艾滋病毒/艾滋病""生态""坦桑尼亚""木材林产品"和"社会

关键词	年份	突现度	起始年份	终止年份	1980—2020
艾滋病毒/艾滋病	1980	11.81	1992	2011	
坦桑尼亚	1980	9.35	1992	2011	
非洲	1980	18.61	1996	2011	
保护	1980	7.54	1996	2007	
危机	1980	7.11	1997	2012	
贫困	1980	13.73	1998	2009	
家庭	1980	6.36	1999	2008	
非木材林产品	1980	19.2	2002	2012	
南非	1980	12.63	2002	2010	
拉丁美洲	1980	8	2004	2011	
动态	1980	6.37	2004	2008	
墨西哥	1980	12.13	2005	2013	
生态	1980	10.35	2005	2014	
全球化	1980	7.56	2005	2010	
多样化	1980	6.42	2005	2009	
博茨瓦纳	1980	7.74	2006	2010	
土地保有权	1980	8.45	2007	2013	
湿地	1980	7.72	2009	2010	
历史	1980	6.6	2010	2014	
木材林产品	1980	9.28	2012	2016	
传统知识	1980	6.57	2012	2014	
粮食短缺	1980	6.91	2014	2016	
社会生态系统	1980	8.71	2015	2018	
问题	1980	6.47	2015	2016	
河流	1980	8.45	2017	2020	
项目	1980	8.25	2017	2020	
小农	1980	7	2017	2020	
决策	1980	7.01	2018	2020	
剥夺	1980	6.92	2018	2020	
机会	1980	6.9	2018	2020	

图 1-29 1980—2020 年国外可持续生计研究前 30 位突现关键词

生态系统"。从时间序列来看，2000 年以前的突现词为"艾滋病毒/艾滋病""坦桑尼亚""非洲""保护""危机""贫困"和"家庭"；2000—2005 年间的突现词为"非木材林产品""南非""拉丁美洲""动态""墨西哥""生态""全球化"和"多样化"；2006—2010 年间的突现词为"博茨瓦纳""土地保有权""湿地""历史"；2011—2015 年间的突现词为"木材林产品""传统知识""粮食短缺""社会生态系统""问题"；2015 年以后为"河流""项目""小农""决策""剥夺""机会"。从这些关键词的突现度和突现时间节点来看，国外可持续生计研究呈现出与国际重大科学计划一致性的特征，例如，世界气候研究计划（WCRP）、国际地圈生物圈计划（IGBP）、国际生物多样性计划（DIVERSITAS）、国际全球环境变化人文因素计划（IHDP）等。从突现词的影响周期来看,"艾滋病毒/艾滋病"和"坦桑尼亚"的影响周期最长(20年),"非洲"和"危机"为16年,"保护"和"贫困"为12年,"非木材林产品"为11年,"家庭"和"生态"为10年,"南非"和"墨西哥"为9年,其余大多数突现词的影响周期集中在2—8年。近年来,在全球环境变化不断加剧的背景下,资源剥夺、生计机会、生计决策等话题已成为当前国际可持续生计研究领域的热点和前沿。

二、地理学视角下的可持续生计研究现状

(一)研究热点

地理学作为一个由动态观察世界的方法、综合的领域、空间表述组成的三维学科矩阵(Potschin and Haines-Young, 2011),其多样化的研究范式为可持续生计研究提供了更加多维的研究视角和更广阔的研究平台。目前,地理学已成为可持续生计研究领域最活跃的学科之一,随着研究的不断深入,逐渐形成了一些研究热点,主要包括生计的空间分异、生计与生态环境的相互作用、气候变化对生计的影响、生计与土地利用/覆被变化、生态补偿对生计的影响、乡村旅游与农户生计,以及生计脆弱性评价等方面(图1-30)。

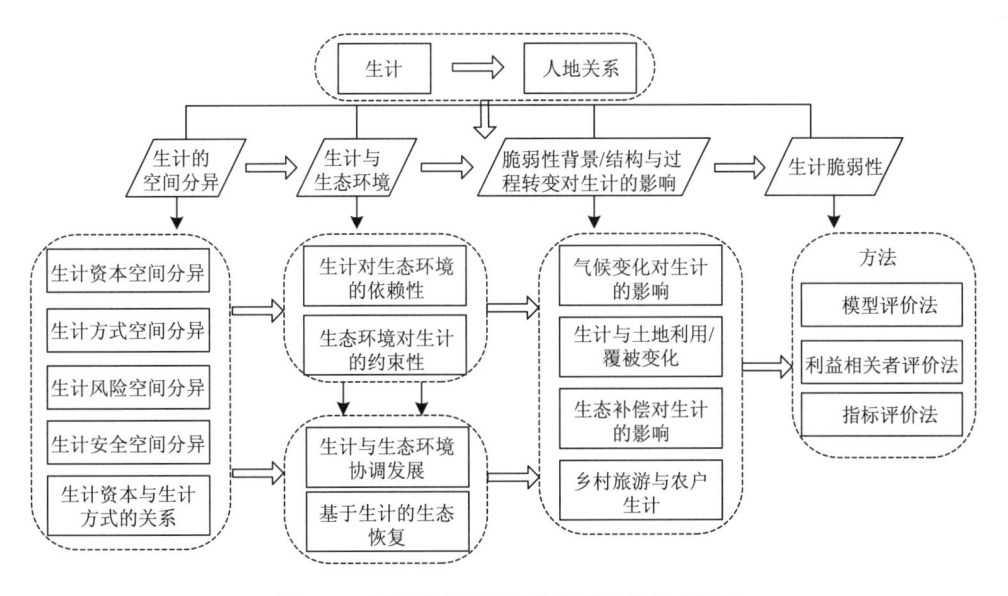

图1-30 地理学中可持续生计研究的热点问题

1. 生计的空间分异

生计实际上反映了人类对资源的有选择利用（Jampel，2016），作为理解资源利用与潜在福利的出发点，它总是与特定的环境、社会和文化等紧密相关，自然地理环境的地域分异与社会经济条件的区域差异使人类在资源利用上呈现出不同的资源价值取向、利用方式及利用层次，导致生计具有显著的区域差异性。

生计的空间分异不仅表现在生计资产上，还表现在生计方式、生计风险、生计安全及生计脆弱性等方面。大量研究采用主成分分析法、专家咨询法、离差最大化法、层次分析法、熵值法等方法测算了生计资本，并利用 GIS 技术与空间自相关分析法剖析了生计资本的空间分布特征，发现生计资本存在显著的空间分异（赵雪雁，2011），它与经济发展水平、人口分布、交通通达性、地形起伏度有较强的相关性，在空间上存在海拔越高生计资产越低的趋势（何仁伟等，2014）；受地形、区位等因素的影响，生计方式也呈明显的梯度发展特征，随着距市中心的距离以及海拔高度的增加，农户的生计多样化水平、非农化水平均趋于降低（阎建忠等，2009；李广东等，2012）；生计脆弱性则存在海拔越高生计越脆弱（阎建忠等，2011）、越到干旱区内陆河下游生计越脆弱的趋势（谭灵芝、王国友，2012）。

生计的区域差异性是地理学关注的核心问题，但目前多关注生计的空间分异规律，较少关注分异因素。未来，不仅需要关注生计空间分异的主导因素及分异规律，还需要关注生计空间分异引发的社会、经济及生态效应分异。

2. 生计与生态环境的关系

人类生计与生态环境的关系已成为当今可持续发展的核心科学命题之一（Kates et al.，2001），1992 年联合国环境与发展会议将可持续生计作为一种连接社会经济与环境问题的手段（Brocklesby and Fisher，2003），把对环境问题的关注转向对人们及其生计活动的关注，并将这些问题放在可持续发展框架内。目前已在生计与生态环境协调发展、基于生计的生态恢复等方面开展了大量研究。

在地方层面的生计背景中，环境可持续问题集中于生计活动的后果是维持与加强，抑或耗尽与退化自然资源基础。在许多发展中国家，农户尤其贫困农户的生计选择往往对自然环境具有强烈的依赖性（Kemkes，2015），环境资源为其提供着各种生态服务（Nguyen et al.，2015），开发环境资源成为低收入农村家庭的一种重要收入来源与生计手段（Naidu，2011）。但是，过度依赖于环境资源的生计活动会导致环境退化，使农户陷入贫困—环境陷阱（Wang et al.，2011），甚至引发环境移民（Morrissey，2013）。为了更好地剖析生计与生态环境之间的关系，比格斯等（Biggs et al.，2015）将水—能源—粮食关系框架与生计框架结合起来,建立了环境生计安全框架;德等(De et al., 2008)则揭示了环境因素与人口因素之间的多路径关系,有效证明了环境因素对家庭生计决策的影响。

理解农户生计与生态环境的相互作用关系对于促进可持续发展至关重要,但目前的研究多集中在地方层面上,且常常低估或忽略环境收入对农户生计的贡献(Angelsen et al., 2014)。未来,应重视生计与生态环境的相互作用过程与作用机理,进一步探索农户生计与环境资源的联系,识别环境—生计组分之间的协同效应与权衡,并从环境视角开展生计安全研究;关注全球层面上的生计活动对环境可持续性的贡献及由此引发的对其他尺度生计的影响。

3. 气候变化对生计的影响

气候变化作为 21 世纪人类面临的最严峻挑战之一,对农业人口的影响尤为显著,理解气候变化对其生计的影响对于探明气候变化的适应机制、制定有效的适应政策至关重要(赵雪雁,2014)。鉴于此,IPCC 第五次评估报告系统评估了当前和未来(至 2100 年)气候变化对贫困与生计的影响、气候变化对贫困时空变化的影响以及气候变化与其他压力相互作用对生计选择及其轨迹的影响(张钦等,2016)。

大量研究显示,贫困农业人口受气候变化的影响更为严峻,气候变化已成为农村贫困人口的一种额外负担,不仅限制了贫困人口获取各种生计资本的能力,也减少了他们谋生活动的选择范围,对农村社团的生计、资源退化、食物安全、基本服务、社会平等带来严峻挑战,加剧了农户生计的风险性和脆弱性(Rodima et al., 2012)。为了理解气候变化与其他风险对生计影响的差异以及这些驱动力之间的相互关系,里德等(Reed et al., 2013)将可持续生计框架和生态系统服务框架结合起来建立了一个集成框架,诊断气候变化对农户生计的影响,并帮助实践者寻找干预点、确定干预活动顺序并制定适应方案。

气候变化对农户生计的影响虽已成为全球关注的焦点之一,但目前多关注过去或当前气候变化造成的已有影响,较少关注不同气候变化情景及多重压力的影响;多关注气候变化对农户生计的影响程度,但尚未完全探明其影响过程与影响机制。

4. 生计与土地利用/覆被变化

土地利用/覆被变化及其驱动机制是全球变化和可持续发展研究的前沿与重点领域。在广大发展中国家,随着工业化和城镇化的快速发展,农户生计向以非农化为主的多样化转变。生计多样化作为发展中国家农户采取的一种重要生计策略,主要起因于农业劳动力不足和非农收入增加等诱发因素,对农户的土地利用类型和集约化水平等产生了强烈影响,从而驱动土地利用/覆被变化(张丽萍等,2008)。可以说,对农户生计的研究为土地利用/覆被变化提供了重要的解释工具(阎建忠等,2005)。

目前,农户生计与土地利用/覆被变化研究大致可归为两类,一类关注农户生计转型对土地利用/覆被变化的影响,侧重于揭示农户生计演变与耕地利用模式、土地利用效率、居民点用地模式、土地流转等方面的关系(阎建忠等,2010;陈秧分等,2012);另一类则关注农户生计对土地利用/覆被变化的响应,侧重于剖析农户生计对土地退化、土地用途变更、土地流转及土地利用集约度变化等方面的响应(王成超、杨玉盛,2011)。案例区主要集中在生态脆弱区和贫困地区,近年来大都市郊区因其土地利用变化的剧烈性、快速性及复杂性,也成为相关研究关注的热点区域。国外案例区集中在南非、坦桑尼亚、埃塞俄比亚、斯里兰卡、老挝、印尼等多个国家;国内案例区涵盖了青藏高原区、内蒙古高原区、三峡库区、西部山区、大都市郊区等多个区域。

事实上,生计转型与土地利用/覆被变化是同一个社会过程的不同方面的表现。其中,生计转型是农户对社会、经济、家庭、制度等变化所做决策的一种表现,而土地利用/覆被变化也是该决策的一种表现,二者之间存在着共生关系(Carr and McCusker, 2009)。但目前的研究更关注"一方"对"另一方"的驱动,尚未将二者放在统一的框架中考察其共生关系。未来,还需对生计与土地利用/覆被之间的共生关系进行深入研究,揭示二者之间的"驱动—反馈"互动机制及其共生关系的演变规律。

5. 生态补偿对生计的影响

随着全球生态系统的退化及其提供有用生态服务功能的丧失和减少,生态补偿作为一种处理环境问题的有效政策工具得到了发展中国家与发达国家的广泛关注。农户作为生态系统服务的主要提供者及生态补偿项目的主要参与者(赵雪雁等,2016),生态补偿对其生计的影响不仅关系到生计可持续性,更关系到社会公平性。

受区域自然环境、社会经济条件、补偿方式、补偿标准及补偿年限等因素的影响,生态补偿对农户生计的影响具有显著的地域性和结构性差异。赵雪雁等(2016)在甘南黄河水源补给区的研究发现,生态补偿后除农户拥有的自然资本下降外,其余各类生计资本均显著增加;但其他学者在宁夏和贵州的研究却发现,退耕还林工程对农户的种植业收入产生了显著的负面影响(谢旭轩等,2010)。与此同时,研究发现生态补偿引发的土地利用变化,降低了农户的流动性约束,促进了农户在非农部门的就业(Uchida et al., 2009),提高了生计多样化程度;但也有研究发现,农户的替代生计选择具有路径依赖性,往往偏好在原有生计基础上建设低风险类生计,这使得生态补偿项目的持续性遭到了严峻挑战(Freier et al., 2012)。

辨明生态补偿对农户生计的影响有助于制定更可持续的生态补偿政策，但目前研究多关注生态补偿对农户生计的短期及静态影响，较少关注长期影响；多关注生态补偿对生计的影响程度，较少关注其影响过程与影响机制。

6. 乡村旅游与农户生计

旅游发展因具有亲贫性而得到国际组织与各级政府的重视。2002 年 8 月世界旅游组织在"旅游扶贫"世界首脑会议上强调了旅游业在缓解贫困中的重要作用，并推出了可持续旅游消除贫困计划；我国"十三五"规划纲要也将"实施乡村旅游扶贫工程"作为主要抓手。目前，乡村旅游已成为我国旅游业和乡村经济发展的新增长点（黄震方等，2015）。

已有研究发现，乡村旅游作为外力因素进入农村社区，不可避免地对乡村的经济结构、社会文化、资源配置、生态环境等产生强烈扰动，从而对农户生计带来多重影响（Shen et al.，2008），它不仅影响农村居民点的增长和发展过程，使其具有明显的核心—边缘化特征（Sanjay，2007），还促使农户的传统生计活动和生活方式发生变化，引致了农户能源消费模式的转变（席建超等，2011），推动了农户生活的现代化（Mbaiwa，2011）。然而，乡村旅游对农户生计的影响程度与农户距项目区的边界距离、农作物种植类型以及对自然资源的依赖度等有关（Cobbinah et al.，2015），乡村旅游能否取代或补充既有的生计方式主要取决于家庭如何分配各种资产（Zinda et al.，2014），通常在偏远的民族地区乡村旅游不是取代而是补充了现有的生计方式（孙九霞、刘相军，2015）。为了解析乡村旅游对农户生计的影响，沈（Shen et al.，2008）提出了旅游—可持续生计分析框架（STLA）；喻中磊等（2013）则基于社会—生态系统理论，将乡村旅游作为对乡村社会—生态系统的扰动，系统研究了农户适应旅游发展的行为模式、影响因素及机制。

目前研究多注重乡村旅游对农户生计影响的静态效应分析，忽视了动态性与过程性研究，未能深入揭示乡村旅游对农户生计的影响过程与影响机理。未来，应重点围绕乡村旅游对农户生计的影响过程与影响机理、不同生计方式农户对乡村旅游的感知与响应、乡村旅游引导下的农户替代生计选择、基于可持续生计的乡村旅游发展模式及路径选择等问题开展深入研究。

7. 生计脆弱性

全球变化导致的冲击和压力加剧了很多国家和地区的脆弱性（赵雪雁，2014），开展生计脆弱性评估不仅有利于科学家和决策者理解全球变化的影响，更有利于探索阻碍人们有效响应的潜在因素以寻求降低生计脆弱性的对策，对于建立可持续社会至关重要。目前，已开发出模型评价、利益相关者评价、指标评价等多种生计脆弱性评价方法（赵雪雁等，2016）。其中，模型评价法主要利用生物物理与社会经济模型、心理模型等方法评价生计脆弱性，该方法关注生计脆弱性的具体驱动力；利益相关者评价法主要利用认知地图、访谈、调查等工具收集信息并分析生计脆弱性，该方法主要关注受影响个人、群体或社区的感知；指标评价法通过选取代表性评价指标并确定其权重来计算生计脆弱性指数，该方法关注生计脆弱性的成因及其表现。

其中，指标评价方法由于有助于理解影响生计脆弱性的各种因素，能为发展政策评估提供参照点、为适应与减缓行动规划提供信息、为确定资源配置优先顺序提供支撑而得到了广泛应用（Shah et al.，2013）。常见的指标评价方法中，一类是将贫困作为家庭福利的替代指标，基于贫困状态变化或贫困化程度来测量家庭或个体对环境变化的敏感性或不能处理的程度，主要考察受到风险与冲击时，个体或家庭的福利相对于一定福利水平下降的可能性，该类方法包括期望贫困脆弱性评价、低期望效用脆弱性评价以及风险暴露脆弱性评价（杨文等，2012）；另一类是将环境变化的生物物理影响（暴露）指标与社会经济特征（敏感性与适应）纳入到一个集成的生计脆弱性指标体系中评估农户的生计脆弱性（Hahn et al.，2009）。但目前，该方法面临着评价指标缺乏良好的效度与信度、评价结果缺乏验证等挑战（Hinkel，2011）。

（二）存在的问题

虽然，地理学作为可持续生计研究领域最活跃的学科之一，已在诸多方面开展了大量研究，但目前尚未完全彰显其综合性、区域性、交叉性等优势，尤其未能在地理学框架内实现生计及其组成要素的相互作用机理、生计的时空格局与演变等问题的深化研究。

1. 较少关注生计的动态性

生计演变是一个连续过程，要理解特定地区人们的生计状况，不仅需要了解历史时期该地区人们承受的生计压力及其对生计的影响，还需要了解当前的脆弱性背景与生计压力，更需要预测未来潜在的生计压力如何影响人们的生存。因此，需要对生计进行动态研究，勾勒出生计在时间维度上的变化图景，揭示特定区域的生计过去是如何变化的，未来又将如何变化，以便探明生计的演变过程与演变机制，并模拟不同情景下的生计选择及生计轨迹。目前，虽有研究基于家庭综合调查、深入的传记式访谈、财富排序等方法对比分析了两个或多个时段的农村家庭生计资产或生计策略变化（Ulrich et al.，2012；Liu and Liu，2016），但因缺乏长时间的序列数据，对生计的动态性关注不够，大多是对某一时间点或者某一时段内的生计状况进行研究，对生计演变过程与演变机制的理解仍非常有限，不仅未能深入揭示生计组成要素之间的相互作用机理及各要素对生计演变的作用，也缺乏对不同情景下生计演变趋势的模拟与预测。

2. 较少关注全球化对地方尺度生计的影响

目前，人类生计正强烈改变着地表自然格局，造成了全球性、区域性、地方性等不同尺度的环境变化。不同尺度的环境变化并非彼此孤立，而存在着复杂的嵌套—反馈关系，小尺度过程往往嵌套在大尺度过程中，而大尺度过程的反馈则会对小尺度过程产生重要影响（李鹤、张玉宇，2011）。由于生计方法源于强调地方性的某些学科，已有研究所涉及的空间范围相对较小，往往只关注一个国家的某个地区，且主要针对特定地点的复杂性，所研究的冲击和趋势通常起源于国内，忽视了全球尺度的冲击和趋势（例如经济全球化、全球气候变化等）对地方层面生计的影响。事实上，经济全球化等全球尺度的冲击会对地方层面的生计产生巨大影响，贾哈等（Jha *et al*., 2011）已经发现农产品经济全球化对农户生计有着多重空间尺度的影响，政府和私营贸易组织通过对农业生产模式、农产品价格及贸易政策的调控直接影响农户生计。未来，需要把可持续生计的概念、对地方背景的理解以及对全球化的响应集成起来（Scoones, 2009）。

3. 较少关注多重冲击对生计的影响

家庭或个人的生计是否可持续受结构性因素和胁迫性因素的影响。其中，结构性因素源于生计内部结构，胁迫性因素是外界扰动对生计的压力，主要包括自然因素变化（例如气候变化、自然灾害等）与人文因素变化（例如快速城镇化、公共安全等）的冲击和压力（Nazari *et al*., 2015）。各种冲击和压力的相互作用形成了多层次、复杂的反馈和嵌套关系，不仅放大了各种冲击和压力的危害性，也加强了不同冲击和压力之间的转化性。理解家庭和个人的生计，不仅需要明确其面临的主要生计压力及其特征与来源，也需要厘清生计压力与结构性因素之间的复杂关系（McDowell *et al*., 2012; Shameem *et al*., 2014），确定不同的压力在哪里以及如何起作用。但目前的研究多针对单一冲击，尤其关注气候变化对农户生计的影响。虽有学者开展了多重压力下的生计研究（O'Brien *et al*., 2009），指出多重压力通过影响生计资产的可得性及其配置而影响家庭或个人的生计脆弱性，但未深入剖析多重压力之间的相互作用关系、多重压力对生计的影响过程与影响机制、生计对多重压力的适应过程与适应机制等问题（O'Brien *et al*., 2009）。

4. 缺乏新技术方法的综合集成

可持续生计研究需要多学科的综合、多角度的分析和多种实现手段的结合。但目前，可持续生计研究主要采用抽样调查、参与式农村评估等方法以获取理解生计资本、生计策略及生计结果所需的信息；多采取描述性统计、对比分析及计量经济方法（例如线性回归模型、Probit 模型、Logit 模型）分析生计要素之间的相互作用关系以及外界冲击对生计的影响（何仁伟等，2013），较少利用地理信息系统（GIS）、全球定位系统（GPS）、遥感技术（RS）、地理空间可视化技术、系统模拟等新技术方法，缺乏传统方法与新技术手段的综合集成。由于目前所获取的数据大都缺乏空间属性，且多为以一次性调查所获得的截面数据，缺少长时间序列的系列观测数据，因而难以支持生计的时空动态研究；描述性统计、对比分析及计量经济分析等方法虽有助于理解生计特征及外部冲击对生计的影响程度，但其空间分析与解释能力有限，既难以揭示生计组成要素之间的多重反馈关系，也难以刻画生计的时间空间格局、过程变化及变化机制，这无疑限制了可持续生计研究从描述走向解释的进程。

三、地理学视角下的可持续生计研究重点领域

地理学作为可持续生计研究领域最活跃的学科之一，虽已开展了大量研究，但研究中仍未充分体现地理学的综合性、区域性、交叉性等特色，未来需要在地理学框架内对生计的格局—过程—机制、生计的跨尺度问题、生计转型的生态—经济—社会效应、生计脆弱性的形成与调控以及生计可持续性等重点方向开展更深入的研究（图 1-31）。

（一）生计的格局—过程—机制研究

受自然要素与人文要素的影响，不同区域的生计既存在着差异性，也存在着相互依赖性，不同区域之间往往通过生计互补、资源交换或贸易，使一个区域的生计得益于另一个区域的生计，例如我国北方的农区—农牧交错带—牧区的生计既存在显著的差异性，也存在相互依赖性。地理学关注地球表层环境的结构、演化过程、区域分异以及人类对地理环境的利用和适应，区别于其他学科的独特性就在于阐释与把握区域差异性及区域间的相互依赖性（陆大道，2011）。但目前的研究却对生计的时空格局、演变过程与演变机制关注较少。当前，GIS、GPS、RS、地理空间可视化技术、大数据分析技术促进了地理数据的加工、分析和表达，使其空间分析与解释能力大大增强。

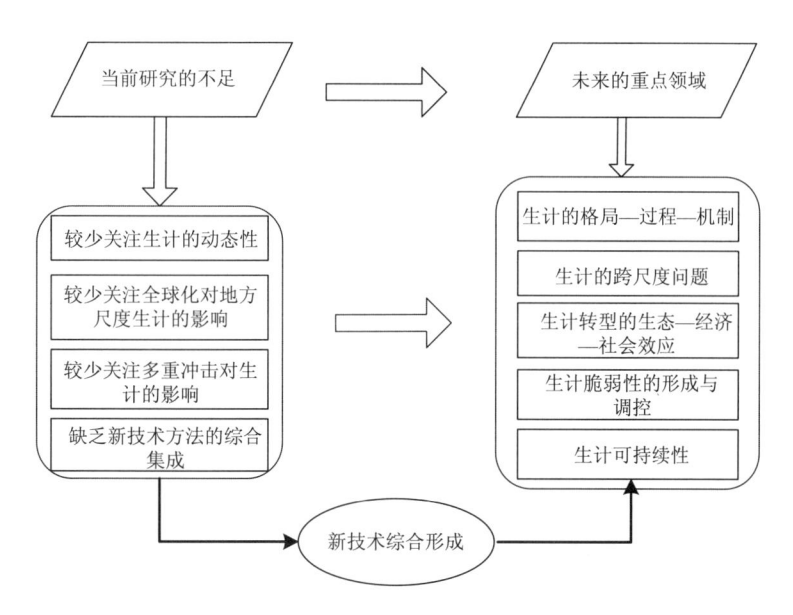

图 1-31　地理学中可持续生计研究的不足与未来重点领域

其中，RS、GPS、智能手机 APP 调查系统可实时获取生计信息，GIS 技术不但为生计的空间分析提供了技术支持，也为生计分析从定性到定量、从静态到动态、从过程到模式的转化和发展提供了可能。未来，应加强长期跟踪与持续研究，综合集成 GIS、GPS、RS、地理空间可视化技术、大数据分析技术、空间计量经济分析、系统模拟等技术方法，围绕生计的空间分异及空间关联性、生计的时空格局及其动态变化过程、生计演化的影响因素及其作用机制、不同情景下的生计演变路径以及演变轨迹模拟与预测等方面开展研究。

（二）生计的跨尺度问题研究

地理学的尺度不是离散的，而是一个连续体，局地到区域和全球的跨尺度相互作用非常普遍，尤其随着全球化的快速推进，不同尺度的生计联系更加紧密，各种时空尺度的生计系统相互嵌套，地方尺度的生计往往与更大尺度的扰动相联系，某一尺度生计系统的变化可能会导致更大尺度或其他地区的生计系统变化，或者当前生计系统的状态可能会通过某些反馈回路造成未来生计系统的变化（李鹤、张平宇，2011）。例如，地方尺度的生计选择（例如砍树以弥补资源不足）会妨碍更大尺度的生计选择（例如保持水土和减少温室气体），短期的生计选择（例如开垦边际土地以扩展承载能力）会影响长期的生计选择（例如土地的可持续利用）。未来，可利用网络分析、流分析及价值链分析等方法考察生计的跨尺度问题，围绕全球化对地方层面生计的影响、地方层面生计对全球化的响应、不同尺度各种扰动的交互作用、不同尺度多重扰动下的生计选择、不同尺度生计安全性的转换与尺度间的效应传递、家庭—地区—国家尺度的生计特征及其跨尺度关联等问题开展研究。

（三）生计转型的生态—经济—社会效应研究

在剧烈环境变化（例如自然灾害、经济波动、快速城镇化等）或家庭生命周期变化的冲击下，农户往往会改变原有生计策略以适应新的人地关系。生计转型作为农户响应人地关系变化的选择，必然会对生态环境、经济发展与社会生活带来一系列影响，使生计—生态—经济—社会之间形成复杂的反馈关系。因此，需要整合生计系统与生态系统、经济系统及社会系统之间的复杂和隐含关系，揭示生计转型对生态环境、经济发展与社会生活的影响过程与影响机制。未来，可将生计转型与生态系统的结构、功能变化联系起来，监测生计转型对生态系统结构与服务功能的影响，分析不同生计方式的居民对重要生态系统服务的依存度及选择服务的优先序、不同生计方式居民对生态系统服务的感知与使用行为差异、不同生计方式居民福祉与生态系统服务消费之间的关系、农户生计对生态系统服务变化的响应等问题；将生计转型与经济发展、社会转型结合起来，分析农户生计对快速城镇化及农地制度改革的响应、生计转型对农户增收与区域经济发展的贡献、生计转型对传统文化及价值观的影响、生计转型对社会网络与生活质量的影响、生计转型对社会进步指数的影响等问题；开发生计转型的生态—经济—社会效应综合评估模型，科学合理地评估生计转型的综合效应；构建把生计、生态、社会、经济联系在一起的动态模拟模型，模拟与预测不同生计转型情境下的生态效应、经济效应与社会效应。

（四）生计脆弱性的形成与调控研究

生计脆弱性已成为全球环境变化及可持续性科学领域关注的热点问题。为了更好地理解生计脆弱性，国际上已开发出风险—灾害框架、可持续生计框架、风险—脆弱性框架等多种分析框架。近年来，政治生态学、灾害管理、可持续生计以及恢复力研究领域在揭示生计脆弱性产生的社会、制度驱动力及其调控方面也开展了大量工作（Pelling，1999；Vasquez-Leon et al.，2003），但生计脆弱性的形成与调控问题仍未得到有效解决。"未来地球"框架文件"要求我们不仅要认知实现地球功能的各种过程和生命进化的模式和驱动力，还要知道如何管理和调控我们的行为"，因此需要综合集成自然科学、社会科学与人文科学的研究方法,加强生计脆弱性的形成与调控研究,围绕关键生计压力的识别、多重生计压力间的相互作用、各种生计压力对资产可得性及其配置方式的影响、生计系统对多重压力的响应过程、多重压力下的生计脆弱性评价、生计脆弱性的格局—过程—机制、生计脆弱性的地方特性及其跨尺度传递与转移、生计脆弱性调控的影响因素及其作用机制、生计脆弱性的调控策略开发、不同调控策略的协同效应及权衡、利益相关者在脆弱性调控中的参与、调控策略的尺度效应等问题开展研究。

(五)生计可持续性研究

生计研究的初衷是寻找贫困原因并提供多种解决方案,因而当前研究主要集中在贫困地区与生态脆弱地区。但因不同区域的自然条件、资源禀赋、经济发展、历史文化、宗教信仰等存在差别,生计呈现出明显的地域特色,不同区域塑建可持续生计面临的威胁、挑战与机遇各不相同,同一区域不同群体的生计特征及面临的冲击也全然不同。因此,生计研究不应仅限于贫困地区、生态脆弱区,也不应仅限于农户,而应拓宽研究区域与研究对象,针对不同区域的地域特色及典型群体开展具有代表性的生计可持续性研究。在农村及生态脆弱区,可围绕生计恢复力、生计脆弱性及环境生计安全评价、农户生计对环境资源的依赖性、生计多样化与生计可持续性的关系、重大生态政策对可持续生计的影响、可持续生计与生态环境修复、精准扶贫与可持续生计、替代生计选择及其效应评估、多重约束下环境移民生计重建等问题开展研究;在大都市与城市边缘区可围绕交通运输、流动性与居民生计的关系、交通运输网变化对外出务工者生计的影响、空气质量下降对城市居民生计的影响、新型城镇化对半城镇化居民生计的影响、失地农户的生计脆弱性及后续生计选择等问题开展研究。

生计是一个包含环境、经济、社会和制度等维度的复杂系统,随着资源环境的剧烈变化、经济全球化程度的加剧、人口迁移规模的扩大、城镇化的快速推进,生计遭受的扰动将更多元化,也将是跨尺度的,生计将更具动态性与复杂性。未来,地理学应充分发挥其综合与交叉研究的优势,加强学科的融合与创新,积极与生态学、人类学、经济学、社会学、民族学等学科沟通与合作,开展具有人文与自然背景的多部门、多学者合作的跨学科、跨尺度的综合集成研究,揭示生计及其组成要素的相互作用机理、脆弱性背景/结构与过程转变对生计的作用路径与作用机制,阐明生计的格局—过程—机制、不同尺度生计系统的嵌套—反馈关系、生计转型的生态—经济—社会效应、生计脆弱性的形成机制与调控机制等重要问题;作为一门"经世致用"的学问,地理学在可持续生计研究中还应注重国家和社会发展的重大需求，紧密结合主体功能区战略、新型城镇化战略、精准扶贫战略、健康中国战略等国家战略开展可持续生计研究，探索富有地域特色的可持续生计路径与模式，为构建和谐社会提供指导与服务。

参 考 文 献

[1] 安传艳、李同昇、翟洲燕："1992—2016年中国乡村旅游研究特征与趋势——基于CiteSpace知识图谱分析"，《地理科学进展》，2018年第9期。

[2] 安祥生、陈园园、凌日平："基于结构方程模型的城镇化农民可持续非农生计分析——以晋西北朔州市为例"，《地理研究》，2014年第11期。

[3] 陈佳等："乡村旅游开发对农户生计和社区旅游效应的影响——旅游开发模式视角的案例实证"，《地理研究》，2017年第9期。

[4] 陈秧分、刘彦随、杨忍："基于生计转型的中国农村居民点用地整治适宜区域"，《地理学报》，2012年第3期。

[5] 丁士军、张银银、马志雄："被征地农户生计能力变化研究——基于可持续生计框架的改进"，《农业经济问题》，2016年第6期。

[6] 高志玉等："多重压力对重点生态功能区农户生计资产可得性的影响——以甘南黄河水源补给区为例"，《地理研究》，2020年第5期。

[7] 郭熙保、周强："中国农村代际多维贫困实证研究"，《中国人口科学》，2017年第4期。

[8] 何仁伟、刘邵权、陈国阶："中国农户可持续生计研究进展及趋向"，《地理科学进展》，2013年第4期。

[9] 何仁伟、刘邵权、刘运伟："典型山区农户生计资本评价及其空间格局——以四川省凉山彝族自治州为例"，《山地学报》，2014年第6期。

[10] 贺立龙、郑怡君、胡闻涛："如何提升易地搬迁脱贫的精准性及实效——四川省易地扶贫搬迁部分地区的村户调查"，《农村经济》，2017年第10期。

[11] 黄震方、陆林、苏勤："新型城镇化背景下的乡村旅游发展——理论反思与困境突破"，《地理研究》，2015年第8期。

[12] 黎洁、李树茁、Gretchen C. Daily："农户生计与环境可持续发展研究"，《社会科学文献出版社》，2017年。

[13] 李斌、李小云、左停："农村发展中的生计途径研究与实践"，《农业技术经济》，2004年第4期。

[14] 李伯华、罗琴、刘沛林："基于CiteSpace的中国传统村落研究知识图谱分析"，《经济地理》，2017年第9期。

[15] 李芬、张林波、陈利军："三江源区生态移民生计转型与路径探索——以黄南藏族自治州泽库县为例"，《农村经济》，2014年第11期。

[16] 李广东、邱道持、王利平："生计资产差异对农户耕地保护补偿模式选择的影响——渝西方山丘陵不同地带样点村的实证分析"，《地理学报》，2012年第4期。

[17] 李鹤、张平宇："全球变化背景下脆弱性研究进展与应用展望"，《地理科学进展》，2011年第7期。

[18] 李立娜等："典型山区农户生计脆弱性及其空间差异——以四川凉山彝族自治州为例"，《山地学报》，2018年第5期。

[19] 李树茁、梁义成："退耕还林政策对农户生计的影响研究——基于家庭结构视角的可持续生计分

析",《公共管理学报》, 2010 年第 2 期。

[20] 李琬、孙斌栋:"西方经济地理学的知识结构与研究热点——基于 CiteSpace 的图谱量化研究",《经济地理》, 2014 年第 4 期。

[21] 刘伟、黎洁、徐洁:"连片特困地区易地扶贫移民生计恢复力评估",《干旱区地理》, 2019 年第 3 期。

[22] 刘伟、徐洁、黎洁:"陕南易地扶贫搬迁农户生计脆弱性研究",《资源科学》, 2018 年第 10 期。

[23] 刘卫柏、于晓媛、袁鹏举:"产业扶贫对民族地区贫困农户生计策略和收入水平的影响",《经济地理》, 2019 年第 11 期。

[24] 刘艳华、徐勇:"中国农村多维贫困地理识别及类型划分",《地理学报》, 2015 年第 6 期。

[25] 陆大道:"中国地理学的发展与全球变化研究",《地理学报》, 2011 年第 2 期。

[26] Roberts、杨国安:"可持续发展研究方法国际进展——脆弱性分析方法与可持续生计方法比较",《地理科学进展》, 2003 年第 1 期。

[27] 苏芳、徐中民、尚海洋:"可持续生计分析研究综述",《地理科学进展》, 2009 年第 1 期。

[28] 苏飞、应蓉蓉、李博:"生计脆弱性研究热点与前沿的可视化",《地理科学》, 2016 年第 7 期。

[29] 孙晗霖、刘新智、张鹏瑶:"贫困地区精准脱贫户生计可持续及其动态风险研究",《中国人口·资源与环境》, 2019 年第 2 期。

[30] 孙九霞、刘相军:"生计方式变迁对民族旅游村寨自然环境的影响——以雨崩村为例",《广西民族大学学报》(哲学社会科学版), 2015 年第 3 期。

[31] 谭灵芝、王国友:"气候变化对干旱区家庭生计脆弱性影响的空间分析——以新疆于田绿洲为例",《中国人口科学》, 2012 年第 2 期。

[32] 唐宏、张新焕、杨德刚:"农户生态移民意愿及影响因素研究——基于新疆三工河流域的农户调查",《自然资源学报》, 2011 年第 10 期。

[33] 王成超、杨玉盛:"基于农户生计演化的山地生态恢复研究综述",《自然资源学报》, 2011 年第 2 期。

[34] 王成超、杨玉盛:"农户生计非农化对耕地流转的影响——以福建省长汀县为例",《地理科学》, 2011 年第 11 期。

[35] 王沛沛、许佳君:"生计资本对水库移民创业的影响分析",《中国人口·资源与环境》, 2013 年第 2 期。

[36] 王小林、Sabina、Alkire:"中国多维贫困测量——估计和政策含义",《中国农村经济》, 2009 年第 12 期。

[37] 吴孔森等:"干旱环境胁迫下民勤绿洲农户生计脆弱性与适应模式",《经济地理》, 2019 年第 12 期。

[38] 伍艳:"贫困山区农户生计资本对生计策略的影响研究——基于四川省平武县和南江县的调查数据",《农业经济问题》, 2016 年。

[39] 席建超、赵美风、葛全胜:"乡村旅游诱导下农户能源消费模式的演变",《自然资源学报》, 2011 年第 6 期。

[40] 谢大伟:"易地扶贫搬迁移民的可持续生计研究——来自新疆南疆深度贫困地区的证据",《干旱区资源与环境》, 2020 年第 9 期。

[41] 谢旭轩、张世秋、朱山涛:"退耕还林对农户可持续生计的影响",《北京大学学报》(自然科学版), 2010 年第 3 期。

[42] 熊思鸿、阎建忠、吴雅:"农户生计对气候变化的恢复力研究综述",《地理研究》, 2020 年第 8 期。

[43] 徐藜丹、邓祥征、姜群鸥："中国县域多维贫困与相对贫困识别及扶贫路径研究"，《地理学报》，2021年第6期。
[44] 阎建忠、吴莹莹、张镱锂："青藏高原东部样带农牧民生计的多样化"，《地理学报》，2009年第2期。
[45] 阎建忠、喻鸥、吴莹莹："青藏高原东部样带农牧民生计脆弱性评估"，《地理科学》，2011年第7期。
[46] 阎建忠、张镱锂、摆万奇："大渡河上游生计方式的时空格局与土地利用/覆被变化"，《农业工程学报》，2005年第5期。
[47] 阎建忠、卓仁贵、谢德体："不同生计类型农户的土地利用——三峡库区典型村的实证研究"，《地理学报》，2010年第11期。
[48] 杨文、孙蚌珠、王学龙："中国农村家庭脆弱性的测量与分解"，《经济研究》，2012年第4期。
[49] 喻忠磊、杨新军、杨涛："乡村农户适应旅游发展的模式及影响机制——以秦岭金丝峡景区为例"，《地理学报》，2013年第8期。
[50] 张芳芳、赵雪雁："我国农户生计转型的生态效应研究综述"，《生态学报》，2015年第10期。
[51] 张丽萍、张镱锂、阎建忠："青藏高原东部山地农牧区生计与耕地利用模式"，《地理学报》，2008年第4期。
[52] 张丽琼、曾祥虎、窦喜英："强震对农户生计脆弱性影响分析——以甘肃岷县漳县6.6级地震为例"，《灾害学》，2020年第4期。
[53] 张钦等："高寒生态脆弱区气候变化对农户生计的脆弱性影响评价——以甘南高原为例"，《生态学杂志》，2016年第3期。
[54] 张钦、赵雪雁、王亚茹："气候变化对农户的生计影响研究综述"，《中国农业资源与区划》，2016年第9期。
[55] 张仕超、郑栋升、蒋佳佳："土地流转农户生计转型中生计资本整合特征及效益"，《农业工程学报》，2018年第12期。
[56] 赵雪雁、刘春芳、王学良："干旱区内陆河流域农户生计对生态退化的脆弱性评价——以石羊河中下游为例"，《生态学报》，2016年第13期。
[57] 赵雪雁等："贫困山区脱贫农户的生计可持续性及生计干预——以陇南山区为例"，《地理科学进展》，2020年第6期。
[58] 赵雪雁、张丽、江进德："生态补偿对农户生计的影响——以甘南黄河水源补给区为例"，《地理研究》，2016年第7期。
[59] 赵雪雁、赵海莉、刘春芳："石羊河下游农户的生计风险及应对策略"，《地理研究》，2015年第5期。
[60] 赵雪雁："生计资本对农牧民生活满意度的影响——以甘南高原为例"，《地理研究》，2011年第4期。
[61] 赵雪雁："不同生计方式农户的环境影响——以甘南高原为例"，《地理科学》，2013年第5期。
[62] 赵雪雁："农户对气候变化的感知与适应研究综述"，《应用生态学报》，2014年第8期。
[63] 赵雪雁："地理学视角的可持续生计研究——现状、问题与领域"，《地理研究》，2017年第10期。
[64] 钟水映、冯英杰："生态移民工程与生态系统可持续发展的系统动力学研究——以三江源地区生态移民为例"，《中国人口·资源与环境》，2018年第11期。
[65] 周洁等："基于模糊物元模型的南京市失地农民可持续生计评价"，《中国土地科学》，2013年第11期。

[66] 周丽、黎红梅、李培："易地扶贫搬迁农户生计资本对生计策略选择的影响——基于湖南搬迁农户的调查"，《经济地理》，2020年第11期。

[67] 朱兰兰、蔡银莺："农户家庭生计禀赋对农地流转的影响——以湖北省不同类型功能区为例"，《自然资源学报》，2016年第9期。

[68] 邹薇、方迎风："关于中国贫困的动态多维度研究"，《中国人口科学》，2011年第6期。

[69] 左停、王智杰："穷人生计策略变迁理论及其对转型期中国反贫困之启示"，《贵州社会科学》，2011年第9期。

[70] Alarcón, J. M. S., C. Sato 2019. Enacting peasant moral community economies for sustainable livelihoods: A case of women-led cooperatives in rural Mexico. *World Development*, 115: 120-131.

[71] Ali, A., D. B. Rahut 2018. Forest-based livelihoods, income, and poverty: Empirical evidence from the Himalayan region of rural Pakistan. *Journal of Rural Studies*, 57: 44-54.

[72] Alkire, S., J. M. Roche, A. Vaz 2017. Changes over time in multidimensional poverty: Methodology and results for 34 countries. *World Development*, 94: 232-249.

[73] Amraa, C., B. Mvdbm, C. Jcjgj 2020. Bridging youth and gender studies to analyse rural young women and men's livelihood pathways in Central Uganda. *Journal of Rural Studies*, 75: 152-163.

[74] Angelsen, A., P. Jagger, R. Babigumira, *et al.* 2014. Environmental income and rural livelihoods: A global-comparative analysis. *World Development*, 64(S1): 12-28.

[75] Ashley, C., D. Carney 1999. *Sustainable Livelihoods: Lessons from Early Experience*. London: Department for International Development.

[76] Babulo, B., B. Muys, F. Nega, *et al.* 2008. Household livelihood strategies and forest dependence in the highlands of Tigray, Northern Ethiopia. *Agriculture System*, 98(2): 147-155.

[77] Bastidas, E. 2001. *Assessing Potential Response to Changes in the Livelihood System of Diverse, Limited-resource Farm Households in Carchi, Ecuador: Modeling Livelihood Strategies Using Participatory Methods and Linear Programming*. University of Florida.

[78] Bebbington, A. 1999. Concepts and capabilities: A framework for analysis of peasant viability, rural livelihoods and poverty. *World Development*, 27(12): 2021-2044.

[79] Bernier, Q., P. Sultana, A. R. Bell, *et al.* 2016. Water management and livelihood choices in southwestern Bangladesh. *Journal of Rural Studies*, 45: 134-145.

[80] Biggs, E. M., E. Bruce, B. Boruff, *et al.* 2015. Sustainable development and the water-energy-food nexus: A perspective on livelihoods. *Environmental Science & Policy*, 54 (12): 389-397.

[81] Brocklesby, M., E. Fisher 2003. Community development in sustainable livelihoods approaches: An introduction. *Community Development Journal*, 38(3): 185-198.

[82] Cahn, M. 2002. Sustainable livelihood approaches. In D. Storey and J. Overton (Eds.), *Contesting Development: Pathways to Better Practice: Proceedings of the 3rd Biennial Devnet Conference on International Development*. Palmerston North: Massey University.

[83] Cahn, M. 2006. *Sustainable Rural Livelihoods, Micro-enterprise and Culture in the Pacific Islands: Case Studies from Samoa*. Palmerston North: Massey University.

[84] Carney, D. 1998. *Sustainable Rural Livelihoods: What Contribution Can We Make?* Paper for London: Department for International Development on July. Russell Press.

[85] Carr, E. R., B. M. McCusker 2009. The co-production of land use and livelihoods change: Implications for development interventions. *Geoforum*, 40(4): 568-579.

[86] Challies, E. R. T., W. E. Murray 2011. The interaction of global value chains and rural livelihoods: The case of smallholder raspberry growers in Chile. *Journal of Agrarian Change*, 11(1): 29-59.

[87] Chambers, R. 1995. Poverty and livelihoods: Whose reality counts? *Environment and Urbanization*, 7(1): 173-204.

[88] Chambers, R., G. Conway 1992. *Sustainable Rural Livelihoods: Practical Concept for the 21st Century*. UK: Institute of Development Studies.

[89] Chen, C. M. 2006. CiteSpace II: Detecting and visualizing emerging trends and transient patterns in scientific literature. *Journal of the American Society for Information Science and Technology*, 57(3): 359-377.

[90] Christensen, I., P. Porzany 2008. *Socio-economic and Livelihood Analysis in Investment Planning*. Rome: FAO Policy Learning Programme.

[91] Cobbinah, P. B., R. Black, R. Thwaites 2015. Biodiversity conservation and livelihoods in rural Ghana: Impacts and coping strategies. *Environmental Development*, 15: 79-93.

[92] Conroy, C., M. Litvinoff 1988. *The Greening of Aid: Sustainable Livelihoods in Practice*. London: Earthscan Publications Ltd.

[93] Crutzen, P. J. 2002. Geology of mankind, *Nature*, 415(6867): 22-23.

[94] Davis, S. 1996. *Adaptable Livelihoods: Coping with Food Insecurity in the Malian Sahel*. London: McMillan.

[95] De, S. A., L. Vanwey, K. McSweeney, *et al.* 2008. Rural household demographics, livelihoods and the environment. *Global Environmental Change*, 18(1): 38-53.

[96] Department for International Development 1997. *Eliminating World Poverty: A Challenge for the 21st Century*. White Paper on International Development. London: HMSO. Available at http://www.dfid.gov. uk/Pubs/files/whitepaper1997.pdf.

[97] Dercon, S. 2002. Income risk, coping strategies and safety nets. *The World Bank Research Observer*, 17(2): 141-166.

[98] DFID 1999. *Sustainable Livelihoods Guidance Sheets*. http://www.livelihoods.org/info/info_guidancesheets.htm.

[99] DFID 2000. *Sustainable Livelihoods Guidance Sheets*. London Department for International Development, 68-125.

[100] Dorward, A. 2001. *Pro-poor Livelihoods: Addressing the Market/Private Sector Gap*. Paper presented at the Crown Plaza Hotel, Manchester, 19th November.

[101] Dorward, A., N. Poole, J. Morrison, *et al.* 2003. Markets, institutions and technology: Missing links in livelihoods analysis. *Development Policy Review*, 21(3): 319-332.

[102] Ellis, F. 1998. Survey article: Household strategy and rural livelihood diversification. *The Journal of Development Studies*, 35: 1-38.

[103] Ellis, F. 2000. *Rural Livelihoods and Diversity in Developing Countries*. Oxford University Press.

[104] Ellis, F., G. Bahiigwa 2003. Livelihoods and rural poverty reduction in Uganda. *World Development*, 31(6): 997-1013.

[105] Ellis, F., N. Mdoe 2003. Livelihoods and rural poverty reduction in Tanzania. *World Development*, 31(8): 1367-1384.

[106] Farrington, J. 2001. Sustainable livelihoods, rights and the new architecture of aid, *Natural Resource*

Perspectives, 69.

[107] Farrington, J., D. Carney, C. Ashley, *et al.* 1999. Sustainable livelihoods in practice: Early application of concepts in rural areas. *Natural Resources Perspectives 42.* London: Overseas Development Institute.

[108] Francis, E. 2002. Gender, migration and multiple livelihoods: Cases from Eastern and Southern Africa. *Journal of Development Studies*, 38(5): 167-190.

[109] Frankenberger, T. 1996. Measuring household livelihood security: An approach for reducing absolute poverty. *Food forum.* 34(2): 1-5.

[110] Frankenberger, T. R., K. Luther, J. Becht, *et al.* 2002. *Household Livelihood Security Assessments: A Toolkit for Practitioners.* Arizona.

[111] Frankenberger, T. R., M. Drinkwater, D. Maxwell 2002. *Operationalizing Household Livelihood Security: A Holistic Approach for Addressing Poverty and Vulnerability.* CARE.

[112] Freier, K. P., R. Bruggemann, J. Scheffran, *et al.* 2012. Assessing the predictability of future livelihood strategies of pastoralists in semi-arid Morocco under climate change. *Technological Forecasting and Social Change*, 79(2): 371-382.

[113] Gentle, P., T. M. Narayan 2012. Climate change, poverty and livelihoods: Adaptation practices by rural mountain communities in Nepal. *Environmental Science & Policy*, 21: 24-34.

[114] Glavovic, B., S. Boonzaier 2007. Confronting coastal poverty: Building sustainable coastal livelihoods in South Africa. *Ocean & Coastal Management*, 50(1/2): 1-23.

[115] Gumoi, M. 2010. *Towards a Holistic Understanding of Rural Livelihood Systems: The Case of the Bine, Western Province, Papua New Guinea.* Lincoln University.

[116] Ha, T., H. V. Dijk, L. Visser 2014. Impacts of changes in mangrove forest management practices on forest accessibility and livelihood: A case study in mangrove-shrimp farming system in Ca Mau Province, Mekong Delta, Vietnam. *Land Use Policy*, 36: 89-101.

[117] Hahn, M. B., A. M. Riederer, S. O. Foster 2009. The livelihood vulnerability index: A pragmatic approach to assessing risks from climate variability and change: A case study in Mozambique. *Global Environmental Change*, 19(1): 74-88.

[118] Hamilton-Peach, J., P. Townsley 2004. *An IFAD Sustainable Livelihoods Framework.* International Foundation for Agricultural Development.

[119] Hinkel, J. 2011. Indicators of vulnerability and adaptive capacity: Towards a clarification of the science-policy interface. *Global Environment Change,* 21(1): 198-208.

[120] Hogger, R., R. Baumgartner, R. Högger 2004. Understanding livelihood systems as complex wholes. *Search of Sustainable Livelihood Systems Managing Resources & Change*, 35-53.

[121] IMM 2003. *Sustainable Coastal Livelihoods: Policy and Coastal Poverty in Western Bay of Bengal.* Main Report from the Sustainable Coastal Livelihoods Project South Asia.

[122] Ireland, C., M. Delphine, B. Lydia 2004. *Alternative Sustainable Livelihoods for Coastal Communities: A Review of Experience and Guides to Best Practice.* IUCN.

[123] Islam, M. M., S. Sallu, K. Hubacek, *et al.* 2014. Vulnerability of fishery-based livelihoods to the impacts of climate variability and change: Insights from coastal Bangladesh. *Regional Environmental Change*, 14: 281-294.

[124] Iwasaki, S., B. Razafindrabe, R. Shaw 2009. Fishery livelihoods and adaptation to climate change: A

case study of Chilika lagoon, India. *Mitigation & Adaptation Strategies for Global Change*, 14(4): 339-355.

[125] Jampel, C. 2016. Cattle-based livelihoods, changes in the taskscape, and human-bear conflict in the Ecuadorian Andes. *Geoforum*, 69: 84-93.

[126] Jha, S. C., M. Bacon, S. M. Philpott, *et al*. 2011. A review of ecosystem services, farmer livelihoods, and value chains in shade coffee agroecosystems. *Environmental Science*, 1: 141-208.

[127] Jiao, X., M. Pouliot, S. Z. Walelign 2017. Livelihood strategies and dynamics in rural cambodia. *World Development*, 97(9): 266-278.

[128] Julian H. P., T. Philip 2003. *An IFAD Sustainable Livelihood Framework*. DFID, London.

[129] Kanji, N., J. MacGregor, C. Tacoli 2005. *Understanding Market-based Livelihoods in a Globalising World: Combining Approaches and Methods*. Working Paper, International Institute for Enviroment and Development.

[130] Kates, R. W., W. C. Clark, R. Corell, *et al*. 2001. Environment and development: Sustainability science. *Science*, 292(5117): 641-642.

[131] Kemkes, R. K. 2015. The role of natural capital in sustaining livelihoods in remote mountainous regions: The case of Upper Svaneti, Republic of Georgia. *Ecological Economics*, 117(1): 22-31.

[132] Khayyati, M., M. Aazami 2016. Drought impact assessment on rural livelihood systems in Iran. *Ecological Indicators*, 69: 850-858.

[133] Labar, K., F. Bresson 2011. A multidimensional analysis of poverty in china from 1991 to 2006. *China Economic Review*, 22(4), 646-668.

[134] LaFlamme, M. 2007. *Developing a Shared Model for Sustainable Aboriginal Livelihoods in Natural-cultural Resource Management, CSIRO Sustainable Ecosystems*, Alice Springs, Australia.

[135] Liu, Z. X., L. M. Liu 2016. Characteristics and driving factors of rural livelihood transition in the east coastal region of China: A case study of suburban Shanghai. *Journal of Rural Studies*, 43(14): 145-158.

[136] Loison, S. A. 2019. Household livelihood diversification and gender: Panel evidence from rural Kenya. *Journal of Rural Studies*, 69: 156-172.

[137] Long, N. 1984. *Family and Work in Rural Societies*. London: Tavistock Publications.

[138] Maru, Y. T. 2001. *Towards Developing a Community-based Sustainable Development Monitoring System for Tigray State*. Northern Ethiopia, Unpublished doctoral thesis, University of Queensland, Brisbane, Australia.

[139] Maru, Y. T., K. Woodford 2005. A resources and shaping forces model for community-based sustainability development. *Community Development Journal*, 8: 1-14.

[140] Mbaiwa, J. E. 2011. Changes on traditional livelihood activities and lifestyles caused by tourism development in the Okavango Delta, Botswana. *Tourism Management*, 32(5): 1050-1060.

[141] McDowell, J. Z., J. J. Hess 2012. Accessing adaptation: Multiple stressors on livelihoods in the Bolivian highlands under a changing climate. *Global Environmental Change*, 22(2): 342-352.

[142] Messer, N., P. Townsley 2003. *Local Institutions and Livelihoods: Guidelines for Analysis*. Rural Development Division, FAO, Rome.

[143] Mitra, A. 2014. Migration, livelihood and well-being: Evidence from Indian city slums. *Urban Studies*, 47(7): 1371-1390.

[144] Modowa T. G. 2010. *Towards a Holistic Understanding of Rural Livelihood Systems: The Case of the Bine, Western Province, Papua New Guinea*. Lincoln University.

[145] Morrissey, J. W. 2013. Understanding the relationship between environmental change and migration: The development of an effects framework based on the case of northern Ethiopia. *Global Environmental Change*, 23(6): 1501-1510.

[146] Morse, S., N. McNamara, M. Acholo 2009. Sustainable livelihood approach: A critique of theory and practice. *Springer*, 189: 1-68.

[147] Moser, S. C. 2010. Now more than ever: The need for more societally relevant research on vulnerability and adaptation to climate change. *Applied Geography*, 30(4): 464-474.

[148] Mubaya, C. P., J. Njuki, E. P. Mutsvangwa, et al. 2012. Climate variability and change or multiple stressors? Farmer perceptions regarding threats to livelihoods in Zimbabwe and Zambia. *Journal of Environmental Management*, 102: 9-17.

[149] Mumuni, E., F. N. Mabe, N. Sulemana, et al. 2019. The nexus between land acquisition and household livelihoods in the Northern region of Ghana. *Land Use Policy*, 85: 357-367.

[150] Naidu, S. C. 2011. Access to benefits from forest commons in the Western Himalayas. *Ecological Economics*, 71(1): 202-210.

[151] Nazari, S., G. P. Rad, H. Sedighi, et al. 2015. Vulnerability of wheat farmers: Toward a conceptual framework. *Ecological Indicators*, 52: 517-532.

[152] Nguyen, T. T., T. LamDo, D. Bühler, et al. 2015. Rural livelihoods and environmental resource dependence in Cambodia. *Ecological Economics*, 120 (12): 282-295.

[153] Niehof, A., L. L. Price 2001. *Rural Livelihood Systems: A Conceptual Framework*. UPWARD Working Paper Series No.5, Wageningen-UPWARD Series on Rural Livelihoods No.1.

[154] Noralene, U. Y., Y. Takeuchi, R. Shaw 2011. Local adaptation for livelihood resilience in Albay, Philippines. *Environmental Hazards*, 10 (2): 139-153.

[155] O'Brien, K., T. Quinlan, G. Ziervogel 2009. Vulnerability interventions in the context of multiple stressors: Lessons from the Southern Africa Vulnerability Initiative (SAVI). *Environmental Science & Policy*, 12 (1): 23-32.

[156] Obrist, B., C. Pfeiffer, R. Henley 2010. Multi-layered social resilience: A new approach in mitigation research. *Progress in Development Study*, 10(4): 283-293.

[157] Ostrom, E. 1999. Social capital: A fad or a fundamental concept, in P. Dasgupta and I. Serageldin(eds). *Social Capital: A Multifaceted Perspective*. Washington: World Bank.

[158] Ota, L., J. Herbohn, N. Gregorio, et al. 2020. Reforestation and smallholder livelihoods in the humid tropics. *Land Use Policy*, 92: 104455.

[159] Parker, P., B. Thapa, A. Jacob 2015. Decentralizing conservation and diversifying livelihoods within Kanchenjunga Conservation Area, Nepal. *Journal of Environmental Management*, 164: 96-103.

[160] Parrott, N., P. Hebinck, A. Westendorp 2006. *Livelihoods: A Module*. http:www.livelihood.wur.nl/index.php?id=94.

[161] Pasha, A. 2017. Regional perspectives on the multidimensional poverty index. *World Development*, 94: 268-285.

[162] Pelling, M. 1999. The political ecology of flood hazard in urban Guyana. *Geoforum*, 30(3): 249-261.

[163] Potschin, M., R. H. Haines-Young 2011. Ecosystem services: Exploring a geographical perspective.

Progress in Physical Geography, 35(5): 575-594.
[164] Putnam, R. D. 1993. *Making Democracy Work: Civic Traditions in Modern Italy*. Princeton University Press.
[165] Quan, T. 2009. *Transition from Subsistence Agriculture to Commercial Agriculture in Quan Binh Province, Vietnam*. Unpublished doctoral thesis, New Zealand: Lincoln University.
[166] Reed, M. S., G. Podesta, I. Fazey, *et al.* 2013. Combining analytical frameworks to assess livelihood vulnerability to climate change and analyse adaptation options. *Ecological Economics*, 94(9): 66-77.
[167] Rengasamy, S. (n.d.). 2008. *Sustainable Livelihoods Approaches: Collection of Sustainable Livelihoods Framework Diagrams, Power Point Presentation*. http://www. scribed.com/doc/8274871/ Sustainable- Livelihood-Framework-SR.
[168] Rennie, K., N. Singh 1996. *Participatory Research for Sustainable Livelihoods: A Guide Book for Field Projects*. Manitoba, Canada: International Institute for Sustainable Development.
[169] Rodima, T. D, M. F. Olwig, N. Chhetri 2012. Adaptation as innovation, innovation as adaptation: An institutional approach to climate change. *Applied Geography*, 33(1): 107-118.
[170] Roe, E. M. 1998. *Policy Analysis and Formulation for Sustainable Livelihoods*. New York: United Nations Development Programme.
[171] Saboor, A., A. U. Khan, A. Hussain, *et al.* 2015. Multidimensional deprivations in Pakistan: Regional variations and temporal shifts. *The Quarterly Review of Economics and Finance*, 56: 57-67.
[172] Sanjay, K. 2007. Tourism and rural settlements Nepal's Annapurna region. *Annals of Tourism Research*, 34(4): 855-875.
[173] Sarker, M., M. Wu, G. Alam, *et al.* 2020. Life in riverine islands in Bangladesh: Local adaptation strategies of climate vulnerable riverine island dwellers for livelihood resilience. *Land Use Policy*, 94: 104574.
[174] Satge, R. D., A. Holloway, D. Mullins, *et al.* 2002. *Learning About Livelihoods: Insights from Southern Africa*. Johannesburg, Periperi and Oxfam.
[175] Scoones, I. 1998. *Sustainable Rural Livelihoods: A Framework for Analysis*. IDS Working Paper 72, Institute of Development Studies.
[176] Scoones, I. 2009. Livelihoods perspectives and rural development. *Journal of Peasant Study*, 36(1): 171-196.
[177] Sen, A. 1999. *Development as Freedom*. Oxford University Press.
[178] Shah, K. U., H. B. Dulal, C. Johnson, *et al.* 2013. Understanding livelihood vulnerability to climate change: Applying the livelihood vulnerability index in Trinidad and Tobago. *Geoforum*, 36 (1): 171-196.
[179] Shameem, M. I. M., S. Momtaz, R. Rauscher 2014. Vulnerability of rural livelihoods to multiple stressors: A case study from the southwest coastal region of Bangladesh. *Ocean & Coastal Management*, 102(2014): 79-87.
[180] Shen, F. J., K. F. D. Hughey, D. G. Simmons 2008. Connecting the sustainable livelihoods approach and tourism: A review of the literature. *Journal of Hospitality and Tourism Management*, 15(1): 19-31.
[181] Shrestha, U. B., K. R. Dhital 2017. Economic dependence of mountain communities on Chinese caterpillar fungus ophiocordyceps sinensis (yarsagumba): A case from western Nepal. *Oryx*, 53:

256-264.

[182] Sina, D., A. Y. Chang-Richards, S. Wilkinson, *et al.* 2019. A conceptual framework for measuring livelihood resilience: Relocation experience from Aceh, Indonesia. *World Development*, 117: 253-265.

[183] Singh, N., P. Kalala 1995. *Adaptive Strategies and Sustainable Livelihoods: Community and Policy Studies for Burkino Faso, Ethiopia, Kenya, South Africa and Zimbabwe.* Manitoba: International Institute for Sustainable Development.

[184] Solesbury, W. 2003. *Sustainable Livelihoods: A Case Study of the Evolution of DFID Policy.* Overseas Development Institute.

[185] Soussan, J., P. Blaikie, O. Spingate-Baginski, *et al.* 2004. *Understanding Livelihood Processes and Dynamics, Livelihood-Policy Relationships in South Asia.* Working Paper 7, DFID, London.

[186] Stacey, N., E. Gibson, N. R. Loneragan, *et al.* 2019. Enhancing coastal livelihoods in Indonesia: An evaluation of recent initiatives on gender, women and sustainable livelihoods in small-scale fisheries. *Maritime Studies*, 18: 359-371.

[187] Tebboth, M. G. L., D. Conway, W. N. Adger 2019. Mobility endowment and entitlements mediate resilience in rural livelihood systems. *Global Environmental Change*, 54: 172-183.

[188] Twyman, C. 2001. Natural resource use and livelihoods in Botswana's Wildlife Management Areas. *Applied Geography*, 21(1): 45-68.

[189] Uchida, E., S. Rozelle, J. Xu 2009. Conservation payments, liquidity constraints, and off-farm labor: Impact of the grain-for-green program on rural households in China. *American Journal of Agricultural Economics*, 91(1): 70-86.

[190] Ulrich, A., C. I. Speranza, P. Roden, *et al.* 2012. Small-scale farming in semi-arid areas: Livelihood dynamics between 1997 and 2010 in Laikipia, Kenya. *Journal of Rural Study*, 28(3): 241-251.

[191] UNDP (United Nations Development Programme). 2007. Human development report 2007/2008 fight climate change: human solidary in a divided world.

[192] United Nations. The millennium development goals report 2015. https://www.un.org/millenniumgoals/2015_MDG_Report/pdf/MDG% 202015% 20rev% 20(July%201).pdf. New York, USA, 2017.

[193] Uphoff, N., C. Wijayaratna 2000. Demonstrated benefits from social capital: The productivity of farmer organizations in Gal Oya, SriLanka. *World Development*, 28(22): 1875-1890.

[194] Vasquez-Leon, M., C. T. West, T. J. Finan 2003. A comparative assessment of climate vulnerability: Agriculture and ranching on both sides of the US-Mexico border. *Global Environmental Change*, 13(3): 159-173.

[195] Vijaya, R. M., R. Lahoti, H. Swaminathan 2014. Moving from the household to the individual: Multidimensional poverty analysis. *World Development*, 59: 70-81.

[196] Wang, C. C., Y. S. Yang, Y. Q. Zhang 2011. Economic development, rural livelihoods, and ecological restoration, evidence from China. *AMBIO*, 40(1): 78-87.

[197] Wayessa, G. O. 2020. Impacts of land leases in Oromia, Ethiopia: Changes in access to livelihood resources for local people. *Land Use Policy*, 97: 104713.

[198] Wijayaratna, N. 2000. Demonstrated benefits from social capital: the productivity of farmer organizations in Gal Oya, Sri Lanka. *World Development*, 28(11): 1875-1890.

[199] Woolcock, M. 2000. Social capital and economic development: Towards a theoretical. *Rationality &*

Society, 12(1): 451-476.

[200] Zinda, J. A., J. Yang, X. Xue, *et al*. 2014. Varying impacts of tourism participation on natural resource use in communities in Southwest China. *Human Ecology*, 42(5): 739-751.

[201] Zoomers, A. 1999. Linking livelihood strategies to development. *Experiences from the Bolivian Andes*. Amsterdam, Royal Tropical Institute/Center for Latin American Research.

第二章 关键生计要素检视

提高生计可持续性不仅是贫困地区消除贫困、促进乡村发展的关键举措，也是联合国 2030 年可持续发展议程提出的重要目标。可持续生计是一个由多种生计要素组成的复杂系统，其中：生计资本是构建可持续生计的关键要素，生计策略是构建可持续生计的重要载体，生计风险是构建可持续生计的首要障碍，生计恢复力是构建可持续生计的核心目标。系统检视关键生计要素，核算个人或家庭拥有的生计资产、辨明采取的生计策略、识别面临的关键风险、评估具备的生计恢复力，不仅有助于揭示可持续生计的形成机制，更有助于寻求促进生计可持续的集成方案。

第一节 生计资本核算

在市场、制度、政策以及自然等因素造成的风险性环境中，个人或家庭拥有的生计资本决定着所采取的生计策略，拥有较多资本的人们往往具有更多的选择权及较强的处理胁迫和冲击、发现和利用机会的能力，以确保其生计安全并可持续地使用自然资源；而那些资本贫乏的人们往往缺乏开发替代资源的能力，从而使其在自然灾害面前显得脆弱无助，缺乏应对环境变化的缓冲能力，只能依赖免费的公共资源，从而加剧了环境退化（Bebbington，1999；Soini，2005；Bradstock，2006）。农户拥有的资本状况不仅是理解其所采取的生计策略和所处风险环境的基础，更是对自然资源管理与环境保护进行政策干预的切入点（Carney，2002；芦清水、赵志平，2009）。

一、农牧民的生计资本特征

（一）研究区、数据来源及方法

1. 研究区

甘南高原地处青藏高原东缘，大部分区域海拔 3 000—3 600m，气候寒冷湿润，年均温普遍低于 3℃，年均降水量在 400—700mm，植被以高寒草甸、灌丛和山地森林为主，水系发达，黄河干流、洮河、大夏河三条河流在该区的流域面积达 $3.057 \times 10^4 km^2$，多年平均补给黄河水资源 $65.9 \times 10^8 m^3$，从而使该区成为黄河上游重要的水源补给区（姚玉璧等，2007）。

甘南高原内部农业地域类型分异明显，根据农业生产条件可分为纯牧区、半农半牧区、农区，其中甘南藏族自治州碌曲、玛曲、夏河、合作为纯牧区县，卓尼与迭部为半农半牧区县，舟曲与临潭为农业县。牧区总面积达 $3.52 \times 10^4 km^2$，拥有亚高山草甸 $2.72 \times 10^4 km^2$，可利用草地面积占草地面积的 94.22%，自古就有"羌中畜牧甲天下"之称；农区总面积达 $0.98 \times 10^4 km^2$，拥有耕地 $2.74 \times 10^2 km^2$，其中 15°以上坡地占 42.28%，25°以上坡地占 3.09%。

甘南高原人口空间分布不均匀，纯牧区人口密度远低于农区；生计方式亦不同，纯牧区农牧民主要从事畜牧业，而农区与半农半牧区农牧民主要从事种植业；农牧民收入渠道存在差异，纯牧区主要来自畜牧业收入，而半农半牧区和农区主要来自种植业和工资性收入（表 2-1）。

表 2-1 甘南高原社会经济发展状况

		纯牧区	半农半牧区	农区
人口密度（人/km²）		9.42	15.78	65.66
农业人口比重（%）		67.63	79.76	87.62
乡村从业人员受教育程度	文盲与半文盲比重（%）	25.93	30.24	15.14
	高中以上比重（%）	3.95	6.05	8.06
乡村从业人员从业情况	畜牧业从业人员比重（%）	63.07	26.10	3.22
	种植业从业人员比重（%）	25.12	56.34	58.44
农牧民收入	年人均收入（元/人）	2 948.52	2 176.81	1 879.81
	畜牧业收入比重（%）	66.60	13.57	11.35
	种植业收入比重（%）	12.54	43.17	31.52
	工资性收入比重（%）	7.6	26.55	34.39

2. 数据来源

采用参与性农户评估方法（PRA）进行农牧民调查以获取相关数据。2008 年 11 月，课题组在合作、夏河各选择 3 个纯牧业乡、每个乡 5 户进行了问卷调查；2009 年 7 月，课题组又在玛曲选择 3 个纯牧业乡、在卓尼和迭部各选择 3 个半农半牧乡、在农区临潭和舟曲各选择 3 个乡，每个乡抽取 6 户进行了问卷调查。在纯牧区与半农半牧区调查过程中，为了确保信息准确，聘请了县草原站和调查乡镇的藏族干部作为语言翻译，每户问卷调查时间约为 0.5—1 小时。由于甘南高原地域辽阔、农牧民居住分散，访谈难度较大，因此调查样本数相对较少，仅调查了 120 户牧民家庭，收回有效问卷 115 份，其中纯牧区农户 46 户、半农半牧区农户 35 户、农区农户 34 户。虽然调查样本较少，但由于甘南高原纯牧区、半农半牧区、农区农户的生计资本与生计方式具有较高的相似性，因此能较好地反映甘南高原农牧民的普遍情况。

调查内容主要包括：①人力资本情况，包括人口数量、性别构成、年龄构成、学生数量、出家人数量、劳动力数量及其受教育程度等；②自然资本情况，包括人均耕地面积、亩均粮食产量、人均草场面积、草场质量等；③物质资本情况，包括牲畜数量、住房、机动车、暖棚、药浴池等拥有量；④社会资本情况，包括家庭成员中有无村委成员、是否参加社区组织、对周围人的信任程度、所在村庄的亲戚数等；⑤金融资本情况，包括人均现金收入、信贷机会、获得无偿现金援助机会等；⑥生活满意度及面临的主要生活压力。

3. 生计资本的核算方法

（1）生计资本的评估指标

英国国际发展部（The UK's Department for International Development，DFID）开发的可持续生计框架将生计资本分为自然资本、金融资本、物质资本、人力资本和社会资本等五种（DFID，2000）。参考国内外学者开展的生计资本量化研究（Sharp，2003；李小云等，2007；阎建忠等，2009），根据甘南高原生态环境、资源禀赋、文化习俗、宗教信仰及农牧民生计特殊性对上述研究中的指标体系进行了调整，设计了适用于甘南高原的农牧民生计资本测量指标及指标量化数值（表 2-2）。

自然资本指标：自然资本是指能从中导出有利于生计的资源流和服务的自然资源存量（例如土地和水）和环境服务（例如水循环）。由于甘南高原纯牧区农户主要从事畜牧业、半农半牧区农户主要从事种植业与畜牧业、农区农户主要从事种植业，耕地资源和草地资源对其生计活动影响深远，因此采用农户拥有的人均耕地面积与人均草地面积来评价自然资本。

表 2-2　农户生计资本的测量指标、赋值及权重

生计资本	测量指标及权重	赋值	生计资本	测量指标及权重	赋值
人力资本 I_1	家庭整体劳动能力 I_{11}（0.44）	非劳动力为 0；半劳动力为 0.5；全劳动力为 1.0	社会资本 I_4	领导潜力 I_{41}（0.20）	家庭有村委成员为 1，无为 0；社区会议经常提反对意见为 1，偶尔提为 0.5，从不提为 0
	成年劳动力受教育程度 I_{12}（0.56）	文盲为 0；小学为 0.25；初中/出家人为 0.5；高中为 0.75；大专及以上为 1.0		参加社区组织 I_{42}（0.15）	4 个以上为 1；3 个为 0.75；2 个为 0.5；1 个为 0.25；不参加为 0
自然资本 I_2	耕地 I_{21}（0.47）	人均耕地面积			
	草地 I_{22}（0.53）	人均草地面积		对周围人的信任 I_{43}（0.24）	全部信任为 1；大多可信任为 0.75；一半可信任为 0.5；少数可信任为 0.25；几乎不可信任为 0
物质资本 I_3	牲畜数量 I_{31}（0.58）	马/骡为 1.0；牛为 0.8；羊为 0.3；猪为 0.2			
	家庭固定资本 I_{32}（0.24）	调查户所拥有固定资本的选项数占所列选项的比例		亲戚圈 I_{44}（0.41）	所在村庄里的亲戚数量
			金融资本 I_5	农牧民家庭现金收入 I_{51}（0.65）	人均现金收入
	住房面积住房类型 I_{33}（0.18）	混凝土房为 1.0，砖瓦/砖木房为 0.75，土木房为 0.5，帐篷为 0.25，草房为 0；5 间房及以上为 1.0，4 间房为 0.75，3 间房为 0.5，2 间房为 0.25，1 间为 0		获得信贷的机会 I_{52}（0.20）	有为 1；无为 0
				获得无偿现金援助的机会 I_{53}（0.15）	有为 1；无为 0

人力资本指标：人力资本指个人拥有的用于谋生的知识、技能以及劳动能力和健康状况。考虑到甘南高原男性劳动力和女性劳动力同等重要，成年劳动力的受教育程度对于获得非农生计具有重要意义，因此采用家庭整体劳动能力、成年劳动力受教育程度等指标测量人力资本。

物质资本指标：物质资本指用于经济生产过程中除去自然资源的物质（例如基础设施和生产工具）。考虑到甘南高原的实际情况，采用牲畜数量、住房情况及固定资产情况（包括生产性工具和耐用消费品）来测量物质资本。

金融资本指标：金融资本指用于购买消费和生产物品的现金以及可获得的贷款和个人借款。甘南高原农牧民的金融资本主要来源于自身的现金收入、从正规渠道和非正规渠道获得的贷款及无偿援助，因此，采用农牧民家庭的人均现金收入、获得信贷的机会、获得无偿现金援助的机会来测量金融资本。

社会资本指标：社会资本是指为了实现不同生计策略而利用的社会网络（包括个

人参与的社会网络和协会)。在甘南高原,家族、部落在草地租赁与管理、借牧、救济、宗教活动、保障牧民权益等方面发挥着重大作用,社区组织在抵御市场及自然风险中起着重要作用、家庭成员是否为村委成员影响着家庭的社会地位,对周围人的信任能够增进农牧民间的合作,因此,采用领导潜力、参加社区组织、对周围人的信任、亲戚圈来测量社会资本。

(2) 生计资本的核算方法

①指标权重的确定

采用专家咨询法确定权重。邀请从事甘南高原资源环境与区域发展研究的高校专家及甘南藏族自治州畜牧局、农林局、草原站、发改委等单位的专家进行第一轮咨询,请专家按照每个指标在本类生计资本中的重要性在 0—1 内赋值(各指标重要性之和为1),问卷包括相关背景资料、各指标含义、专家对指标的熟悉程度等。在收回第一轮问卷后进行处理,计算出每个指标的平均权重及每位专家给出的权重值与平均权重的偏差,然后将求出的平均权重反馈给各位专家,开始第二轮意见征询。

第一轮共发出问卷 25 份,收回问卷 22 份,专家积极系数 88%,其中有效问卷 20 份,有效应答率 80%。第二轮仅对有效参与了第一轮咨询的专家发出问卷,发出 20 份,回收 20 份,专家积极系数为 100%,回收率达到要求。结果显示,专家对各项指标的熟悉程度得分均值为 0.84 分,权威系数均值为 0.86。第二轮的 Kendall 协调系数为 0.785 (f=20,p=0.027<0.05),认为全部专家对整个指标权重的意见协调,评价结果可取,将求出的平均权重作为该指标的权重(表 2-2)。

②生计资本的测算

由于调查获取的数据具有不同量纲、数量级和变化幅度,因而需对测量指标的量化值进行标准化处理。

$$Xs_{ij} = (X_{ij} - X_{j\min})/(X_{j\max} - X_{j\min}) \tag{2.1}$$

式中,Xs_{ij} 为 i 样本 j 指标的标准化值,X_{ij} 为 i 样本的 j 指标值,$X_{j\max}$ 为 j 指标的最大值,$X_{j\min}$ 为 j 指标的最小值。

根据各指标的量化值和各指标的标准化得分,就可以确定各指标的综合得分,从而求出农户所拥有的五种生计资本指数。不同区域农户的各类生计资本指数和生计资本总指数是该区样本户的平均值。

$$T = \sum_{i=1}^{5}\sum_{j=1}^{n} W_{ij} I_{ij} \tag{2.2}$$

式中，T 为生计资本总指数，W_{ij} 为第 i 类生计资本的第 j 个评价指标的权重，I_{ij} 为第 i 类生计资本第 j 个评价指标的标准化得分。

（二）农牧民拥有的生计资本

受自然环境、资源禀赋、区位条件以及社会因素（例如村级组织、乡规民约、宗教信仰）和外在趋势与冲击（例如经济环境变化、政策变化、自然灾害）的影响，甘南高原农户生计资本存在明显的空间异质性。生计资本总指数存在差异，其中纯牧区农户的生计资本总指数最高，达 1.476 9，农区农户次之，半农半牧区最低；不同地区农户面临的稀缺资本不同，纯牧区农户缺乏金融资本，半农半牧区农户缺乏物质资本，农区农户缺乏自然资本与物质资本（表 2-3）。

表 2-3 甘南高原农牧民的生计资本

	人力资本指数	自然资本指数	物质资本指数	金融资本指数	社会资本指数	生计资本总指数
纯牧区	0.413 6	0.296 4	0.258 0	0.207 8	0.301 0	1.476 9
半农半牧区	0.432 2	0.224 0	0.160 4	0.210 4	0.257 1	1.284 1
农区	0.458 2	0.123 2	0.136 2	0.284 2	0.290 2	1.292 0

农区农户的人力资本最高，半农半牧区次之，纯牧区最低。这是因为，农区农户虽然家庭规模较小，但劳动力受教育程度较高，受访户家庭平均规模为 4.96 人，成年劳动力文盲率仅为 14.91%，初中与高中文化程度占 27.20%；半农半牧区受访户家庭平均规模为 5.20 人，成年劳动力文盲率为 25.64%，初中与高中文化程度占 21.80%；而纯牧区以放牧业为主，家庭规模较大，但劳动力受教育程度低，受访户平均为 6.79 人，成年劳动力文盲率高达 28.43%，初中和高中文化程度仅占 14.61%。总体来看，甘南高原农户的人力资本存量小，更多依赖于劳动力数量，劳动力受教育程度普遍较低。

纯牧区农户的自然资本最高，半农半牧区次之，农区最低。这是因为，纯牧区农户以畜牧业为主，拥有的草场面积大，受访户人均草地面积达 187 930 m²；半农半牧区种植业和畜牧业结合，受访户人均耕地面积为 1 580 m²，人均草地资源 41 260 m²；而农区农户以耕地为主，受访户人均耕地仅为 1 110 m²，且多为坡地。总体来看，甘南高原农牧民的自然资本更多地受到不可抗力因素的影响，自然资本及其产出表现出极大的脆弱性。

纯牧区农户的物质资本最高，半农半牧区次之，农区最低。这主要因为，纯牧区受访户的牲畜数量远高于半农半牧区和农区受访户，纯牧区户均牛46.95头、羊110.78只，而半农半牧区户均牛6.60头、羊21.43只，农区户均仅有羊2.19只、牛1.74头。总体来看，农区与半农半牧区多数农户的物质资本仅限于维持简单生产与生活，面临风险时无法转变为可以交换的资本来降低生计脆弱性；纯牧区农户大都采取靠天养畜方式，难以抵御频繁发生的自然灾害，且受传统财富观和宗教信仰的影响，牲畜转换为其他资本的能力较低。

农区农户的金融资本最高、半农半牧区次之、纯牧区最低。这是因为，农区和半农半牧区外出打工人员较多，现金收入较高，而纯牧区农户收入主要依赖畜牧业，受传统财富观、宗教信仰的影响，现金收入较低。所有受访户均普遍不容易借到低息或无息贷款，仅有39.79%的受访户从银行获得贷款（农区仅为36.11%），45.81%的受访户从亲戚朋友处借款，尚有14.4%的农户借高利贷；接受无偿援助的机会少，自2008年以来仅有35.88%的受访户接受过无偿援助，纯牧区该比例仅为26.47%，而且大部分无偿援助是"5·12"地震后得到的。总体来看，甘南高原农牧民普遍缺乏可流动的金融资本，金融服务的可及性非常低，更多依赖非正规金融机制和渠道。

纯牧区农户的社会资本最高、农区次之、半农半牧区最低。这是因为，纯牧区农户的信任度和亲戚圈高于半农半牧区和农区，其中纯牧区受访户对周围人的信任度达55.87%，而半农半牧区和农区受访户仅为47.1%、29.71%；但是，农区的社区组织比纯牧区和半农半牧区更为完善，农区有17.39%的受访户参加了社区组织，而纯牧区和半农半牧区仅有8.0%左右的受访户参加社区组织；另外，30.43%的农区受访户家中有村委委员，而纯牧区和半农半牧区该比例仅为20.58%、25.0%。总体来看，甘南高原农牧民的社会资本非常有限，主要表现为相对封闭、狭窄的家庭网络和地缘网络。

（三）农牧民面临的主要生活压力

甘南高原农牧民的生活满意度较低，只有55.60%的受访户对当前的生活水平满意，尚有44.40%的受访户对生活现状不满意。纯牧区、半农半牧区、农区农户的生活满意度差别较大。其中，66.17%的纯牧区受访户对当前生活满意，半农半牧区和农区该比例仅为52.77%、47.86%。进一步调查发现，学费、就业、收入少、医疗等问题是目前甘南高原农牧民面临的主要生活压力（表2-4）。

表 2-4 甘南高原农牧民对生活水平的认识

区域	生活满意度 不满意%	生活满意度 满意%	主要生活压力%*	所需的帮助%*
纯牧区	33.83	66.17	没钱 50.0%；没文化/没技术 46.67%；学费 50.0%；就业 30.0%；医疗 23.33%；子女结婚 26.67%	贷款/资金 88.87%；信息服务 2.78%；就业门路 19.44%；技术指导 22.22%；减免学费 38.89%
半农半牧区	47.23	52.77	没钱 44.44%；没文化/没技术 16.67%；学费 52.78%；就业 36.11%；医疗 13.8%；草场少 8.33%	贷款/资金 83.33%；信息服务 10.0%；就业门路 36.67%；技术指导 43.33%；减免学费 40.0%
农区	52.14	47.86	没钱 43.37%；没文化/没技术 4.35%；学费 73.92%；就业 39.13%；医疗 13.05%；子女结婚 7.69%	贷款/扶贫资金 70.87%；信息服务 17.39%；就业门路 56.52%；技术指导 21.74%；减免学费 30.43%

注：*为提及该项的农户数与该区域总农户数的比值。

访谈中发现，如果家庭子女多，学费将使其收入耗尽，甚至致贫，该现象在农区更为明显，73.92%的农区受访户认为学费是其面临的最大压力，而纯牧区该比例仅为50.0%，这主要是因为纯牧区学龄儿童入学率相对较低且部分青少年进入寺院，家庭教育经费支出相对较少。调查中还发现，虽然甘南高原有许多寄宿制学校，但大部分农牧民担心在寄宿制学校里孩子不能照顾自己或染上不良习惯。

收入少且渠道单一也是目前面临的主要困难。收入渠道单一在纯牧区尤为突出，纯牧区农户的收入主要来自畜牧业，若遇灾年，收入将大幅度下降，调查中有 50.0%的纯牧区农户反映收入低。由于农牧民缺乏现金收入，且物质资本转换能力不高，这直接影响了教育、医疗及生产资料购置等，使其生计能力降低，脆弱性增强。

医疗问题也是农牧民普遍存在的困难，虽然国家实施了农村合作医疗，在一定程度上解决了"没钱看病"问题，但由于甘南高原人口居住分散，医疗设施覆盖度低，导致农牧民看病难，纯牧区尤为严重。

没文化、没技术成为制约农牧民生计可持续发展的最主要障碍，纯牧区尤为明显。调查发现，农牧民获取信息的方式与渠道单一，所获信息的实用性不高，加之语言障碍和信息来源的限制，绝大多数农牧民仍凭传统经验进行生产，很少考虑市场需求，生产带有较大的盲目性。与此同时，培训资金投入不足，培训体系不健全，无法及时地为农牧民提供技术指导与培训，导致农牧民的就业选择余地较小，虽然大部分农牧民想从事非农产业，但苦于没技术、没文化，只能被限定在有限的草地与耕地上，这不仅影响了农牧民的经济收入，而且限制了他们的理性判断和行为能力。

面对相似的压力，例如学费、就业、医疗等问题，不同区域农户期望政府提供的帮助虽存在差异，但提及最多的都是国家优惠政策，包括农用物资降价、医疗保障、基础设施建设、减免学费、信息技术服务、提供就业渠道等，农牧民自身对生计风险的响应相对被动、消极。调查中发现，80%左右的受访户都希望政府提供资金帮助，尤其是无偿资金援助，但事实上，资金援助并不能从根本上解决农户生计问题，相反，一些人由于长期享受政府补贴而变得懒惰，对政府的依赖性日益增强，抵御风险的能力越来越差。

总体来看，甘南高原农牧民的生计资本具有空间异质性，各类生计资本的可及性、可获取性及其利用存在较大差异，其中纯牧区农户生计资本总指数最高，农区次之，半农半牧区最低；面临的稀缺资本也不相同，农区农户缺乏自然资本和物质资本，半农半牧区农户缺乏物质资本，而纯牧区农户缺乏金融资本。甘南高原农牧民的各类生计资本转化能力也比较低。其中，自然资本更多地受到不可抗力因素的影响，农户没有可行的措施予以补救；物质资本仅能维持基本生活，面临风险时，没有过多的资本可以转换以降低其生计脆弱性；缺乏可流动的金融资本，金融服务可及性也非常低，更多依赖于非正规金融机制和渠道；缺乏对人力资本进行投入的能力，上学、看病等成为农户面临的主要生活压力；社会资本非常有限，主要表现为相对封闭的地缘或亲缘网络。

二、生计资本对生活满意度的影响

（一）分析假设

英国国际发展部（The UK's Department for International Development，DFID）开发的可持续生计框架指出，在市场、制度、政策以及自然因素等造成的风险性环境中，作为生计核心的资产的性质和状况决定了农户所采用的生计策略类型，从而导致某种生计结果，生计结果又影响着农户生活满意度（DFID，2000；张丽萍等，2008）。访谈中也发现，拥有不同生计资产的农牧民往往采取不同的生计策略，致使其生计结果（收入、福利状况、食物安全等）大相径庭，从而使生活满意度出现较大差别。基于此，提出以下研究假设（张宏梅、陆林，2010）：

假设1：生计资本影响农牧民的生活满意度。

假设2：各类生计资本越多，农牧民的生活满意度越高。

（二）分析模型

采用二元 Logistic 回归模型分析生计资本对农牧民生活满意度的影响，并利用最大似然估计法对其回归参数进行估计。设计模型时，为了清晰、简明地估算生计资本变化引起的生活满意度发生转变的概率，将农牧民生活满意度简化为 0—1 型因变量 y_i，即"满意"定义为 1，"不满意"定义为 0；x_1，x_2，…，x_5 是农牧民拥有的五种生计资本，共有 n 组观测数据，即 x_{i1}，x_{i2}，…，x_{i5}（$i=1$，2，…，n）。假定 x_i 是自变量，P_i 是 y_i 事件发生的概率，相应的回归模型如下：

$$p_i = \frac{\text{Exp}(\beta_0 + \beta_1 x_{i1} + \cdots + \beta_m x_{im})}{1 + \text{Exp}(\beta_0 + \beta_1 x_{i1} + \cdots + \beta_m x_{im})} \quad (2.3)$$

式中，β_0 为常数，β_1，β_2，…，β_m 为回归系数，表示诸因素 x_{im} 对 P_i 的贡献量。回归系数为正值，表示解释变量每增加一个单位值，发生比会相应增加；相反，回归系数为负值，则表示解释变量每增加一个单位值，发生比会相应减少。

发生比率（Odds ratio）用来对各自变量的 Logistic 回归系数进行解释，发生比率用参数估计值的指数来计算：

$$odd(P_i) = \text{Exp}(\beta_0 + \beta_1 x_{i1} + \cdots + \beta_m x_{m1}) \quad (2.4)$$

Logistic 回归模型的预测能力通过回归系数的显著性水平、回归系数估计的 Wald 统计量和模型优度等来评价。其中，Wald 统计量表示在模型中每个解释变量的相对权重，用来评价每个解释变量对事件预测的贡献力。模型优度用皮尔逊 χ^2 和 Homsmer-Lemeshow（HL）指标进行检验：皮尔逊 χ^2 显著表述模型拟合好，反之，表示模型拟合不好；HL 指标统计显著表示模型拟合不好，反之，则表示模型拟合好（谢花林、李波，2008）。

（三）影响农牧民生活满意度的关键资本

为了分析生计资本与农牧民生活满意度的关系，计算了生计资本总指数与生活满意度之间的相关系数，发现二者相关度较高，Pearson 相关系数（χ^2）达 0.728，双尾检验为 0.000，在 0.001 水平上显著。这充分说明，生计资本在一定程度上影响着农户的生活满意度，该结果部分证实了假设 1。

为了进一步检验上述假设，将五种生计资本作为自变量引入二元 Logistic 回归模型（表 2-5）。由于各类生计资本之间的 Pearson 相关系数（χ^2）在 0.014—0.321 之间，自变量的共线性关系很小,因而,自变量全部可以引入 Logistic 回归模型中。选用了逐步选择法拟合模型,引入方程检验是根据得分统计量的显著性水平,剔除检验是根据偏最大似然估计的条件似然比统计量的概率。

表 2-5　生计资本影响农户生活满意度的 Logistic 回归模型结果

解释变量	回归系数 B	Wald 统计量	Exp(B)
人力资本（H）	2.331**	9.856	10.283
自然资本（N）	1.468**	8.035	4.341
物质资本（M）	1.638***	14.635	5.144
金融资本（F）	1.338***	12.204	3.810
社会资本（S）	2.032***	10.837	7.632
样本数	115	Nagelkerke R-Square	0.733
预测准确率	86.5%	Chi-square 检验值	70.492
对数似然值	51.525	HL 拟合优度统计量	12.178（P=0.143）

注：**在 0.01 水平上显著；***在 0.001 水平上显著。

Logistic 回归模型的回归系数均在 0.01 或 0.001 水平上显著,模型的 Chi-square 检验值为 70.492,显著性水平为 0.000（<0.05）,预测准确率为 86.5%,Hosmer-Lemeshow 拟合优度统计量为 12.178, P 值为 0.143（>0.05）,统计检验不太显著,说明该模型具有很好的拟合优度。Nagelkerke R-Square 为 0.733,说明 Logistic 回归模型具有一定的解释力,生计资本可解释 73.3%的农牧民生活满意度。Logistic 回归模型检验结果表明,生计资本显著影响着农牧民的生活满意度,这个结果证实了假设 1。

在 Logistic 回归模型中,人力资本（H）、自然资本（N）、物质资本（M）、金融资本（F）、社会资本（S）的回归系数都为正值,说明农户生活满意度转为满意的概率随着各类生计资本的增加而增大,这个结果证实了假设 2。

从各类生计资本对农户生活满意度的影响来看（表 2-5）,物质资本和金融资本是最关键的因素。其中,物质资本的影响最大,其 Wald 统计量高达 14.635；其次为金融资本,其 Wald 统计量为 12.204；再次为社会资本与人力资本,其 Wald 统计量分别为 10.837、9.856；最次为自然资本,其 Wald 统计量仅为 8.035。这说明,目前甘南高原农户生计仍处于维持基本生活需求的阶段,亟需提高生计资本,改变生计方式,实现生计可持续。

从各类生计资本对农户生活满意度的贡献率来看（表 2-5）,人力资本与社会资本的贡献率最大。其中，物质资本每提高 1 个单位，农户生活满意度转为满意的发生比率是 $e^{1.638×1}$=5.144，表明农户生活满意度转变为满意的概率将增大 5.144 倍；金融资本每提高 1 个单位，农户生活满意度转为满意的发生比率是 $e^{1.338×1}$=3.810，表明农户生活满意度转变为满意的概率将增加 3.810 倍；而社会资本每提高 1 个单位，农户生活满意度转为满意的发生比率是 $e^{2.032×1}$=7.632，表明农户生活满意度转变为满意的概率将增加 7.632 倍；人力资本每提高 1 个单位，农户生活满意度转为满意的发生比率是 $e^{2.331×1}$=10.283，表明农户生活满意度转变为满意的概率将增加 10.283 倍；自然资本每提高 1 个单位，农户生活满意度转为满意的发生比率是 $e^{1.468×1}$=4.341，表明农户生活满意度转变为满意的概率将增加 4.341 倍。可见，人力资本与社会资本是甘南高原农牧民生计资本更新与发展、可持续生计能力形成的突破点和关键点。大量研究也表明，人力资本与社会资本不仅是促进经济增长的重要条件，也是自然资本改善的先决条件（Pretty and Hugh，2001；Pretty，2003）。

综上所述，生计资本是影响甘南高原农牧民生活满意度的重要因素。其中，影响生活满意度的最关键资本为物质资本与金融资本，其次为社会资本与人力资本，再次为自然资本。但从各类生计资本对农户生活满意度的贡献来看，人力资本最大，其次为社会资本，再次为物质资本、自然资本与金融资本。甘南高原应围绕农牧民能力建设提供援助，通过提供技能培训、文化教育、小额贷款、就业机会、改善医疗条件、培育各种合作组织等提高农牧民的人力资本与社会资本。在技能培训方面，应针对农牧民需求开展各种实用技术培训，最好能建立流动培训队；文化教育方面，在免费小学教育的基础上，建议开展免费中等教育尤其是加强免费职业中学教育；医疗方面，应扩展和加固卫生服务网络，为每个农牧村至少培养 1 名能够承担疾病预防和健康知识传播任务的兼职卫生员，同时增强公共医疗机构的流动服务；金融服务方面，应通过发展非政府小额信贷机构和民间金融，促进信贷服务供给的多元化，帮助农户通过农户信贷和跨期收入转移来满足生计投资需求；社会组织方面，应积极培育各种合作组织，使农户能够借助组织力量破解生计资本投资的各种壁垒，降低交易成本，实现投融资的社会化、组织化，扩展生计资本的社会来源；此外，民族文化在农户生计多样性中起到了重要的中介作用，因此，应积极发挥民族文化的作用，探索富有地域特色、民族特色的多元化生计模式。

第二节 生计策略选择

农户生计问题已成了发展中国家和地区广泛关注的话题（Block and Webb，2001；Bouahom et al.，2004）。农户作为农村最主要的经济活动主体与最基本的决策单位，其采取的生计策略不仅影响着农村社会经济发展，更影响着自然资源利用和生态环境保护，尤其在生态脆弱区，农户采取的不合理生计方式已成为引起生态环境退化的最主要和最直接因素（张丽萍等，2008）。然而，在制度和政策等因素造就的风险性环境中，个人和农户采取的生计策略取决于其所拥有的资产状况，一般而言，资产越多的人，往往具有更多的选择权及较强的处理胁迫和冲击、发现和利用机会的能力，越能够在各种生计策略中灵活转换以保护其生计安全（Wilkes，1993；Bebbington，1999；Koczberski and Curry，2005）。

一、农户的生计活动方式

（一）数据来源与研究方法

1. 数据来源

为了深入了解甘南高原农户的生计活动，2008年11月在合作市、夏河县各选择3个纯牧业乡、每个乡抽取5户进行了问卷调查；2009年7月，课题组又在玛曲县选择3个纯牧业乡、在卓尼和迭部县各选择3个半农半牧乡、在农区临潭和舟曲各选择3个乡，每个乡抽取6户进行了问卷调查。本次共调查了120户家庭，收回有效问卷115份，其中纯牧区46户、半农半牧区35户、农区34户。调查内容主要包括：①生计资本情况，包括人力资本、自然资本、物质资本、社会资本及金融资本情况；②农户的生计活动方式。

2. 生计多样化指数计算方法

采用每个家庭从事的生计活动种类作为生计活动多样化指数。即将农户从事的每种生计活动赋值为1，例如某户从事养殖、种植两种生计活动，则其多样化指数值为2。最后，对不同区域的农户生计活动多样化指数取平均值，则得出该区域农户生计活动多样化指数平均值（阎建忠等，2009）。

（二）农户采取的主要生计活动

1. 生计活动类型

甘南高原农户生计主要依赖于自然资源（草地或耕地）及人力资源，以畜牧业/种植业和外出打工为主要生计方式，从事非农活动的农户非常少。其中，纯牧区农户主要生计活动为畜牧业，其次为外出打工，其中85.29%的受访户有畜牧业活动，32.35%的有家庭成员外出打工，11.76%的有经商活动，5.88%的有工资性收入；半农半牧区农户主要从事种植业、外出打工及畜牧业，其中55.56%的受访户有种植业活动，47.22%的有家庭成员外出打工，41.67%的有畜牧业活动，16.67%的有经商活动，16.67%的有工资性收入；农区农户主要从事种植业和外出打工，其中73.91%的受访户有种植业活动，69.52%的有家庭成员外出打工，21.74%的有养殖活动，17.39%的有非农活动（经商和运输）。总体来看，纯牧区农户对自然资源的依赖程度高于半农半牧区和农区，但外出打工与从事非农活动的比例远低于半农半牧区和农区。

2. 生计活动的多样性

生计活动多样化是发展中国家居民采取的一种重要生计策略，有利于降低生计脆弱性，保障食物安全，减少饥荒威胁（Frank，1998；Block and Webb，2001）。然而，甘南高原农户的生计活动多样化程度较低，采取单一生计活动的农户比例较高，生计活动多样化指数仅为1.68，这无疑增加了农户生计脆弱性。

纯牧区农户的生计活动多样化指数仅为1.35，生计活动组合差异小，从事一种生计活动的农户占70.58%（表2-6），其中55.88%的受访户只从事畜牧业、8.82%的只外出打工、5.88%的只靠工资性收入；从事两种生计活动的农户占26.48%，包括畜牧+打工（20.59%）、畜牧+工资收入（2.94%）、畜牧+经商（2.94%）等生计活动组合；从事四种生计活动的占2.94%，主要为畜牧+打工+经商+工资性收入。

表2-6　甘南高原农户的生计活动[*]

区域	采取不同生计活动的农户比例[*]（%）							不同生计多样性的农户比例（%）			
	畜牧/养殖	种植	打工	采集	经商	工资收入	一种	二种	三种	四种
纯牧区	85.29	—	32.35	—	5.88	11.76	70.58	26.48	—	2.94
半农半牧区	41.67	55.56	47.22	2.78	16.67	16.67	44.44	33.33	19.44	2.78
农区	21.74	73.91	69.52	—	17.39	4.35	34.78	47.82	13.04	4.35

注：[*]为有该项生计活动的农户数与该区域农户总数的比值。

半农半牧区农户的生计活动多样化指数为 1.81,生计活动组合差异大,从事一种生计活动的农户占 44.44%(表 2-6),其中 19.44%的受访户只外出打工、11.11%的只从事种植业、8.33%的只从事畜牧业、只经商与只靠工资性收入的各占 2.78%;从事两种生计活动的农户占 33.33%,包括种植+打工(13.89%)、种植+畜牧(8.33%)、经商+工资收入(5.56%)、打工+经商(2.78%)和畜牧+经商(2.78%)等生计活动组合;从事三种生计活动的农户占 19.44%,包括畜牧+种植+工资收入(8.33%)、畜牧+种植+打工(8.33%)、畜牧+种植+采集(2.78%)等生计活动组合;从事四种生计活动的农户占 2.78%,以种植+畜牧+打工+经商为主。

农区农户生计多样化指数为 1.87,生计活动组合差异较大,从事一种生计活动的农户占 34.78%(表 2-6),其中 8.7%的受访户只经商、只外出打工和只从事种植业的分别占 13.04%;从事两种生计活动的农户占 47.82%,包括种植业+外出打工(30.43%)、种植业+经商(4.35%)、种植+养殖(8.7%)等生计活动组合;从事三种生计活动的占 13.04%,以种植+养殖+打工(8.7%)为主;从事四种生计活动的占 4.35%,以种植+养殖+打工+经商为主。

(三)生计资本对生计活动的影响

在市场、制度、政策以及自然等因素造成的风险性环境中,个人或家庭拥有的生计资本决定着其所采取的生计方式。由于农户拥有的生计资本不同,导致甘南高原纯牧区、半农半牧区和农区农户采取的生计活动方式存在较大差异。

1. 生计资本对生计活动方式的影响

在偏远落后地区,农户更多地依赖自然资源维持生计。甘南高原农户生计主要依赖于草地资源和耕地资源,农业成为最主要的生计方式。其中,85.29%的纯牧区受访户有畜牧业活动,73.91%的农区受访户有种植业活动,55.56%和 41.67%的半农半牧区受访户分别有种植业、畜牧业活动。然而,由于依靠自然资源生产出的产品并不足以维持生计,迫使农户采用其他不依赖自然资源的生计方式,农区自然资本缺乏性农户中,80%的采取了其他生计活动(50%的外出打工、30%进行经商或运输);半农半牧区自然资本缺乏型农户中,83.34%的采取其他生计活动(33.33%的外出打工、16.67%的外出打工+经商、16.67%的经商、16.67%的工资性收入)。

人力资本的数量和质量决定了农户能否运用其他资本追求不同的生计策略,对墨西哥印第安人的研究表明,教育有利于当地居民获得非农就业机会(Janvry and Sadoulet,2001)。然而,甘南高原农户的受教育程度普遍较低,人力资本存量主要依赖于劳动力数量,因而农户生计活动以畜牧/种植、外出打工为主,非农活动很少。纯牧区人力资本富裕型农户中,94.45%的有畜牧活动、38.89%的有家庭成员外出打工,仅 5.56%的农户有非农活动;半农半牧区人力资本富裕型农户中,62.5%的有种植/畜牧活动、58.33%的有家庭成员外出打工、仅 8.33%的农户有非农活动;农区人力资本富裕型农户中,76.47%的有种植业活动、64.71%的有家庭成员外出打工、仅 11.76%的农户有非农活动。总体来看,农区外出打工、经商的农户比重远高于纯牧区,这主要因为,农区农户以汉族为主,受教育程度高于纯牧区,加之人均耕地面积小,家庭剩余劳动力多,而纯牧区农户以藏族为主,存在着语言障碍,受教育程度较低,且放牧所需劳动力较多,加之藏族家庭历来重牧轻商。

甘南高原农户拥有的物质资本主要用以维持基本的生存需求和生产需求,物质资本转化能力较差。为了满足基本生活与发展需求,物质缺乏型农户大都外出打工,以现金收入来弥补物质资本的不足。其中,纯牧区、半农半牧区、农区的物质资本缺乏型农户中,分别有 50.0%、64.28%、90.0%的农户有家庭成员外出打工,该比重均高于各区域外出打工农户的平均比重。

甘南高原农户普遍缺乏可流动的金融资本,大部分农户高比例外出打工,从形式上实现了抵御生计风险的手段多样化,打工收入成为现金收入的重要来源,但是由于市场竞争激烈,打工者仍然在市场机会获取方面具有不稳定性。金融资本富裕型农户中,54.54%的有家庭成员外出打工、18.18%的有经商活动。总体来看,由于金融资本缺乏,农户无力从事非农活动。

以亲缘网络和地缘网络为特征的社会资本是甘南高原农户寻找打工机会时可利用的关键资源,这一点在农区体现得尤为明显,农区社会资本富裕型农户均有家庭成员外出打工;此外,社会资本对于经商活动也有促进作用,27.3%的有经商活动的农户属于社会资本富裕户。但总体来看,甘南高原相对封闭,狭窄的亲缘网络和地缘网络在农户抵御生计风险时显得非常无力。

2. 生计资本对生计活动多样性的影响

自然资本缺乏迫使农户寻求其他的谋生方式,并逐步实现生计多样化(Downing et al.,1989)。甘南高原农区自然资本缺乏型农户中采取一种生计方式的仅占 20%、两种的占 50%、三种的占 20%、四种的占 10%,生计活动多样化指数为 2.2,比该区平均水平高 0.39;半农半牧区自然资本缺乏型农户中采取一种生计方式的占 33.33%、三种的占 50%、四种的为 16.67%,生计活动多样化指数为 2.5,比该区平均水平高 0.7。总体来看,半农半牧区、农区自然资本缺乏型农户的生计活动多样化程度均高于各区的平均水平。

受教育水平高的农牧民能够更好地利用经济机会，拥有更多技能，有利于实现生计多样化。但在甘南高原农牧民受教育程度普遍低，依赖于劳动力数量的人力资本对于农户生计活动多样化的影响并不大。甘南高原纯牧区人力资本富裕型农户中采取一种生计方式的占 61.11%、两种的占 38.89%，生计活动多样化指数为 1.39，比该区平均水平高 0.06；半农半牧区人力资本富裕型农户中采取一种生计方式的占 45.83%、两种的占 25.0%、三种的占 29.17%，生计活动多样化指数为 1.83，比该区平均水平高 0.02；农区人力资本富裕型农户中采取一种生计方式的占 35.29%、两种的占 58.82%、三种的占 5.88%，生计活动多样化指数为 1.71，比该区平均水平低 0.1。

物质资本缺乏限制了农户的生计多样化，加剧了农户的生计脆弱性。甘南高原纯牧区物质资本缺乏型农户中采取一种生计方式的占 75.0%、两种的占 25.0%，生计活动多样化指数为 1.25；半农半牧区物质资本缺乏型农户中采取一种生计方式的占 64.28%、两种的占 35.72%，生计活动多样化指数为 1.36；农区物质资本缺乏型农户中采取一种生计方式的占 50%、两种的占 50%，生计活动多样化指数为 1.5。总体来看，纯牧区、半农半牧区、农区物质资本缺乏型农户的生计活动多样化程度均低于各区的平均水平。

金融资本缺乏会导致农户无力进行生计多样化，尤其是非农活动，致使其长期陷于生计脆弱的境地，印度喜马偕尔邦地区（Himachal Pradesh）的研究已证明这一点（Deschignkar，1998）。甘南高原金融资本富裕型农户的生计多样化指数为 1.82，高于全区平均水平。其中，半农半牧区金融资本富裕型农户采取一种生计活动的占 50.0%，两种与四种的分别占 25.0%，生计活动多样化指数为 2.0；农区金融资本富裕型农户中采取两种生计方式的占 66.67%、三种的占 33.33%，生计活动多样化指数为 2.67，二者均高于本区的平均水平；但纯牧区金融资本富裕型农户均采取一种生计方式（畜牧业），生计活动单一，这是因为在藏区家庭财富往往用牲畜数量来衡量，而富裕家庭更有能力扩大畜群、发展畜牧业。

以封闭而狭窄的亲缘与地缘关系为特征的社会资本限制了生计多样化。甘南高原社会资本富裕型农户的生计活动多样化指数为 1.58，低于该区平均水平。其中，纯牧区社会资本富裕型农户中从事一种生计活动的占 83.3%、两种的占 16.7%，生计活动多样化指数为 1.17，比该区平均水平低 0.18；半农半牧区社会资本富裕型农户中从事一种生计活动的占 42.86%、两种的占 57.14%，生计活动多样化指数为 1.57，比该区平均水平低 0.24；但是农区社会资本富裕型农户中从事一种生计活动的占 66.67%、四种的占 33.33%，生计活动多样化指数为 2.0，比该区平均水平高 0.13，这主要是因为农区农户的社会资本组成不同于纯牧区和半农半牧区，纯牧区和半农半牧区的社会资本以封闭而狭窄的亲缘和地缘关系为主，而农区参与社区组织及家庭成员中有村委成员的农户比重较高，使其获取信息的渠道多样、社交圈较大，致使农区社会资本富裕型农户的生计活动多样化程度高于该区平均水平。

总体来看，甘南高原农户的生计活动以畜牧业/种植业和外出打工为主，纯牧区从事农业的农户比重高于半农半牧区和农区，但外出打工与从事非农活动的农户比重远低于半农半牧区和农区；各区生计活动多样化程度低，纯牧区农户生计活动多样化指数仅为 1.36，半农半牧区为 1.81，农区为 1.87。农户拥有的生计资本影响着所采取的生计活动。自然资本缺乏迫使农户寻求其他的谋生方式，实现生计多样化；人力资本由于主要依赖于劳动力数量，对于农户生计活动多样化的影响不大；物质资本缺乏限制了农户的生计多样化；金融资本缺乏导致农户无力进行生计多样化，尤其是非农活动；以封闭而狭窄的亲缘与地缘关系为特征的社会资本限制了生计多样化。

二、农户的替代生计选择

替代生计的概念是近年在生态系统保护、自然保护区建设、扶贫发展项目、国际禁毒活动等实践中提出的（吴辉，2009）。如何提高农户的生计水平以及替代生计的可持续性，已成为近年来学者关注的焦点问题。国际发展研究机构和非政府组织在可持续生计的基础上（Chambers and Conway，1992；Carney，2002）总结过去的研究和实践经验，提出并采用替代生计解决农村社区的贫困、自然资源管理和生态环境保护等问题（李斌等，2004）。已有研究多关注区域替代生计的选择（Howard，2003；Ireland，2004；Adeel，2008）、替代生计的影响评价（Chambers and Conway，1992；杨明等，2010）等方面，较少关注农户的替代生计选择意愿及其影响因素（张春丽等，2008）。但如果替代生计项目与农户的真正需求错位，实施过程中缺乏农户参与就会降低其效果（庄孔韶，2006）。因此，应从农户角度出发关注替代生计的选择。甘南黄河重要水源补给区承担着重要的生态服务功能，其蓄水、补水功能对黄河流域水资源乃至整个北方地区的生态安全起着关键作用。该区生计方式单一，难以抵御生计脆弱性风险，亟需塑建可持续替代生计，以实现生计与生态双赢。鉴于此，基于农户意愿和项目可持续原则设计了替代生计选项，分析农户的替代生计选择意愿及其影响因素，旨在为重要生态功能区制定生计转型政策提供参考。

（一）数据来源及研究方法

1. 数据来源

为了进一步分析农户的替代生计选择意愿，2010年10月5日至15日在甘南黄河水源补给区所辖乡镇举行座谈会，听取农户及乡政府、村两委等相关部门的工作人员对替代生计选项的设计意见；2010年10月16日至19日邀请长期从事甘南黄河水源补给区可持续发展研究的高校专家及甘南藏族自治州畜牧局、农林局、草原站、发改委等单位的专家，讨论修改替代生计选项；2010年10月20日至11月10日进行了入户问卷调查，发出问卷134份，收回有效问卷117份，其中纯牧区52份，半农半牧区36份，农区29份。调查内容主要包括：①生计资本情况，包括人力资本、自然资本、物质资本、社会资本及金融资本等情况；②农户的替代生计选择意愿。

在同农户及相关部门、专家协商的基础上，设计了7种替代生计方式，包括旅游服务业、现代畜牧业、外出打工、做生意、特色产品加工、等待政府安排及其他选择项。其中，旅游服务业主要是指从事与旅游相关的非农业活动，包括开饭馆、销售地方旅游纪念品、当导游介绍地方特色文化、牧家乐等生计活动；现代畜牧业指主要从事良种养殖、暖棚育肥、饲草种植等生计活动；外出打工主要指外出从事餐饮服务、建筑、维修等生计活动；做生意主要指批发零售生活用品、销售畜产品等生计活动；特色产品加工主要指从事畜产品、中药材、野山珍、民族特色产品（例如藏族饰品、藏族食品、藏毯）等产品加工的生计活动。

2. 研究方法

（1）替代生计选择的路径依赖系数计算方法

为研究农户原有的生计活动是否对其替代生计选择产生影响，特引入路径依赖系数进行分析：

$$R_i = \frac{L_{0i}}{L_i} \times 100\% \tag{2.5}$$

式中，R_i 为路径依赖系数，L_{0i} 为现有生计方式为 i 仍选择 i 为替代生计的人数，L_i 为现有生计方式为 i 的人数。

（2）农户替代生计选择的影响因素分析方法

为了探寻影响农户替代生计选择的关键因素，特采用 Logistic 回归模型，以替代生计作为被解释变量（农户选择该替代生计为1，不选为0），以户主特征和家庭特征为被解释变量进行分析。其中，户主特征包括户主年龄、学历和性别；根据苏芳（2009）

的研究,农户家庭拥有的生计资本影响农户对生计策略的选择,故以家庭拥有的生计资本量反映家庭特征(表 2-7)。赵雪雁(2011)根据甘南黄河水源补给区的特殊性,设计了适用于该地区农户生计资本的测量指标体系,但由于有些资本的二级指标对替代生计选择影响不大,对这些指标进行了剔除。

表 2-7 解释变量

	变量名称	变量定义
户主属性	性别	男为 1,女为 0
	年龄	25 岁以下为 0,2—40 岁为 1,40—50 岁为 2,50 岁以上为 3
	学历	文盲为 0,小学为 1,初中为 2,高中为 3,大专及大专以上为 4
家庭属性	家庭整体劳动能力	加权合成的劳动力数值
	家庭整体受教育水平	加权合成的家庭受教育水平值
	自然资本	根据草地和耕地标准化后的合成值
	牲畜数量	农户家庭拥有的牛羊数量(羊单位)
	能否借到钱	能为 1,不能为 0
	年收入	按农户家庭年收入分类为四级:1 万以下=0,1 万—3 万=1,3 万—10 万=2,10 万以上=3
	社会资本	根据社会资本的二级指标合成的指标值

(二)农户的替代生计选择意愿

1. 农户选择的替代生计

甘南黄河水源补给区受访户中,仅有 8.7%的农户选择"闲着或其他"选项,农户对替代生计的选择依次为做生意、外出打工、现代畜牧业、特色产品加工。具体来看,有 64.69%的受访户选择做生意,其中:纯牧区选择做生意的比例为 50%,农区为 55%,半农半牧区高达 89%,这主要是由于做生意的增收效应显著。据调查,做生意的农户都仅进行简单经营活动,不需要掌握特殊的技能,只要拥有做生意的资本就可以从事该项生计活动,因而做生意成为多数家庭理想的替代生计。

有 49.99%的受访户选择现代畜牧业,其中:半农半牧区选择比例最高(67%),纯牧区最低(38%)。这主要是因为大部分农户已经习惯了传统的生计方式(主要是放牧),现代畜牧业与传统畜牧业具有一定的相似性,因而,有接近一半的农户选择现代畜牧业作为替代生计。现代畜牧业是一种具有一定科技含量的生计活动,相对于农区和半农半牧区，纯牧区农户的受教育程度较低，对新事物的接受能力较差，因而纯牧区农户选择现代畜牧业的比例相对较低。

有 49.69% 的人选择特色产品加工，这是因为该区不仅有大量的畜产品，还有较高经济价值的特色菌类、药材、民族特色产品（例如藏族饰品、藏族食品、藏毯）等，进行特色产品加工可有效提高农户收入。因而，一部分农户选择特色产品加工作为替代生计。

尚有一小部分农户（6.56%）对替代生计选择持消极态度，等待政府安排；另有一小部分农户（8.7%）根本没有考虑过替代生计问题（表 2-8），主要因为这部分农户的生计能力较低，难以对外部冲击作出积极响应。

表 2-8 甘南黄河水源补给区农户选择的替代生计

	旅游服务业	做生意	特色产品加工	现代畜牧业	外出打工	等政府安排	闲着或其他
纯牧区农户	21%	50%	33%	38%	27%	13%	12%
农区农户	48%	55%	41%	45%	59%	3%	3%
半农半牧区农户	72%	89%	75%	67%	81%	3%	11%
全体农户	47.22%	64.69%	49.69%	49.99%	55.37%	6.56%	8.70%

注：替代生计选择的农户比例是农户提及该项替代生计占该区域调查人数的百分比。

2. 替代生计选择的特征

（1）替代生计选择具有路径依赖性

甘南黄河水源补给区内农户的替代生计选择意愿与他们目前的生计活动密切相关，一半以上的农户都愿意选择与目前一致的生计方式，替代生计选择意愿的路径依赖性较高（表 2-9）。

表 2-9 替代生计的路径依赖系数

	畜牧业	特色产品加工	做生意	外出打工	闲着
纯牧区	45.95%	55.56%	75.00%	60.00%	24.00%
半农半牧区	80.00%	42.86%	100.00%	57.69%	0.00%
农区	63.64%	75.00%	100.00%	68.00%	16.67%
全域	63.19%	57.80%	91.67%	61.90%	13.56%

有 90%以上做生意的农户依旧选择做生意作为自己的替代生计。原因在于这些人主要依靠做生意维持生计，他们主要的生计来源不依赖于草地资源，退牧还草工程对其影响不大，因而他们依旧维持原有的生计方式。

纯牧区 45.95%从事畜牧业的农户依旧选择现代畜牧业作为替代生计，原因在于纯牧区大多数牧户受教育程度低，对新生计方式的接受能力较差，且一部分牧民具有"恋草情结"，不愿意离开祖祖辈辈生活的草原，因此，足有接近一半从事畜牧业的农牧民选择现代畜牧业作为替代生计。

特色产品加工对原生计方式的路径依赖性相对较低，主要是由于特色产品加工中除了传统肉类、奶类、民族特色食品、饰品等产品的加工外，很多从事传统加工业的农户考虑到自身条件后，在替代生计选择上可能放弃原从事的特色产品加工而选择了其他的生计方式。

部分农户之所以在家闲着，主要由于他们知识水平低，除了放牧，没有掌握其他的生存技能。从选择比例看，原来闲着的农户中只有 13.56%的人会继续选择闲着，86.44%的农户希望通过技术培训去从事相关的工作。这说明解决农户替代生计问题的关键在于对农户进行技能培训。

（2）替代生计选择具有区域差异性

甘南黄河水源补给区农户的替代生计选择意愿具有显著的区域差异性。其中，纯牧区农户主要选择特色产品加工、做生意、现代畜牧业，农区和半农半牧区农户主要选择做生意、外出打工和旅游服务业（图 2-1）。

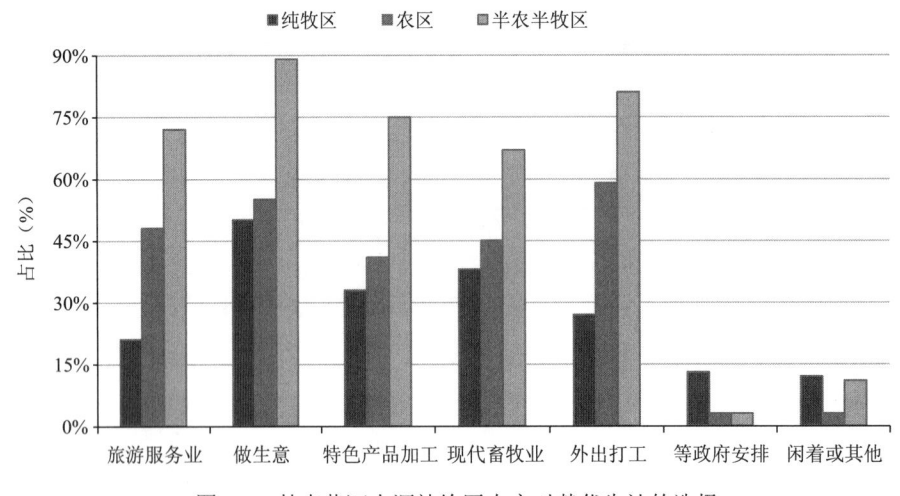

图 2-1 甘南黄河水源补给区农户对替代生计的选择

具体来看，纯牧区农户对特色产品加工、做生意、现代畜牧业等生计活动的选择比例较高，分别达到 33%、50%、38%，对于其他生计活动的选择比例均较低。这主要是因为纯牧区自然资本（草场）丰裕，大部分农户被限制在草场上从事畜牧业活动，从事其他生计活动的人数较少；同时，农户受教育水平较低，据调查，受访户中成年劳动力文盲率高达 39%，小学文化程度占 22%，初中和高中（或中专）文化程度仅占 22%，除了放牧外，缺乏其他的生产技能，只能选择不需要太多技能的做生意或维持原有生计活动（放牧）；此外，纯牧区拥有丰富的畜产品和菌类、中药材等特色产品，因而，部分牧民愿意选择特色产品加工作为替代生计。

农区农户的替代生计选择主要为外出打工、做生意、旅游服务业，选择的比例分别为 59%、55%、48%；半农半牧区农户的替代生计选择主要为做生意、外出打工、特色产品加工，选择的比例分别为 89%、81%、75%。总体上讲，相对于纯牧区而言，农区、半农半牧区替代生计的选择空间较大，主要由于农区与半农半牧区的自然资本（耕地、草地）都较少，自然资源产出难以满足生活需求，农户很早就有从事非农业生产的传统；另外，农区、半农半牧区的农户受教育程度较高，掌握较多的生产技能，据调查，农区受访户家庭平均规模为 4.96 人，成年劳动力文盲率仅为 7%，小学文化程度占 24%，初中与高中（中专）占 27%；半农半牧区受访户家庭平均规模为 5.20 人，成年劳动力文盲率为 3%，小学文化程度占 28%，初中与高中（中专）的占 42%。

（3）替代生计选择具有多样性

甘南黄河水源补给区农户的替代生计选择具有显著的多样化特征（图 2-2）。其中，纯牧区农户选择两种替代生计的频数最大，其次是一种和三种。选择一种替代生计活动的农户占 26.83%，主要是选择做生意和现代畜牧业；选择两种替代生计活动的农户占 34.15%，主要为做生意+现代畜牧业、旅游服务业+做生意等生计活动组合；选择三种替代生计活动的农户占 19.5%，主要为旅游服务业+做生意+特色产品加工、做生意+特色产品加工+现代畜牧业等生计活动组合；选择四种替代生计的占 9.76%，以选择做生意+特色产品加工+现代畜牧业+外出打工生计组合为主；选择五种替代生计的占 9.76%，主要为做生意+特色产品加工+现代畜牧业+旅游服务业+外出打工组合。

农区农户选择五种替代生计的频数最大，其次是一种。选择一种替代生计的农户占 33.33%，主要选外出打工、旅游服务业、做生意等生计活动；选择两种替代生计的农户占 9.52%，主要为做生意+旅游服务业；选择三种替代生计的农户占 4.76%，主要为旅游服务业+做生意+外出打工；选择四种替代生计的农户占 9.52%，主要为做生意+外出打工+特色产品加工+现代畜牧业；选择五种替代生计的农户占 42.86%，主要为做生意+外出打工+特色产品加工+现代畜牧业+旅游服务业。

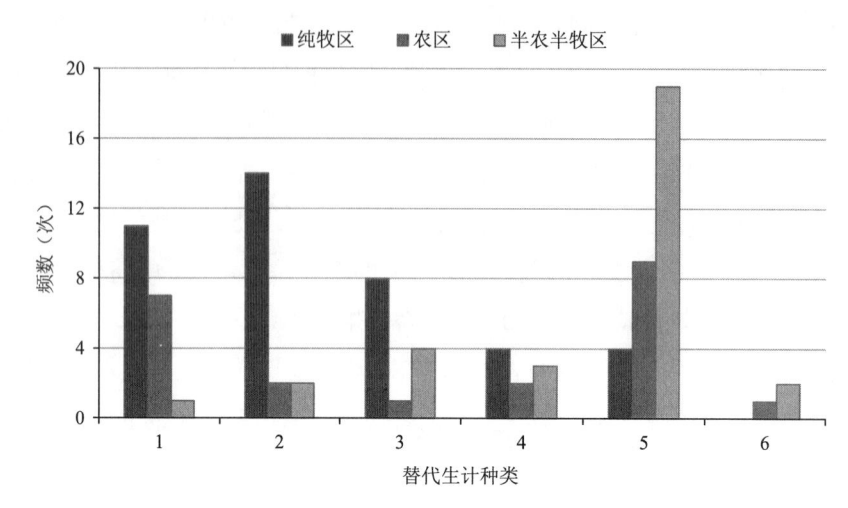

图 2-2 甘南黄河水源补给区农户的替代生计选择频数

半农半牧区农户选择五种替代生计的频数最大,其次是三种。选择一种替代生计的农户占 3.13%,主要为做生意;选择两种替代生计的农户占 6.25%,主要为做生意+外出打工;选择三种替代生计的农户占 12.5%,主要为旅游服务业+做生意+外出打工、特色产品加工+做生意+外出打工等生计活动组合;选择四种替代生计的农户占 9.38%,主要为旅游服务业+做生意+特色产品加工+现代畜牧业;选择五种替代生计的农户占 59.38%,主要为旅游服务业+做生意+特色产品加工+现代畜牧业+外出打工;选择六种替代生计的农户占 6.25%,主要为旅游服务业+做生意+特色产品加工+现代畜牧业+外出打工+闲着;选择七种替代生计的农户占 3.13%,主要为旅游服务业+做生意+特色产品加工+现代畜牧业+外出打工+闲着+等政府安排。

(三)替代生计选择意愿的影响因素

对被解释变量与解释变量进行两项 Logistic 回归分析。在解释变量的相关性分析中,牲畜数量和年收入的相关系数最大,为 0.6,家庭整体受教育水平和户主学历相关系数 0.45,农户学历和农户年龄的相关系数为 –0.43,其他各个变量之间的相关系数绝对值均小于 0.3,自变量的共线性关系很小,因而可引入进行回归分析。回归过程中自变量选取方法采用向后逐步筛选策略,即首先将全部变量引入回归方程,然后根据条件参数估计原则下的似然比卡方检验剔除变量。选定变量标准水平 a=0.05,剔除标准水平 a=0.10,得到不同替代生计的回归结果如表 2-10 所示。

表 2-10 模型参数估计与检验

替代生计	解释变量	系数	标准差	Wald 检验	显著性
旅游服务业	学历	0.58	0.19	9.33	0.002
	年龄	0.51	0.31	2.76	0.097
	家庭整体受教育水平	0.81	0.25	10.66	0.001
	社会资本	2.43	1.29	3.57	0.059
Chi-square=40.219；−2Log likelihood=115.56；Nagelkerke R Square=0.866；预测准确率=90.6%					
做生意	学历	0.267	0.153	3.043	0.081
	家庭整体劳动能力	0.350	0.161	4.705	0.030
	自然资本	5.475	2.721	4.047	0.044
	牲畜数量	−0.005	0.002	11.185	0.001
	社会资本	2.605	1.298	4.028	0.045
Chi-square=24.556；−2Log likelihood=127.49；Nagelkerke R Square=0.799；预测准确率=84.7%					
特色产品加工	学历	0.394	0.181	4.754	0.029
	年龄	0.611	0.305	4.022	0.045
	家庭整体劳动能力	0.195	0.152	1.650	0.199
	家庭整体受教育水平	0.515	0.227	5.165	0.023
	自然资本	3.916	2.190	3.196	0.074
	牲畜数量	−0.004	0.002	4.043	0.044
Chi-square=30.62；−2Log likelihood=126.152；Nagelkerke R Square=0.715；预测准确率=88.4%					
现代畜牧业	家庭整体受教育水平	0.531	0.181	8.559	0.003
Chi-square=14.664；−2Log likelihood=139.84；Nagelkerke R Square=0.682；预测准确率=75.5%					
外出打工	年龄（NL）	−0.348	0.251	1.918	0.166
	牲畜数量	−0.005	0.002	9.373	0.002
Chi-square=18.625；−2Log likelihood=137.947；Nagelkerke R Square=0.703；预测准确率=84.6%					

各回归模型的 Chi-square 检验值均在 5%水平下显著，模型的预测准确率在 75.5%—90.6%之间，从各个检验参数看，模型拟合效果较好。从模型的回归结果可以发现影响农户选择各替代生计方式的主要因素。

1. 影响农户选择旅游服务业的因素

Logistic 回归模型的回归系数在 0.05 水平上显著，回归模型的 Nagelkerke R Square 值为 0.866，Chi-square 值为 40.219，在 0.05 水平下显著，模型预测准确率为 90.6%，模型具有一定的解释力。从拟合结果可以看出，对农户选择旅游服务业有正向影响的因素主要是农户学历（回归系数 0.58）、年龄（回归系数 0.51）、家庭整体受教育水平

（回归系数 0.81）和社会资本（回归系数 2.43），表明在其他条件不变的情况下，这些变量数值越大，农户选择旅游服务业的可能性越大。究其原因，主要是由于：①农户学历越高，从事非农行业的意识越强，且知识水平高、获得外界的信息渠道越多，越能够认识到从事旅游服务业的优越性。②农户年龄越大，拥有的社会网络和社会经验越丰富，吸引客源的渠道越多，有助于家庭从事旅游服务活动。③社会资本丰富的家庭获取外界信息的渠道多，能够获得更多有关旅游方面的信息，因而愿意从事旅游服务业来获得更高的经济收入。④甘南黄河水源补给区大多为藏族居民，若家庭成员受教育水平越高，其与游客的交流能力就越强，越能提供优质的旅游服务，而且越愿意采取不破坏生态环境的替代生计。

2. 影响农户选择做生意的因素

Logistic 回归模型的回归系数在 0.05 水平上显著，回归模型的 Nagelkerke R Square 值为 0.799，Chi-square 值为 24.556，在 0.05 水平下显著，模型预测准确率为 84.7%，模型具有一定的解释力。从拟合结果可以看出，对农户选择做生意有正向影响的因素主要有社会资本（2.605）、家庭整体劳动能力（0.35）、户主学历（0.267）、自然资本（5.475），表明在其他条件不变的情况下，这些变量数值越大，农户选择做生意的可能性越大；负向影响显著的因素为家庭拥有的牲畜数量（−0.005），表明其他条件不变的情况下，农户拥有的牲畜数量越多，选择做生意的可能性越小。究其原因主要是：①在甘南黄河水源补给区自然资本越多的农户，往往其收入越高（尤其在纯牧区），从事经商活动的流动资金越充裕；②社会资本也是影响农户选择做生意的一个重要因素，因为社会资本丰富的家庭获取市场等相关信息的渠道多，能够迅速了解商品及市场等情况；③研究区内农户做生意仅进行简单的经营活动，经营规模较小且经营内容单一，因而家庭劳动能力较强且有资金的农户会选择从事这种生计活动；④户主学历越高，从事非农活动的意识越强，对市场信息的理解和获取能力也越强，因而倾向于选择做生意以获得更高的收入；⑤牲畜数量越多，家庭投入畜牧活动的劳动力和资金也较多，从而会限制农户从事其他非农活动。

3. 影响农户选择特色产品加工的因素

Logistic 回归模型的回归系数在 0.05 水平上显著，回归模型的 Nagelkerke R Square 值为 0.715，Chi-square 值为 30.62，在 0.05 水平下显著，模型预测准确率为 88.4%，模型具有一定的解释力。从拟合结果可以看出，对农户选择特色产品加工正向影响显著的因素有户主年龄（0.611）、家庭整体受教育水平（0.515）、户主学历（0.394），表明在其他条件不变的情况下，这些变量数值越大，农户选择特色产品加工的可能性越大；负向影响显著的因素为家庭拥有的牲畜数量（-0.004），表明在其他条件不变的情况下，农户拥有的牲畜数量越多，农户选择特色产品加工的可能性越小。主要因为：①年龄越大的农户，特色产品（例如奶酪、酸奶、藏毯等）加工技能越好，因而更愿意从事自己得心应手的生计活动；②户主学历越高、家庭整体受教育水平越高，农户对新知识、新技能的接受能力和创新能力越强，更易于从事特色产品加工行业；③家庭拥有的牲畜数量越多，放牧所需劳动力越多，家里从事特色产品加工的劳动力数量越少。

4. 影响农户选择现代畜牧业的因素

Logistic 回归模型的回归系数在 0.05 水平上显著，回归模型的 Nagelkerke R Square 值为 0.682，Chi-square 值为 14.664，在 0.05 水平下显著，模型预测准确率为 75.5%，模型具有一定的解释力。对农户选择现代畜牧业正向影响显著的因素是家庭整体受教育水平（0.531），表明在其他条件不变的情况下，农户家庭整体受教育水平越高，选择从事现代畜牧业的可能性越大。主要是由于整体受教育水平高的家庭拥有的高素质劳动者较多，他们对暖棚养殖等新知识、新技术的接受能力较好，因而较愿意从事现代畜牧业。

5. 影响农户选择外出打工的因素

Logistic 回归模型的回归系数在 0.05 水平上显著，回归模型的 Nagelkerke R Square 值为 0.703，Chi-square 值为 18.625，在 0.05 水平下显著，模型预测准确率为 84.6%，模型具有一定的解释力。对农户选择外出打工负向影响显著的因素是牲畜数量（-0.005），表明农户家庭拥有的牲畜数量越多，农户选择外出打工的可能性越小；户主年龄对农户选择外出打工有负向影响，但不是很显著。主要原因有：①农户的年龄越大，越不愿意外出打工，主要是因为年龄越大的人，一方面其身体状况越不能适应外出打工的要求（目前，外出打工主要从事建筑等重体力工作），另一方面，年龄越大的人，越发"故土难离"，越不愿意背井离乡。②家庭牲畜数量越多，需要从事畜牧业的劳动力越多，没有多余的劳动力外出打工，因而选择外出打工的意愿较低。

综上所述，农户拥有的生计资本影响着所采取的生计活动。然而，由于甘南高原农户拥有的生计资本非常有限，资本转化能力不高，限制了其生计多样化。因此，应通过技能培训、文化教育、改善医疗条件等，提高农牧民的人力资本；应加大向农牧民发放小额贷款的力度，发展非政府小额信贷机构和民间金融，促进信贷服务供给的多元化，帮助农户通过农户信贷和跨期收入转移来满足生计投资需求；应积极培育各种合作组织，增强不同组织、群体之间的联系，加固团体之间以及其他参与者和合作组织之间的交往网络，扩展生计资本的社会来源。同时，应积极拓展培育新的生计途径，帮助农牧民发展新生计，而在该过程中必须重视民族文化的作用，以防止因生计活动变动而出现生活不适应和文化中断。

第三节　生计风险识别

随着科学技术的高速发展和全球化的延伸，人类社会形态在发生巨大变化的同时，也把自己带入了"风险社会"。《2018 年全球风险报告》指出，全球性风险作为一种不确定事件或状态，已对不同国家、地区、行业及人群产生了负面影响，未来这些风险还会进一步加剧，尤其是极端天气事件和自然灾害作为发生频率最高、影响力较大的两大风险对人类社会、健康等影响最为突出。全球有 59%的受访者认为风险是不断增加，仅有 7%的受访者认为风险是降低（The World Economic Forum，2018）。在许多发展中国家或边缘地区，小农户作为弱势群体，更容易遭受自然、社会、经济等多种风险的冲击，各种风险相互作用形成多层次、复杂的反馈和嵌套关系，不仅放大了各种风险的危害性，也加强了不同风险之间的转化性，加剧了农户生计的脆弱性（Shameem et al.，2014）。当前，急需准确识别农户的生计风险，厘清农户的风险感知特征及其影响因素，为健全生计风险防范体系提供支撑。

一、农户的生计风险识别

（一）研究区、数据来源及研究方法

1. 研究区

重点生态功能区是全球生态系统的核心组成部分，对于全球可持续发展具有重要的基础意义。目前，在全球范围内，生态功能区一般包含国家公园、自然保护区、原始森林、水源地等，例如亚马逊地区（Hopkinson et al.，1988）。在中国，2010 年中国政府发布《全国主体功能区规划》，确定了 25 个包含水源涵养型、水土保持型、防风固沙型和生物多样性维护型四种类型的国家重点生态功能区，总面积约 386 km^2，占全国陆地国土面积的 40.2%。重点生态功能区定义为生态服务功能和国家生态安全保障的关键区域，其首要任务是保护和修复生态环境，并提供生态产品（Zheng et al.，2012；侯鹏等，2018）。实际上，从发展视角来看，生态功能区大多属于深度贫困区，例如，在《中国农村扶贫开发纲要（2011—2020 年）》确定的 14 个集中连片特困区中，重点生态功能区面积占贫困区总面积的 76.52%（Zhou and Wang，2016）。因此，在联合国 2030 年可持续发展议程（SDG2030）的整体目标下，重点生态功能区农户如何应对各种环境变化与冲击，实现包含脱贫等在内的可持续发展目标，成为一个亟待解决的重要问题。

甘南黄河水源补给区位于青藏高原东缘，甘肃省西南部，大部分地区海拔 3 000—3 600m，年均温低于 3℃，年均降水量在 400—700mm 之间。是黄河上游重要的水源涵养补给区和水土保持生态功能区，也是中国青藏高原生态屏障的重要组成部分，承担着维系黄河流域水资源和生态安全等重要作用（牛叔文等，2006），它同时也是中国六大深度贫困区之一。区域总面积 $3.057×10^4 km^2$，总人口 54.95 万，有藏、汉、回等 24 个民族，其中藏族占总人口的 60.76%。2018 年农村居民人均可支配收入 7 677 元，相当于全国平均水平的 52.52%。

国家发改委发布的《甘肃甘南黄河水源补给生态功能区生态保护与建设规划》将该区分为重点保护区、恢复治理区和经济示范区。其中，重点保护区是需强制性严格保护、生态地位特殊且重要、生态服务功能突出的区域，占地 $1.353×10^4 km^2$，占区域总面积的 44.3%；恢复治理区是急需整治、修复和治理的区域，虽生态系统脆弱性和退化比较严重，但易于治理、恢复，占地 $1.551×10^4 km^2$，占区域总面积的 50.7%；经济示范区是实现经济发展和生态保护兼顾"双赢"的区域，面积虽小，但经济相对发达，示范带动作用较强，且交通较好、人口较稠密，占地 $1.53×10^3 km^2$，占区域总面积的 5.0%。

2. 数据来源

2017 年 10 月，课题组对甘南黄河水源补给区进行了预调查，首先访问了三个典型村的村委会主任，然后以滚雪球的方式选择 56 位农户进行深度访谈。基于心理测量范式模型理论框架，结合预调查中村干部及农户的访谈，在此基础上设计了农户生计风险及生计风险感知调查问卷，2018 年 1 至 2 月开展了正式调查。正式调查中，采取分层随机抽样法选取受访农户，并利用问卷调查法、观察法、小型座谈会等参与式农村评估（PRA）工具获取调查信息。该区藏族人口居多，语言沟通困难，特聘请当地藏族大学生作为语言翻译，每户调查时间在 30—40 分钟。由于该区地域辽阔，农牧民居住分散，访谈难度较大，仅抽取 30 个乡/镇 575 户，收回有效期问卷 527 份，问卷有效率为 91.65%，其中经济示范区 51 份，重点保护区 177 份，恢复治理区 299 份。

农户的生计风险感知调查问卷内容主要包括：①农户基本情况，包括户主的年龄、性别、受教育水平、人力资本、社会资本、物质资本及心理资本等；②农户面临的生计风险以及风险感知。在预调查的基础上，将当前甘南黄河水源补给区农户面临的生计风险分为环境风险、健康风险、家庭结构变化风险、家庭发展需求风险、社会风险、市场风险及政策风险等。通过询问农户"近五年，您家遭受过哪些生计风险以及对这些风险的熟悉程度、可接受程度、严重性、可能性等的看法如何"等来获取相关信息。

本次调查受访户户主的平均年龄是 45.47 岁，平均务农年限为 23.50 年，家庭平均规模为 5.09 人/户，家庭劳动力数量为 3.94 人/户，人均年收入为 6 650 元。甘南黄河水源补给区不同区域受访农户的户主平均务农年限、家庭劳动力数量和高中教育程度的劳动力比例等方面存在显著差异。其中，恢复治理区户主的平均务农年限和高中教育程度的劳动力比例均最高，分别为 24.14 年、7.06%，比经济示范区分别高 4.73 年、0.22%，比重点保护区分别高 0.54 年、3.83%；重点保护区家庭劳动力数量最大，为 4.02 人/户，比经济示范区高 0.29 人/户，比恢复治理区高 0.09 人/户。虽然受访户数量较少，但将其特征与《甘南统计年鉴（2017）》资料对比发现，样本可以很好地反映研究区农户的基本情况，具有一定的代表性（表 2-11）。

表 2-11 受访户特征

农户类型	户主平均年龄（岁）	户主平均务农年限（年）	家庭规模（人/户）	劳动力数量（人/户）	劳动力受教育情况（%）				
					文盲	小学	初中	高中或中专	大专及以上
全体受访户	45.47	23.50	5.09	3.94	17.00	44.85	21.27	5.73	11.17
经济示范区受访户	46.31	19.41	5.04	3.73	13.68	47.90	22.11	6.84	9.47
重点保护区受访户	44.97	23.60	5.25	4.02	18.26	45.23	21.91	3.23	11.38
恢复治理区受访户	45.63	24.14	5.00	3.93	16.75	44.13	20.75	7.06	11.31
卡方统计量	0.562	6.829**	3.995	7.683**	3.690	0.306	0.712	9.158***	1.605

注：**在 0.05 水平上显著；***在 0.01 水平上显著。

3. 研究方法

（1）生计风险感知测量量表设计

已有研究发现，农户面临的生计风险包括环境风险、市场风险、健康风险、社会风险、家庭结构变化风险等（Quinn et al., 2003；万文玉等，2017；苏芳，2017）。基于已有研究以及甘南黄河水源补给区的特殊区情，特选择环境风险、市场风险、健康风险、家庭发展需求风险、家庭结构风险、社会风险及政策风险来表征生计风险。其中，环境风险主要包括自然灾害、草场/耕地质量下降、农作物病虫害、人/畜饮水困难等；市场风险主要包括农/牧产品价格波动、农/牧产品销售困难、购买假农资产品（假种子或肥料等）；健康风险包括自己或家人患大病、牲畜患病（瘟疫）；家庭发展需求风险包括子女学费开支高和建造新房/改造旧房开支问题等；家庭结构变化风险包括子女婚嫁彩礼和家人去世开支高；社会风险包括养老保障风险和子女就业困难；政策风险主要包括退牧还草/退耕还林政策变动。

风险感知是一个心理学范畴概念，是指人们对客观风险的态度和直觉判断（Slovic，1987；谢晓非等，2003；于清源、谢晓非，2006）。生计风险感知则是指人们对某种生计风险的态度和直觉判断。基于心理测量范式（谢晓非、徐联仓，1998；于清源、谢晓非，2006）和 Slovic（1987）的风险感知模型，本研究从风险程度感知和风险特征感知两个方面测量农户的生计风险感知。其中，生计风险程度感知是衡量风险认知的强弱，主要包括生计风险的严重性感知（某种生计风险引发后果的严重性）和可能性感知（某种生计风险引发后果的可能性大小）两个维度；生计风险特征感知是指人们对生计风险事件的了解和认识，对相关生计风险知识了解越全面以及认知越客观，越能辩证地看待和评价生计风险潜在影响，主要包括熟悉程度（公众对某种生计风险发生后带来不利影响的了解程度）、自愿性（公众对某种生计风险后果的自愿接受程度）、恐慌性（公众想到某种生计风险时内心的忧虑/担心/紧张程度）、可控性（公众对某种生计风险发生后控制不利影响的难易程度）、持续性（某种生计风险发生后造成不利影响的持续时间）等。

从信度上看，各类生计风险的"可能性""严重性""熟悉性""自愿性""恐慌性"等维度的信度分析表明，Cronbach's α 系数分别均介于 0.851—0.933，说明调查问卷具有较好的信度。从内容效度上看，KMO 值为 0.757，Bartlett 的球形检验值为 451.756，P 值小于 0.000，说明调查问卷达到了效度要求（表 2-12）。

（2）生计风险感知度的测量方法

为了定量分析重点生态功能区农户对生计风险感知的差异，特引入生计风险感知度指数。首先对农户的各类生计风险每个感知进行赋值，再将农户的各类感知度分别加总平均。具体计算公式如下：

$$G_j = \frac{1}{n}\sum_{i=1}^{n} g_{ij} \tag{2.6}$$

表 2-12　生计风险感知测量量表

生计风险感知	测量指标	测度问题	问题标准差	指标来源
风险程度感知	可能性	生计风险引发不利后果的可能性如何	非常大为 5，比较大为 4，一般为 3，比较小为 2，非常小为 1	Sullivan-Wiley and Gianotti, 2017；于清源、谢晓非, 2006
	严重性	生计风险引发不利后果的严重程度如何	非常严重为 5，比较严重为 4，一般为 3，比较轻微为 2，非常轻微为 1	Sullivan-Wiley and Gianotti, 2017；于清源、谢晓非, 2006
风险特征感知	熟悉性	对生计风险带来不利影响的了解程度如何	非常了解为 5，比较了解为 4，一般了解为 3，比较陌生为 2，非常陌生为 1	于清源、谢晓非, 2006
	自愿性	对生计风险引发后果的自愿接受程度如何	非常愿意为 5，比较愿意为 4，一般愿意 3，比较反对为 2，非常反对为 1	Sullivan-Wiley and Gianotti, 2017
	恐慌性	想到生计风险时的担心程度如何	非常担心为 5，比较担心为 4，一般为 3，不太担心为 2，完全不担心为 1	谢晓非、徐联仓, 1998
	可控性	生计风险发生后控制不利影响的难易程度如何	非常容易为 5，比较容易为 4，一般为 3，比较困难为 2，非常困难为 1	Sullivan-Wiley and Gianotti, 2017
	持续性	生计风险造成不利影响的时间长短如何	非常长为 5，比较长为 4，一般为 3，比较短为 2，非常短为 1	于清源、谢晓非, 2006；谢晓非、徐联仓, 1998
风险应对类型	优先应对的类型	面临诸多生计风险时，最先应对哪种类型的风险	—	

式中，G_j 为农户对 j 问题的感知度指数，g_{ij} 为第 i 个农户对 j 问题的感知度赋值，n 为农户的个数。

（3）生计风险感知的影响因素

运用多元线性回归模型来分析影响农户生计风险感知的关键因素。多元线性回归模型包含多个解释变量，可揭示被解释变量与这些多个解释变量之间的线性关系。其数学模型为：

$$p = \beta_0 + \beta_1 X_1 + \beta_2 X_2 + \cdots + \beta_i X_i \tag{2.7}$$

式中，p 为被解释变量，X_1，X_2，$\cdots$，X_i 为解释变量，β_0 为常数项，β_1，β_2，$\cdots$，β_i 为回归系数。若回归系数为正值，表示解释变量每增加一个单位值，发生比会相应增加；若回归系数为负值，表示解释变量每增加一个单位值，发生比会相应减少。

（二）农户面临的主要生计风险

甘南黄河水源补给区农户面临着多重风险的冲击（图 2-3）。

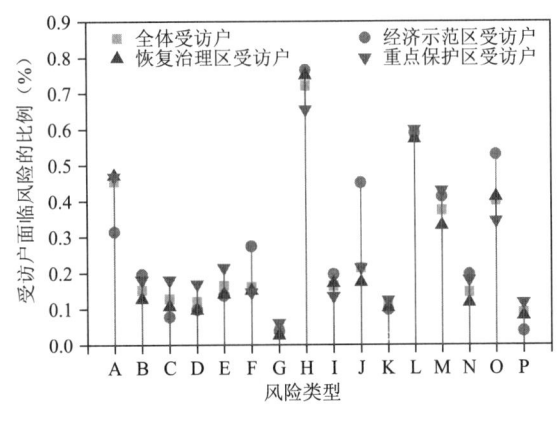

注：
A：自然灾害　　B：草场/耕地质量下降　　C：农牧病虫害　　D：人畜饮水困难
E：农牧产品价格下跌　F：农牧产品销售困难　G：购买假农资产品
H：家人患大病　　I：牲畜患病（瘟疫）　　J：子女婚嫁彩礼
K：家人去世开支　L：子女学费开支　　M：建造新房/改造旧房开支
N：养老保障问题　O：子女就业困难　　P：政策风险

图 2-3　甘南黄河水源补给区农户面临的生计风险

近 5 年来面临家庭发展需求风险的农户占受访户的比重最高，达 47.72%；面临健康风险的农户比例次之；再次为社会风险。进一步分析发现，经济示范区农户面临健康风险、家庭结构变化风险、市场风险和社会风险的比例均高于重点保护区和恢复治理区，其中：面临健康风险的农户达 48.04%，分别比恢复治理区、重点保护区该类受访户比重高 2.05、8.49 个百分点；面临家庭结构变化风险的农户比重达 27.45%，分别比上述两个区域高 13.57、10.50 个百分点；面临市场风险的农户比重达 15.03%，分别比上述两个区域高 4.44、0.91 个百分点；面临社会风险的农户比重达 36.27%，分别比上述两个区域高 9.85、10 个百分点。重点保护区农户面临环境风险、家庭发展需求风险、政策风险的比例高于其他区域，其中：面临家庭发展需求风险的农户比重达 51.41%，分别比经济示范区、恢复治理区该类农户高 1.41、6.26 个百分点；面临环境风险的农户比重达 25%，分别比上述两个区域高 7.84、4.93 个百分点；面临政策风险的农户比重达 11.86%，分别比上述两个区域高 7.94、3.83 个百分点。调查中发现，自实施西部地区"两基"攻坚计划和农村义务教育经费保障新机制以来，农牧村家长对孩子上学的积极性空前高涨，希望通过提高孩子的教育水平来阻断贫困的代际传递；这种转变增加了家庭对教育开支的费用，加重了家庭经济负担。与其他风险相比，面临政策风险的农户比重虽然较低，但重点保护区农户面临该风险的比例高于其他两个区域；访谈得知，自 2003 年起试行退牧还草工程后，由于划区轮牧、休牧、禁牧等政策力度不断加大，农牧民生产生活受影响较大。

二、农户的生计风险感知

(一) 生计风险多维感知

1. 生计风险可能性感知

甘南黄河水源补给区农户生计风险可能性感知指数为 3.42（图 2-4A），其中健康风险的可能性感知度最高，达 3.59，有 69.64%、39.85%的农户认为家人患大病以及牲畜患病（瘟疫）对家庭造成不利影响的可能性较大。进一步分析发现，经济示范区农户对环境风险、健康风险、政策风险的可能性感知度均高于另外两个区域，其中对健康风险的可能性感知度最高（3.63），分别有 72.55%、47.06%的受访户认为家人患病以及牲畜患病（瘟疫）带来不利影响的可能性较大；重点保护区农户对市场风险、家庭发展需求风险、家庭结构变化风险和社会风险的可能性感知度均高于另外两个区域，其中对家庭发展需求风险的可能性感知度最高（3.59），分别有 58.43%、52.25%的受访户认为子女学费开支及建造新房/改造旧房开支给家庭带来不利影响的可能性较大；与另外两个区域相比，恢复治理区农户未出现可能性感知较突出的生计风险类型。

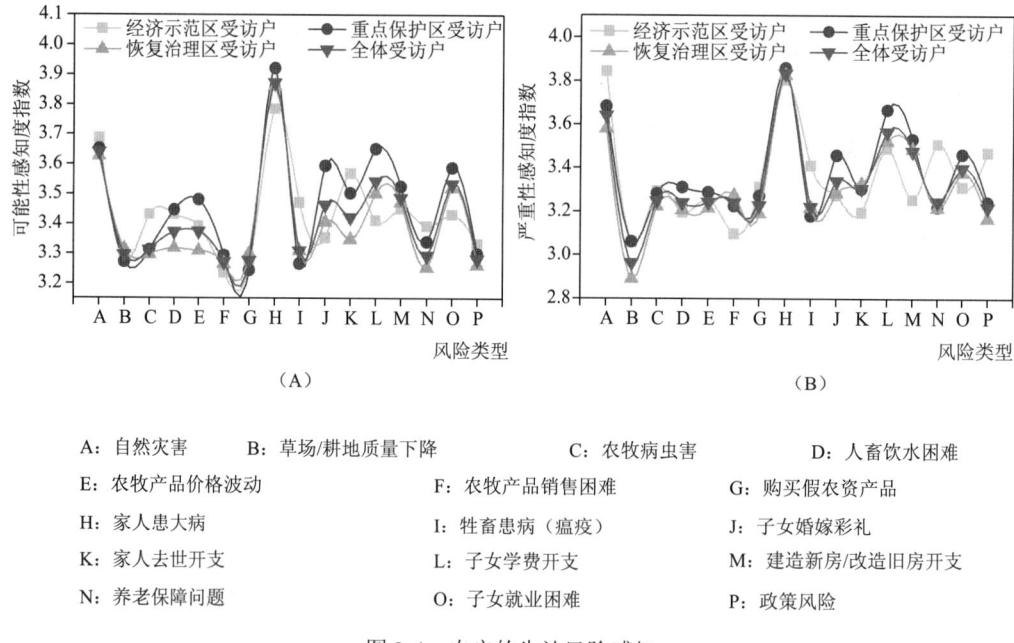

A：自然灾害　　B：草场/耕地质量下降　　C：农牧病虫害　　D：人畜饮水困难
E：农牧产品价格波动　　F：农牧产品销售困难　　G：购买假农资产品
H：家人患大病　　I：牲畜患病（瘟疫）　　J：子女婚嫁彩礼
K：家人去世开支　　L：子女学费开支　　M：建造新房/改造旧房开支
N：养老保障问题　　O：子女就业困难　　P：政策风险

图 2-4　农户的生计风险感知

2. 生计风险严重性感知

甘南黄河水源补给区农户生计风险严重性感知指数为 3.34（图 2-4B），其中健康风险的严重性感知度最高，达 3.53，有 69.26%、34.35%的农户认为家人患大病以及牲畜患病（瘟疫）带来后果的严重性较强。进一步分析发现，经济示范区农户对环境风险、健康风险、社会风险和政策风险的严重性感知均高于另外两个区域，其中对健康风险的严重性感知度最高（3.61），有 74.51%、47.06%的受访户认为家人患病以及牲畜患病（瘟疫）带来后果的严重性较强烈；与另外两个区域相比，恢复治理区农户未出现严重性感知较突出的生计风险类型；重点保护区农户对市场风险、家庭发展需求风险、家庭结构变化风险的严重性感知均高于另外两个区域，其中家庭发展需求的严重性感知最高（3.60），有 58.42%、51.12%的受访户对子女学费开支及建造新房/改造旧房开支给家庭带来后果的严重性较强烈。访谈中，大部分农户反映家人患大病会给家庭带来较大的经济负担，且看病存在语言沟通困难，加之医疗卫生条件不完善，致使农户对健康风险的严重性感知更为强烈。

3. 生计风险熟悉性感知

甘南黄河水源补给区农户对家庭发展需求风险熟悉性感知最高，达 3.77（图 2-5A），有 63.29%的农户对家庭发展需求风险较熟悉。进一步分析发现，经济示范区农户对健

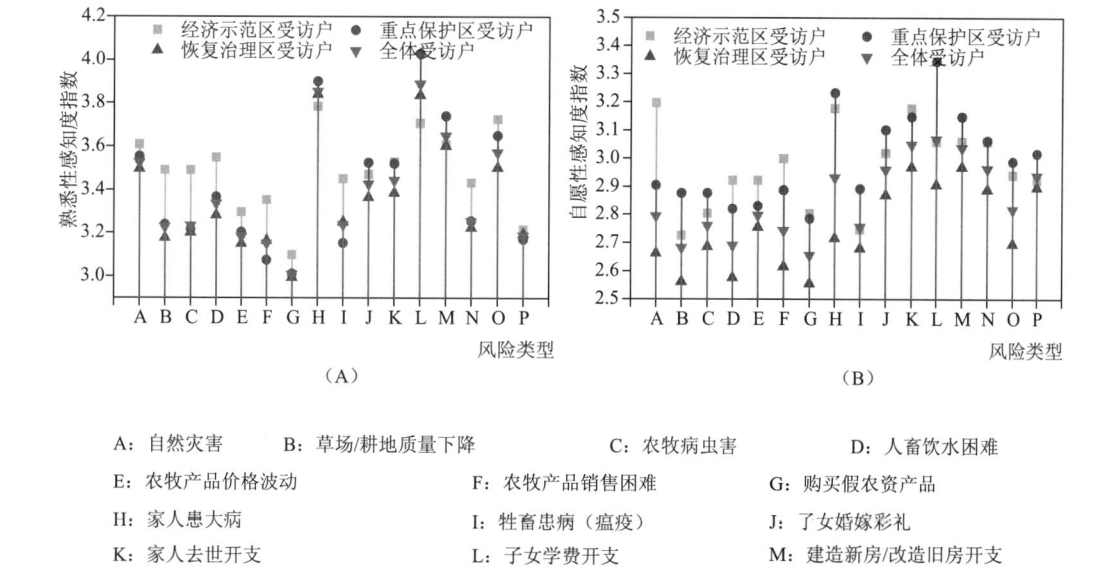

A: 自然灾害　　B: 草场/耕地质量下降　　C: 农牧病虫害　　D: 人畜饮水困难
E: 农牧产品价格波动　　F: 农牧产品销售困难　　G: 购买假农资产品
H: 家人患大病　　I: 牲畜患病（瘟疫）　　J: 子女婚嫁彩礼
K: 家人去世开支　　L: 子女学费开支　　M: 建造新房/改造旧房开支
N: 养老保障问题　　O: 子女就业困难　　P: 政策风险

图 2-5　农户的生计风险感知

康风险、环境风险、市场风险、社会风险和政策风险的熟悉度均高于其他两个区域，其中对健康风险的熟悉度最强（3.78），分别有 66.67%、41.18%的受访户对家人患大病以及牲畜患病（瘟疫）带来的不利影响较熟悉；重点保护区农户对家庭发展需求风险、家庭结构变化风险的熟悉性感知均高于其他两个区域，其中对家庭发展需求风险的熟悉性感知最高，达 3.88，分别有 58.82%、56.86%的受访户对子女学费开支及建造新房/改造旧房开支带来的不利影响较熟悉。访谈中发现，近年来随着甘南州对生态文明小康村建设及教育扶贫的力度加大，加之政府积极宣传，牧民们由游牧生活转为定居，也逐渐认识到教育的重要性，深知教育投资只是暂时给家庭带来压力，使得更多的农牧民对家庭发展需求的熟悉程度增强。

4. 生计风险自愿性感知

甘南黄河水源补给区农户对家庭发展需求风险的自愿性感知最高（3.05）（图 2-5B），有 33.97%的受访户较愿意承担家庭发展需求风险带来的不利影响。进一步分析发现，经济示范区农户对环境风险、市场风险的自愿性感知度均高于其他两个区域，其中对环境风险的自愿性感知最高（2.91），分别有 39.22%、27.45%、25.49%、15.69%的受访户较愿意承担自然灾害、人/畜饮水困难、农牧病虫害、草场/耕地质量下降带来的不利影响；重点保护区农户对家庭发展需求风险、健康风险、家庭结构变化风险、社会风险及政策风险的自愿性感知均高于其他两个区域，其中对家庭发展需求风险的自愿性感知度最高，达 3.25，分别有 49.44%、37.64%的受访户较愿意承担子女学费开支及建造新房/改造旧房开支风险；与其他两个区域相比，恢复治理区农户未出现自愿性感知较突出的生计风险类型。

5. 生计风险恐慌性感知

甘南黄河水源补给区农户对生计风险恐慌性感知度为 3.60（图 2-6A），其中：农户对健康风险的恐慌性感知度最高（3.83），有 63.76%农户对健康风险的恐慌度较高。进一步分析发现，经济示范区农户对环境风险、市场风险、政策风险的恐慌性感知均高于其他两个区域，其中：对环境风险的恐慌性感知度最高（3.75），分别有 62.74%、62.74%、62.74%、58.82%的受访户对自然灾害、人/畜饮水困难、草场/耕地质量下降及农牧病虫害风险的恐慌度感知较高；恢复治理区农户与其他两个区域相比未出现恐慌性感知较突出的生计风险类型；重点保护区农户对健康风险、家庭发展需求风险、家庭结构变化风险及社会风险的恐慌性感知均高于其他两个区域，其中对健康风险的恐慌性感知度最高（3.96），分别有 82.02%、57.30%的受访户对家人患大病及牲畜患病的恐慌性感知较高。

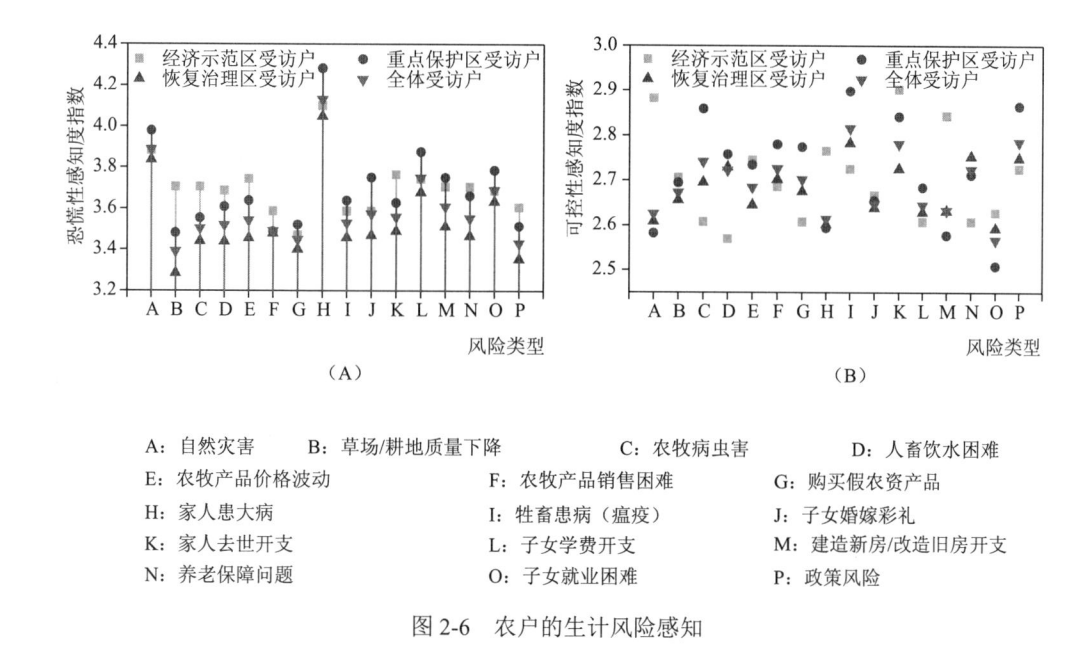

A: 自然灾害　　B: 草场/耕地质量下降　　C: 农牧病虫害　　D: 人畜饮水困难
E: 农牧产品价格波动　　F: 农牧产品销售困难　　G: 购买假农资产品
H: 家人患大病　　I: 牲畜患病（瘟疫）　　J: 子女婚嫁彩礼
K: 家人去世开支　　L: 子女学费开支　　M: 建造新房/改造旧房开支
N: 养老保障问题　　O: 子女就业困难　　P: 政策风险

图 2-6　农户的生计风险感知

6. 生计风险可控性感知

甘南黄河水源补给区农户对生计风险可控性感知度为 2.69（图 2-6B），其中：农户对政策风险的可控性感知最高（2.79），有 15.18% 的农户对政策风险的可控度感知较高。进一步分析发现，经济示范区农户对家庭发展需求及家庭结构变化风险的可控性感知均高于其他两个区域，其中：对家庭结构变化风险的可控性感知度最高（2.78），分别有 9.80%、21.57% 的受访户对子女婚嫁彩礼以及建造新房/改造旧房的可控性感知较高。重点保护区农户对政策风险、市场风险、健康风险及环境风险的可控性感知均高于其他两个区域，其中：对政策风险的可控性感知最高（2.86），有 15.17% 的受访户对退牧还草/退耕还林的可控性感知较高。恢复治理区农户对社会风险的可控性感知最高（2.67），分别有 4.35%、13.71% 的受访户对养老保障及子女就业风险的可控性感知较高。访谈中发现，居住在经济示范区的农户普遍反映能够及时有效地了解相关政策，同时能够积极响应教育扶贫及小康村建设等政策，这使得农牧民对家庭发展需求的可控性感知增强；而重点保护区实施轮牧、休牧、禁牧工程，农牧民拥有草场面积越大，获得补偿越高，因而对政策风险的可控性感知增强。

7. 生计风险持续性感知

甘南黄河水源补给区农户对生计风险持续性感知度为 3.34（图 2-7），其中：农户对家庭发展需求风险持续性感知度最高，达 3.52，有 52.66% 的农户对家庭发展需求风险的持续性感知度较高。进一步分析发现，经济示范区农户对健康风险、环境风险、市场风险及政策风险的持续性感知均高于其他两个区域，其中：对环境风险的持续性感知最高，达 3.41，分别有 78.43%、25.49%的受访户对家人患大病及牲畜患病（瘟疫）的持续性感知较高；重点保护区农户对家庭结构变化及社会风险的持续性感知均高于其他两个区域，其中：对社会风险的持续性感知最高，达 3.37，有 35.96%、48.31%的受访户对养老保障及子女就业风险的持续性感知较高；恢复治理区农户对家庭发展需求持续性感知度高于其他区域，达 3.53，有 55.52%、47.83%的受访户对子女学费、建造新房/改造旧房的持续性感知度较高。

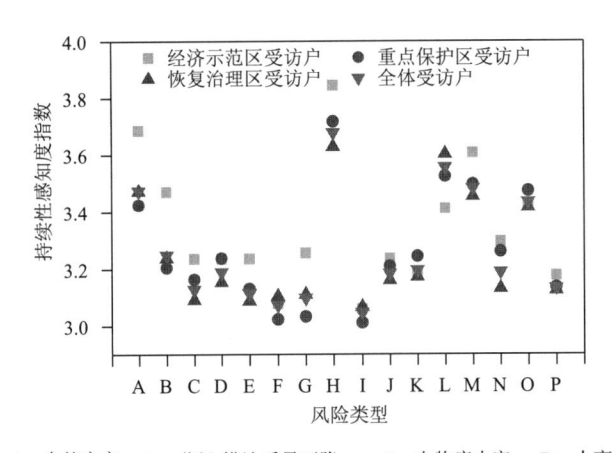

A：自然灾害	B：草场/耕地质量下降	C：农牧病虫害	D：人畜饮水困难
E：农牧产品价格波动	F：农牧产品销售困难	G：购买假农资产品	
H：家人患大病	I：牲畜患病（瘟疫）	J：子女婚嫁彩礼	
K：家人去世开支	L：子女学费开支	M：建造新房/改造旧房开支	
N：养老保障问题	O：子女就业困难	P：政策风险	

图 2-7　农户的生计风险感知

8. 生计风险感知地图

为了进一步明确农户的生计风险感知之间的关系，采用 Pearson 相关分析法检验熟悉性感知、自愿性感知、可控性感知、恐慌性感知、持续性感知、可能性感知与严重性感知之间的关系（表 2-13）。相关矩阵显示：①恐慌性感知与可能性感知呈显著正相关，相关系数达 0.965，表明农户对生计风险的恐慌性越高，则对生计风险带来的不利影响的可能性越大，反之亦反。②生计风险程度与可控性感知呈显著负相关，与熟悉性感知、恐慌性感知、持续性感知呈显著正相关，表明农户对生计风险程度感知越强，则对生计风险的带来不利后果的可控性越低；同时农户对严重性感知及可能性感知越高，则对生计风险的了解程度、担心/紧张程度、延续的时间等均较高。③熟悉性感知与自愿性感知、恐慌性感知、可控性感知、持续性感知均在 0.05 水平上显著。可见，农户对生计风险程度感知与生计风险特征感知并非完全独立，而是存在着一定的相关性。

表 2-13 生计风险感知相关矩阵

生计风险感知	生计风险程度感知		生计风险特征感知				
	可能性感知	严重性感知	熟悉性感知	自愿性感知	恐慌性感知	可控性感知	持续性感知
可能性感知	1.000	0.923***	0.862***	0.391	0.965***	−0.681***	0.893***
严重性感知	0.923***	1.000	0.827***	0.479*	0.949***	−0.562**	0.833***
熟悉性感知	0.862***	0.827***	1.000	0.641***	0.805***	−0.616**	0.922***
自愿性感知	0.391	0.479*	0.641***	1.000	0.349	−0.127	0.460*
恐慌性感知	0.965***	0.949***	0.805***	0.349	1.000	−0.591**	0.844***
可控性感知	−0.681***	−0.562**	−0.616**	−0.127	−0.591**	1.000	−0.761***
持续性感知	0.893***	0.833***	0.922***	0.460*	0.844***	−0.761***	1.000

注：*在 0.1 水平（双侧）上显著；**在 0.05 水平（双侧）上显著；***在 0.01 水平（双侧）上显著。

为了进一步了解农户的风险特征感知与风险程度感知间的关系，特对农户的风险特征感知与风险程度感知进行相关性分析，选用显著性较强且相关系数较高的组分别绘制风险感知地图。首先，以恐慌性为横坐标，以可能性为纵坐标，根据农户对风险类别的恐慌性感知和可能性感知平均得分绘制风险感知地图（图 2-8A）。结果发现，家人患大病处于第一象限，表明家人患大病对家庭带来不利影响的可能性大，且一旦发生，则会导致严重的心理恐慌；草场/耕地质量下降、购买假农资产品及政策风险等处于第三象限，表明这些风险发生后果的可能性较小，且带来的心理压力也相对较弱；子女学费开支和自然灾害处于第四象限，表明这两个风险发生后果的可能性较大，但当风险发生时，农户对风险的恐慌性较低。

其次，以恐慌性为横坐标，严重性为纵坐标，根据农户对风险类别的恐慌性感知和严重性感知平均得分绘制风险感知地图（图 2-8B）。结果发现，家人患大病、自然灾害、子女学费开支处于第一象限，表明这些风险带来的心理恐慌较高，且一旦发生，则会给家庭带来非常严重的损失；购买假农资产品、政策风险及草场/耕地质量下降处于第三象限，表明这些风险带来的心理恐慌偏低，且一旦发生后给家庭造成损失的严重程度也较低；子女就业困难、子女婚嫁彩礼及养老保障问题等处于第四象限，表明这些风险给农户造成的恐慌性虽然较高，但对家庭造成损失的严重程度偏低。

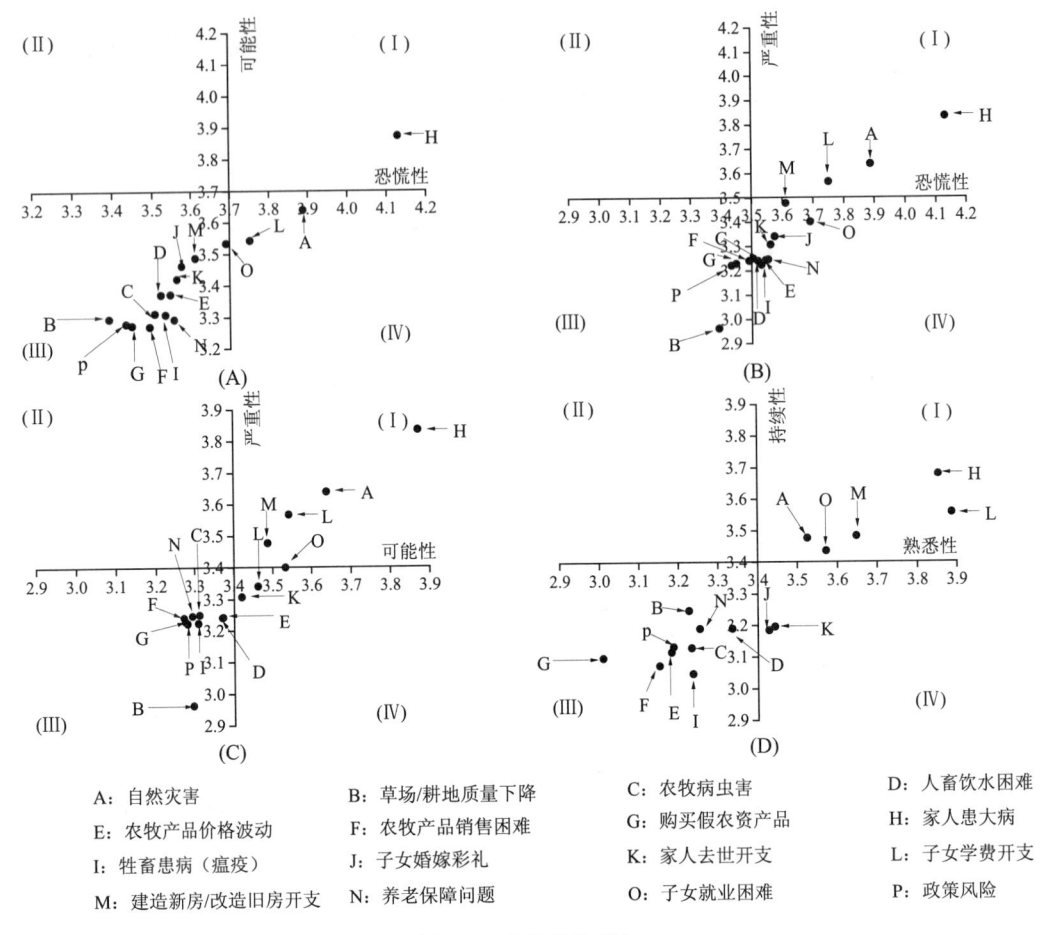

图 2-8 生计风险感知

A: 自然灾害　　B: 草场/耕地质量下降　　C: 农牧病虫害　　D: 人畜饮水困难
E: 农牧产品价格波动　　F: 农牧产品销售困难　　G: 购买假农资产品　　H: 家人患大病
I: 牲畜患病（瘟疫）　　J: 子女婚嫁彩礼　　K: 家人去世开支　　L: 子女学费开支
M: 建造新房/改造旧房开支　　N: 养老保障问题　　O: 子女就业困难　　P: 政策风险

再次，以可能性为横坐标，严重性为纵坐标，根据农户对风险类别的可能性感知和严重性感知平均得分绘制风险感知地图（图 2-8C）。结果发现，家人患大病处于第一象限，表明该风险带来不利影响的可能性较高，且一旦发生，则会给家庭带来非常严重的损失；购买假农资产品、政策风险、农牧产品销售困难及草场/耕地质量下降等处于第三象限，表明这些风险带来不利影响的可能性较低，且一旦发生后给家庭造成损失的严重程度也较低；家人去世开支和子女学费开支处于第四象限，表明这些风险给农户造成不利影响的可能性虽然较高，但对家庭造成损失的严重程度偏低。

最后，以熟悉性为横坐标，持续性为纵坐标，根据农户对风险类别的熟悉性感知和持续性感知平均得分绘制风险感知地图（图 2-8D）。结果发现，家人患大病、自然灾害、子女学费开支及建造新房/改造旧房等处于第一象限，表明对这些风险带来的不利影响很了解，而且认为给家庭带来后果的时间很长；购买假农资产品、政策风险、农牧产品价格波动、农牧产品销售困难及草场/耕地质量下降等处于第三象限，表明农户对这些风险带来不利影响的了解程度偏低，一旦发生后给家庭造成不利影响的时间也较短；子女婚嫁彩礼及家人去世开支处于第四象限，表明农户对这些风险造成的不利影响虽然较了解，但给家庭造成的影响时间也较短。

（二）生计风险感知的影响因素

已有研究发现，农户的生计风险感知是农户自己面临生计风险的直观感受，不仅受农户的文化、收入等社会人口特征的影响，还受交通通达度、海拔及信息渠道等外部环境因素的影响（Quinn et al., 2003；Ullah et al., 2015；王兆林等，2015）。鉴于此，以人力资本、自然资本、物质资本、金融资本、社会资本和心理资本表征农户的自身因素（雒丽等，2017），以区位状况、信息渠道、交通通达度和地形作为外部因素，分析影响甘南黄河水源补给区农户生计风险感知的关键因素。其中，人力资本用家庭整体劳动能力和成年劳动力受教育程度来测度，自然资本用人均耕地面积来表征，物质资本用牲畜数量和家庭固定资产拥有量来测度，社会资本用参加社区组织、遇到困难主动来帮忙的人数和对村民的信任程度来测度，金融资本用人均年收入和获得现金援助的机会来测度，心理资本用生活满意度和应对突发事件的能力来测度，区位状况用虚拟变量来表征，信息渠道用获取政策信息的途径以及获取牲畜/农作物等市场价格的途径来测度，交通通达度用村庄到县城的距离来测度，地形用海拔高度来测度（表 2-14）。计算各指标值时，采用极差标准化方法将其测量指标标准化，然后加总平均得出。

表 2-14 解释变量描述

		测度指标	描述与赋值	均值	标准差
外部因素	信息渠道	获取政策信息的渠道途径	一种为 0.25；两种为 0.5；三种为 0.75；四种及以上为 1	0.52	0.24
		获取牲畜、农作物等市场价格信息途径	一种为 0.25；两种为 0.5；三种为 0.75；四种及以上为 1	0.48	0.22
	地形	海拔（m）	该村庄所在海拔（m）	3 186.06	3 186.1
	交通通达性	到县政府距离（km）	村委会到县政府距离（km）	45.94	28.85
内部因素	人力资本	家庭整体劳动能力	非劳动力为 0；半劳动力为 0.5；全劳动力为 1.0	3.64	1.12
		成年劳动力受教育程度	文盲为 0；小学为 0.25；初中为 0.5；高中为 0.75；大专以上为 1.0	1.47	0.78

续表

	测度指标	描述与赋值	均值	标准差
内部因素	自然资本 耕地（亩）	人均耕地面积（人/亩）	1.41	1.55
	物质资本 家庭固定资产拥有量	调查户所拥有资产项数占所列选项的比例	0.37	0.16
	牲畜数量	马/骡为1.0；牛为0.8；羊为0.3；猪为0.2	27.71	268.66
	社会资本 参加社区组织	4个及以上为1；3个为0.75；2个为0.5；1个为0.25；不参加为0	1.96	1.09
	对村民的信任	非常信任为1；比较信任为0.75；一般为0.5；不太信任为0.25；根本不信任为0	0.67	0.18
	有困难时帮忙的人数	非常多为1.0；比较多为0.75；一般为0.5；比较少为0.25；非常少为0	0.70	0.18
	金融资本 人均年收入（元）		11 813	17 947
	有困难时获得现金援助的机会	有为1；无为0	0.38	0.48
	心理资本 对目前生活的满意程度	非常满意为1.0；比较满意为0.75；一般为0.5；不太满意为0.25；非常不满为0	0.67	0.22
	应对突发事件的能力	非常好为1；比较好为0.75；一般为0.5；比较差为0.25；非常差为0	0.64	0.20

模型1考察了上述变量与农户生计风险可能性感知的关系，其F统计值的显著性水平为0.05，拟合优度为0.403（表2-15）。结果显示，人力资本与农户生计风险可能性感知显著正相关；而自然资本、社会资本与农户生计风险可能性感知显著负相关。说明家庭整体劳动能力越高、劳动力受教育水平越高，越会增强对生计风险可能性感知；但人均耕地面积越大、对村民的话语越信任、有困难时帮助的人越多，越会减弱对生计风险可能性感知。其中，人力资本对农户的生计风险可能性感知影响最大，其显著性水平均为0.05，标准化系数为0.104。

模型2考察了上述变量与农户生计风险严重性感知之间的关系，其F统计值的显著性水平为0.1，拟合优度为0.361（表2-15）。结果显示，人力资本、地形对农户的生计风险严重性感知均产生了积极影响，表明居住在高海拔地区、家庭整体劳动能力和劳动力受教育水平越高的家庭，其对生计风险的严重性感知越强烈。其中，人力资本对农户生计风险严重性感知影响最大，其显著性水平均为0.01，标准化系数为0.115。

表 2-15　不同因素对生计风险感知的影响

	模型 1	模型 2	模型 3	模型 4	模型 5	模型 6	模型 7
	标准化系数（T 检验值）	标准化系数（T 检验值）	标准化系数（T 检验值）	标准化系数（T 检验值）	标准化系数（T 检验值）	标准化系数（T 检验值）	标准化系数（T 检验值）
人力资本	0.104 (2.340**)	0.115 (2.577***)	0.090 (2.040**)	−0.017 (−0.383)	0.117 (2.649***)	−0.046 (−1.039)	0.051 (1.131)
自然资本	−0.100 (−2.275**)	−0.054 (1.220)	0.006 (0.135)	−0.005 (−0.111)	−0.098 (−2.238**)	−0.001 (−0.028)	−0.003 (−0.062)
物质资本	−0.049 (−1.086)	−0.060 (−1.336)	0.047 (1.051)	0.130 (2.933***)	0.019 (0.415)	0.091 (2.013*)	0.010 (0.226)
金融资本	−0.007 (−0.165)	−0.011 (−0.244)	0.026 (0.578)	0.137 (3.125***)	−0.030 (−0.681)	0.072 (1.608)	−0.009 (−0.204)
社会资本	−0.083 (−1.799*)	0.003 (0.061)	0.088 (1.913*)	0.062 (1.373)	−0.020 (−0.437)	0.064 (1.388)	0.014 (0.300)
心理资本	0.064 (1.317)	−0.056 (−1.138)	0.080 (1.639)	0.026 (0.539)	−0.048 (−0.922)	0.063 (1.284)	−0.049 (−0.994)
获取信息途径	0.005 (0.117)	0.001 (0.030)	0.077 (1.697*)	−0.067 (−1.499)	0.064 (1.408)	−0.082 (−1.784*)	−0.033 (−0.706)
经济示范区	0.041 (0.813)	0.047 (0.937)	0.112 (2.231**)	0.127 (2.575***)	0.079 (1.579)	0.037 (0.726)	0.078 (1.524)
重点保护区	0.054 (1.186)	0.069 (1.525)	0.076 (1.689*)	0.194 (4.368***)	0.139 (3.089***)	0.046 (1.018)	−0.005 (−0.101)
交通通达度	0.017 (0.359)	0.054 (1.118)	−0.012 (−0.259)	0.052 (1.121)	0.017 (0.361)	0.004 (0.081)	0.080 (1.658*)
地形	0.008 (0.192)	0.084 (1.900*)	0.040 (0.906)	0.077 (1.793*)	0.001 (0.027)	0.119 (2.723***)	0.091 (2.045**)
R^2	0.403	0.361	0.502	0.597	0.565	0.461	0.200
F 统计量	1.932	1.756	2.450	4.218	2.800	2.230	0.939

注：* 在 0.1 水平上显著；** 在 0.05 水平上显著；*** 在 0.01 水平上显著。

模型 3 考察了上述变量与农户生计风险熟悉度感知之间的关系，其 F 统计值的显著性水平为 0.01，拟合优度为 0.502（表 2-15）。结果显示，人力资本、社会资本与生计风险熟悉度感知显著正相关。说明家庭整体劳动能力越高、劳动力受教育水平越高、对村民越信任、有困难时帮助的人越多，对生计风险熟悉度感知越高。其中，人力资本对生计风险熟悉度感知的影响最大，其显著性水平为 0.05，标准化系数为 0.090。

模型 4 考察了上述变量与农户生计风险自愿性感知之间的关系，其 F 统计值的显著性水平为 0.01，拟合优度为 0.597（表 2-15）。结果显示，物质资本、金融资本、地形与农户生计风险自愿性感知显著正相关。说明居住在海拔越高的农户、家庭固定资产越多、拥有牲畜数量越多、人均收入越高，对生计风险自愿性感知越高。其中，金融资本对农户生计风险自愿性感知影响最大，物质资本次之，其显著性水平均为 0.01，标准化系数分别为 0.137、0.130。

模型 5 考察了上述变量与农户生计风险恐慌性感知之间的关系，其 F 统计值的显著性水平为 0.01，拟合优度为 0.565（表 2-15）。结果显示，人力资本对农户生计风险恐慌性感知显著正相关；自然资本与农户生计风险恐慌性感知显著负相关。说明家庭整体劳动能力越高、劳动力受教育水平越高，越会增强对生计风险恐慌性感知；但人均耕地面积越多，越会降低生计风险的恐慌性感知。其中，人力资本对生计风险恐慌性感知的影响最大、自然资本次之，其显著性水平分别为 0.01、0.05，标准化系数分别为 0.117、–0.098。

模型 6 考察了上述变量与农户生计风险可控性感知之间的关系，其 F 统计值的显著性水平为 0.05，拟合优度为 0.461（表 2-15）。结果显示，地形、物质资本与农户生计风险可控性感知显著正相关；获取信息的途径与农户生计风险可控性感知显著负相关。说明海拔越高、家庭固定资产越丰富、牲畜数量越多，对生计风险可控性感知越强；但获取信息途径越繁杂，越会降低生计风险可控性感知。其中，地形对农户生计风险可控性感知影响最大，物质资本次之，其显著性水平分别为 0.01、0.1，标准化系数分别为 0.119、0.091。

模型 7 考察了上述变量与农户生计风险持续性感知之间的关系，其 F 统计值未通过显著性水平（表 2-15）。但交通通达度、地形与生计风险持续性感知显著正相关，说明海拔越高、距离县城越远，农户对生计风险带来不利影响的持续性感知越强。

总体来看，甘南黄河水源补给区农户面临的主要生计风险为家庭发展需求风险、健康风险、社会风险，且重点保护区农户面临环境风险、家庭发展需求风险、政策风险的比例均显著高于恢复治理区和经济示范区农户。同时，农户对家庭发展需求风险的熟悉性、自愿性、持续性感知均最高，对健康风险的恐慌性、严重性及可能性感知均最高，对社会风险的可控性感知最高。其中，重点保护区农户对政策风险、市场风险及健康风险的可控性感知均高于其他两个区域。人力资本是影响该区农户生计风险可能性感知、严重性感知、恐慌性感知、熟悉性感知的关键因子；物质资本是影响生计风险自愿性感知的关键因子；地形是影响生计风险可控性感知的关键因子。

第四节 生计恢复力评价

当前人类社会正进入一个风险社会（Bradbury，1989）。面对多样化的风险和不确定性，增强恢复力已成为促进可持续发展的最佳方式（Walker et al.，2004；Adger et al.，2005）。2002年在瑞典召开的"可持续发展世界峰会"提出构建恢复力是全人类共同的责任（Folke et al.，2002），第二届、第三届世界减灾大会通过的《2005—2015兵库行动框架：建立国家和社区的灾害恢复力》《2015—2030年仙台减轻灾害风险框架》及2016年联合国大会通过的《2030年可持续发展议程》都强调了建立恢复力的必要性。作为社会生态系统可持续发展研究的新理念和新范式（郭永锐等，2015），恢复力不仅是全球环境变化人文因素计划（IHDP）的三个重要核心概念之一，更是人文因素研究的四个交叉主题之一（方修琦、殷培红，2007）。生计恢复力作为生计系统吸收和适应所有类型干扰（包括即将产生的、可以预见的多种干扰），并能保证生计系统各组分正常运行的能力（Kates et al.，2012；Walker and Salt，2012；Speranza et al.，2014），而成为推动生计可持续发展的一种新理念。

一、农户的生计恢复力

（一）数据来源及研究方法

1. 数据来源

研究数据主要通过半结构化问卷以及与主要利益相关方的深入访谈获得。2017年10月，对研究区进行了为期一周的资料收集和预调查，课题组走访了研究区各级政府部门，收集农户生产、生活及研究区的社会经济等相关数据。同时，随机选择5个乡镇，每个乡镇随机选择10户，采用问卷预调查和典型任务（例如村委会主任、村委会成员、典型农民）相结合的方式进行预调查。基于预调查结果，修改完善了问卷和访谈提纲。2018年1月至3月，正式开展实地调查，主要采用问卷调查、观察法、小型研讨会等参与式农村评估方法获取研究所需数据，采取"县—乡—村—农户"分层随机抽样选择受访户，即先在每个县随机选择两个乡镇，然后在每个乡镇随机选择两个村（共24个村），再在每个村随机选择25—30个农户。为了克服语言障碍，聘请了当地的大学生与课题组成员一起进行调查。调查前，对调查人员进行了系统培训，包括了解调查目的、掌握调查内容和调查技巧。本次家庭调查是以"面对面"的方式进行，每户调查时间为 20—30 分钟。同时，以"滚雪球"的方式随机抽取了 56 名关键人物（例如村委会主任、村委会成员、农户）进行深度访谈。最终共获得问卷 600 份，有效问卷 575 份，有效率为 95.83%（表 2-16）。

调查内容包括：①调查对象的基本情况；②农民的生计资本，包括人力资本、物质资本、自然资本、社会资本、金融资本和心理资本；③生计活动的手段，包括生计活动的类型、人数以及生计压力、应对策略；④村庄和社区信息，包括资源冲突的数量、扶贫措施的数量、通往最近道路的途径和距离、基础设施的可用性和获得医疗基础设施的机会。

表 2-16 受访户特征

农户类型	户主特征								家庭特征			
	年龄	务农年限	户主受教育程度（%）					家庭规模（人/户）	劳动力人数（人/户）	人均年收入（元）	家庭抚养比
			文盲	小学	初中	高中	大专及以上				
重点保护区	45.0	24.1	19.5	42.4	26.7	5.7	5.7	5.3	3.5	6 569.9	0.72
恢复治理区	45.3	23.7	14.9	38.0	31.5	12.7	2.9	4.9	3.2	6 224.9	0.68
经济示范区	46.7	19.2	19.3	28.1	35.1	14.0	3.5	5.1	3.1	6 166.2	0.79

2. 研究方法

（1）生计恢复力的内涵及评价指标体系

一般来说，生计恢复力是指生计在维持或改善基本属性和功能的同时，减轻压力及干扰的能力（Quandt, 2018），以帮助脆弱与贫困人群更好地应对风险冲击带来的影响，并适应不断变化的环境（Rajesh *et al.*, 2014）。生计恢复力由缓冲能力、自组织和学习能力三个维度组成，并且受家庭特征和外部环境及其交互作用的影响（图 2-9）。

其中，"缓冲能力"是指缓解冲击和利用新机会获得更好生计产出的能力；"自组织"主要强调人的主动能力、适应能力、权利和社会互动对恢复力的影响（Davies *et al.*, 2013）；"学习能力"指获得知识和技能并将其转化为当前的行动，并存储记忆的能力（Speranza *et al.*, 2014）。综上，从缓冲能力、自组织及学习能力三个维度建立农户生计恢复力的评价指标体系（表 2-17）。

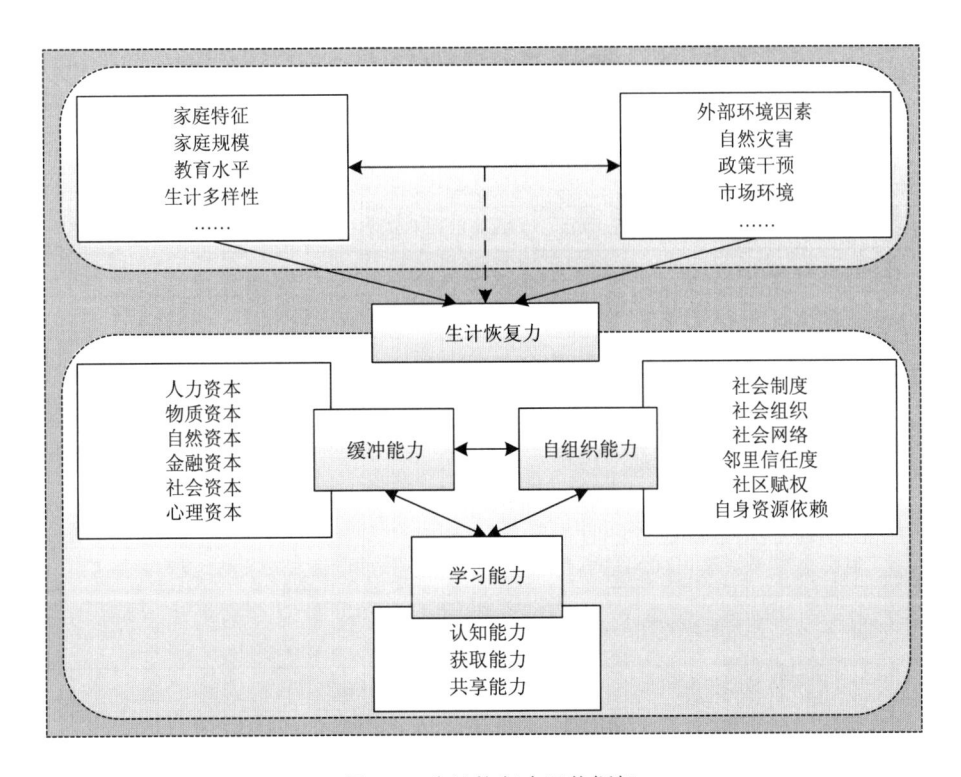

图 2-9 生计恢复力评价框架

表 2-17 农户的生计恢复力评价指标体系

维度	一级指标	指标层及权重	指标描述与赋值
缓冲能力	人力资本	健康状况（0.092）	家庭中患病人数占总人数比例（%）
		家庭劳动能力（0.005）	非劳动力=0；半劳动力=1；全劳动力=2
		成年劳动力教育程度（0.015）	小学以下=1；小学=2；初中=3；高中/中专=4；大专及以上=5
	物质资本	家庭固定资产拥有量（0.008）	所拥有的固定资产项数占所列选项的比例（%）
		牲畜数量（0.222）	拥有的牲畜数量（羊单位）
		住房类型（0.010）	棚圈=1；帐篷=2；土坯房=3；砖瓦/木房=4；钢筋混凝土房=5
	自然资本	自然资源*（0.041）	拥有的耕地面积（公顷）
			拥有的草地面积（公顷）
	金融资本	人均年收入（0.035）	年度总收入与家庭总人数之比
		财务储蓄（0.000）	家庭年度收入结余

续表

维度	一级指标	指标层及权重	指标描述与赋值
缓冲能力	社会资本	亲友帮助网（0.002）	非常少=1；比较少=2；一般=3；比较多=4；非常多=5
		社会保障网（0.005）	家庭享有保险的数量
	心理资本	面对困境/逆境表现（0.003）	非常沮丧=1；有点沮丧=2；一般=3；比较坚强=4；非常坚强=5
自组织	社会制度	地方管理条约（0.030）	村里是否有村规民约：是=1；否=0
	社会组织	社区组织参与度（0.038）	以参与社区组织的数量表示
	社会网络	亲友网络规模（0.029）	非常小=1；比较小=2；一般=3；比较大=4；非常大=5
		亲友网络紧密度（0.013）	根本不好=1；不太好=2；一般=3；比较好=4；非常好=5
		亲友网络支持能力（0.050）	非常少=1；比较少=2；一般=3；比较多=4；非常多=5
	信任度	邻里关系信任度（0.002）	不信任=1；不太信任=2；一般=3；比较信任=4；非常信任=5
	自身资源依赖	交通连通便捷度**（0.074）	按离最近公路的实际距离和交通方式表示
	社区赋权	政治地位（0.142）	家庭是否有村委会主任/村支书：是=1；否=0
学习能力	认知能力	对外来威胁的认知（0.003）	不了解=1；不太了解=2；一般=3；比较了解=4；非常了解=5
	获取能力	技能获取能力（0.088）	以参加农业或技能培训次数表示
		信息获取能力（0.007）	以信息获取渠道种类数表示
		知识获取能力（0.059）	以每年教育投入金额计算
	共享能力	信息技术交流（0.029）	农户间是否存在信息与技术交流：是=1；否=0

注：*拥有的耕地面积×0.5+拥有的草地面积×0.5；**用标准化后数据加总求和。

缓冲能力是构建生计恢复力的基本保障和前提。缓冲能力用资产所有权和获得资产的渠道来表征，主要由自然资本、人力资本、物质资本、金融资本、社会资本及心理资本等要素构成（Speranza et al.，2014）。其中，人力资本用技能知识、劳动能力和健康状况表征；物质资本用固定资产及牲畜数量、住房情况表征（Rajesh et al.，2014）；自然资本用拥有的耕地及草地面积来表征；金融资本用人均年收入、财务储蓄来表征（Obrist et al.，2010）；社会资本用亲友帮助网、社会保障网规模来表征（Speranza et al.，2014）；心理资本用面对逆境时心理乐观程度来表征（Tan and Tan，2017）。

自组织是建立生计恢复力的核心。自组织不受系统外部明确的控制及约束，但会受内部变量之间复杂关联机制的影响（Holland，1994）。自组织能力主要由社会制度、社区组织、社会网络、邻里信任度、对自身资源的依赖和社区赋权等要素构成（Obrist et al.，2010；Speranza et al.，2014）。其中，社会制度用村规民约来表征，对信息共享、资源获取和协作机会等过程具有促进或阻碍作用（Davies et al., 2013）；社会组织用社区组织参与度来表征；社会网络用亲友网络规模、亲友网络紧密度和亲友网络支持能力来表征；信任度用邻里关系信任度来表征；农户对自身资源的依赖用交通便捷度来表征；农户的社区赋权用政治地位来表征。

学习能力是提升生计恢复力的关键。学习能力主要由认知能力、获取能力和共享能力等要素构成（Speranza et al., 2014）。其中，认知能力用对外来威胁的认知表征，如果农户判断意外风险的准确性越高，则农户对外来威胁的认知能力越强；获取能力用农户的技能获取能力、信息获取能力和知识获取能力来表征，农户获取能力越强，则越有利于学习能力提升（Shah et al., 2013）；共享能力用信息技术交流来表征（Li et al., 2008）。

（2）生计恢复力测度方法

生计恢复力评估方法主要有模型模拟法和综合指数法两种（Ingrisch and Bahn, 2018），其中：模型模拟方法旨在通过理解生计恢复力的建设过程及其影响因素而进行评估（Fang et al., 2018），综合指数法是基于生计恢复力分析框架，选择相应指标而进行评估（陈佳等，2016；Mekuyie et al., 2018）。由于模型模拟法对变量界定较为模糊，尚未形成公认的模型，而综合指数法对于指标界定明确，因此，采用综合指数法评价重点生态功能区农户的生计恢复力。

在具体步骤上，首先，采用极差标准化法对原始数据进行标准化处理；其次，采用熵值法（Gautam, 2017）确定各指标的权重，其中缓冲能力、自组织和学习能力的权重分别为 0.438、0.376、0.186；最后，利用加权求和法计算农户的生计恢复力指数。计算公式如下：

$$RCI = 0.438B_i + 0.376S_i + 0.186L_i \qquad (2.8)$$

式中，RCI 表示农户的生计恢复力指数，B_i、S_i、L_i 分别表示研究对象 i 的缓冲能力指数、自组织能力指数和学习能力指数。其中，RCI 是一个相对测量值，其取值范围在 0—1 之间，其值越大，恢复能力越强，反之亦然（Alam et al., 2018）。

（二）农户的生计恢复力及其表现

生计恢复力取值区间为 0—1，并可将其划分为低水平（0, 0.35]、中等水平（0.35, 0.65]及高水平（0.65, 1)。甘南黄河水源补给区 97.05%农户的生计恢复力指数小于 0.35，恢复力水平整体较低；生计恢复力指数平均值为 0.166，超过平均值的农户比重仅为 42.04%。其中，农户生计恢复力指数最高达 0.468，最低仅为 0.028（图 2-10）。结果显示，农户的生计恢复力分布不均衡，呈现显著的低值集中态势；同时，自组织能力明显高于缓冲能力和学习能力。在调研中，有农户表示"村里有专门的规章制度对赡养老人、婚丧嫁娶、文体活动等事务进行管理""如果家里盖牲畜棚圈或修房子，亲戚和邻居都会过来帮助""邻里之间很少发生争执，即使出现争执，村里的年长者或有威信的人出面协调后，都会和解"；也有农户表示"因为语言障碍，无法及时掌握新技术与新知识""与外界的交流比较少，主要靠亲戚朋友获取市场信息、技术信息"，这也说明反映自组织能力的邻里关系、社会网络等方面表现较好，而反映学习能力的技能获取、知识获取、信息获取等方面存在障碍。

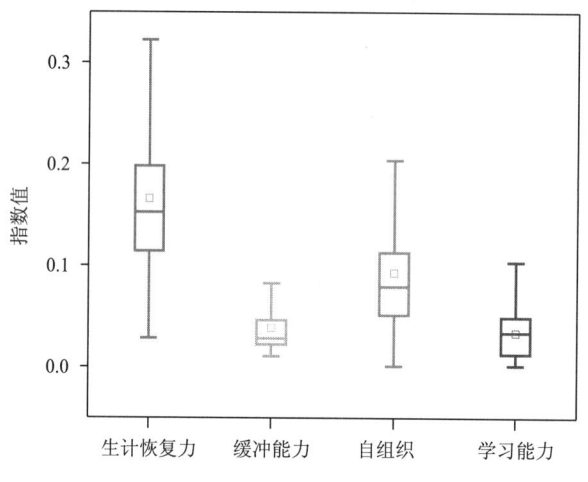

图 2-10　甘南黄河水源补给区农户生计恢复力指数

不同规模（即一人户、二人户、三人户、四人户、五人户和五人户以上）、不同收入[即低收入（≤3 万）、中等收入（3—8 万）和高收入（≥8 万）]、不同年龄段户主[即青年人（44 岁以下）、中年人（45—59）、老年人（60 岁以上）]及不同区域农户的生计恢复力存在差异。例如，随着家庭规模扩大，农户生计恢复力均值及中位数均呈上升趋势（图 2-11a），大家庭（五人以上户）的生计恢复力明显高于其他小规模家庭。农户生计恢复力与家庭收入呈现正相关（图 2-11b），其中低收入、中等收入、高收入家庭的生计恢复力均值依次为 0.156、0.177、0.228。生计恢复力也随着户主年纪的增大而上升，其中老年户主组的生计恢复力最高，达 0.175，而中年组和青年组分别为 0.171、0.157（图 2-12a）。随着户主受教育程度提高，农户的生计恢复力也显著提升（图 2-12b），大专以上户主家庭的生计恢复力最高，达 0.249，分别是文盲、小学、初中、高中或中专教育水平的 1.6、1.6、1.54、1.44 倍。

图 2-11 不同家庭特征农户的生计恢复力

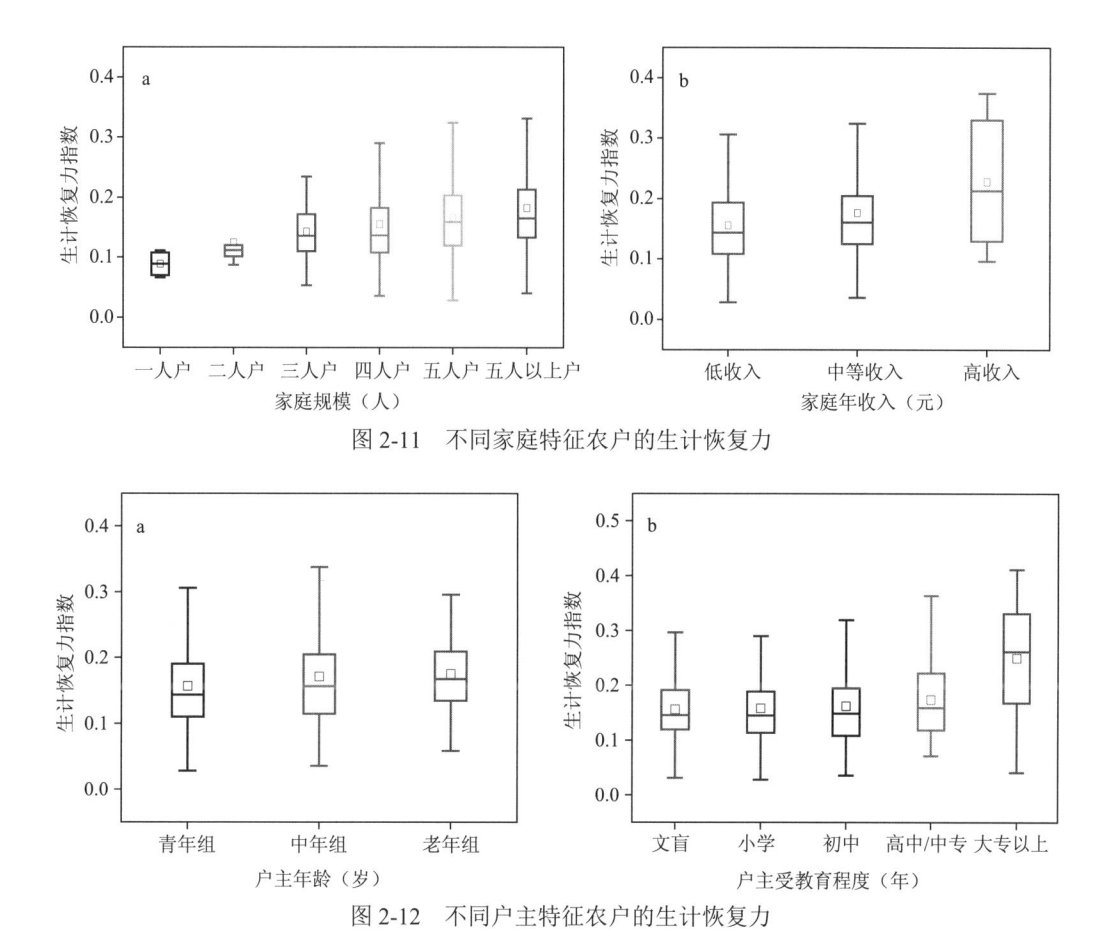

图 2-12 不同户主特征农户的生计恢复力

经济示范区农户的生计恢复力最高（0.184），重点保护区次之（0.167），恢复治理区最低（0.161）（图 2-13）。访谈中也发现，户主受教育程度高的家庭，往往经济状况比较好，家庭成员对新技术、新知识的接受能力强，与外界的交流也比较频繁。

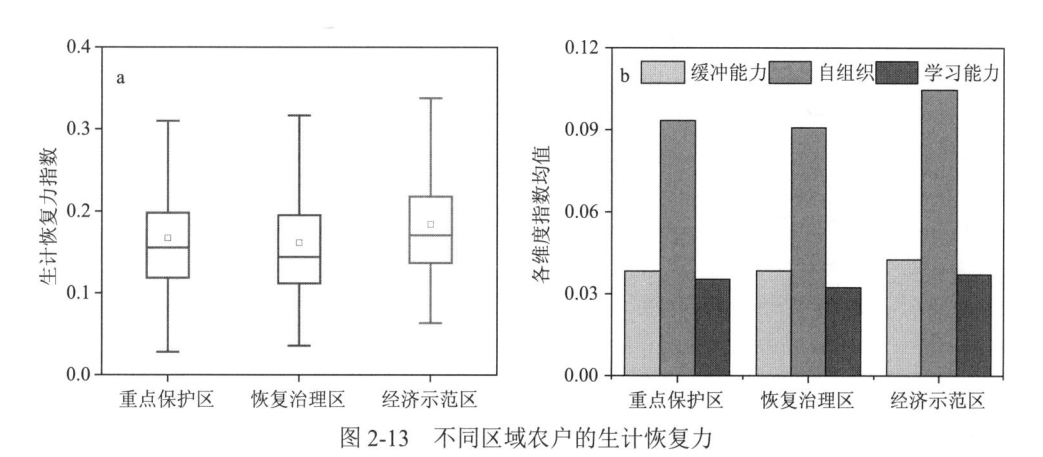

图 2-13 不同区域农户的生计恢复力

二、农户生计恢复力的影响因素

(一)研究方法

1. 变量选择

已有研究显示,农户生计恢复力是家庭特征、社会、经济及自然环境等因素共同作用的结果。例如,萨贾等(Saja et al., 2018)指出家庭特征不仅决定着家庭生计恢复的速度和水平,还影响着其抵御风险抗灾的能力;拉希姆等(Rahim et al., 2018)也指出自然灾害会显著降低农户生计恢复力,尤其是高海拔偏远地区的脆弱人群,遭遇自然灾害冲击时,其生计难以恢复。已有研究也显示,社会地位、家庭规模(郭永锐等,2018)、受教育程度、生活满意度(Zhang and Li, 2018)、家庭抚养比(Saja et al., 2018)、生计多样性(Wilson et al., 2018)等家庭特征影响着生计恢复力;与此同时,外部环境因素,例如所在区域的海拔(Maleksaeidi et al., 2016)、自然灾害、水资源获取便利度(Fang et al., 2018)、电力可得性、市场可达性(Rahim et al., 2018)、医院/基础设施可得性(Maleksaeidi et al., 2016)、社会安全网(Fang et al., 2018)、环境依赖度及生态政策(郭永锐等,2018)等也对农户生计产生重要作用,影响着生计恢复力的提升。

为进一步明确影响甘南黄河水源补给区农户生计恢复力的关键因素,特以生计恢复力指数为因变量,以户主受教育程度、户主年龄、家庭规模、生计多样性、生活满意度、市场可达性、非农化程度、社会保护、社会安全网、退牧还草政策、海拔、自然灾害严重性与持续性等因素为自变量,以生态功能分区为虚拟变量进行模型拟合分析(表2-18)。

表2-18 变量选择及赋值

指标	指标描述及赋值	均值	标准差
户主受教育程度	文盲=1;小学=2;初中=3;高中或中专=4;大专及以上=5	2.39	1.09
户主年龄	户主的年龄(岁)	45.33	9.38
家庭规模	家庭人口数(人)	5.09	1.57
家庭抚养比	非劳动力人口占劳动力人口的比重	0.71	0.77
非农化程度	非农牧收入占家庭总收入的比例	0.85	0.41
生计多样性	从事1种生计方式,其多样化指数为1;从事2种生计方式,则为2	3.63	2.42
生活满意度	非常不满意=1;不太满意=2;一般=3;比较满意=4;非常满意=5	3.68	0.87

续表

指标	指标描述及赋值	均值	标准差
市场可达性	到市场的交通方式：步行=1；自行车=2；摩托车=3；汽车=4	3.12	1.15
社会保护	社会/外界等的帮扶次数（次）	0.81	0.14
社会安全网	社会保障满意度：非常不满意=1；不太满意=2；一般=3；比较满意=4；非常满意=5	3.72	0.76
生态政策	退牧还草对生活的影响：变差很多=1；变差一点=2；不变=3；变好一点=4；变好很多=5	3.45	0.67
海拔	该村所在海拔实际高度（m）	3 170.52	318.00
自然灾害严重性	不严重=1；不太严重=2；一般=3；比较严重=4；非常严重=5	3.62	0.78
自然灾害持续性	非常短=1；比较短=2；一般=3；比较长=4；非常长=5	3.46	0.85
生态功能分区	虚拟变量：重点保护区=1；恢复治理区=2；经济示范区=3	1.75	0.63

2. 模型选择

将农户生计恢复力作为因变量，将影响生计恢复力的内外部变量作为自变量，运用多元线性回归方法分析影响农户生计恢复力的关键因素，具体计算过程详见文献（Zhang and Li，2018）。计算公式如下：

$$y = \ln\left[\frac{p}{1-p}\right] = \beta_0 + \beta_1 x_1 + \beta_2 x_2 + \cdots + \beta_i x_i \tag{2.9}$$

式中，p 为生计恢复力的概率，x_1, x_2, $\cdots$, x_i 为自变量，参数 β_0, β_1, $\cdots$, β_i 为回归待定系数。

（二）影响农户生计恢复力的关键因素

拟合模型的 P 值均小于 0.001，同时 F 统计量为 8.609，拟合优度为 0.533，Durbin-Watson 统计量为 1.742，表明家庭特征、自然因素和社会经济因素等对农户生计恢复力的解释度达到 53.3%，模型拟合较好（表 2-19）。

表 2-19 农户的生计恢复力影响因素拟合结果

	参数估计值	标准差	T检验值	P-value 值
常数	−0.147	—	−2.763	0.006
户主受教育程度	0.008	0.121	2.965	0.003**
户主年龄	0.001	0.113	2.767	0.006**
家庭规模	0.006	0.132	3.042	0.002**

续表

	参数估计值	标准差	T 检验值	P-value 值
家庭抚养比	−0.003	−0.035	−0.862	0.389
非农化程度	0.041	0.120	3.031	0.003**
生计多样性	0.007	0.223	5.528	0.000***
生活满意度	0.010	0.117	2.785	0.006**
市场可达性	0.006	0.098	2.463	0.014*
社会保护	−0.011	−0.022	−0.566	0.571
社会安全网	0.003	0.032	0.753	0.452
生态政策	0.015	0.139	3.529	0.000***
海拔	−1.86e^{-5}	−0.080	−2.011	0.045*
自然灾害严重性	−0.007	−0.078	−1.731	0.044*
自然灾害持续性	0.003	0.037	0.830	0.407
生态功能分区	0.005	0.046	1.164	0.245
R^2			0.533	
F-statistic			8.609***	
Durbin-Watson			1.742	

注：***、**、*分别表示 0.001、0.01、0.05 水平的显著性。

结果显示，生计多样性通过了 0.001 水平显著性检验，且对农户的生计恢复力产生积极影响，即生计多样性越高的农户，其生计恢复力越强；户主受教育程度、户主年龄、家庭规模、生活满意度、非农化程度通过了 0.01 水平显著性检验且呈正相关，表明户主受教育程度及其年龄越高、生活满意度越高、家庭人口规模越大、非农化程度越高，农户生计恢复力越强。可见，家庭特征是影响生计恢复力的基本因素。究其原因，家庭特征不仅会影响农户对风险的敏感性，也会影响农户应对风险的速度和能力。农户作为经济活动的主体，会根据自身能力对政策、气候、市场等外部环境变动作出响应，从而提升生计恢复力。匡特（Quandt，2018）也指出家庭规模、受教育水平等是影响农户生计恢复力的关键因素；陈佳等（2016）认为家庭结构要素不仅对恢复力产生直接影响，其交互作用也对恢复力产生一定影响；张和李（Zhang and Li, 2018）则指出生计多样性是提高生计恢复力的关键。

斯佩兰扎等（Speranza et al., 2014）指出社会、经济、文化、政治和环境因素相互作用共同影响生计恢复力，同时指出社会环境因素作为策略和决策对恢复力起着重要作用。阿拉姆等（Alam et al., 2018）则指出在气候变化背景下，发展中国家的贫困户急需建立恢复能力，同时也强调恢复能力的主要驱动力包括生计策略、教育水平和获得食物、水和卫生服务。本研究结果显示，生态政策对农户的生计恢复力产生积极影响，主要原因在于国家实施退牧还草项目时，会给农户提供一定的补偿，退牧还草面积越大，农户得到的补偿越多，因此受生态政策影响越大的农户，其生计恢复力越强；赵雪雁等（2013）也发现生态补偿项目不仅促使该区农户的生计资本显著提升，也使该区农户的生计多样化程度提高。而海拔、自然灾害严重性均与生计恢复力呈显著负相关，主要原因在于海拔越高，自然条件越差，生态环境越恶劣，这无疑会限制农户生计恢复力的改善；谭等（Tan and Tan，2017）也提出中国西部牧民因恶劣的自然条件造成农户的生计困难并影响社会稳定，自然灾害降低了牧民应对压力和冲击的能力。同时，市场可达性越高，农户的生计恢复力越强，主要原因在于距离市场越近，农户越容易获取市场信息，可及时、便捷地出售农产品。

综上所述，甘南黄河水源补给区农户生计恢复力指数整体较低，农户自组织能力明显高于其缓冲能力和学习能力；不同农户群体的生计恢复力存在较明显差异，随着家庭规模、家庭收入、户主年龄及其受教育水平的增加，生计恢复力趋于增大；从经济开发区到重点保护区，再到恢复治理区，农户的生计恢复力、自组织能力均趋于降低，但经济开发区农户的缓冲能力和学习能力均较高于其他两个区域。生计非农化与多样化水平、市场可达性、生活满意度、生态政策、自然灾害及海拔是影响农户生计恢复力的关键因素。为了有效提高重点功能区农户的生计恢复力，当前急需积极推进精准扶贫战略，鼓励农户积极拓宽生计多样性，降低农户对自然资源的依赖度，切实提高农户的收入水平；应建立多层次的农户技术培训体系，健全农业技术推广网络，建立农产品交易平台，提高农户的学习能力；应建立风险预警机制及应急机制，健全生计风险防范体系，降低风险对农户生计的不利影响；应进一步加强重点生态功能区的电力、交通及水资源等基础设施建设，加大对偏远、高海拔等地区的帮扶力度。

参 考 文 献

[1] 陈传波："中国农户的非正规风险分担实证研究"，《农业经济问题》，2007年第6期。
[2] 陈佳、杨新军、尹莎："农户贫困恢复力测度、影响效应及对策研究——基于农户家庭结构的视角"，《中国人口·资源与环境》，2016年第1期。
[3] 陈丽、李崇光、张俊："农民合作社农户风险共担认知和行为分析"，《农业现代化研究》，2018年第39期。
[4] 陈绍军、王磊、范敏："可持续生计框架下失地农民生计恢复策略研究——基于安徽省374户农户的调查"，《人民长江》，2016年第47期。
[5] 方修琦、殷培红："弹性、脆弱性和适应——IHDP三个核心概念综述"，《地理科学进展》，2007

年第 26 期。
[6] 郭永锐、张捷："社区恢复力研究进展及其地理学研究议题"，《地理科学进展》，2015 年第 34 期。
[7] 郭永锐等："旅游社区恢复力研究——源起，现状与展望"，《旅游学刊》，2015 年第 30 期。
[8] 郭永锐、张捷、张玉玲："旅游目的地社区恢复力的影响因素及其作用机制"，《地理研究》，2018 年第 37 期。
[9] 国家发展和改革委员会：《国家和区域发展重点区域规划》，北京人民出版社，2015 年。
[10] 侯鹏等："国家重点生态功能区生态状况变化与保护成效评估——以海南岛中部山区国家重点生态功能区为例"，《地理学报》，2018 年第 73 期。
[11] 李斌、李小云、左停："农村发展中的生计途径研究与实践"，《农业技术经济》，2004 年第 4 期。
[12] 李小云等："农户脆弱性分析方法及其本土化应用"，《中国农村经济》，2007 年第 4 期。
[13] 芦清水、赵志平："应对草地退化的生态移民政策及其牧户响应分析——基于黄河源区玛多县的牧户调查"，《地理研究》，2009 年第 28 期。
[14] 雒丽等："高寒生态脆弱区农户对气候变化的感知——以甘南高原为例"，《生态学报》，2017 年第 37 期。
[15] 牛叔文等："黄河上游玛曲生态系统服务价值的估算和生态环境管理的政策设计"，《中国人口·资源与环境》，2006 年第 16 期。
[16] 苏芳："生态补偿对农户可持续生计的影响——以黑河流域张掖市为例"（博士论文），中国科学院寒区旱区环境与工程研究所，2009 年。
[17] 苏芳："农户生计风险对其生计资本的影响分析——以石羊河流域为例"，《农业技术经济》，2017 年第 12 期。
[18] 万文玉、赵雪雁、王伟军："高寒生态脆弱区农户的生计风险识别及应对策略——以甘南高原为例"，《经济地理》，2017 年第 37 期。
[19] 王富山："晋西北地区农民生计方式对征地补偿安置的影响分析"，《北京农学院学报》，2008 年第 23 期。
[20] 王俊、杨新军、刘文兆："半干旱区社会——生态系统干旱恢复力的定量化研究"，《地理科学进展》，2010 年第 29 期。
[21] 王兆林、杨庆媛、李斌："农户农村土地退出风险认知及其影响因素分析——重庆的实证"，《中国土地科学》，2015 年第 29 期。
[22] 温腾飞等："黄土高原半干旱区农户生计恢复力及其影响因素研究——以榆中县为例"，《中国农业资源与区划》，2018 年第 39 期。
[23] 乌尔里希·贝克：《世界风险社会》，南京大学出版社，2004 年。
[24] 吴辉："四川宝兴县综合生态管理示范区替代生计发展途径与对策研究"，雅安：四川农业大学，2009 年。
[25] 谢花林、李波："基于 Logistic 回归模型的农牧交错区土地利用变化驱动力分析——以内蒙古翁牛特旗为例"，《地理研究》，2008 年第 27 期。
[26] 谢晓非等："SARS 危机中公众理性特征初探"，《管理评论》，2003 年第 15 期。
[27] 谢晓非、徐联仓："一般社会情境中风险认知的实验研究"，《心理科学》，1998 年第 4 期。
[28] 阎建忠等："青藏高原东部样带农牧民生计的多样化"，《地理学报》，2009 年第 64 期。
[29] 杨明、骆江玲、明亮："论替代生计项目在乡村的发展——以 NGO 在三江平原生态保护项目为例"，《农村经济》，2010 年第 4 期。
[30] 杨新军、石育中、王子侨："道路建设对秦岭山区社会—生态系统的影响——一个社区恢复力的

视角"《地理学报》，2015年第70期。
[31] 姚玉璧等："黄河重要水源补给区甘南高原气候变化及其对生态环境的影响"，《地理研究》，2007年第26期。
[32] 于清源、谢晓非："环境中的风险认知特征"，《心理科学》，2006年第29期。
[33] 于秀波、张琛、潘明麒："退田还湖后替代生计的经济评估研究——以洞庭湖西畔山洲垸为例"，《长江流域资源与环境》，2006年第15期。
[34] 张春丽、佟连军、刘继斌："湿地退耕还湿与替代生计选择的农民响应研究——以三江自然保护区为例"，《自然资源学报》，2008年第23期。
[35] 张宏梅、陆林："主客交往偏好对目的地形象和游客满意度的影响——以广西阳朔为例"，《地理研究》，2010年第29期。
[36] 张丽萍等："青藏高原东部山地农牧区生计与耕地利用模式"，《地理学报》，2008年第63期。
[37] 赵雪雁："生计资本对农牧民生活满意度的影响——以甘南高原为例"，《地理研究》，第2011年30期。
[38] 赵雪雁、张丽、江进德："生态补偿对农户生计的影响——以甘南黄河水源补给区为例"，《地理研究》，2013年第32期。
[39] 赵雪雁、赵海莉、刘春芳："石羊河下游农户的生计风险及应对策略——以民勤绿洲区为例"，《地理研究》，2015年第34期。
[40] 庄孔韶："可以找到第三种生活方式吗?关于中国四种生计类型的自然保护与文化生存"，《社会科学》，2006年第7期。
[41] Adeel, Z. Uriel Safriel 2008. Achieving sustainability by introducing alternative livelihoods. *Sustainability Science*, 3(1): 125-133.
[42] Adger, W. N., T. P. Hughes, C. Folk, *et al*. 2005. Social-ecological resilience to coastal disasters. *Science*, 309(5737): 1036-1039.
[43] Alam, G. M. M., K. Alam, S. Mushtaq, *et al*. 2018. How do climate change and associated hazards impact on the resilience of riparian rural communities in Bangladesh? Policy implications for livelihood development. *Environmental Science & Policy*, 84: 7-18.
[44] Angeon, V., S. Bates 2015. Reviewing composite vulnerability and resilience indexes: a sustainable approach and application. *World Development*, 72: 140-162.
[45] Ashley, C., D. Carney 1999. *Sustainable Livelihoods: Lessons from Early Experience*. London: Department for International Development.
[46] Bebbington 1999. Capitals and capabilities: A framework for analyzing peasant viability, rural livelihoods and poverty. *World Development*, 22: 2021-2044.
[47] Block, S., P. Webb 2001. The dynamics of livelihood diversification in post-famine ethiopia. *Food Policy*, 26(4): 333-350.
[48] Bouahom, B., L. Douangsavanh, J. Rigg 2004. Building sustainable livelihood in loas: Untangling farm from non-farm, progress from Distress. *Geoforum*, 35(5): 607-619.
[49] Bradbury, J. A. 1989. The policy implications of differing concepts of risk. *Science, Technology & Human Values*, 14(4): 380-399.
[50] Bradstock, A. 2006. Land reform and livelihoods in South Africa's Northern Cape Province. *Land Use Policy*, 23(3): 247-259.
[51] Carney, D. 2002. *Sustainable Livelihoods Approaches: Progress and Possibilities for Change*. London:

Department for International Development.

[52] Chambers, R., G. Conway 1992. *Sustainable Rural Livelihoods: Practical Concepts for the 21st Century*. IDS Discussion Paper 296, Brighton.

[53] Davies, M., C. Béné, A. Arnall, *et al.* 2013. Promoting resilient livelihoods through adaptive social protection: Lessons from 124 programmes in South Asia. *Development Policy Review*, 31(1): 27-58.

[54] Deschignkar, P. 1998. Climate change adaptation in India: A case study of forest systems in Himachal Pradesh. *International Journal of Environment and Pollution*, 9(2-3) : 186-197.

[55] DIFD 2000. *Sustainable Livelihoods Guidance Sheets*. Department for International Development.

[56] Downing, T. E., K. W. Gitu, C. M. Kaman 1989. *Coping with Drought in Kenya: National and Local Strategies*. Lynne Rienner, Boulder, CO, USA, 1989: 411.

[57] Fang, Y. P., F. B. Zhu, X. P. Qiu, *et al.* 2018. Effects of natural disasters on livelihood resilience of rural residents in Sichuan. *Habitat International*, 76: 19-28.

[58] FAO 2013. *Disaster Risk Reduction: Strengthening Livelihood Resilience*. http://www.fao.org/docrep/018/i3325e/ i3325e15.pdf.

[59] Folke, C., S. Carpenter, T. Elmqvist, *et al.* 2002. Resilience and sustainable development: Building adaptive capacity in a world of transformations. *AMBIO-Journal of Human Environment*, 31(5): 437-440.

[60] Frank, E. 1998. Household strategies and rural livelihood diversification. *Journal of Development Studies*, 35(1): 1-38.

[61] Gautam, Y. 2017. Seasonal migration and livelihood resilience in the face of climate change in Nepal. *Mountain Research & Development*, 37(4): 436-445.

[62] Holland, J. H. 1994. *Hidden Order: How Adaptation Builds Complexity*. New York: Perseus Books.

[63] Hopkinson, C. S., R. L. Wetzel, J. W. Day 1988. Simulation models of coastal wetland and estuarine systems: Realization of goals. *Developments in Environmental Modelling*, 12: 67-97.

[64] Howard, M. 2003. When fishing grounds are closed: Developing alternative livelihoods for fishing communities. *MPA News*, 5(2): 1-3.

[65] Ingrisch, J., M. Bahn 2018. Towards a comparable quantification of resilience. *Trends in Ecology & Evolution*, 33(4): 251-259.

[66] Ireland, C. 2004. *Alternative Sustainable Livelihoods for Coastal Communities: A Review of Experience and Guide to Best Practice*. The World Conservation Union.

[67] Jacoby, J., L. B. Kaplan 1972. The components of perceived risk. *Advances in Consumer Research*, 3(3): 382-383.

[68] Janvry, A. D., E. Sadoulet 2001. Income strategies among rural households in Mexico: The role of off-farm activities. *World Development*, 29(3): 467-480.

[69] Jiggins, J. 1989. How poor women earn income in sub-Saharan Africa and what works against them. *World Development*, 17(7): 953-963.

[70] Kates, R. W., W. C. Clark, R. Corell 2001. Environment and development: Sustainability science. *Science*, 292(5517): 641-642.

[71] Kates, R. W., W. R. Travis, T. J. Wilbanks 2012. Transformational adaptation when incremental adaptations to climate change are insufficient. *Proceedings of the National Academy of Sciences*, 109(19): 7156-7161.

[72] Koczberski, G., G. N. Curry 2005. Making a living: Land pressures and changing livelihood strategies among oil palm settlers in Papua New Guinea. *Agricultural Systems*, 85: 324-339.

[73] Li, X., A. S. Kunnathur, T. S. Ragu-Nathan 2008. *Development and Validation of Learning Capability Construct in IOS Supply Chain Network Context*. In: Paper presented at the Decision Sciences Institute 2008 Annual Meeting. Baltimore.

[74] Maleksaeidi, H., E. Karami, G. H. Zamani, *et al.* 2016. Discovering and characterizing farm households' resilience under water scarcity. *Environment Development & Sustainability*, 18(2): 1-27.

[75] Mekuyie, M., A. Jordaan, Y. Melka 2018. Understanding resilience of pastoralists to climate change and variability in the Southern Afar region, Ethiopia. *Climate Risk Management*, 20: 64-77.

[76] Merritt, W. S., B. Patch, V. R. Reddy, *et al.* 2016. Modelling livelihoods and household resilience to droughts using bayesian networks. *Environment Development & Sustainability*, 18(2): 315-346.

[77] Muktar, B. G., N. Man, J. M. Saleh, *et al.* 2018. Evaluation of ICTs access, use and preferences for livelihood resilience: Results from a survey of Malaysian fisher folks. *Journal of Agricultural Education & Extension*, 16: 1-12.

[78] Obrist, B., C. Pfeiffer, B. Henley 2010. Multi-Layered social resilience: A new approach in mitigation research. *Progress in Development Studies*, 10(4): 283-293.

[79] Oparinde, A., I. Hodge 2011. *Building Livelihood Resilience: A Case Study of Factors Affecting Farm Households' Adoption of Coping and Adaptive Strategies in Rural Nigeria*. Mpra Paper.

[80] Pretty, J. 2003. Social capital and the collective management of resources. *Science*, 302(5652): 1912-1914.

[81] Pretty, J., Hugh, Ward 2001. Social capital and the environment. *World Development*, 29(2): 209-227.

[82] Quandt, A. 2018. Measuring livelihood resilience: The household livelihood resilience approach (HLRA). *World Development*, 107: 253-263.

[83] Quinn, C. H., M. Huby, H. Kiwasila, *et al.* 2003. Local perceptions of risk to livelihood in semi-arid Tanzania. *Journal of Environmental Management*, 68(2): 111-119.

[84] Rahim, M. A., A. Siddiqua, M. N. Binte Nur, *et al.* 2018. Community perception on adverse effects of natural hazards on livelihood and enhancing livelihood resiliency: A case study at patharghata upazila, barguna. *Procedia Engineering*, 212: 149-156.

[85] Rajesh, S., S. Jain, P. Sharma 2014. Assessment of inherent vulnerability of rural communities to environmental hazards in Kimsar region of Uttarakhand, India. *Environmental Development*, 12(1): 16-36.

[86] Resilience Alliance. 2010. *Assessing Resilience in Social-Ecological Systems: Workbook for Practitioners (Revised Version 2.0)*. http://www.resalliance.org/srv/file.php/261 (accessed 30.04.12).

[87] Saja, A. M. A., M. Teo, A. Goonetilleke 2018. An inclusive and adaptive framework for measuring social resilience to disasters. *International Journal of Disaster Risk Reduction*, 28: 862-873.

[88] Sallu, S. M., C. Twyman, L. C. Stringer 2010. Resilient or vulnerable livelihoods? Assessing livelihood dynamics and trajectories in rural Botswana. *Ecology & Society*, 15(4): 299-305.

[89] Shah, K. U., H. B. Dulal, C. Johnson, *et al.* 2013. Understanding livelihood vulnerability to climate change: Applying the livelihood vulnerability index in Trinidad and Tobago. *Geoforum*, 47: 125-137.

[90] Shameem, M. I., S. Momtaz, R. Rauscher 2014. Vulnerability of rural livelihoods to multiple stressors: A case study from the southwest coastal region of Bangladesh. *Ocean & Coastal Management*, 102:

79-87.

[91] Sharp, K. 2003. Measuring destitution: Integrating qualitative and quantitative approaches the analysis of survey data.

[92] Slovic, P. 1987. Perception of risk. *Science*, 236(4799): 280-285.

[93] Soini, E. 2005. Land use change patterns and livelihood dynamics on the slopes of Mt. Kilimanjaro, Tanzania. *Agricultural Systems*, 85: 306-323.

[94] Speranza, C. I. 2010. Resilient adaptation to climate change in African agriculture. German Development Institute, DIE Studies 54.

[95] Speranza, C. I., U. Wiesmann, S. Rist 2014. An indicator framework for assessing livelihood resilience in the context of social-ecological dynamics. *Global Environmental Change*, 28 (1): 109-119.

[96] Sullivan-Wiley, K. A., A. S. Gianotti 2017. Risk perception in a multi-hazard environment. *World Development*, 97: 138-152.

[97] Tam, J., T. L. Mcdaniels 2013. Understanding individual risk perceptions and preferences for climate change adaptations in biological conservation. *Environmental Science & Policy*, 27: 114-123.

[98] Tambo., A. Justice 2016. Adaptation and resilience to climate change and variability in northeast Ghana. *International Journal of Disaster Risk Reduction*, 17: 85–94.

[99] Tan, S., Z. Tan 2017. Grassland tenure, livelihood assets and pastoralists' resilience: Evidence and empirical analyses from western China. *Economic and Political Studies*, 5(4): 381-403.

[100] Tanner, T., D. Lewis, D. Wrathall, *et al*. 2014. Livelihood resilience in the face of climate change. *Nature Climate Change*, 5(1): 23-26.

[101] Tepper, F. 2015. Sendai framework for disaster risk reduction 2015-2030. *International Journal of Disaster Risk Science*, (2): 1-25.

[102] The World Economic Forum. 2018. *The Global Risks Report 2018*. Geneva: World Economic Forum.

[103] Thulstrup, A. W. 2015. Livelihood resilience and adaptive capacity: Tracing changes in household access to capital in central Vietnam. *World Development*, 74: 352-362.

[104] Ullah, R., G. P. Shivakoti, G. Ali 2015. Factors effecting farmers'risk attitude and risk perceptions: The case of Khyber Pakhtunkhwa. Pakistan. *International Journal of Disaster Risk Reduction*, 13: 151-157.

[105] UNGA. 2015. Transforming our world: The 2030 agenda for sustainable development.

[106] UN-ISDR. 2005. The united nations world conference on disaster reduction public forum program.

[107] Walker, B., C. S. Hollin., S. Carpenter, *et al*. 2004. Resilience, adaptability and transformability in social-ecological systems. *Ecology and Society*, 9(2): 5.

[108] Walker, B., D. Salt 2012. *Resilience Practice: Building Capacity to Absorb Disturbance and Maintain Function*. Island Press, Washington.

[109] Walters, P. 2015. The problem of community resilience in two flooded cities: Dhaka 1998 and Brisbane 2011. *Habitat International*, 50(12): 51-56.

[110] Wilkes, A. 1993. *Using the Sustainable Livelihoods Framework to Understand Agro-pastoralist Livelihoods in NW Yunnan*. Center for Biodiversity and Indigenous Knowledge, Community Livelihoods Program Working Paper.

[111] Wilson, G. A., Z. Hu, S. Rahman 2018. Community resilience in rural China: The case of Hu Village, Sichuan Province. *Journal of Rural Studies*, 60: 130-140.

[112] Zhang, X., H. Li 2018. Urban resilience and urban sustainability: What we know and what do not

know. *Cities*, 72: 141-148.
[113] Zheng, Y. M., H. Y. Zhang, Z. G. Niu 2012. Protection efficacy of national wetland reserves in China. *Chinese Science Bulletin*, 57(10): 1116-1134.
[114] Zhou, K., C. S. Wang 2016. Spatial-temporal pattern of poverty-stricken areas and its differential policies for poverty alleviation in China. *Journal of the Chinese Academy of Sciences*, 31(1): 101-110.

第三章　生计方式与生态环境保护

进入 21 世纪以来，人类社会面临的环境问题日趋严峻，这些复杂的环境问题都是人地关系相互作用的产物。在复杂的人地系统中，生计作为人类最主要的行为方式，通过从自然界获取维持生计所需的生产和消费资料而作用于生态环境，成为人地系统演化的主导驱动因素。在全球尺度上，生计的负面影响主要表现为大面积的陆地自然生态系统被开垦为农田，水资源开发利用造成水生生境破碎化或丧失，过度利用及环境污染使得水域和湿地生态系统生物多样性及功能受损，这种大规模的资源耗竭、生态退化和全球变化对人类的可持续发展构成了严峻挑战（傅伯杰，2010）。农户作为发展中国家最主要的经济活动主体与最基本的决策单位，其所采取生计策略不仅决定着自然资源的利用方式与利用效率，更决定着对生态环境的干预方式及干预强度，对生态环境产生深远影响，探讨人类生计与生态环境的相互关系已成为当前人地系统科学的研究热点。

第一节　生计方式与生态环境感知

环境感知是人们环境行为的心理基础，准确的环境感知是合理环境行为的前提（彭建、周尚意，2001），目前环境感知已成为人文主义地理学研究的一个重要领域。农户作为农村最主要的经济活动主体与最基本的决策单位，具有自主的发展权与决策权（李小建等，2009；李小建，2010），他们的环境感知及态度反映了区域发展中人地关系的变化和作用，其中环境感知是其对生态环境变化的主观认知，环境态度是其对生态环境变化的主动响应。揭示农户的环境感知特性及其规律不仅有助于进一步深入理解复杂的人地关系变化，更有助于寻求解决人地矛盾的最佳切入点。

一、生计方式对环境感知的影响

（一）数据来源与研究方法

1. 数据来源

以甘南高原为研究区，探索生计方式对环境感知的影响。2010年10月至11月，在甘南高原进行了20余天的野外调查。首先，在县级部门和各个乡镇收集了自然、社会经济统计资料，然后进行农户调查以获取相关数据。农户调查主要基于参与式农村评估法（PRA），采用调查问卷、观察法、小型座谈会等PRA工具进行。由于甘南高原地域辽阔、农牧民居住分散，访谈难度较大，因此仅在纯牧区玛曲和碌曲各选择4个乡、夏河和合作各选择2个乡，在半农半牧区卓尼县和农区临潭县各选择5个乡，每个乡抽取5—8户进行问卷调查，共调查了134户农牧民家庭。由于户主对农户家庭的生产、生活安排往往起着决定作用，因此调查对象以户主为主，家庭其他成员对相关问题进行了补充。收回有效问卷117份，其中纯牧区52份、半农半牧区36份、农区29份。在调查过程中，为了确保信息准确，聘请了县草原站和调查乡镇的藏族干部作为语言翻译，每户问卷调查时间约为2—3小时。虽然本次调查样本较少，但由于甘南高原纯牧区、半农半牧区、农区农户的生计方式具有较高的相似性，因此能较好地反映甘南高原农户的普遍情况。调查内容主要包括：①农户所从事的生计方式；②农户对生态环境的关注程度；③农户对生态保护的认知；④农户对生态环境变化的感知；⑤农户的环保参与意愿等。

2. 研究方法

（1）农户生计类型划分及生计多样化指数

根据甘南藏族自治州农村住户调查年报及课题组入户调查资料，将甘南高原农户家庭劳动力从事的生计活动分为畜牧、种植、采集、外出打工、运输、经商、手工业、企事业单位任职等，其中畜牧、种植、采集属于农业活动，其余为非农活动。按照非农化程度及农户生计多样化的差异，综合已有农户类型划分的研究成果（阎建忠等，2010），以家庭劳动力的投入方向（有无劳动力从事非农活动）为标准，将农户生计类型划分为纯农户、兼业户、非农户。其中，纯农户的全部劳动力均从事农业，兼业户的部分劳动力从事农业、部分从事非农业，非农户的全部劳动力均从事非农活动。

为了描述农户生计多样化程度，特引入生计多样化指数，即将农户所从事的每种生计活动赋值为 1，例如某户从事养殖、种植两种生计活动，则其多样化指数值为 2（阎建忠等，2009）。

$$D = \frac{1}{n}\sum_{i=1}^{n} d_i \qquad (3.1)$$

式中，d_i 为第 i 个农户的生计多样化指数，n 为该区的农户个数，D 为该区的生计多样化指数。

（2）农户环境感知的测度

环境感知过程可分为获取信息、处理信息和指导行为等三个阶段，农户的环境感知是否准确既依赖于农户的信息采集是否全面、信息处理是否合理、指导行为是否正确，同时也与客观的物理环境是否具有有利于农户感知的"明显特征"有关。本研究主要从农户的生态关注度、生态保护认知度、生态变化感知度、生态问题感知度、环保活动参与度出发，通过向受访户询问相关问题来分析农户的环境感知。为了便于检验不同区域、不同生计方式农户的环境感知是否存在差异，对各问题的答案进行了赋值；将不同区域、不同农户的各指标赋值加总平均后得到该区域、该类农户的感知度指数（表 3-1）。计算公式如下：

$$P_{mj} = \frac{1}{n}\sum_{i=1}^{n} p_{mij} \qquad (3.2)$$

表 3-1　环境感知的测度指标及赋值

指标	测度问题	赋值
生态关注度	生产生活中是否关注生态环境？	经常关注=3；偶尔关注=2；不关注=1
生态保护认知度	生态保护与经济发展哪个更重要？	生态保护更重要=3；二者一样重要=2；经济发展重要=1；不清楚=0
生态变化感知度	近年来所在区域的生态环境好转还是恶化？	好转=3；没变化=2；恶化=1
生态问题感知度	是否感知到草地退化？ 是否感知到水资源紧缺？ 是否感知到水土流失？ 是否感知到湿地面积减少？ 是否感知到生物多样性丧失？	感知强烈=3；感知较弱=2；没有感知=1
环保活动参与度	是否愿意参与环境保护活动？	愿意=3；无所谓=2；不愿意=1

式中，p_{mij} 为第 j 个区域或第 j 种类型的第 i 个农户对第 m 种感知度的赋值，n 为第 j 个区域或第 j 种类型的农户个数，P_{mj} 为第 j 个区域或第 j 种类型农户的第 m 种感知度指数。

（二）农户的环境感知度

1. 农户的生态关注度

甘南高原农户的生态关注度较高，73.50%的受访户经常关注生态环境。这一方面与藏族传统文化有关，藏族历来重视生态环境，形成了万物一体、崇尚自然、尊重生命的价值观（南文渊，2000）；另一方面，电视、广播等宣传媒体的介入以及"甘南黄河水源补给区生态建设项目"的实施与宣传也在一定程度上提高了当地居民对生态环境的关注度。对纯牧区、半农半牧区、农区农户的生态关注度进行方差分析，发现 Levene 统计量为 1.941（P=0.4181），组间方差在 0.05 水平上具有齐性，F 值为 5.561（P=0.005），在 0.05 水平上显著，这说明甘南高原不同区域农户的生态关注度存在显著差异。进一步分析发现，纯牧区、半农半牧区、农区农户的生态关注度依次降低，生态关注度指数分别为 2.81、2.69、2.66，经常关注生态环境的农户比例分别为 78.84%、72.22%、65.32%（表 3-2）。

表 3-2 甘南高原农户的生态关注度

		不同区域农户			不同生计方式农户		
		纯牧区	半农半牧区	农区	纯农型	兼业型	非农型
经常关注%		78.84	72.22	65.32	80.00	74.07	60.87
偶尔关注%		21.16	27.78	34.68	20.00	25.93	34.13
生态关注度指数	均值	2.81	2.69	2.66	2.800	2.722	2.652
	标准差	0.397	0.467	0.483	0.405	0.452	0.487
Levene 统计量		1.941（0.418）**			1.932（0.151）**		
F 值		5.561（0.005）**			3.381（0.037）**		

注：括号内为 P 值，**在 0.05 水平上显著。

对甘南高原纯农户、兼业户、非农户的生态关注度进行方差分析，发现 Levene 统计量为 1.932（P=0.151），组间方差在 0.05 水平上具有齐性，F 值为 3.381（P=0.037），在 0.05 水平上显著，这说明甘南高原不同生计方式农户的生态关注度存在显著差异。进一步分析发现，纯农户、兼业户、非农户的生态关注度依次降低，生态关注度指数分别为 2.80、2.72、2.65，经常关注生态环境的各类农户比例分别为 80.00%、74.07%、60.87%（表 3-2）；三个区域中，不同生计方式农户的生态关注度均呈该趋势，纯牧区纯农户中该比例更高达 81.48%。这充分说明，对自然资源依赖程度越高的农户，对生态环境的关注度越强。

2. 农户的生态保护认知度

对甘南高原纯牧区、半农半牧区、农区农户的生态保护认知度进行方差分析，发现 Levene 统计量为 1.367（$P=0.259$），组间方差在 0.1 水平上具有齐性，F 值为 2.842（$P=0.062$），在 0.1 水平上显著，这说明甘南高原不同区域农户的生态保护认知度存在显著差异。进一步分析发现，半农半牧区、农区、纯牧区农户的生态保护认知度依次降低，生态保护认知度指数分别为 2.28、2.14、2.08，认为"生态保护比经济发展更重要"的农户比例分别为 55.56%、48.70%、44.82%，认为"二者同样重要"的农户比例分别为 25.0%、31.03%、17.31%。总体来看，甘南高原农户对生态保护重要性的认识不太高，仅有 49.57%的农户认为生态保护更重要（表 3-3）。之所以如此，主要原因在于甘南高原农户生计活动多样化程度低，收入渠道较为单一，抗风险能力弱，纯牧区农户尤为严重，为了保证生活水平不下降并能应付各种支出，大部分农牧民只能以经济发展为重（赵雪雁，2009）。访谈中大部分受访户反映，为了满足基本的生活需求，他们只能弱化生态保护愿望，一旦有比较好的生计出路，他们根本不会破坏生态环境。

表 3-3 甘南高原农户的生态保护认知度

		不同区域农户			不同生计方式农户		
		纯牧区	半农半牧区	农区	纯农型	兼业型	非农型
生态保护更重要%		44.82	55.56	48.70	42.50	51.85	56.52
发展经济更重要%		32.11	11.11	13.37	32.50	14.81	13.04
二者一样重要%		17.31	25.00	31.03	20.00	25.93	21.74
不清楚%		5.76	8.33	6.90	5.0	7.41	8.70
生态保护认知度指数	均值	2.08	2.28	2.14	2.00	2.22	2.260
	标准差	1.006	0.467	0.483	0.987	0.965	1.009
Levene 统计量			1.367（0.259）*			1.487（0.417）*	
F 值			2.842（0.062）*			2.761（0.073）*	

注：括号内为 P 值，*在 0.1 水平上显著。

对甘南高原纯农户、兼业户、非农户的生态保护认知度进行方差分析,发现Levene统计量为1.487（P=0.417）,组间方差在0.1水平上具有齐性,F值为2.761（P=0.073）,在0.1水平上显著。这说明,甘南高原不同生计方式农户的生态保护认知度存在显著差异。进一步分析发现,纯农户、兼业户、非农户的生态保护认知度依次增强,生态保护认知度指数分别为2.00、2.22、2.26,认为"生态保护比经济发展更重要"的农户比例分别为42.50%、51.85%、56.52%,认为"二者同样重要"的农户比例分别为21.74%、25.93%、20.00%（表3-3）。这也说明,农户生计方式越依赖自然资源,越有可能把加大自然资源利用强度作为发展经济、增强自身处理胁迫和冲击能力的首要选择。

3. 农户的生态变化感知度

对甘南高原纯牧区、半农半牧区、农区农户的生态变化感知度进行方差分析,发现Levene统计量为0.231（P=0.794）,组间方差在0.1水平上具有齐性,F值为2.501（P=0.087）,在0.1水平上显著,这说明甘南高原不同区域农户的生态变化感知度存在显著差异。进一步分析发现,纯牧区、半农半牧区、农区农户的生态变化感知度指数分别为1.25、1.42、1.34,纯牧区农户的生态恶化感知度最强,其次为农区与半农半牧区农户,感知到生态环境恶化的农户比例分别为82.69%、75.67%、69.45%;半农半牧区农户的生态好转感知度最强,其次为农区与纯牧区农户,感知到生态环境好转的农户比例分别为7.69%、10.34%、11.11%（表3-4）。总体来看,甘南高原农户对生态恶化的感知强于生态好转。持好转观点的农户（9.40%）认为近年来用于改善甘南黄河水源补给区生态环境的资金投入加大,居民的生态环境意识加强,这些都在一定程度

表3-4 甘南高原农户的生态变化感知度

		不同区域农户			不同生计方式农户		
		纯牧区	半农半牧区	农区	纯农型	兼业型	非农型
好转%		7.69	11.11	10.34	5.00	11.11	13.04
没变%		9.62	19.44	13.79	10.00	14.81	17.39
恶化%		82.69	69.45	75.67	85.00	74.08	69.57
生态变化感知度指数	均值	1.25	1.42	1.34	1.20	1.37	1.44
	标准差	0.590	0.692	0.670	0.516	0.681	0.728
Levene统计量		0.231（0.794）*			0.093（0.911）**		
F值		2.501（0.087）*			4.513（0.013）**		

注:括号内为P值,*在0.1水平上显著,**在0.05水平上显著。

上促成了甘南高原生态环境的好转；持恶化观点的农户（76.92%）认为，近年来甘南高原草地退化、水资源紧缺、水土流失等日渐严重，草层高度降低、不能食用的杂毒草增加、鼠害越来越严重、草地沙化面积扩大，草地退化已对他们的生计带来极大影响；许多草地变成了干草滩，溪沟里的水量也减少了，许多溪沟干枯，河水也比以前浑浊了。

对甘南高原纯农户、兼业户、非农户的生态变化感知度进行方差分析，发现Levene统计量为0.093（$P=0.911$），组间方差在0.05水平上具有齐性，F值为4.513（$P=0.013$），在0.05水平上显著，这说明甘南高原不同生计方式农户的生态变化感知度存在显著差异。进一步分析发现，纯农户、兼业户、非农户的生态变化感知度指数分别为1.20、1.37、1.44；对生态恶化的感知强度依次降低，感知到生态恶化的农户比例分别为85.00%、74.08%、69.57%；对生态好转的感知强度依次增强，感知到生态好转的农户比例分别为5.0%、11.11%、13.04%。其中，纯牧区纯农户对生态环境退化的感知尤为强烈，有88.89%的该类农户感知到了生态退化（表3-4）。这说明，对自然资源依赖程度越强的农户，对生态环境恶化的感知度越强烈。

4. 农户的生态问题感知度

对甘南高原纯牧区、半农半牧区、农区农户对草地退化、水资源紧缺、水土流失、生物多样性损失、湿地面积减少等生态问题的感知度进行方差分析，发现不同区域农户对草地退化、水资源紧缺、湿地面积减少的感知度存在显著差异（表3-5）。其中，草地退化感知度的Levene统计量为5.427（$P=0.007$），组间方差在0.005水平上具有齐性，F值为5.329（$P=0.000$），在0.005水平上显著；水资源紧缺感知度的Levene统计量为1.545（$P=0.218$），组间方差在0.05水平上具有齐性，F值为3.089（$P=0.049$），在0.05水平上显著；湿地面积减少感知度的Levene统计量为5.095（$P=0.008$），组间方差在0.005水平上具有齐性，F值为26.803（$P=0.000$），在0.005水平上显著。进一步分析发现：①同一区域农户对不同生态问题的感知强度不同，纯牧区、半农半牧区农户对草地退化、水资源紧缺、湿地面积减少的感知强度依次降低，感知度指数分别为2.58、2.27、1.62与2.22、1.83、1.11，而农区农户对水资源紧缺感知度最强，其次为湿地面积减少、草地退化，感知度指数分别为2.38、1.41、1.21；②不同区域农户对同一种生态问题的感知度不同，纯牧区农户对草地退化的感知强于半农半牧区与农区农户，而农区农户对水资源紧缺的感知强于纯牧区与半农半牧区农户。纯牧区农户之所以对草地退化感知最强烈，关键在于草地资源是其赖以生存的生计资源。

表 3-5 甘南高原农户对生态问题的感知度

		不同区域农户			不同生计方式农户		
		纯牧区	半农半牧区	农区	纯农型	兼业型	非农型
草地退化感知度	农户%	80.77	11.11	10.34	75.00	55.56	30.43
	指数均值	2.58	2.22	1.21	2.45	2.11	1.61
	指数标准差	0.824	0.989	0.620	0.904	1.00	1.941
	Levene 统计量	5.427（0.007）****			5.062（0.008）****		
	F 值	6.329（0.000）****			5.642（0.005）****		
水资源紧缺感知度	农户%	61.54	41.67	68.97	65.00	53.70	52.17
	指数均值	2.27	1.83	2.38	2.35	2.07	2.04
	指数标准差	0.972	1.000	0.942	0.948	1.00	1.02
	Levene 统计量	1.545（0.218）**			4.514（0.013）***		
	F 值	3.089（0.049）**			4.872（0.007）***		
水土流失感知度	农户%	21.15	61.11	62.07	37.50	42.59	56.52
	指数均值	1.42	2.22	2.24	1.750	1.85	2.13
	指数标准差	0.825	0.989	0.988	0.981	0.998	1.01
	Levene 统计量	8.68（0.000）			0.687（0.505）		
	F 值	11.167（0.000）			1.087（0.341）		
生物多样性损失感知度	农户%	26.92	22.22	24.14	32.50	16.67	30.43
	指数均值	1.54	1.44	2.24	1.50	1.26	2.81
	指数标准差	0.896	0.843	0.988	0.877	0.678	0.585
	Levene 统计量	0.432（0.650）			1.427（0.244）***		
	F 值	0.113（0.893）			4.877（0.009）***		
湿地面积减少感知度	农户%	30.77	5.56	3.45	25.00	12.96	8.70
	指数均值	1.62	1.11	1.41	1.6	1.33	1.61
	指数标准差	0.932	0.465	0.825	0.928	0.752	0.941
	Levene 统计量	5.095（0.008）****			0.335（0.716）****		
	F 值	26.803（0.000）****			6.358（0.002）****		

注：括号内为 P 值，**在 0.05 水平上显著，***在 0.01 水平上显著，****在 0.005 水平上显著。

对甘南高原纯农户、兼业户、非农户对草地退化、水资源紧缺、水土流失、生物多样性损失、湿地面积减少等生态问题的感知度进行方差分析，发现不同生计方式农户对草地退化、水资源紧缺、生物多样性损失、湿地面积减少的感知度存在显著差异（表 3-5）。其中，草地退化感知度的 Levene 统计量为 5.062（P=0.008），组间方差在 0.005 水平上具有齐性，F 值为 5.642（P=0.005），在 0.005 水平上显著；水资源紧缺感知度的 Levene 统计量为 4.514（P=0.013），组间方差在 0.01 水平上具有齐性，F 值为 4.872（P=0.007），在 0.01 水平上显著；生物多样性损失的 Levene 统计量为 1.427（P=0.244），组间方差在 0.01 水平上具有齐性，F 值为 4.877（P=0.009），在 0.01 水平上显著；湿地面积减少的 Levene 统计量为 0.335（P=0.716），组间方差在 0.005 水平上具有齐性，F 值为 6.358（P=0.002），在 0.005 水平上显著。进一步分析发现：①随着非农化水平的提高，纯农户、兼业户、非农户对草地退化、水资源紧缺的感知强度依次降低，草地退化感知度指数分别为 2.45、2.11、1.61，水资源紧缺感知度指数分别为 2.35、2.07、2.04，感知到草地退化的农户比例分别为 75%、55.56%、30.43%，感知到水资源紧缺的农户比例分别为 65%、53.70%、52.17%；②农户对某种自然资源的依赖度越高，对相应生态问题的感知越强烈，甘南高原纯农户、兼业户在生产中对草地资源、水资源的依赖度较高，而对生物资源及湿地资源的利用程度较低，因而纯农户、兼业户对草地退化、水资源紧缺、湿地面积减少、生物多样性损失的感知度依次降低。非农户对生物多样性损失的感知强于其他生态环境问题，访谈中发现主要原因是大部分非农户从事挖虫草、采摘野生菌类等生计，由于生物多样性损失使其无法继续此项生计，不得已选择外出打工。

5. 农户的环保活动参与度

甘南高原农户的环保活动参与意愿强烈，86.32%的农户愿意参与环保活动，究其原因，41.88%的受访户认为环境保护需要大家一起努力，44.45%的认为保护环境会给自己和别人的生产生活带来好处。这说明，受传统文化及现代传媒的影响，甘南高原大部分农户具有积极、强烈的环保意识，今后政府应注重充分发挥农户的环保积极性。进一步分析发现，纯牧区、半农半牧区、农区农户的环保活动参与度依次降低，参与度指数分别为 2.73、2.72、2.66，愿意参与环保活动的农户比例分别为 88.46%、86.11%、82.76%。对三个区域农户的环保活动参与度进行方差分析，发现 Levene 统计量为 0.432（P=0.650），组间方差在 0.05 水平上具有齐性，但 F 值为 0.113（P=0.893），在 0.05 水平上不显著，说明甘南高原不同区域农户的环保活动参与度不存在显著差异（表 3-6）。

对甘南高原纯农户、兼业户、非农户的环保活动参与度进行方差分析，发现 Levene 统计量为 1.427（P=0.244），组间方差在 0.05 水平上具有齐性，F 值为 4.877（P=0.009），在 0.05 水平上显著，这说明甘南高原不同生计方式农户的环保活动参与度存在显著差异。进一步分析发现，兼业户的环保参与意愿最强烈，非农户次之，纯农户最低，参与度指数分别为 2.81、2.65、2.60，愿意参与环保活动的兼业户、非农户、纯农户比例

表 3-6　甘南高原农户的环保活动参与度

		不同区域农户			不同生计方式农户		
		纯牧区	半农半牧区	农区	纯农型	兼业型	非农型
愿意参与%		88.46	86.11	82.76	80.00	92.59	82.61
不愿意参与%		11.54	13.89	17.24	20.00	7.41	17.39
环保活动参与度指数	均值	2.73	2.72	2.66	2.60	2.81	2.65
	标准差	0.689	0.701	0.769	0.810	0.585	0.775
Levene 统计量		0.432（0.650）			1.427（0.244）**		
F 值		0.113（0.893）			4.877（0.009）**		

注：括号内为 P 值，**在 0.05 水平上显著。

分别为 92.59%、82.61%、80%（表 3-6）。这主要由于大部分兼业户虽从事非农生计，但仍以种植业或畜牧业为主，其生计对自然资源仍存在较高的依赖性，生态环境质量影响着其生计产出，因而他们具有较为强烈的环保需求；此外，家庭成员从事非农活动，使家庭获取信息的渠道多元化、信息量增大，对环保重要性的认识有所深化。访谈中，大部分兼业户反映，他们之所以愿意参与环保活动，一方面是因为家里虽有人从事非农活动，但主要收入还是依靠种植业或畜牧业，如果不参加环保活动，任由生态环境退化，那么他们的生产、生活会遭受严重影响，保护生态环境是他们的责任与使命，如果有关部门能组织环保活动，他们都愿意积极参加；另一方面，他们认为保护生态环境是大家的事情，不能单靠政府，而且这里是他们祖祖辈辈生活的地方，自己更有责任与义务保护生态环境。在纯牧区、半农半牧区、农区，纯农户的环保参与意愿都比其他两类农户低，访谈中发现，绝大部分不愿参与环保活动的纯农户对环保活动的理解存在误区，他们误以为"参与环保活动"就是要让他们放弃原来的生计方式，他们觉得自己除了种地、放牧外，没有别的技能，也没有资金从事其他生产经营，所以不愿参与环保活动，后经调查人员解释，他们都表示愿意参与环保活动，而且认识到他们的生产、生活与生态环境息息相关，保护生态环境是他们的责任，同时意识到如果生态环境再退化，他们的生产活动就会遭受严重影响。

（三）生计方式对农户环境感知的影响

1. 农户的环境感知特征

（1）环境感知的空间层次性

由于人们与某一特定物理环境的空间距离越短，越有可能收集到丰富、确切的环境信息，因而使环境感知具有空间层次性（Burneett et al.，1976；Gold，1980；彭建、周尚意，2001）。本研究结果也表明，甘南高原农户环境感知具有明显的空间层次性。一方面，随着非农化水平的提高，纯农户、兼业户、非农户因其对生态环境的依赖性逐渐降低，生计活动与生态环境的距离逐渐增加，而使其对生态环境的关注度以及生态环境退化的感知度均依次降低；同时，纯农户、兼业户、非农户对草地资源、水资源的依赖程度逐渐降低，生计活动与草地资源、水资源的距离逐渐增加，因而他们对草地退化、水资源紧缺的感知强度依次降低。另一方面，同类农户对不同生态环境问题的感知强度也反映出较强的空间层次性，他们对与其生计活动密切相关的生态环境问题（例如草地退化、水资源紧缺等）感知强度较高，而对其生计活动依赖性较低的生态环境问题（例如湿地面积减少等）的感知度较低，例如草地资源是纯牧区纯农户赖以生存的基本资源，因而纯牧区纯农户对草地退化的感知强于对水资源紧缺、湿地面积减少、生物多样性损失的感知。

（2）环境感知的集团性

由于同一集团内的个体具有相似的利益视角或关注领域，因此在环境感知过程中会有一些相似性，从而使环境感知具有集团性（Burneett et al.，1976；Gold，1980；彭建、周尚意，2001）。本研究结果也表明，甘南高原农户环境感知具有明显的集团性。一方面，纯农户、兼业户、非农户由于其生计方式存在显著差异，而使其对生态环境的关注程度、对生态保护的认知程度、对生态环境变化的感知度、对生态问题的感知以及环保活动参与度均存在显著差异，体现出明显的集团性差异；另一方面，纯牧区、半农半牧区、农区由于自然环境、资源禀赋、区位条件以及社会因素存在较大差异，使不同区域农户的生态关注度、生态保护认知度、生态变化感知度、生态问题感知度等也存在显著差异。

2. 非农化水平对农户环境感知的影响

（1）非农化水平与生态关注度、生态变化感知度

研究结果显示，随着非农化水平的提高，甘南高原纯农户、兼业化、非农户的生态关注度呈依次下降趋势，生态环境恶化感知度、草地退化及水资源紧缺感知度也呈依次下降趋势，主要原因在于非农化水平的提高导致农户对生态环境及农业资源的依赖程度降低，使其对生态环境的关注度、草地退化及水资源紧缺的感知度降低。农户的生态关注度、生态恶化感知度以及对主要生态环境问题的感知度下降，势必影响农户的生产行为，有可能加剧生态环境的恶化。谭淑豪等（2001）发现非农就业可能使农户抛荒或粗放利用土地，致使土地因缺乏管理而退化；霍顿等（Holden *et al.*，2004）也发现非农收入的获得虽然减少了农业生产的强度，但同时也减少了农户投资土地保护的动力，导致更多的土壤侵蚀和更迅速的土地退化。因此，在非农化过程中，强化农户的生态关注度及对生态环境问题的感知度是当前迫切需要解决的问题。

（2）非农化水平与生态保护认知度、环保活动参与度

研究结果显示，随着非农化水平的提高，甘南高原纯农户、兼业户、非农户的生态保护认知度呈上升趋势，环保活动参与度也呈上升趋势，主要原因在于甘南高原大部分非农户都是因为生态环境恶化、土地产出不足以满足其生存需求而外出打工的，由于深受生态环境退化的胁迫，因而其生态保护认知度强烈，环保活动参与度较强。调查中大量农户也反映，由于收入渠道单一，为了满足基本的生活需求，不得不超载过牧、滥挖滥采，如果有好的生计出路，他们也会自觉地保护环境。这也说明，只有生存问题得以满足，农户才会重视生态保护，否则生态保护只是"空中楼阁"。因此，尽管非农化会降低农户的生态关注度与生态恶化感知度，但大量研究表明，以非农活动为主的生计多样化不仅有利于降低生计脆弱性，减少饥荒威胁，而且能增强农户对生态环境变化的响应能力，有效地减轻生态压力（Ellis，1998；Block and Webb，2001；Glavovic and Boonzaier，2007；Shackleton *et al.*，2007）。肯尼亚的研究也发现小农对干旱的有效响应方式已从传统的种植策略转移到就业多样化（Downing *et al.*，1989），以非农化为主的生计多样化已成为当前发展中国家居民采取的一种重要生计策略。因此，促进农户生计转型、增强农户生计多样化、非农化是甘南高原保护生态环境的关键举措。探索与塑建可持续的生计方式，不仅是重要的科学问题，更是迫切的社会需求。

二、生计方式对生态系统服务感知的影响

生态系统服务是人类从生态系统中直接或间接获得的产品和服务，包括供给、调节、文化和支持服务（Costanza *et al.*，1997），这不仅是影响利益相关者福祉的重要因素，更是区域生态安全及经济社会可持续发展的关键。然而，过去 50 年间，全球 63%的生态系统服务功能严重衰减，且未来 50 年内仍会急剧下降（Millennium Ecosystem Assessment，2005）。为此，联合国启动了千年生态系统评估、生物多样性公约（Millennium Ecosystem Assessment，2005；TEEB，2010；Larigauderie and Mooney，2010）等项目，旨在促进生态系统保护及可持续利用。目前，中国生态系统严重退化，

2013 年森林覆盖率仅为 20.36%，80%以上的草原出现不同程度的退化，沙化面积达 18%以上，水土流失面积达 30%（马玉寿等，2016）。因此，我国出台了全国生态环境保护纲要、全国生态功能区划等战略规划（侯鹏等，2018），以保护生态系统服务及居民福祉，确保地区和国家的生态安全。农户作为农村地区最主要的经济活动主体、最重要的生态保护主体以及生态系统服务的主要利益相关者，其对生态系统服务的感知影响着其生态行为与社会经济活动行为，从而影响生态系统服务的供给（刘家根等，2018；范玉龙等，2016）。当前，急需从多维度揭示农户对不同生态系统服务的感知，以便为推进生态系统保护及制定科学长效的生态政策提供建议。

（一）数据来源与研究方法

1. 数据来源

以甘南高原为研究区，开展不同生计方式农户对生态系统服务的感知调查。2017 年 8 月，对甘南高原进行了预调查，并从有关部门收集资源环境与社会经济方面的资料。随后根据预调查情况修改、完善问卷；9 月开展正式调查，调查过程中采用调查问卷、访谈等参与式农村评估（PRA）方法获取数据，并聘请当地在校大学生做语言翻译。入户调查中，在研究区所辖县市选择若干乡进行随机抽样调查，每户用时约 40 分钟，共调查 707 户。从有效性来看，有效样本 689 份，有效率达 97.45%，其中牧区 217 份，半农半牧区 206 份，农区 266 份。调查内容有：①农户基本特征，包括性别、年龄、收入、家庭规模、受教育水平等；②农户对草地、森林、湿地、农田生态系统服务多样化的感知；③农户对草地、森林、湿地、农田生态系统服务重要性、可管理性、脆弱性和损害度的感知。

本次调查中，受访者男性多于女性，所占比例分别为 62.83%、37.17%。从年龄来看，牧区、半农半牧区的青年占比大，而农区的中青年占比大。受访者的务农时间均在 10 年左右，其中牧区的务农时间最长。受访者的人均纯收入较高，具体来看，农区相对最高，半农半牧区次之，牧区最低。受访者的家庭人口规模平均为 5.1 人/户，并呈牧区、半农半牧区、农区依次减少。此外，半农半牧区、牧区受访者的受教育程度相对较低，文盲人口分别占 21.84%、20%，而农区受访者的受教育程度较高，文盲人口仅占 7.29%（表 3-7）。

表 3-7 受访者特征

	性别（%）		年龄构成（%）				务农时长（年）	家庭规模（人/户）	受教育水平（%）			人均纯收入（元）
	男	女	≤29岁	30—39岁	40—49岁	≥50岁			小学及以下	初中	高中及以上	
牧区	53.04	46.96	35.65	9.57	26.09	28.7	15.2	5.6	58.26	16.52	25.22	7 979.4
半农半牧区	60.68	39.32	44.18	14.56	26.70	14.56	12.9	4.9	50.48	16.50	33.02	8 267.1
农区	79.17	20.83	31.25	33.33	22.92	12.50	9.2	5.0	41.67	29.17	29.16	8 592.4
全区域	62.83	37.17	38.85	17.51	25.66	17.99	13.2	5.1	50.60	19.42	29.78	8 279.4

2. 研究方法

（1）生态系统服务多样化感知测量方法

国外关于生态系统服务感知的研究多集中在研究方法介绍（Greenland-Smith et al., 2016; Rey-Valette et al., 2017）、利益相关者的感知与偏好分析（Quyen et al., 2017; Dave et al., 2017; Hansen et al., 2018）、影响因素探究（Rey-Valette et al., 2017; Hajung and Yonghoon, 2018; Dietze et al., 2019）、与人类福祉的关系（Aguado et al., 2018; Kibria et al., 2018）等方面。其中，奎恩等（Quye et al., 2017）发现利益相关者认为供给服务最重要，支持、调节和文化服务次之；格林兰等（Greenland-Smith et al., 2016）发现水体类型和季节变化、经验和知识、农业管理、社会文化和主观幸福感等对生态系统服务感知至关重要（Hajung and Yonghoon, 2018; Aguado et al., 2018; Dietze et al., 2019）。国内研究则多从不同社会经济背景下的生态系统服务与居民福祉（王文瑞等，2018；胡蕾等，2018；徐建英，2018；郝海广等，2018；周李磊等，2018；任婷婷、周忠学，2019）、公众偏好（毛碧琦等，2018；史恒通等，2019）等视角展开。其中，王文瑞等（2018）从当地居民视角出发，探讨了生态系统服务与居民生存、收入等福祉的关系；任婷婷和周忠学（2019）的研究表明西安市生态系统服务价值和农户福祉的提升与农业类型显著相关；史恒通等（2019）研究发现不同类型消费者对生态系统服务的偏好不同。总体来看，已有研究多关注单一生态系统服务，缺乏针对不同类型生态系统服务感知的对比研究，更缺乏基于微观农户视角的生态系统服务感知研究。

根据千年生态系统评估（MA）的分类体系，参照科斯坦萨等（Costanza et al., 2017）的生态系统服务分类，并结合高寒地区的相关研究（张彪等，2010；张立伟等，2016；董世魁等，2017），本研究将甘南高原的生态系统服务分为供给、调节、文化、支持服务四大类（Millennium Ecosystem Assessment, 2005），并确定了草地、森林、湿地、农田等主要生态系统的 22 种生态系统服务，采用多样化感知指数测度农户对生态系统服务多样化程度的认知（赵雪雁，2012）（表 3-8），如农户认为草地生态系统只提供牧草的服务，多样化感知指数则为 1；如提供牧草和涵养水源两种服务，多样化感知指数则为 2；依次类推。计算公式如下：

$$D_i = \frac{1}{s}\sum_{i=1}^{s} d_i \tag{3.3}$$

式中，d_i 为第 i 类生态系统服务多样化的感知指数，s 为生态系统类型数，D_i 为 i 类生态系统服务多样化的感知指数。

表 3-8　生态系统服务分类

类型	指标	具体指标	类型	指标	具体指标
供给服务	食物生产	提供食物、农产品	调节服务	气体调节	净化空气
	水供应	水资源供给		气候调节	气候调节
	原材料	提供木材、燃料、牧草		干扰调节	保持水土
	基因资源	提供药材		水文调节	涵养水源
文化服务	娱乐	生态旅游		废物处理	净化水体
	文化	审美价值		侵蚀控制	防风固沙
支持服务	养分循环	促进养分循环		土壤形成	改良土壤
	聚集地	提供栖息地、维持生物多样性		授粉	授粉
		就业		生物防治	防治害虫

（2）生态系统服务属性感知测量方法

从重要性、可管理性、脆弱性及损害度等维度出发分析农户的生态系统服务感知。其中，重要性指生态系统服务对农户生产生活的重要程度；可管理性指农户能够轻松、直接地改变生态系统服务供应的能力；脆弱性指生态系统服务功能丧失对农户初级生产力的负面影响程度；损害度指生态系统服务目前的破坏程度（Smith and Sullivan，2014）。本研究将各维度的感知强度分为 5 级并赋值（表 3-9），再将不同区域农户的赋值加总平均后得到该区农户的感知度指数（赵雪雁，2012）。计算公式如下：

$$P_{mj} = \frac{1}{n}\sum_{i=1}^{n} p_{mij} \tag{3.4}$$

式中，P_{mij} 表示 j 区域 i 农户的 m 类生态系统服务的感知度赋值，n 表示 j 区域的农户个数，P_{mj} 表示 j 区域农户对 m 生态系统服务的感知度指数。

表 3-9　生态系统服务属性及赋值

	测度问题	赋值
重要性	生态系统服务对生产生活的重要程度？	不重要=0；不太重要=0.25；一般=0.5；比较重要=0.75；非常重要=1
可管理性	改变生态系统服务供应的能力大小？	非常弱=0；比较弱=0.25；一般=0.5；比较强=0.75；非常强=1
脆弱性	生态系统服务减弱对生产生活的影响？	非常小=0；比较小=0.25；一般=0.5；比较大=0.75；非常大=1
损害度	目前生态系统服务的破坏程度有多大？	非常小=0；比较小=0.25；一般=0.5；比较大=0.75；非常大=1

（二）农户的生态系统服务感知

1. 农户的生态系统服务多样化感知

甘南高原农户对森林生态系统服务多样化的感知最强，草地、农田次之，湿地最弱，多样化感知指数分别为 5.533、2.753、2.323、2.318（表 3-10）。不同区域农户的生态系统服务多样化感知存在差异，牧区农户对森林生态系统服务多样化的感知较强，草地次之，湿地、农田较弱；而半农半牧区、农区农户对森林、草地、农田、湿地的多样化感知依次减弱，其中半农半牧区对森林生态系统服务的感知最强，超过 98% 的农户感知到了该服务。研究表明半农半牧区农户对草地、森林、湿地、农田生态系统服务多样化的感知强于农牧区。

表 3-10　农户的生态系统服务多样化感知指数

	草地生态系统		森林生态系统		湿地生态系统		农田生态系统	
	均值	比重（%）	均值	比重（%）	均值	比重（%）	均值	比重（%）
牧区农户	2.747	91.71	4.212	49.57	1.986	83.41	1.995	76.96
半农半牧区农户	2.893	98.54	5.592	98.06	2.442	92.23	2.558	99.03
农区农户	2.650	93.61	5.237	97.37	2.263	87.59	2.402	95.86
全体农户	2.753	94.63	5.533	98.69	2.232	85.63	2.318	92.86

分析箱线图（图 3-1）发现，牧区农户对草地生态系统服务的多样化感知指数中位数接近上四分位，高于多样化感知均值的人数占 56.52%，表明多样化感知呈高值集聚；半农半牧区农户对森林生态系统服务的多样化感知指数中位数接近下四分位，低于均

值的人数达 50%，表明多样化感知呈低值集聚的不均衡分布；其余多样化感知较均衡。

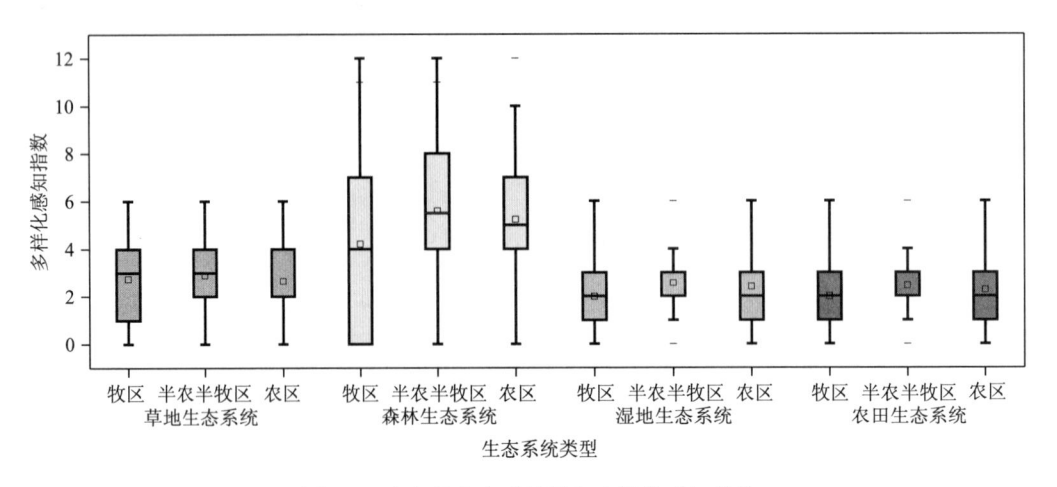

图 3-1　农户的生态系统服务多样化感知指数

农户对不同生态系统服务多样化的感知存在差异（图 3-2）。从草地生态系统来看，牧区对供给服务的感知较强，80%以上的农户认为草地具有该服务；半农半牧区对调节、支持和文化服务的感知较强。从森林生态系统来看，半农半牧区对四类服务的感知均较强，多样化感知指数分别为 1.907、3.02、1.289、1。从湿地生态系统来看，半农半牧区对供给、调节、文化服务的感知较强，农区对支持服务的感知较强。从农田生态系统来看，农区对供给、调节、支持服务的感知较强，农户分别占 78.13%、70.83%、22.92%；半农半牧区对文化服务的感知较强。研究表明，牧区农户对草地供给服务、湿地调节服务多样化的感知较强，农区对农田供给、调节和支持服务多样化的感知较强，半农半牧区对其余服务多样化的感知较强。

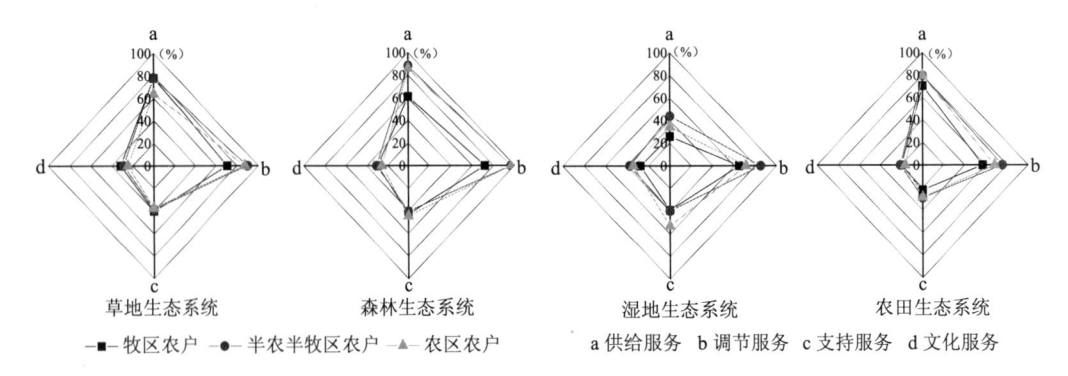

图 3-2　农户的不同生态系统服务多样化感知占比

2. 农户的生态系统服务重要性感知

农户对农田、草地、森林、湿地生态系统服务重要性的感知依次降低（图3-3）。从草地生态系统来看，牧区对供给服务重要性的感知最强，50%的农户认为其对生产生活非常重要，半农半牧区对调节、支持、文化服务重要性的感知较强。从森林、农田生态系统来看，供给、调节、支持、文化服务的重要性感知均从半农半牧区、农区、牧区依次降低，其中森林调节服务的感知最强，感知度指数分别为0.617、0.612、0.437。从湿地生态系统来看，半农半牧区对调节服务重要性的感知强于农牧区，感知度指数为0.568；而供给、支持、文化服务重要性感知较低。总体来看，半农半牧区农户认为农田供给、调节、支持、文化服务最重要。

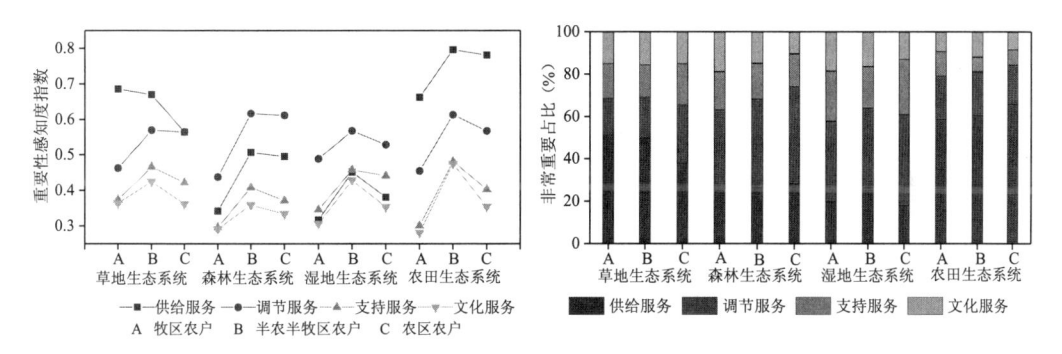

图3-3 农户的生态系统服务重要性感知

3. 农户的生态系统服务可管理性感知

农户对农田、草地、森林、湿地生态系统服务可管理性的感知依次降低（图3-4）。从草地、森林生态系统来看，半农半牧区、农区、牧区的可管理性感知依次减弱，其中半农半牧区对草地供给服务的感知略强于牧区，感知度指数分别为0.513、0.512。从湿地生态系统来看，农区对调节服务可管理性的感知较强，但对供给、支持、文化服务的感知较低。从农田生态系统来看，农区对供给服务可管理性的感知较强，近40%的农户改变该服务的能力较强；半农半牧区对调节、支持、文化服务可管理性的感知较强。总的来看，农区农户改变农田供给服务的能力最强，半农半牧区改变农田调节服务及草地支持、文化服务的能力最强。

4. 农户的生态系统服务脆弱性感知

农户对农田、草地、森林、湿地生态系统服务脆弱性的感知依次降低（图3-5）。从草地、森林、湿地生态系统来看，四类服务的脆弱性感知均从半农半牧区、农区到牧区依次降低，其中半农半牧区对草地四类服务的感知最强，感知度指数分别为

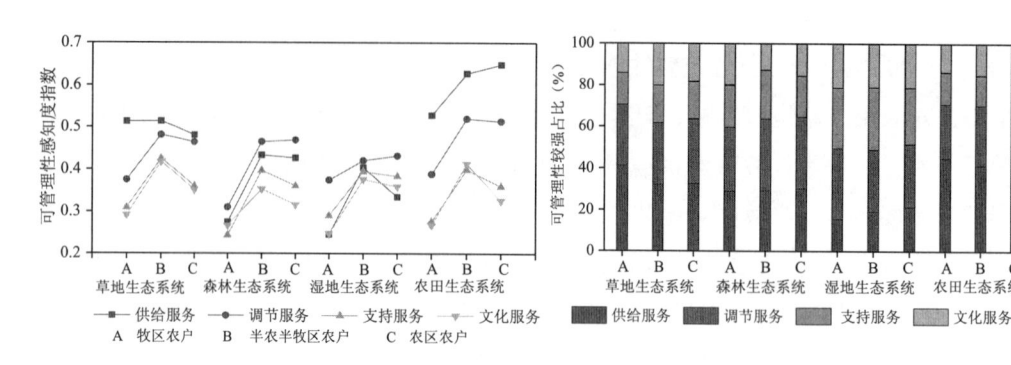

图 3-4　农户的生态系统服务可管理性感知

0.603、0.56、0.443、0.439。从农田生态系统来看，农区对供给服务的脆弱性感知较强，近40%的农户认为该服务的脆弱性较大；半农半牧区对调节服务的脆弱性感知较强，感知度指数达0.626；而支持、文化服务的脆弱性感知较低。总体来看，农区农户认为农田供给服务功能丧失对生产生活的负面影响最大，半农半牧区认为农田调节及文化服务、草地支持服务功能丧失的负面影响最大。

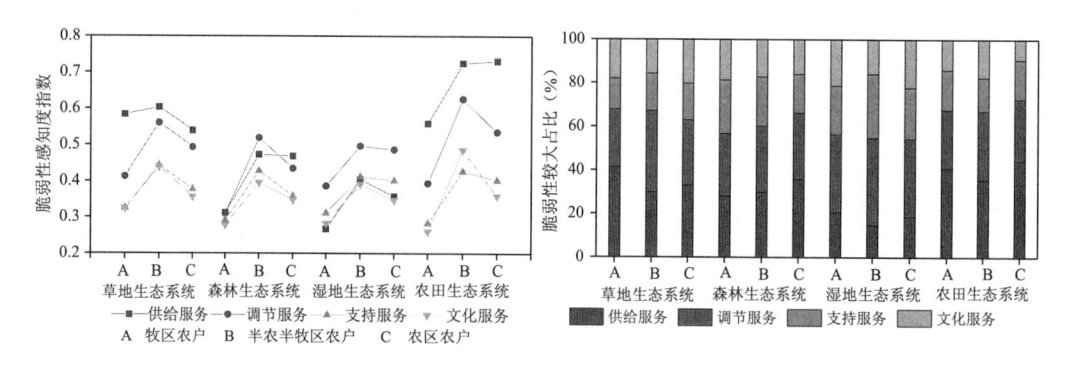

图 3-5　农户的生态系统服务脆弱性感知

5. 农户的生态系统服务损害度感知

农户对农田、草地、湿地、森林生态系统服务损害度的感知依次降低（图 3-6）。从草地、森林生态系统来看，四类服务的损害度感知均从半农半牧区、农区到牧区依次降低，其中半农半牧区对草地四类服务的损害度感知最强，感知度指数分别为0.568、0.524、0.442、0.433。从湿地生态系统来看，半农半牧区对调节服务的损害度感知强于农牧区，其余服务的损害度感知较低。从农田生态系统来看，半农半牧区对供给、调节服务的损害度感知较强，分别有33.98%、34.71%的农户认为其损害程度较大，支持、文化服务的感知较低。总的来看，半农半牧区农户认为农田供给、调节、文化服务及草地支持服务的损害程度最大。

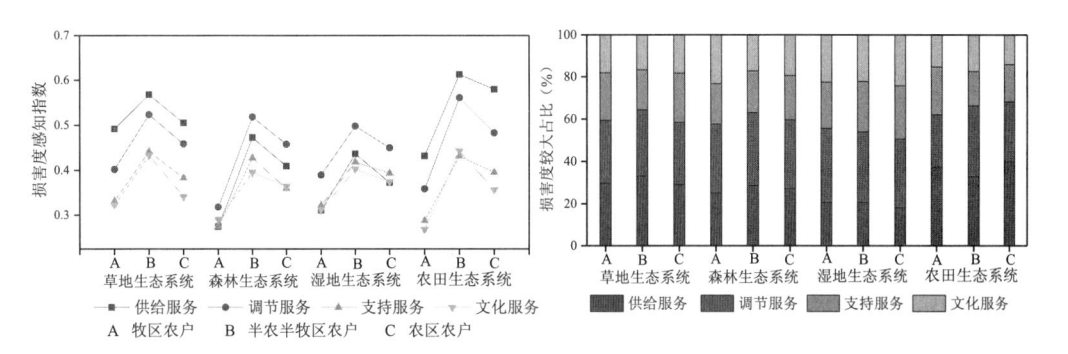

图 3-6 农户的生态系统服务损害度感知

综上所述，农户的生态系统服务感知具有空间层次性。具体来看，随着非农化水平的提高，生计活动与草地、耕地资源的距离逐渐增加，因而半农半牧区、农区、牧区农户对草地生态系统服务多样化的感知依次降低。此外，同类型农户对不同生态系统服务的感知强度也表现出较强的空间层次性，农户对与生计活动相关性较小的文化、支持服务的多样化感知较低，例如草地供给服务是牧区赖以生存的资源，因而该区农户对这类服务的感知强于调节、支持及文化服务。与此同时，农户的生态系统服务感知具有明显的集团性差异。其中，牧区、半农半牧区、农区农户由于生计方式的显著差异，其对生态系统服务的重要性、可管理性、脆弱性、损害度感知存在明显差异；牧区、半农半牧区、农区由于自然环境、资源禀赋、区位条件以及社会经济存在较大差异，而使不同区域农户对生态系统服务重要性、可管理性、脆弱性、损害度感知的差异显著。

（三）生计方式对农户生态系统服务感知的影响

1. 研究方法

农户对生态系统服务的感知是自然、社会经济、政策等因素综合作用的结果。研究表明，不同区域的自然环境与资源禀赋存在差异，而这是决定农户对生态系统服务感知的基础（Greenland-Smith *et al.*，2016）。受访者个体特征、家庭特征决定了农户对生态系统的关注程度，从而导致其对生态系统服务的感知差异与选择偏好（胡蕾等，2018；徐建英等，2018；周李磊等，2018）。此外，相关的生态环境政策通常也会影响农户的生态系统服务感知（王文瑞等，2018）。基于此，以生计方式（即兼业化水平）为解释变量，以个体特征、家庭特征、自然环境与资源禀赋、环境政策方面的11个因素为控制变量，并引入地区虚拟变量（牧区=1；半农半牧区=2；农区=3），来探究生计方式对农户生态系统服务感知的影响（表3-11）。

表3-11　模型变量及赋值

	指标	赋值	均值	标准差
个体特征	性别	男性=1；女性=2	1.382	0.486
	年龄	青年=1；中青年=2；中年=3；中老年=4	2.470	1.099
	文化程度	小学及以下=1；初中=2；高中及以上=3	1.872	0.834
	生计方式	纯农户=1；一兼户=2；二兼户=3	1.808	0.874
	务农时长	短时间=1；一般=2；长时间=3	1.877	0.803
家庭特征	家庭规模	小规模=1；中等规模=2；大规模=3	1.790	0.699
	人均收入	低收入=1；中等收入=2；高收入=3	1.997	0.815
	牲畜数量	数量少=1；一般=2；数量多=3	1.681	0.938
自然环境与资源禀赋	耕地面积	面积小=1；一般=2；面积大=3	1.887	0.800
	草场面积	面积小=1；一般=2；面积大=3	1.514	0.855
环境政策	退耕还林/还草政策	反对=1；中立=2；支持=3	1.592	0.494

采用多元线性回归模型来分析生计方式对农户生态系统服务感知的影响。多元线性回归模型（雒丽等，2017）是揭示被解释变量与多个解释变量之间关系的线性回归模型。设农户的草地、森林、湿地、农田生态系统服务多样化感知指数为 y_1，y_2，y_3，y_4，设四个系统服务的重要性、可管理性、脆弱性、损害度感知指数为 g_1，g_2，g_3，g_4，设以上因变量分别受自变量 x_1，x_2，$\cdots$，x_i 的影响。计算公式如下：

$$Y = \beta_0 + \beta_1 x_1 + \beta_2 x_2 + \cdots + \beta_i x_i \tag{3.5}$$

式中，Y 为被解释变量，x_1，x_2，$\cdots$，x_i 为解释变量，β_0 为常数项，β_1，β_2，$\cdots$，β_i 为回归系数。若回归系数为正，表示解释变量每增加一个单位值，发生比会相应增加，反之亦反。

2. 生计方式对生态系统服务多样化感知的影响

采用多元线性回归模型考察了生计方式与农户的草地、森林、湿地、农田生态系统服务多样化感知之间的关系，F统计值显著，拟合优度好（表3-12）。

表 3-12　生计方式对生态系统服务多样化感知的影响拟合结果

	草地生态服务多样化感知		森林生态服务多样化感知		湿地生态服务多样化感知		农田生态服务多样化感知	
	非标准化系数	标准系数	非标准化系数	标准系数	非标准化系数	标准系数	非标准化系数	标准系数
常数	2.857***		6.030***		2.000***		2.299***	
性别	−0.221*	−0.071	−0.132	−0.027	−0.168	−0.050	0.008	0.003
年龄	−0.026***	−0.235	−0.011	−0.061	−0.018**	−0.150	−0.011	−0.113
文化程度	−1.082***	0.241	0.201**	0.120	0.323***	0.289	0.104**	0.110
生计方式	−0.367*	0.082	−0.0.13	−0.014	0.040	0.063	0.027	0.051
务农时长	−0.637**	0.216	0.010	0.056	0.014*	0.116	0.006	−0.001
家庭规模	0.278	−0.019	−0.025	−0.017	−0.069	−0.068	−0.051	−0.060
人均收入	−0.038	0.033	0.060	0.028	0.136	0.001	0.041	−0.002
牲畜数量	0.080	0.048	0.000	−0.025	0.585	−0.001	0.002	0.006
耕地面积	−0.089	0.014	0.016	0.045	0.142*	0.029	0.004	0.018
草场面积	−0.250*	0.064	−0.001	−0.025	0.007	0.047	−0.001*	−0.067
环境政策	−15.844**	−0.025	−0.132	−0.027	0.001	−0.047	0.005	0.002
农业分区	0.244*	−0.042	−0.209*	−0.072	−0.152	0.073	0.053	0.033
调整 R^2	0.801		0.211		0.414		0.046	
F 统计值	7.431***		6.456**		8.401***		3.759***	

注：*** $p<0.01$，** $p<0.05$，* $p<0.1$。

结果显示，兼业化水平对农户的草地生态服务多样化感知具有显著的负向影响，但对其他生态系统服务多样化感知的影响不显著。同时，年龄、性别、文化程度、务农时长、环境政策、草场面积与农户的草地生态多样化感知均呈显著负相关，而农业区的回归系数为正，可见农区农户对草地生态服务多样化感知较牧区、半农半牧区强。文化程度与农户的森林生态服务多样化感知正相关，即受教育水平越高的农户，对森林生态服务多样化感知越强，而农业区的回归系数为负，说明农区农户的森林服务多样化感知相对较弱。文化程度、务农时长、耕地面积与农户的湿地生态服务多样化感知正相关，可见文化程度越高、务农时间越长、拥有耕地面积越大的农户，对湿地生态服务多样化感知越强，而年龄越大的农户，其对湿地的生态服务多样化感知越弱。文化程度高的农户，对农田生态服务多样化感知越强，而拥有较多草场的农户，对农田生态服务多样性感知较弱。

3. 生计方式对生态系统服务属性感知的影响

采用多元线性回归模型考察了生计方式对生态系统服务重要性、可管理性、脆弱性、损害度感知的影响，F 统计值的显著，拟合优度好（表 3-13）。

表 3-13 生计方式对农户生态系统服务属性感知的影响拟合结果

	重要性感知		可管理性感知		脆弱性感知		损害度感知	
	非标准化系数	标准系数	非标准化系数	标准系数	非标准化系数	标准系数	非标准化系数	标准系数
常数	0.373***		0.295***		0.373***		0.284***	
性别	−0.008	−0.019	−0.016	−0.042	−0.011	−0.026	−0.015	−0.032
年龄	−0.004***	−0.274	−0.004***	−0.270	−0.004***	−0.294	−0.004***	−0.255
文化程度	0.023**	0.163	0.020**	0.159	0.018**	0.134	0.029***	0.186
生计方式	0.010**	0.121	0.009**	0.132	0.010**	0.136	0.012**	0.133
务农时长	0.001	0.064	0.001	0.076	0.001	0.092	0.002*	0.099
家庭规模	0.001	0.008	0.100	−0.002	−0.005	−0.042	−0.002	−0.014
人均收入	−0.038	0.051	0.060	−0.026	0.136	0.012	0.178	0.006
牲畜数量	0.080	0.005	0.020	0.004	0.585	0.001	0.412	0.011
耕地面积	0.001	0.040	0.003**	0.115	0.002*	0.069	0.031	0.006
草场面积	0.010*	−0.062	0.111*	−0.061	0.013**	−0.071	0.091	−0.053
环境政策	0.027*	0.065	0.025**	0.069	0.024*	0.060	0.050***	0.109
农业分区	0.028**	0.116	0.035***	0.158	0.030**	0.126	0.025*	0.091
调整 R^2	0.187		0.211		0.181		0.173	
F 统计值	14.200***		16.327***		13.667***		12.998***	

注：***$p<0.01$，**$p<0.05$，*$p<0.1$。

结果显示，生计方式对生态系统服务重要性感知、可管理性感知、脆弱性感知及损害度感知均具有显著的正向影响，即兼业化水平越高，农户对生态系统服务的重要性感知、可管理性感知、脆弱性感知及损害度感知越强。此外，年龄对生态系统服务的重要性感知、管理性感知、脆弱性感知及损害度感知均具有显著的负向影响，即年龄越大的农户，对生态系统服务的重要性感知、管理性感知、脆弱性感知及损害度感知越弱。究其原因，主要在于青年农户知识面广，更关注净化空气、调节气候、涵养水源等调节服务有关。

文化程度、环境政策、农业分区对农户的生态系统服务重要性感知、管理性感知、脆弱性感知及损害度感知均具有显著的正向影响，即文化程度越高、对环境政策越支持的农户，对生态系统服务的重要性感知、管理性感知、脆弱性感知及损害度感知越强烈。究其原因，主要因为受教育水平高的农户，关于生态环境保护的知识、信息也较多。哈荣格等（Hajung and Yonghoon，2018）发现居民对文化生态系统服务的感知与经验和认识有关；措德尔等（Zoderer et al.，2016）发现游客对生态系统服务的感知因文化背景、思想意识的不同而存在差异。同时，农户拥有的草场面积对其生态系统服务的重要性感知、管理性感知、脆弱性感知具有显著的正向影响，而拥有的耕地面积仅对生态系统服务可管理性感知及脆弱性感知具有显著的正向影响。此外，农区农户比半农半牧区及纯牧区农户的上述感知更强烈，可见农户的生态系统服务感知也具有显著的集团性差异和空间异质性。

总体来看，甘南高原农户的环境感知及生态系统服务感知均具有空间异质性及集团性差异，且不同区域、不同生计方式农户的环境感知及生态系统服务感知均存在差异。鉴于此，应通过宣传教育等方式，提高农户的生态意识，鼓励农户积极参与生态保护活动，并引导农户科学认知、合理使用草地、森林等生态系统服务；应依托不同区域的资源优势，大力发展设施农业、特色养殖和生态旅游等特色产业，为农户稳定增收致富提供渠道，减少农户对生态系统服务的依赖性；应继续加大生态环境保护与治理投入，确保黄河重要水源补给生态功能保护区、退牧还草、退耕还林等生态保护建设工程的执行效果，努力改善和保护好重点生态功能区的生态环境，同时，更应有针对性地适当调整补贴和生态补偿，平衡生态保护与经济发展的关系。

第二节　生计方式与环境资源依赖性

人类生计与生态环境的关系已成为当今可持续发展的核心科学命题之一，1992年联合国环境与发展会议将可持续生计作为一种连接社会经济与环境问题的手段（Kates et al.，2001；Brocklesby and Fisher，2003）。然而，当前人类生计与生态间存在着较严重的冲突，2013年世界自然基金报告指出人类对自然资源的透支程度仍以20%的速度不断增加，全球仍有13亿人依赖环境资源来维持生计，其中3亿多人高度依赖环境资源（Shrestha and Dhital，2017）。在发展中国家农村地区，环境资源更发挥着关键作用，其提供的木材、非木材植物产品（食物、燃料、洁净水）等已成为贫困家庭的生活必需品。农户作为农村最主要的经济活动主体，既是社会福祉的重要贡献者，又是环境资源的潜在破坏者（Angelsen et al.，2014），其采取的生计策略决定着自然资源利用方式，及对生态环境的干预强度。若农户过度依赖环境资源，不仅会使其生计脆弱性加剧，还会增加生态环境压力，从而严重阻碍农村可持续发展，甚至影响国家生态安全。因此，当前急需厘清生计与生态间关系，促进人类生计与生态的可持续协调发展。

一、农户生计对环境资源的依赖度

（一）数据来源与研究方法

1. 数据来源

以甘南高原为案例区来剖析农户生计对环境资源的依赖性。研究数据主要通过问卷调查、观察法及半结构式访谈等参与式农村评估（PRA）方法获取。课题组成员于2017年10月在甘南高原农区、牧区和半农半牧区分别选取2个村庄进行预调查，基于预调查反馈信息，对问卷进行了修改。2017年11月至2018年2月在甘南高原农村地区进行了正式入户调查，采用"县—乡镇—村—家庭"的分层随机抽样法选取受访户，在每个县选取3个镇，每个镇选取2个村，每个村随机抽取15户左右。在调查过程中，为保证调查信息的准确性，特聘请了4名藏族学生作为语言翻译。因甘南高原农户居住分散，访谈难度较大，仅调查了654户农户，回收654份问卷，每份问卷调查时长约为30—40分钟。在剔除信息不全及有误问卷后，最终得到有效问卷581份，问卷有效率达88.83%。其中，农区190份，半农半牧区266份，纯牧区125份。调查内容主要包括：①农户的基本情况，包括年龄、受教育水平、成年劳动力数量、家庭年收入等；②农户生计方式及拥有的各类资产情况，包括物质资产、金融资产和社会资产等；③家庭生活能源供给与消费、食物来源及消费情况，其中：食物方面主要包括家庭每年消耗的粮食、蔬菜、肉类等消费量与自给情况；生活能源方面主要包括薪柴、牛粪、煤炭和电等能源的消费量；此外，还涉及近3年家庭经历的各类风险冲击等。

2. 环境资源依赖度的测量方法

目前，国内外学者就农户生计对环境资源的依赖性开展了较多研究。国外研究主要集中在环境资源依赖性评估（Cordova et al.，2013；Nguyen et al.，2015；Nakakaawa et al.，2015；Ali and Rahut，2018）、环境资源的脱贫效应（Nguyen et al.，2018）、家庭福祉与环境资源关系（Brobbey et al.，2019）、生计策略和环境依赖性演变（Zenteno et al.，2013；Walelign and Jiao，2017）及影响因素分析（Narain et al.，2008；Kemkes，2015）等方面。例如，科多瓦等（Cordova et al.，2013）用林业收入占家庭总收入的

比例衡量农户对森林资源的依赖度；纳卡瓦亚等（Nakakaawa et al., 2015）发现公园环境收入可将收入不平等程度降低13%；纳格恩等（Nguyen et al., 2018）得出户主年龄及其受教育水平、家庭抚养比、非农就业机会和风险冲击数等均对农户的环境资源依赖性有显著影响。国内研究多聚焦于环境资源依赖度评估及其影响因素分析（段伟等，2016；李聪等，2017；王会等，2017；李诗瑶、蔡银莺，2018）。例如，段伟等（2016）指出自然保护区农户的食物依赖度显著高于收入和生活用能源依赖度；王会等（2017）发现人均耕地面积对其环境资源依赖度有显著正向影响，而劳动力比重和受教育程度、家庭成员的领导能力、环保参与度等因素呈显著负向影响。总体来看，已有研究多从单一维度出发考察农户生计对环境资源的依赖性，尤其关注收入对环境的依赖性，较少从多维度出发考察环境资源依赖性及其影响因素。

农户生计对环境资源依赖性通常是一个多维度概念，不仅包括经济依赖性、社会依赖性，还包括精神文化依赖性。对于传统农牧业地区农户，其对环境资源的依赖性主要表现在家庭收入、食物供给和能源获取三个方面（Narain et al., 2008；Nguyen et al., 2018）。参照已有研究，本研究中的农户生计对环境资源依赖性，主要是指对环境资源的利用和依赖程度，分别从收入对环境资源的依赖程度（收入依赖度）、食物对环境资源的依赖程度（食物依赖度）、家庭生活用能对环境资源的依赖程度（生活用能依赖度）三个维度进行测度（段伟等，2016；李诗瑶、蔡银莺，2018）。其中，收入依赖度指农户利用环境资源获得的收益，通常采用从事农林牧渔生产、采集业活动所得收入占家庭年收入的比例衡量；食物依赖度指农户通过农牧业生产或采集等方式实现食物自给的程度，用粮食作物、蔬菜、肉类等自给量占家庭食物消费总量的比例来衡量；生活用能依赖度指家庭能源消费中直接消耗的薪柴、牛粪等，常用薪柴、牛粪等消费量占家庭生活能源消费总量的比例来衡量。收入依赖度（D_{ri}）、食物依赖度（D_{fi}）和生活用能依赖度（D_{ei}）的计算公式如下：

$$D_{ri} = (R_{fi} + R_{ci}) / R_{ti}$$
$$D_{fi} = (F_{fi} + F_{vi} + F_{ci}) / F_{ti} \quad (3.6)$$
$$D_{ei} = (E_{fi} + E_{ci}) / E_{ti}$$

式中，R_{fi}、R_{ci}、R_{ti}分别表示i农户的农牧业收入、采集业收入和家庭总收入；F_{fi}、F_{vi}、F_{ci}和F_{ti}分别表示i农户自给的粮食作物、蔬菜、肉类消耗量和家庭食物消耗总量；E_{fi}、E_{ci}、E_{ti}分别表示薪柴、牛粪等的消费量和家庭生活能源消费总量。

为比较不同群体或不同区域农户环境资源依赖性差异，构建环境资源依赖度指数。

采用极差标准化方法对各指标原始数据进行标准化处理；再利用熵值法确定各指标权重；然后，根据各指标标准化值和权重计算农户生计对环境资源的依赖度指数，公式如下：

$$Z_d = W_i D_{ri} + W_f D_{fi} + W_e D_{ei} \tag{3.7}$$

式中，Z_d 表示农户的环境资源依赖度指数，Z_d 值越大，表明其环境资源依赖度越高。D_{ri}、D_{fi} 和 D_{ei} 分别表示其收入、食物和生活用能依赖度指标标准化值；W_i、W_f 和 W_e 分别表示收入、食物和生活用能依赖度权重，分别为 0.334、0.333 和 0.333。根据 Z_d 值，划分为低度依赖（$0<Z_d<0.5$）、中度依赖（$0.5 \leqslant Z_d<0.8$）和高度依赖（$0.8 \leqslant Z_d \leqslant 1$）3 类（李聪等，2017）。

（二）不同类型农户对环境资源的依赖性

1. 不同区域农户对环境资源的依赖性

甘南高原农户的环境资源依赖度指数为 0.48，有 2.4%的家庭高度依赖环境资源。农户对环境资源的依赖主要体现在生活用能、食物获取和收入来源三个方面，相应的依赖度分别为 57.3%、56.9%和 37.4%。对甘南高原不同区域农户的环境资源依赖性进行多独立样本 Kruskal-Waillis 检验，发现其各类依赖度和环境资源依赖度指数均存在显著差异（表 3-14）。其中，牧区农户环境资源依赖度指数最高，农区次之，半农半牧区最低，分别有 5.6%、3.2%和 0.4%的牧区、农区和半农半牧区农户高度依赖环境资源（表 3-15）。在收入方面，牧区农户以放牧为主，其收入依赖度最高，农区农户最低；在食物方面，农区农户食物依赖度较高，牧区农户较低；在生活用能方面，牧区农户多利用牛粪作为主要生活能源，生活能源依赖度为 66.1%，农区和半农半牧区农户依赖度较低。总体来看，随牧区—半农半牧区—农区过渡，农户收入依赖度有所降低，其食物依赖度有所升高，生活用能依赖度和环境资源依赖度指数大致呈牧区较高，农区、半农半牧区依次降低的态势。

表 3-14　不同区域农户的环境资源依赖度

农户类型	收入依赖度（%）	食物自给度（%）	生活用能依赖度（%）	环境资源依赖度指数
牧区农户	58.9	52.8	66.1	0.57
半农半牧区农户	36.0	54.0	52.6	0.45
农区农户	25.1	64.8	57.0	0.47
卡方值	86.86***	38.86***	63.18***	49.00***

注：**$P<0.05$；***$P<0.01$。

表 3-15　农户对环境资源依赖度的分布（%）

农户类型	高度依赖	中度依赖	低度依赖
牧区农户	5.6	64.0	30.4
半农半牧区农户	0.4	39.1	60.5
农区农户	3.2	41.6	55.8
纯农户	6.6	80.7	12.7
一兼户	0	30.8	69.2
二兼户	0	4.4	95.6
低受教育水平农户	4.2	68.1	27.8
中等受教育水平农户	2.3	46.0	51.7
高受教育水平农户	1.1	25.6	73.3
低抚养比农户	4.7	50.3	77.2
中等抚养比农户	1.3	61.7	72.5
高抚养比农户	3.4	64.4	54.4

2. 不同生计方式农户对环境资源的依赖性

对甘南高原不同生计方式农户（根据非农收入占家庭总收入比重，将小于 50% 的划分为纯农户，50%—90% 划分为一兼户，90% 及以上划分为二兼户）（赵雪雁和薛冰，2016）的环境资源依赖度进行多独立样本 Kruskal-Waillis 检验，发现其各类依赖度和环境资源依赖度指数均存在显著差异（表 3-16）。其中，纯农户环境资源依赖度指数最高，二兼户最低，仅有 6.6% 的纯农户高度依赖环境资源（表 3-15）。在收入方面，纯农户主要依赖出售粮食作物和畜产品等维持生计，其收入依赖度最高，二兼户最低；在食物方面，纯农户和一兼户多依赖家庭种植的粮食作物和放牧的畜产品满足食物需求，其食物依赖度较高，二兼户较低；在生活用能方面，纯农户主要利用薪柴、牛粪等生物质能源，其生活能源依赖度最高，二兼户最低。总体来看，随农户非农化水平的提高，其环境资源依赖度指数、收入依赖度、食物依赖度和生活用能依赖度呈降低态势。

表 3-16　不同生计方式农户的环境资源依赖度

农户类型	收入依赖度（%）	食物自给度（%）	生活用能依赖度（%）	环境资源依赖度指数
纯农户	76.0	59.5	63.6	0.62
一兼户	26.6	59.4	56.4	0.43
二兼户	3.1	48.3	47.7	0.30
卡方值	469.46***	22.27***	45.48***	283.38***

3. 不同受教育水平农户对环境资源的依赖性

按不同受教育水平来划分农户，根据家庭劳动力平均受教育水平，劳动力平均受教育水平=劳动力的受教育年限之和/劳动力总人数,将 $d \leqslant 6$ 划分为低受教育水平农户，$d \in (6, 9]$ 划分为中等受教育水平农户，$d \geqslant 12$ 划分为高受教育水平农户，其中：小学、初中、高中和本科（大专）分别按 6、9、12 和 16 年（15 年）计算（杨文等，2012）。对甘南高原不同受教育水平农户的环境资源依赖度进行多独立样本 Kruskal-Waillis 检验，发现其各类依赖度和环境资源依赖度指数均存在显著差异（表 3-17）。其中，低受教育水平农户资源依赖度指数最高，中等受教育水平农户次之，高受教育水平农户最低，分别有 4.2%、2.3% 和 1.1% 的低、中和高受教育水平农户高度依赖环境资源。在收入方面，低受教育水平农户主要依赖草地、耕地等资源维持生计，其收入依赖度较高，中等和高受教育水平农户依赖度较低；在食物方面，低受教育水平农户食物依赖度最高，中等受教育水平农户次之，高受教育水平农户最低；在生活用能方面，低受教育水平农户生活用能依赖度最高，中等受教育水平农户次之，高受教育水平农户最低。中等和高受教育水平农户更多消耗煤、液化气和电等商品性能源。总体来看，随农户受教育水平提高，其环境资源依赖度指数、收入依赖度、食物依赖度和生活用能依赖度均趋于降低。

表 3-17 不同受教育水平农户的环境资源依赖度

农户类型	收入依赖度（%）	食物自给度（%）	生活用能依赖度（%）	环境资源依赖度指数
低受教育水平农户	49.6	68.1	61.8	0.58
中等受教育水平农户	38.3	59.1	57.6	0.49
高受教育水平农户	26.1	45.7	52.8	0.39
卡方值	51.38***	85.31***	14.12***	104.72***

4. 不同抚养比农户对环境资源的依赖性

对甘南高原不同抚养比农户（非劳动年龄人口与劳动年龄人口之比，分别将前 20%、中间 60% 和后 20% 划分为低抚养比、中抚养比和高抚养比农户）（张钦等，2016）的环境资源依赖度进行多独立样本 Kruskal-Waillis 检验，发现其各类依赖度和环境资源依赖度指数均存在显著差异（表 3-18）。其中，高抚养比农户环境资源依赖度指数最高，中抚养比农户次之，低抚养比农户最低，分别有 4.7%、3.4% 和 1.3% 的低、高和中抚养比农户高度依赖环境资源。在收入方面，高抚养比农户多依赖放牧、种植及采集虫草等活动维持生计,其收入依赖度较高,39.2%的收入来自环境资源;在食物方面,高和中抚养比农户的食物依赖度较高,低抚养比农户依赖度较低;在生活能源方面,高抚养比农户由于抚养负担较大,且较多利用薪柴、畜粪等生物质能源,依赖度较高,低和中抚养比农户依赖度较低。总体来看,随家庭抚养比系数降低,其环境资源依赖度指数、收入依赖度、食物依赖度和生活用能依赖度均呈降低趋势。

表 3-18 不同抚养比农户的环境资源依赖度

农户类型	收入依赖度(%)	食物自给度(%)	生活用能依赖度(%)	环境资源依赖度指数
低抚养比农户	35.1	53.6	55.2	0.47
中等抚养比农户	38.0	58.8	57.3	0.49
高抚养比农户	39.2	59.7	58.4	0.51
卡方值	27.08***	83.79***	4.89	13.31***

二、农户生计对环境资源依赖性的影响因素

(一)研究方法

以农户生计对环境资源依赖度指数为因变量(Y),将 Y 赋值为 1(低度依赖)、2(中度依赖)、3(高度依赖),家庭特征和区域背景等要素为自变量 X($X=x_1, x_2, x_3, \cdots, x_m$),采用有序多分类 Logistic 回归模型分析影响农户生计对环境资源依赖性的关键因素(田媛等,2012)。回归模型如下:

$$\ln\left(\frac{P(Y \leq j)}{1 - P(Y \leq j)}\right) = \beta_{0j} - (\beta_1 x_1 + \beta_2 x_2 + \cdots + \beta_m x_m) \quad (3.8)$$

式中,P 表示 Y 发生的条件概率,j 表示 Y 所属水平的分类,x_m 表示影响 Y 取值的因素,β_{0j} 表示常数项,β_1 表示 Logistic 回归系数。

(二)影响农户生计对环境资源依赖性的关键因素

家庭特征不仅对农户的环境资源依赖性有显著影响,生态环境因素等也会影响农户生计对环境资源的依赖性(Kemkes,2015;王会等,2017;Nguyen et al.,2018)。本研究利用海拔、交通通达性和生态政策等生态环境因素来表征区域背景,用户主年龄、劳动力受教育水平、劳动力数量、家人健康状况、外出打工人数占劳动力比重、

家庭抚养比、农牧业合作社参与情况、家庭成员领导能力、经历的风险冲击和信息获取渠道、邻里关系等来表征家庭特征,分析影响农户生计对环境资源依赖性的因素(表 3-19)。

表 3-19 变量定义与描述性统计

变量	编码	指标	定义	均值	标准差
因变量	y	环境资源依赖度指数	低度依赖=1;中度依赖=2;高度依赖=3	0.47	0.17
自变量	x_1	户主年龄	户主实际年龄	46.28	9.79
	x_2	劳动力受教育水平	成年劳动力的平均受教育年限	7.53	3.28
	x_3	劳动力比重	成年劳动力数量占家庭总人口比重	0.68	0.22
	x_4	家人健康状况	家人健康状况:非常好=5;比较好=4;一般=3;比较差=2;非常差=1	3.45	0.85
	x_5	非农化水平	常年外出打工或经商人数占劳动力比重	0.62	0.3
	x_6	家庭抚养比	家庭中非劳动人口与成年劳动力人口之比	0.70	0.73
	x_7	合作社参与情况	是否参与农牧业合作社:参与=1;未参与=0	0.62	0.49
	x_8	家庭成员领导能力	家庭成员中是否有村/镇干部:有=1;没有=0	0.10	0.30
	x_9	风险冲击	家庭经历的严重风险冲击数	6.62	4.85
	x_{10}	市场信息获取渠道	获取农牧产品信息渠道数量	1.80	0.70
	x_{11}	邻里关系	与邻居的关系:非常好=5;比较好=4;一般=3;比较差=2;非常差=1	4.21	0.76
	x_{12}	生态政策	参与退耕/牧还林/草情况:参与=1;未参与=0	0.54	0.50
	x_{13}	交通通达性	村庄距县城距离	49.45	40.45
	x_{14}	海拔	所在村海拔:≥2 000m 为 1;<2 000m 为 0	1.84	0.36

在 SPSS 23.0 中采用方差膨胀因子对选取的 14 个自变量进行共线性检验,结果显示,各变量的方差膨胀因子(VIF 值)均小于 1.5,说明自变量间不存在多重共线性。有序多分类 Logistic 回归模型结果显示,劳动力受教育水平、外出打工人数占劳动力比重、家庭成员领导能力、家庭抚养比、生态政策、风险冲击、海拔等因素均对农户的环境资源依赖性有显著影响(表 3-20)。其中,外出打工人数占劳动力比重、家庭成员领导能力、生态政策对其产生显著负向影响,劳动力受教育水平对其产生负向影响;家庭抚养比和海拔对其表现为显著正向影响,且海拔的贡献较大。

表 3-20　农户生计对环境资源依赖性的影响因素

指标	编码	估算系数	标准误差	指标	编码	估算系数	标准误差
户主年龄	$x_1=1$	−0.36	0.49	参与农牧业合作社	x_7	0.18	0.18
	$x_1=2$	−0.41	0.32	家庭成员领导能力	x_8	−0.50*	0.30
	$x_1=3$	0^a			$x_9=1$	−0.18	0.20
劳动力受教育水平	$x_2=1$	−0.01	0.28	风险冲击	$x_9=2$	−0.60***	0.20
	$x_2=2$	−0.22	0.28		$x_9=3$	0^a	
	$x_2=3$	−0.49	0.27	市场信息获取渠道	$x_{10}=1$	0.3	0.22
	$x_2=4$	0^a			$x_{10}=2$	0.18	0.22
劳动力比重	$x_3=1$	0.14	0.21		$x_{10}=3$	0^a	
	$x_3=2$	−0.06	0.19		$x_{11}=1$	−0.49	1.31
	$x_3=3$	0^a			$x_{11}=2$	−0.57	0.71
家人健康状况	$x_4=1$	−0.11	0.26	邻里关系	$x_{11}=3$	−0.18	0.24
	$x_4=2$	−0.14	0.27		$x_{11}=4$	0	0.17
	$x_4=3$	0^a			$x_{11}=5$	0^a	
非农化水平	$x_5=1$	−1.04***	0.24	生态政策	x_{12}	−0.57***	0.2
	$x_5=2$	−0.61	0.26	交通通达性	$x_{13}=1$	−0.23	0.2
	$x_5=3$	0^a			$x_{13}=2$	−0.21	0.19
家庭抚养比	$x_6=1$	0.65***	0.22		$x_{13}=3$	0^a	
	$x_6=2$	0.37	0.2	海拔	x_{14}	1.16***	0.26
	$x_6=3$	0^a					

注：0^a 为参照组。

1. 生计方式与环境资源依赖性

环境资源对维持农户生计稳定性有重要作用。拟合结果表明，外出打工人数占劳动力比重与环境资源依赖性呈显著负相关关系。在其他研究中也有类似发现，例如王一超（2018）发现，农户高强度的生计活动是环境资源退化的主要驱动力，促进生计方式转型能有效降低环境资源压力；赵雪雁（2013）发现，随着非农化水平提高，农户对生物质能和草地资源的依赖度均趋于降低。主要原因在于，随着农业现代化和城镇化进程加快，农村外出务工和经商人数渐趋增加，从事种植、放牧及采集等活动的劳动力减少，同时非农活动有效增加了家庭收入，使农户有能力购买生活必需品，故在一定程度上降低了其对资源环境的过高依赖。

结果显示，甘南高原农户生计对环境资源的依赖性存在较强异质性。主要原因在于，当地生态环境、自然资源禀赋等存在显著分异，牧区农户以藏族为主，受教育水平相对较低,加之长期从事牧业生产,较缺乏非农生产技能,生计转型面临一定困难,故对环境资源的依赖性明显较高;农区与半农半牧区在城乡经济社会转型驱动下,外出务工家庭数量增加,生计多样化、非农化水平显著提升,因而其对环境资源的依赖度较低。

2. 人口学特征与环境资源依赖性

拟合结果显示,劳动力受教育水平对环境资源依赖性有显著负向影响。已有研究也发现,受教育水平较高的家庭,其创业能力、兼业程度和规避风险能力都较强,农牧业活动参与意愿较低,其对环境资源的依赖度较低(徐建英等,2017;汤茜等,2018)。同时发现,家庭抚养比对环境资源依赖度有显著正向影响,主要原因在于,抚养比系数较高的家庭,劳动力比重偏低,高抚养负担对其选择非农生计活动构成一定限制,因而较多依赖放牧牲畜、种植作物等维持生计。但也有研究发现家庭抚养比对环境资源依赖度有显著负向影响,并认为微薄的农牧业收入不足以支撑家庭更多开销,因而农户较少采取以环境资源利用为主的低报酬生计策略。可见,家庭抚养比与环境资源依赖度的关系较复杂,未来还需扩大样本规模进行验证。

3. 生态政策与环境资源依赖性

拟合结果表明,参与退耕/牧还林/草工程对环境资源依赖度有显著负向影响。其他学者的研究中也有类似发现,例如王会等(2017)发现,参与生态政策有助于降低农户对环境资源的依赖。主要原因在于,现有的生态政策对农户减畜、种植行为选择起到了一定刺激作用,有助于提高农牧户环保意识,降低资源环境压力(齐文平等,2018)。在访谈中还发现,生态政策的实施,虽对遏制当地生态环境退化起到重要作用,但部分农户因经济利益受损,仍会违规放牧和偷牧,加剧了草场退化、森林面积锐减等环境风险。

结果还显示,有村干部的家庭环境资源依赖度较低,主要在于村干部通常有较高的社会经济地位,自我发展能力较强,更容易实现非农生计转型,故降低了对环境资源的依赖。海拔对农户的环境资源依赖度产生显著正向影响。原因在于,甘南高原高海拔地区多属纯牧区,加之交通较为不便,农户与外界的交往也较少,易受语言和低受教育水平的影响,农户以放牧、采集等为生;同时,受可达性影响,煤炭、天然气等商品性能源可获得性较差,故海拔越高,农户对环境资源的依赖度越强。

总体来看,甘南高原农户生计对环境资源的依赖度较高,且不同类型农户生计对环境资源的依赖性存在显著差异,劳动力受教育水平较高及非农化水平较高的农户,对环境资源的依赖度较低,而高抚养比农户对环境资源的依赖度较高;家庭抚养比、劳动力受教育水平、家庭成员领导能力、外出打工人数占劳动力的比重、生态政策、海拔等因素对农户的环境资源依赖度均有显著影响。甘南高原作为重点生态功能区，其特殊的主体功能定位必会对农户的环境资源依赖形成一定约束，且随着保护力度加大，农户采集药材、种植、放牧等直接依赖环境资源的传统生计方式将受到限制，稳步推进农户生计转型，将环境资源依赖性维持在合理的阈值之内，无疑是重点生态功能区实现人地和谐发展的重要任务。鉴于此，首先应为受教育水平较低、抚养负担较重且居住地海拔较高的农户，提供非农就业技能培训，提高增收能力，使其不再将环境资源作为唯一生存依赖；其次，应在坚持生态保护前提下，培育与发展生态旅游、农牧产品、藏药材、山野珍品加工等区域特色优势产业，提高农户的生计可持续水平；最后，应继续加大对退耕（牧）还林（草）等生态政策的扶持与宣传力度，适当提高补偿额度，鼓励更多农户主动参与生态环境保护活动，引导其可持续利用环境资源。

第三节　生计方式与生活能源消费模式

能源与环境问题是当前全球最为关注的热点问题，二者紧密地交织在一起，尤其在生态脆弱的贫困地区，贫困农户拥有的生计资产匮乏，致使其缺乏开发替代资源的能力，只能依赖免费的能源资源（例如草皮、畜粪、薪柴、秸秆等），这在很大程度上加剧了水土流失、土壤侵蚀、森林植被破坏，成为生态脆弱区生态退化的最主要和最直接因素（李国柱等，2008；吴燕红等，2008；Liu *et al.*，2008）。农户作为农村地区最主要的经济活动主体与最基本的决策单位，所采取的生计策略决定着其对自然资源的利用方式与利用效率，生计方式变化作为农户响应人地关系变化的必要选择，必然会对农户的能源消费决策产生重要影响（席建超等，2011），从而对农村能源与环境问题带来新的挑战。但目前，对乡村发展转型中农户能源消费模式演变缺乏关注，尤其较少关注生计方式转变对农户能源消费模式的影响。当前，急需辨明生计方式对农户生活能源消费模式的影响，为解决农村能源问题以及由此引致的生态环境问题提供借鉴。

一、农户的生活能源消费模式

（一）数据来源

采用参与性农户评估方法（PRA）进行农户调查以获取相关数据。2011年7月至

8月，课题组采用分层随机抽样法进行入户调查。由于甘南高原地域辽阔、农户居住分散，访谈难度较大，因此仅在纯牧区抽取3个乡、半农半牧区抽取2个乡、农区抽取2个乡，每个乡选择1个村，每村抽取20—40户，共调查230户，删除信息不全的问卷，收回有效问卷217份，其中纯牧区78份、半农半牧区60份、农区79份。调查过程中，为了确保信息准确，聘请了6名藏族大学生作为语言翻译。虽然本次调查样本较少，但由于甘南高原纯牧区、半农半牧区、农区农户的生计方式及生活能源消费情况具有较高的相似性，因此能较好地反映甘南高原农户的普遍情况。

调查内容包括：①农户的家庭特征，包括家庭规模及劳动力数量、户主及劳动力受教育程度、性别结构、家庭收入及收入来源等；②农户的生计方式，包括家庭劳动力的投入方向及所从事的具体生计活动；③生活能源的可获取性，包括农户拥有的耕地面积、薪柴林面积及牲畜数量、所在村到县城的距离；④生活能源的消费量，包括薪柴、秸秆、畜粪的家庭年消费量，煤炭、电力的年使用量及费用。参照《综合能耗计算通则（GB/T 2589-2008）》中的"各种能源折标准煤参考系数"将农户的生活能源消费量折算成标准煤消耗量（表3-21）。

表3-21 农户的主要生活能源折算标准煤系数

能源种类	秸秆	薪柴	畜粪	煤炭	电能	液化气
折标煤系数	0.529	0.571	0.471	0.714	0.1229	1.714
折算单位	kgce/kg	kgce/kg	kgce/kg	kgce/kg	kgce/kW·h	kgce/kg

（二）不同类型农户的生活能源消费模式

1. 不同类型农户的生活能源消费量

甘南高原纯牧区、半农半牧区、农区农户的生活能源消费量依次降低（表3-22），纯牧区农户人均生活能源消费量最高，达779.87 kgce，分别相当于半农半牧区、农区农户的2.50倍、2.84倍，这主要由于纯牧区海拔高，气候寒冷，取暖时间长，对有效能量的需求大，加之该区农户以生物质能源使用为主，而生物质能源利用的转换效率较低，故人均用能多。

对甘南高原纯农户、兼业户、非农户的生活能源消费量进行多独立样本Median检验，发现生活能源消费总量及各类生活能源消费量均在0.05水平上显著，说明甘南高原不同生计类型农户的生活能源消费存在显著差异。进一步分析发现，纯农户、兼

表 3-22　甘南高原不同区域农户的生活能源消费

生活能源消费	生活用能总量 (kgce/人)	煤炭 消费量 (kgce/人)	%	薪柴 消费量 (kgce/人)	%	秸秆 消费量 (kgce/人)	%	牛粪 消费量 (kgce/人)	%	电 消费量 (kgce/人)	%
纯牧区	784.34	61.26	7.81	6.78	0.86	4.60	0.59	702.64	89.58	9.06	1.16
半农半牧区	307.84	155.52	50.52	125.12	40.64	0.13	0.04	19.07	6.19	8.01	2.60
农区	274.45	51.27	18.68	49.52	18.04	138.06	50.30	19.40	7.07	16.20	5.90
Median	262.282	0.000		34.260		0.000		18.840		10.914	
卡方值	13.401***	4.777*		84.975***		31.948***		71.414***		85.365***	

注：*显著性水平为 0.1；**显著性水平为 0.05；***显著性水平为 0.01。

业户、非农户的生活能源消费量依次降低，纯农户人均生活能源消费量最高，达738.08 kgce，为兼业户、非农户的 2.01 倍、2.83 倍。其中，纯农户、兼业户、非农户的生物质能源消费量依次降低，纯农户的人均生物质能源消费量高达 665.04 kgce，而兼业户、纯农户仅分别为 265.90 kgce、134.38 kgce；与之相反，纯农户、兼业户、非农户的商品性能源消费量依次增加，纯农户的人均商品性能源消费量仅为 73.04 kgce，而兼业户、非农户分别为 102.44 kgce、126.11 kgce（表 3-23）。这说明，随着非农化水平的提高，农户的生活能源消费量逐渐下降，主要是由生物质能源消费量下降引起的；但商品性能源消费量逐渐增加。

表 3-23　甘南高原不同生计类型农户的生活能源消费

生活能源消费	生活用能总量 (kgce/人)	煤炭 消费量 (kgce/人)	%	薪柴 消费量 (kgce/人)	%	秸秆 消费量 (kgce/人)	%	牛粪 消费量 (kgce/人)	%	电 消费量 (kgce/人)	%
纯农户	738.08	63.61	8.62	42.94	5.82	85.96	11.65	536.14	72.64	9.43	1.28
兼业户	368.34	91.79	24.92	71.62	19.44	52.72	14.31	141.56	38.43	10.65	2.89
非农户	260.49	112.92	43.35	66.86	25.67	4.11	1.58	63.41	24.34	13.19	5.06
Median	0.000	34.260		0.000		18.840		10.914		273.725	
卡方值	18.506***	12.436***		32.740***		7.168**		14.871***		18.824***	

注：*显著性水平为 0.1；**显著性水平为 0.05；***显著性水平为 0.01。

对非农化水平与农户生活能源消费量进行相关分析发现，非农化水平与人均生活能源消费量、人均商品性能源消费量、人均生物质能消费量均在 0.05 水平显著相关，其中，非农化水平与人均生活能源消费量、人均生物质能消费量呈显著负相关，相关系数分别为–0.283、–0.257；而非农化水平与人均商品性能源消费量呈显著正相关，相关系数为0.243。这进一步说明，提高非农化水平有助于降低农户生活能源消费量，但也会增加商品性能源消费量。

2. 不同类型农户的生活能源消费结构

甘南高原纯牧区农户的生活能源主要依赖于牛粪，牛粪占生活能源消费量的89.58%；半农半牧区农户以煤炭、薪柴为主，分别占生活能源消费量的50.52%、40.64%；农区农户主要依赖于秸秆、煤炭与薪柴，分别占生活能源消费量的50.30%、18.68%、18.04%（表3-22）。这主要与不同区域的资源禀赋、生产方式等有关（Wang et al., 2012），纯牧区以畜牧业为主，畜粪资源丰富，而农区以种植业为主，秸秆充足，故家庭生活能源消费分别以畜粪和秸秆为主。

甘南高原不同生计类型农户的生活能源消费结构也存在显著差别，纯农户、兼业户、非农户的商品性能源消费（煤炭+电）比重依次增加，非农户该比重达48.41%，而兼业户、纯农户分别为27.81%、9.9%；与之相反，生物质能源消费（薪柴+秸秆+牛粪）比重依次降低，纯农户该比重高达90.1%，而兼业户、非农户的该比例分别为72.19%、51.59%。其中，纯农户的生活能源以牛粪为主，占生活能源消费量的72.64%，秸秆次之，占11.65%；兼业户的生活能源以牛粪、煤炭、薪柴为主，分别占生活能源消费量的38.43%、24.92%、19.44%；非农户的生活能源则以煤炭为主，占生活能源消费量的43.35%（表3-23）。对非农化水平与生物质能源消费比重、商品性能源消费比重进行相关分析发现，非农化水平与生物质能源消费比重、商品性能源消费比重均在0.01水平上显著相关。其中，非农化水平与生物质能源消费比重呈负相关，相关系数为–0.403；而非农化水平与商品性能源消费比重呈正相关，相关系数为0.424。这说明，随着非农化水平的提高，农户的生活能源消费模式逐渐由以生物质能源为主的低级消费模式向以商品性能源为主的高级消费模式转变。

二、生计方式对农户生活能源消费模式的影响

（一）生计方式对农户生活能源消费量的影响

1. 研究方法

（1）变量选择

作为一个理性的决策者，农户通常会基于多种因素对选择哪种或哪几种能源消费

组合以及消费多少能源等问题做出理性决策。已有研究显示，农户的生活能源消费决策受能源可获取性（张妮妮等，2011；梁育填等，2012）、收入及能源价格（Omar et al.，2000；杨振，2011；刘静等，2011）、农户家庭特征（Tonooka et al., 2006；Chen et al., 2006；娄博杰，2008）等因素的影响。

为了进一步考察生计方式对农户生活能源消费模式的影响，以非农化水平（从事非农生产的劳动力占家庭总劳动力的比重）作为测度生计方式的指标，将其与能源的可获取性、家庭收入、家庭规模、劳动力受教育程度同时引入分析模型。其中，薪柴、秸秆、畜粪获取主要来自薪柴林、农作物及养殖的牲畜，故以人均薪柴林面积、人均耕地面积、人均牲畜数量表示薪柴、秸秆、畜粪的可获取性；调查村村委会所在地均已通电，故不考察电力的可获取性；农户能否获得煤炭主要取决于当地交通发展水平，交通越便利农户越容易获得煤炭，故采用调查区距县城的距离表示煤炭的可获取性；劳动力受教育程度用受教育指数（文盲=1；小学=2；初中=3；高中=4；大学及以上=5）来表征；分析模型引入地区虚拟变量（是否纯牧区：是=1，否=0；是否农区：是=1，否=0）。

（2）分析模型

采用 STIRPAT 随机回归模型分析生计方式对生活能源消费量的作用。将农户的生计方式与能源可获取性、农户收入、农户家庭特征等引入 STIRPAT 随机回归模型。STIRPAT 模型的通用公式如下（York et al., 2003）：

$$I = aP^b A^c T^d e \tag{3.9}$$

式中，a 为该模型的常数项；b、c、d 为 P、A 和 T 的指数项；e 为误差项；I 为农户的生活能源消费量；P、A、T 分别为家庭特征、收入、能源可获取性。该模型容许增加社会或其他控制因素来分析它们对生活能源消费量的影响，但是增加的变量要与式（3.9）指定的乘法形式具有概念上的一致性。

$$\ln(I) = a + b\ln(P) + c\ln(A) + e \tag{3.10}$$

式中，a、e 为方程（3.9）中 a 和 e 的对数，b、c 表示其他的影响因素维持不变时，驱动因素（P 或 A）变化 1% 所引起的生活能源消费量变化百分比。

2. 生计方式对生活能源消费量的影响

将农户的生活能源消费量作为因变量，将农户的非农化水平作为即时变量，将家庭规模、劳动力受教育程度、人均收入、人均耕地面积、人均薪柴林面积、人均拥有的牲畜数量、距县城的距离、地区属性等作为控制变量，引入 STIRPAT 模型分析生计方式对农户生活能源消费量的影响（表 3-24 中的模型 1）。利用最小二乘法拟合生计方式与农户生活能源消费量的关系，模型 1 的拟合优度达到 0.729，F 统计量为 19.437，在 0.01 水平上显著，说明方程拟合较好，上述变量能解释农户生活能源消费量的 72.9%。

结果显示，非农化水平与农户的生活能源消费量在 0.05 水平上呈显著负相关，说明随着非农化水平的提高，农户的生活能源消费量将显著下降，但是非农化水平的非标准化系数小于 0 大于–1，说明非农化水平提高引起的生活能源消费量减少速度低于非农化水平自身的变化速度；家庭规模、人均收入、人均牲畜拥有量分别在 0.01、0.05、0.1 水平上与农户的生活能源消费量呈显著正相关，说明家庭规模扩大、收入提高、生物质能源获得性增强均会在一定程度上增加生活能源消费量。但是，家庭规模的非标准化系数大于 1，为 1.457，而人均收入、人均牲畜拥有量的非标准化系数均大于 0 小于 1，分别为 0.349、0.144，说明扩大家庭规模引起的生活能源消费量增加速度高于家庭规模自身的变化速度，而提高农户收入、扩大牲畜养殖规模引起的生活能源消费量增加速度低于它们自身的变化速度。

表 3-24　甘南高原农户的生计方式对其生活能源消费模式的影响

回归模型	模型 1 系数	模型 1 标准差	模型 2 系数 t	模型 2 Wald 值	模型 2 Exp（B）
常数	1.407	1.271	−2.396	1.965	0.091
家庭规模	1.457***	0.257	0.249	1.347	1.283
劳动力受教育程度	−0.101	0.139	0.662**	5.381	1.939
人均收入	0.349**	0.132	0.358***	11.245	1.431
人均耕地面积	0.114	0.113	0.028	0.160	1.029
人均薪柴林面积	−0.103	0.112	−2.224**	4.636	0.108
人均牲畜数量	0.144*	0.078	−0.008**	0.467	0.992
距县城的距离	−0.446	0.055	−0.013**	5.884	0.987
非农化水平	−0.84**	0.080	3.645***	14.122	38.278
纯牧区	1.488***	0.317	1.244*	2.871	3.468
农区	0.775	0.267	−1.353*	1.971	0.259
模型检验	R^2	0.729	预测准确率 89.78%	Nagelkerke R Square	0.719
	F 统计值	19.437***	对数似然值 128.28	Chi-square 检验值	114.072***

注：*显著性水平为 0.1；**显著性水平为 0.05；***显著性水平为 0.01；括号内为标准差。

地区属性与农户的生活能源消费量显著相关，说明区域特性对生活能源消费量的影响显著；人均耕地面积虽与农户的生活能源消费量呈正相关，距县城的距离、人均薪柴林面积虽与农户的生活能源消费量呈负相关，但均在统计上不显著，说明秸秆、薪柴及煤炭的可获取性对农户生活能源消费量的影响不显著；劳动力受教育程度与农户生活能源消费量呈负相关，但在统计上也不显著。

（二）生计方式对农户生活能源消费模式选择的影响

1. 研究方法

采用二元 Logistic 模型分析生计方式对农户能源消费模式选择的影响，并利用最大似然估计法对其回归参数进行估计。将农户的生活能源消费模式设置为 0—1 型因变量 y_i，其中：以生物质能源为主（生物质能源消费比重大于 55%）的消费模式设定为 $y_i=0$，表示农户选择低级能源消费模式；以煤炭、电力等商品性能源为主（商品性能源消费比重大于 55%）的消费模式设定为 $y_i=1$，表示农户选择高级能源消费模式。假定 x_i 是自变量，P_i 是 y_i 事件发生的概率，相应的回归模型如下：

$$P_i = \frac{\text{Exp}(\beta_0 + \beta_1 x_{i1} + \cdots + \beta_m x_{im})}{1 + \text{Exp}(\beta_0 + \beta_1 x_{i1} + \cdots + \beta_m x_{im})} \quad (3.11)$$

式中，β_0 为常数，β_1、β_2、$\cdots$、β_m 为回归系数，表示诸因素 x_{im} 对 P_i 的贡献量。回归系数为正值，表示解释变量每增加一个单位值，发生比会相应增加；相反，回归系数为负值，则表示解释变量每增加一个单位值，发生比会相应减少。

2. 生计方式对生活能源消费模式选择的影响

将非农化水平与家庭规模、劳动力受教育程度、人均收入、人均耕地面积、人均薪柴林面积、人均拥有的牲畜数量、距县城的距离以及地区虚拟变量等引入二项 Logistic 模型，分析生计方式对农户生活能源消费模式选择的影响（表 3-24 中的模型 2）。模型 2 的卡方检验值为 70.492，显著性水平为 0.000（＜0.050 1），预测准确率为 89.78%，Nagelkerke R-Square 为 0.719，说明上述变量可解释 71.9% 的农户生活能源消费模式选择。

结果显示，非农化水平、人均收入、劳动力受教育程度、人均牲畜拥有量、人均薪柴林面积、到县城的距离、地区属性等对农户的生活能源消费模式选择具有显著影响，分别在 0.01、0.05、0.1 水平上显著，说明农户非农化水平、家庭收入与劳动力受教育程度、能源的可获取性均影响着农户的生活能源消费模式选择。其中，非农化水平对农户生活能源消费模式选择的影响最大，其 Wald 统计量高达 14.122；其次为人均收入，其 Wald 统计量为 11.245；再次为到县城的距离与劳动力受教育程度，其 Wald 统计量分别为 5.884、5.381；人均牲畜拥有量与人均林地面积的 Wald 统计量仅分别为 0.992、0.108。

非农化水平、人均收入、劳动力受教育程度的回归系数均为正值，说明随着非农化水平、人均收入、劳动力受教育程度的提高，农户选择以商品性能源为主消费模式的概率增大。其中，非农化水平每提高 1 个单位，农户转为选择商品性能源为主消费模式的概率将增加 38.278 倍；人均收入、劳动力受教育程度每提高 1 个单位，农户转为选择商品性能源为主消费模式的概率将分别增加 1.431 倍、1.939 倍。而人均牲畜拥有量、人均薪柴林面积、到县城距离的回归系数均为负值，说明随着生物质能源可获取性的增强、商品性能源可获取性的降低，农户选择商品性能源为主消费模式的概率降低。其中，人均牲畜拥有量、人均林地面积每增加 1 个单位，农户转为选择商品性能源为主消费模式的概率将降低 0.992 倍、0.108 倍；到县城的距离每增加 1 个单位，农户转为选择商品性能源为主消费模式的概率将降低 0.987 倍。

（三）农户生活能源消费的关键影响因素

1. 非农化水平对农户生活能源消费的影响

拟合结果显示，随着非农化水平的提高，农户的生活能源消费量逐渐降低；同时，逐渐地由以传统生物质能源为主的低级消费模式向以商品性能源为主的高级消费模式转变。这主要因为，生计非农化导致农户自产的生物质能源数量（例如牛粪、秸秆）降低，同时，非农就业导致参与生物质能源采集活动的劳动力数量减少，采集生物质能源的机会成本（例如砍伐薪柴）增大（Wang *et al.*，2012），而且从事外出打工和做生意等非农活动能够提高农户收入水平，使其有能力购买煤炭等商品性能源，故而农户转向以商品性能源为主的消费模式，且商品性能源利用的转换效率高，故农户的生活能源消费量降低。此外，随着甘南高原生态移民、牧民定居工程的实施，原先分散居住的农户集中到交通方便的乡镇或县城周围居住，一方面促使了非农化水平提高，另一方面使商品性能源的可获取性增强，这也促使了农户生活能源消费模式的转变。席建超等（2011）在对六盘山农户的生活能源消费模式研究中也指出，生产方式的转变是驱动农户家庭能源消费模式改变的根本原因。可见，提高非农化水平是促进农户生活能源消费模式转型的有效途径。

2. 家庭特征对农户生活能源消费的影响

拟合结果显示，随着家庭规模的增加，农户的生活能源消费量将增加，这主要是因为家庭规模增加，扩大了衣、食、住、行等方面的能源需求，从而使家庭生活能源消费量增大。可见，控制家庭规模是减少家庭生活能源消费量的关键举措。结果也显示，随着收入的增加，农户的生活能源消费量增加。周曙东等（2009）也指出，收入增加虽会减少传统非商品能源的使用，但会增加商品性能源消费量，且商品性能源的消费收入弹性高于传统非商品能源，致使农户的能源消费量随着收入的增加而增加。这一方面与高收入家庭拥有较多的高能耗耐用消费品有关，另一方面可能与高收入家庭的过度消费和炫耀性消费倾向有关，因此，在促进农户生活能源消费模式转型的同时，需要及时制止过度消费和炫耀性消费。

拟合结果也显示，随着收入水平与劳动力受教育程度的提高，农户的生活能源消费模式由以生物质能源为主的低级消费模式转向以商品性能源为主的高级消费模式。这与奥马尔等人提出的"能源阶梯"的概念框架（Omar et al., 2000）一致。这主要因为，农户收入水平及受教育程度越高，对能源的舒适性、便利性、卫生性的要求也越高，因此，中高收入与中高文化程度的农户更多地使用电力等"舒适型"能源；而低收入与低文化程度的农户受支付能力、消费观念等的约束，降低了对舒适性、便利性与卫生性的需求，转而关注用能的经济性，因此更多地使用薪柴、秸秆、牛粪等"经济型"能源。这种能源消费的"阶梯"特征为降低农户对生物质能源的过度依赖、减缓生态环境压力提供了很大的空间。

3. 能源可获取性对农户生活能源消费的影响

能源获得的难易程度是影响农户能源消费的重要因素，而地形、资源禀赋、交通与电网等能源运输条件都影响着能源的可获取性。拟合结果也显示，各类能源的可获取性影响着甘南高原农户的生活能源消费模式选择，牲畜数量多、耕地及薪柴林面积大的农户，获取生物质能源相对容易，因而多选择以生物质能源为主的消费模式，尤其纯牧区的农户，由于居住分散，难以获取煤炭等商品性能源，因而以牛粪为主要生活能源；而交通便利，煤炭、电力等获取相对容易的农户则多选择以商品性能源为主的消费模式。刘静和朱立志（2011）也指出，交通便利地区农户的能源消费结构主要从薪柴、秸秆、煤炭向液化气、电力等商品性便捷能源转换；而交通不便的地区，能源消费主要还是以薪柴、秸秆为主，但正慢慢向煤炭转化。梁育填等（2012）也指出，薪柴和秸秆等非商品性能源受资源禀赋影响显著，而煤炭等商品性能源更多的是受市场及距离影响。可见，改善商品性能源的可获取性是促进农户生活能源消费模式转型的首要措施。

总体来看，生计方式对甘南高原农户的生活能源消费模式影响显著。随着非农化水平的提高，甘南高原农户的生活能源消费量显著下降，选择商品性能源为主消费模式的概率增大；同时，家庭收入水平增加、教育程度提高、商品性能源可获取性改善有助于甘南高原农户降低生物质能源的消费比例，增加商品性能源的消费比例，从而不断提升生活能源消费结构。为了更好地解决甘南高原农户的生活能源问题以及由此引发的生态环境问题，首先应积极发展"牧家游"、藏族传统工艺品、藏族服饰及食品制作加工等非农产业，促进农户生计转型，拓宽农户收入渠道，提高农户的商品性能源消费能力；其次，应积极改善甘南高原的交通基础设施、扩大电网覆盖率，完善能源供应体系，加强煤炭和电价的价格监管，通过价格补贴和税收优惠等财政政策，降低农户使用商品性能源的成本，提高能源的可获得性，使农户有条件实现能源消费模式转型，同时，要降低薪柴、秸秆、牛粪等生物质能源的直接燃烧使用量，从技术上改变生物质能源的使用途径，加大对沼气、太阳能等新能源使用的政策扶持力度，健全新能源使用技术推广网络，切实做好新能源使用技术的示范与推广；第三，要控制甘南高原人口增长，建立多元化的教育培训体系，提高农户的受教育水平，增强农户的节能意识，改变农户的生活能源消费观念，加大沼气、太阳能等新型能源的使用比重，从而促进农户由以低质能源为主的消费模式转变为以电力、燃气、太阳能等高质能源为主的消费模式。

第四节　生计方式与生活碳排放

以全球变暖为主要特征的气候变化已成为人类社会当前面临的最严峻挑战，温室气体的大量排放加剧了很多国家和地区的脆弱性，如何降低温室气体排放、实现低碳转型成为各国政府与民众普遍关心的热点问题。我国农村人口占全国总人口的47.43%，农户作为广大农村地区最基本的社会经济单元和消费行为主体，其生计行为决定着碳排放情况，对生态环境产生深远的影响。但目前对农户消费碳排放的研究还很少，尤其较少从生计变迁的角度分析农户的碳排放行为。

一、农户的生活碳排放

（一）数据来源与研究方法

1. 数据来源

以甘南高原为研究区，剖析生计方式对碳排放的影响。采用问卷调查、观察法、小型座谈会等参与式工具获取相关数据。2011年7月至8月，课题组在甘南高原进行了20余天的野外调查，在纯牧区抽取3个乡、半农半牧区抽取2个乡、农区抽取2个乡，每个乡选择1个村，每村抽取20—40户农户进行了入户调查。调查内容包括农户家庭规模、受教育程度、年收入与支出、家庭劳动力从事的主要生计活动；农户的日常生活消费，包括农户生活用能、食物、生活用品、交通等。在调查过程中聘请了6名藏族大学生作为语言翻译，每户问卷调查时间约为30—40分钟，共调查230户农户，删除无效问卷，收回有效问卷217份，其中纯牧区78份、半农半牧区60份、农区79份。本次调查样本虽然较少，但由于甘南高原纯牧区、半农半牧区、农区农户的生计方式具有较高的相似性，因此能较好地反映甘南高原农户的普遍情况。

2. 碳足迹测算方法

碳足迹是指某种产品或活动在其整个生命周期中所产生的直接和间接的CO_2排放量（Wiedmann and Minx，2007）。国外对碳足迹的研究起步较早，研究尺度从个人/产品、家庭到城市、国家（Burnham *et al.*，2006；Kenny and Gray，2009；Brown *et al.*，2009），研究对象包括了工业、交通、建筑、供水、医疗等（POST，2006；Cole，2009）。国内研究主要集中在国家与区域层面，近年来开始关注城市居民的碳足迹，对城市居民家庭食物消费、日常出行的碳足迹进行一些研究（吴燕等，2012；董会娟、耿涌，2012）。

目前，碳足迹的测算主要采用三种不同但相关的核算方法：投入产出分析法、生命周期评价法以及混合生命周期评价法。本研究采用生命周期评价法对甘南高原农户生活消费的碳足迹进行研究，该方法是自下而上计算碳足迹的一种方法，分析结果具有针对性，适合于微观系统的碳足迹核算（Heijungs and Suh，2002；计军平、马晓明，2011）。居民生活消费产生的碳足迹通常包括两方面：由于家庭直接使用燃料用于照明、取暖、做饭、交通出行等产生的直接碳足迹；由于衣、食、住和行的需要，居民需要消费大量的非能源商品和服务，这些商品的生产、加工过程都必然产生过能源消费和碳排放，即间接碳足迹（Kerkhof *et al.*，2009）。因此，从农户生活直接能源消费和间接能源消费两方面测算农户碳足迹，其中农户生活间接能源消费又包括：食物生产与加工、交通运输、房屋建设和衣着生产清洗四个方面。碳足迹计算公式如下：

$$C_i = (C_{in} + C_{im} + C_{is} + C_{if} + C_{ij}) / n_i \tag{3.12}$$

式中，C_i 为第 i 户的人均碳足迹；C_{in} 为第 i 户的生活直接能源消费碳足迹；C_{im} 为第 i 户的衣着生产清洗碳足迹；C_{is} 为第 i 户的食物生产加工碳足迹；C_{if} 为第 i 户的房屋建设碳足迹；C_{ij} 为第 i 户的交通运输碳足迹；n_i 为第 i 户的总人口。各种碳足迹具体计算公式见下文，各种能源的 CO_2 排放因子如表 3-25 所示。

表 3-25　农户生活直接、间接消费能源的 CO_2 排放因子

	能源种类	排放因子	引用出处
	原煤（kg/kg）	2.530	《2006 年 IPCC 国家温室气体清单指南》
	液化气（kg/kg）	3.130	《2006 年 IPCC 国家温室气体清单指南》
	牛（kg/kg）	1.593	《2006 年 IPCC 国家温室气体清单指南》，牛粪的 CO_2 排放因子用固体生物燃料替代
	柴薪（kg/kg）	1.436	王长波等，2011
	秸秆（kg/kg）	1.247	王长波等，2011
	电（kg/KWh）	0.019	杨梦斐、李兰，2013
衣着生产清洗	衣着（kg/件）	6.420	根据中国发展门户网提供的碳足迹计算器（http://cn.chinagate.cn/zhuanti/dtjsq/node_7106016.htm）
	洗衣粉（kg/kg）	0.720	
食物生产加工	粮食（kg/kg）	14.049	吴燕等，2012
	豆类（kg/kg）	18.949	
	植物油（kg/kg）	8.820	
房屋建设	水泥（kg/kg）	0.800	龚志起、张智慧，2004
	钢筋（kg/kg）	1.920	朱重阳，2012
	砂（kg/kg）	1.080	汪澜，2009
	碎石（kg/kg）	0.610	
交通运输	汽油（kg/kg）	2.200	《2006 年 IPCC 国家温室气体清单指南》

（1）生活直接能源消费碳足迹测算方法

甘南高原农户生活直接消费能源包括原煤、液化气、柴薪、秸秆、牛粪和电。电的使用产生的碳排放归类比较复杂，在农户家庭能耗和碳足迹研究中，通常将其作为家庭碳足迹的直接来源（Bin and Dow，2005）。针对甘南电力发展情况（廖忠梅，2009），甘南高原农户家庭用电来源主要是靠水力发电。能源消费碳排放量根据 IPCC 方法中

最简单最常用的方法获得：碳排放量=能源消费量×排放因子，因此，农户生活直接能源消费碳足迹的计算公式为：

$$C_{in} = \sum_{j=1}^{n} M_j \times EF_j \qquad (3.13)$$

式中，C_{in} 为农户生活直接能源消费碳足迹（t），M_j 为第 j 种燃料的消耗量（t），EF_j 为第 j 种燃料的 CO_2 排放因子（$kgCO_2$/kg 燃料）。

（2）衣着生产清洗碳足迹测算方法

衣着生产清洗碳足迹主要包括农户一年购买的衣服件数和洗衣粉使用量两部分。在服装和洗衣粉生产过程中会产生碳排放。因此，衣着碳足迹用衣服的碳排放因子乘以一年购买的衣服件数加上洗衣粉的碳排放因子乘以一年使用的洗衣粉量来测算。具体计算公式为：

$$C_{im} = G_{im1} \times A_{m1} + G_{im2} \times A_{m2} \qquad (3.14)$$

式中，C_{im} 为第 i 户衣着生产清洗碳足迹；G_{im1} 为第 i 户一年购买的衣服件数；G_{im2} 为第 i 户一年洗衣粉使用量；A_{m1} 为衣着的碳排放系数；A_{m2} 为洗衣粉的碳排放系数。

（3）生活消费食物的生产加工碳足迹测算方法

食物生产加工碳足迹可简洁地分为两个部分，第一部分是食物生产过程中化肥农药的消费所产生的碳排放；第二部分是食物加工、运输和消费过程中能源消费所产生的碳排放（吴燕等，2012）。运输的费用包括在交通运输部分，在这里只测量食物生产和加工时产生的碳排放。食物消费碳足迹的计算公式为：

$$C_{is} = G_{is} \times A_s \qquad (3.15)$$

式中，C_{is} 为第 i 户的食物生产加工碳足迹；G_{is} 为第 i 户食物的消费量；A_s 为生产和加工单位食物的碳排放系数[1]。

（4）房屋建设碳足迹测算方法

房屋建设的碳足迹主要包括建材的生产和房屋修建两部分。用建材生产阶段所消耗的能源和修建阶段所消耗能源与各能源碳排放系数的乘积测算出房屋建设的碳足

---

[1]据调查，生产 1 kg 的粮食、豆类、植物油和蔬菜分别需要 5.6 kg、7.5 kg、3.5 kg 和 3.5 kg 的化肥；生产 1 kg 的粮食、豆类、植物油和蔬菜各需要 0.002 kg 的农药。农药和化肥的碳排放系数分别为 18.01 $kgCO_2$/kg、2.501 $kgCO_2$/kg。食物的加工分为初加工和再加工；初加工一般为粮食、豆制品和植物油，初加工时所消耗的能源转化成电能分别为 9.11 kW·h/t、183.30 kW·h/t 和 35.71 kW·h/t；再加工主要是指食物的炊事，本研究将其划分在能源利用部分测算。

迹，按房屋 70 年的寿命计算出每年每户房屋碳足迹（York et al., 2003；汪静, 2009；李波等, 2011）。具体计算公式为：

$$C_{if} = G_{if} \times A_f \times n / 70 \qquad (3.16)$$

式中，C_{if} 为第 i 户的房屋建设的碳足迹；G_{if} 为第 i 户每平方米房屋建设材料和能源消耗量；A_f 为能源碳排放系数[①]；n 为房屋的平方米数。

（5）交通运输碳足迹测算方法

交通运输的碳足迹主要包括外出购买食物、衣物、亲朋好友来往等所产生的碳排放。主要采用每年每户所花费的交通费进行测算，统一把交通费转化成使用汽油的量，按照 2010 年 4 月 14 日国家发改委调整后的甘肃省三种汽油价格均值 6.49 元/L，用消耗的汽油量与汽油的碳排放系数乘积测算出交通运输的碳足迹，具体计算公式为：

$$C_{ij} = F_i / 6.49 \times A_j \qquad (3.17)$$

式中，C_{ij} 为第 i 户的交通运输的碳足迹；F_i 为第 i 户每年的交通费；A_j 为汽油的碳排放系数。

（二）不同生计方式农户的碳足迹

甘南高原农户人均碳足迹为 2.67 t CO_2。从表 3-26 可以看出，纯农户、兼业户和非农户的人均碳足迹分别为 4.32 t CO_2、2.37 t CO_2 和 1.07 t CO_2，可见纯农户人均碳足迹最高，是兼业户和非农户的 1.82 倍和 4.04 倍。对甘南高原农户的生计方式与总的碳

表 3-26 不同生计方式农户的碳足迹

项目	纯农户 人均（t）	纯农户 百分比%	兼业户 人均（t）	兼业户 百分比%	非农户 人均（t）	非农户 百分比%
直接能源消耗碳足迹	3.70	85.64%	1.93	81.35%	0.78	72.99%
食物生产加工碳足迹	0.073	1.68%	0.082	3.45%	0.074	6.95%
交通运输碳足迹	0.000 63	0.01%	0.000 70	0.03%	0.000 69	0.06%
房屋建设碳足迹	0.53	12.23%	0.34	14.30%	0.20	18.25%
衣着生产清洗碳足迹	0.018 6	0.43%	0.020 8	0.88%	0.018 7	1.75%
总碳足迹	4.32	/	2.37	/	1.07	/

---

①由于该部分目前没有统一的数据，每个研究者根据自己研究得出相关数据，但是数据差距不大。本研究综合了文献资料和《建设工程技术经济指标》得出相关数据：建造 1m² 房屋需要水泥 236 kg、钢筋 38.88 kg、砂 145 kg、碎石 343.7 kg。水泥、钢筋、砂和碎石的碳排放系数分别为 0.80 kgCO_2/kg、1.92 kgCO_2/kg、1.08 kgCO_2/kg 和 0.61 kgCO_2/kg。

足迹做方差分析，发现 Levene 统计量为 4.478（P=0.012），组间方差在 0.1 水平上具有齐性，F 统计观察值为 2.346（P=0.098），在 0.1 的水平上显著，这说明甘南高原不同生计方式农户碳足迹存在显著差异。

1. 不同生计方式农户的直接能源消费碳足迹

甘南高原纯牧区、半农半牧区和农区农户人均直接能源消费的碳足迹分别为 5.16 t、0.56 t 和 0.69 t。纯牧区农户生活直接能源消费碳足迹主要是由煤炭和牛粪产生的，分别占 88.85% 和 10.64%；半农半牧区以柴薪和煤炭为主，分别占 54.78% 和 32.81%；农区则以秸秆、煤炭和柴薪为主，分别占 45.61%、27.23% 和 17.86%。究其原因，对纯牧区来说，农户拥有的大型牲畜数量多，牛粪量多，农户日常取暖做饭大都用牛粪和煤炭，而且都是采用直接燃烧，导致排放的 CO_2 量多；对半农半牧区和农区来说，农户生活用能以柴薪和秸秆为主，这种利用方式会加剧半农半牧区和农区的水土流失、农田肥力降低。总体来看，甘南高原农户生活用能设施简陋，以直接燃烧为主，利用效率低下，生物质能在农户直接碳足迹中占重要地位。

对甘南高原纯农户、兼业户和非农户生活直接能源利用的碳足迹进行方差分析，发现 Levene 统计量为 4.724（P=0.010），组间方差在 0.1 水平上具有齐性，F 统计观察值为 2.541（P=0.081），在 0.1 的水平上显著，这说明甘南高原不同生计方式农户直接能源利用的碳足迹存在显著差异。进一步分析发现，如图 3-7（a）所示：①随着非农化水平的提高，人均直接消费碳足迹减少，其中纯农户人均直接碳足迹为 3.70 t、兼业户为 1.93 t、非农户为 0.78 t。②纯农户直接能源消费碳足迹主要是由燃烧牛粪产生，占 91.50%；兼业户则主要由燃烧牛粪和煤炭产生，分别占 64.84% 和 22.06%；非农户主要由燃烧煤炭、秸秆和柴薪产生，分别占 31.36%、29.67% 和 18.89%。③纯农户、兼业户和非农户人均牛粪碳足迹依次降低，分别为 3.39 t、1.32 t 和 0.15 t；人均秸秆碳

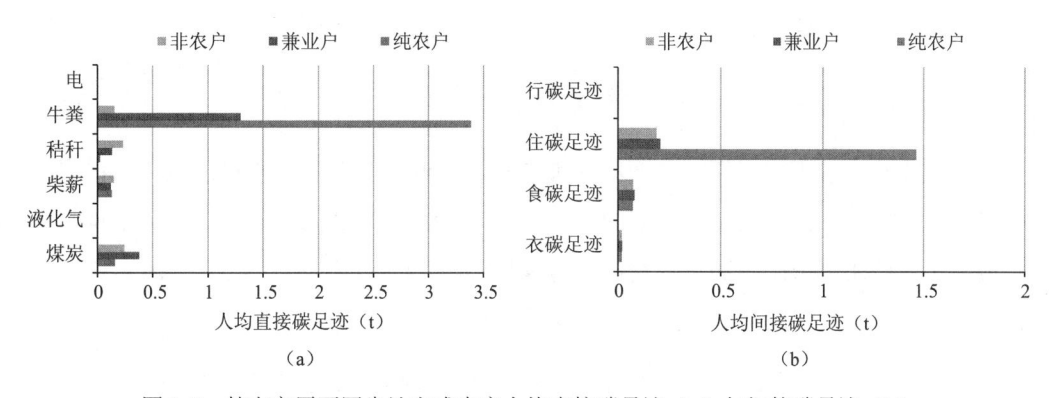

图 3-7 甘南高原不同生计方式农户人均直接碳足迹（a）与间接碳足迹（b）

足迹依次增加，分别为 0.02 t、0.13 t 和 0.23 t。非农户由于不从事农业生产，缺少秸秆及牲畜粪便，故而转向商品性能源消费（煤炭、电力）。总的来看，随着非农化水平的提高，农户直接能源消费碳足迹在减少，商品性能源（煤炭、电力）消费碳足迹的比重逐渐增加，生物质能（主要指牛粪）消费碳足迹的比重逐渐降低。

2. 不同生计方式农户生活间接能源消费碳足迹

甘南高原纯牧区、半农半牧区和农区农户人均间接能源消费碳足迹分别为 0.42 t、0.37 t 和 0.35 t。其中，纯牧区农户间接碳足迹中食物与房屋碳足迹分别占总间接碳足迹的 33.33% 和 59.53%，而半农半牧区农户两类碳足迹分别占其总间接碳足迹的 40.54% 和 54.05%，农区则分别占 45.71% 和 51.43%，说明三个区域农户间接碳足迹主要都是由房屋建设和食物的生产加工产生。

对甘南高原纯农户、兼业户和非农户生活间接能源利用的碳足迹进行方差分析，发现 Levene 统计量为 3.066（P=0.049），组间方差在 0.1 水平上具有齐性，F 统计观察值为 1.282（P=0.280），在 0.1 的水平上不显著，说明甘南高原不同生计方式农户间接能源利用的碳足迹不存在显著差异。进一步分析发现，如图 3-7（b）所示：①随着非农化水平的提高，甘南高原人均间接能源消费碳足迹逐渐降低，但所占总碳足迹的比例在增加。其中，纯农户、兼业户和非农户的人均间接能源消费碳足迹分别为 0.62 t、0.44 t 和 0.29 t，占其总碳足迹的 14.35%、18.57% 和 27.10%。②纯农户、兼业户和非农户的生活间接能源消费碳足迹主要是由房屋建设引起，分别为 0.53 t、0.34 t 和 0.20 t，各占农户生活间接碳足迹的 85.48%、77.27% 和 68.97%，呈递减趋势；其次为食品碳足迹，分别为 0.073 t、0.082 t 和 0.074 t，各占农户生活间接碳足迹的 11.77%、18.64% 和 25.52%，呈递增趋势。总的来说，随着非农化水平的提高，农户间接能源消费碳足迹在减少；其中，纯农户、兼业户和非农户房屋建设碳足迹依次降低；但食物生产加工消费碳足迹依次增加。

（三）不同生计方式农户的碳足迹结构

随着非农化水平的提高，甘南高原纯农户、兼业户和非农户直接能源消费碳足迹比重依次降低，分别占其总碳足迹的 85.65%、81.43% 和 72.90%（图 3-8）；而间接能源消费碳足迹比重依次增加，分别占其总碳足迹的 14.35%、18.57% 和 27.10%。可见，甘南高原农户碳足迹减排重点集中在直接能源消耗上。

■直接碳足迹 ■衣碳足迹 ■食碳足迹 ■住碳足迹 ■行碳足迹

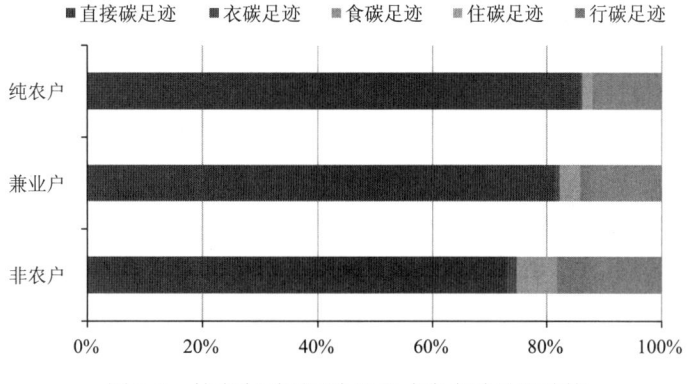

图 3-8 甘南高原不同生计方式农户碳足迹结构

甘南高原农户生活直接能源消费碳足迹人均值为 2.63 t，并在不同生计方式上出现较大分化（表 3-27），非农户人均直接碳足迹（0.79 t）明显低于纯农户人均直接碳足迹（4.10 t）和兼业户人均直接碳足迹（2.51 t）。就标准差来说，非农户人均直接碳足迹（0.55 t）远小于纯农户人均直接碳足迹（10.72 t）和兼业户人均直接碳足迹（9.19 t），说明非农户的人均直接碳足迹稳定性好。甘南高原农户生活间接能源消费碳足迹人均值为 0.52 t，同样在不同生计方式上出现较大分化，非农户人均间接碳足迹（0.29 t）明显低于纯农户人均间接碳足迹（0.68 t）和兼业户人均间接碳足迹（0.52 t）。就标准差来说，非农户人均间接碳足迹（0.15 t）远小于纯农户人均间接碳足迹（1.53 t）和兼业户人均间接碳足迹（1.53 t），同样说明非农户的人均间接碳足迹稳定性好。

表 3-27 不同生计方式农户碳足迹比较

	生计方式	平均值	25%分位	50%分位	75%分位	标准差
人均直接碳足迹	纯农户	4.10	0.43	1.46	4.48	10.72
	兼业户	2.51	0.43	0.77	1.27	9.19
	非农户	0.79	0.32	0.66	1.25	0.55
	总值	2.63	0.43	0.85	1.56	8.72
人均间接碳足迹	纯农户	0.68	0.14	0.31	0.70	1.53
	兼业户	0.52	0.16	0.25	0.34	1.53
	非农户	0.29	0.17	0.27	0.41	0.15
	总值	0.52	0.15	0.26	0.41	1.35
总人均碳足迹		3.15	0.57	1.14	1.95	10.07

根据均值和标准差,可将不同生计方式农户碳足迹分等定级三区间[0,3)[1]、[3,13)[2]、[13,Max),并定义为低碳足迹、中碳足迹和高碳足迹。比较3种生计方式农户的碳足迹分级分布结构(图3-9),发现:①纯农户中,中碳足迹的农户占42.03%,低碳足迹与高碳足迹的农户比重相差不大;②兼业户与非农户中,中碳足迹农户比重分别高达62.63%、71.43%,而高碳足迹农户比重分别为7.07%、4.08%。这进一步说明,非农化水平的提高有助于降低农户生计的高碳化。

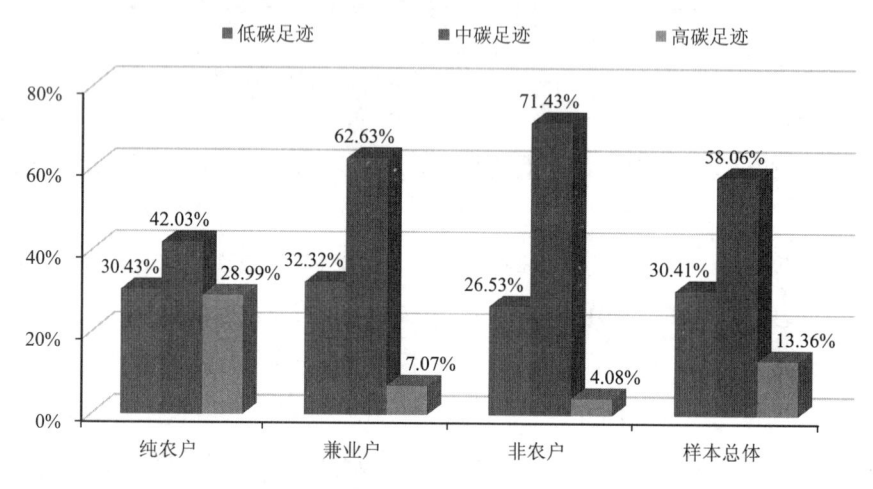

图3-9 不同生计方式农户的碳足迹分级分布

二、生计方式对生活碳排放的影响

(一)研究方法

选取约克等(York et al.,2003)提出的STIRPAT随机回归模型,它是在人文因素与环境影响之间的恒等式IPAT基础上改进的,是多变量非线性模型。该模型用来分析P(人口)、A(富裕度)、T(技术)与I(环境影响)之间的关系。在各学科领域已得到了广泛的应用(龙爱华等,2006;王立猛、何康林,2008)。本研究采用STIRPAT模型分析生计方式对碳足迹的作用。STIRPAT模型的通用形式如下:

$$I = aP^b A^c T^d e \quad (3.18)$$

---

[1] 以3 t划分中、低等级,是以均值 μ (3.15)往零方向取个位整数。
[2] 以13 t划分中、高等级,是以 $\mu+\sigma$ 取个位整数确定,其中 μ 为均值(3.15), σ 为标准差(10.07)。

式中，a 为该模型的常数项；b、c、d 为 P、A 和 T 的指数项；e 为误差项，I 为环境影响，P、A、T 分别为人口、富裕和技术。该模型容许增加社会或其他控制因素来分析它们对环境的影响，但是增加的变量要与式（3.18）指定的乘法形式具有概念上的一致性（汪静，2009）。为了衡量人文因素对环境影响作用的大小，可将式（3.18）转换成对数形式：

$$\ln(I) = a + b\ln(P) + c\ln(A) + e \tag{3.19}$$

式中，a、e 为方程（3.18）中 a 和 e 的对数，b，c 表示其他的影响因素维持不变时，驱动因素（P 或 A）变化 1% 所引起的环境影响变化百分比。

大量研究显示，影响农户碳足迹差异的因素主要有人口、收入和技术等（徐中民等，2005；汪静，2009）。为了进一步考察生计方式对碳足迹的影响，将人口规模、劳动力受教育程度和人均收入引入 STIRPAT 模型，而非农化水平、农户消费结构（用恩格尔系数表征）、消费水平及距离县城距离（表征能源购买的便利程度）对碳足迹也可能会有一定影响，因此，在 STIRPAT 模型中同时将家庭规模、劳动力受教育程度、人均收入、非农化水平、消费结构、消费水平和距离县城距离引入，以便分析影响农户碳足迹差异的因素。

（二）生计方式对碳足迹的影响

由于 STIRPAT 模型是随机形式，如果理论上合适，可以增加人文因素对数形式的二项式或多项式来验证是否存在环境 Kuznets 曲线假说。为此，在 STIRPAT 模型 1 自变量中增加了人均收入的二次平方项，构成 STIRPAT 模型 2。为避免引入人均收入的二次项与人均收入的共线性问题，对人均收入的二次项进行标准化处理。人均收入二次项标准化的具体处理过程为用人均收入的对数减去人均收入对数的平均值，然后平方，以此来减少与人均收入的共线性（赵雪雁，2013），得到生计方式与环境影响间的 STIRPAT 模型，见表 3-28。

模型 1 中将家庭规模、劳动力受教育程度、人均收入、非农化水平、消费结构、消费水平和距离县城距离引入，R^2 为 0.368，说明模型 1 具有一定的解释力，F 值为 9.203，在 0.001 水平上显著（P=0.000）；模型 2 在模型 1 的基础上引入人均收入二次方，R^2 为 0.369，说明模型 2 同样具有一定的解释力，F 值为 8.076，在 0.001 水平上显著（P=0.000）。

在模型 1、模型 2 中，家庭规模的回归系数均大于 0 小于 1，分别为 0.955、0.943，且均在 0.05 水平上显著，说明扩大家庭规模将加剧碳足迹，但所引起的碳足迹加剧速度低于家庭规模自身的变化速度；劳动力受教育程度的回归系数均小于 0，分别为 –0.004、–0.013，说明提高劳动力受教育程度具有减缓碳足迹的作用，但提高劳动力受教育程度引起的碳足迹减缓速度低于受教育程度自身的变化速度。所以，控制家庭规模，提高劳动力受教育程度可以减轻碳足迹。

在模型 1、模型 2 中，非农化水平的回归系数均小于 0，分别为 –0.196、–0.176，且均在 0.1 水平上显著，说明生计方式对碳足迹的影响显著，而且随着非农化水平的提高，非农化对碳足迹的影响减缓，但非农化引起的碳足迹减缓速度低于自身的变化速度。可见，促进农户非农就业可以有效地降低碳排放。

表 3-28　农户碳足迹的最小二乘法回归分析 t

	模型 1		模型 2	
	回归系数	T 检验值	回归系数 t	T 检验值
常量	0.354	0.395**	0.320	0.354*
家庭规模	0.955	2.950**	0.943	2.894**
劳动力受教育程度	–0.004	–0.017*	–0.013	–0.016*
人均收入	0.865	6.279***	0.894	5.911***
非农化水平	–0.196	–0.794*	–0.176	–0.698*
消费结构	–0.314	–2.118**	–0.308	–2.064**
消费水平	0.181	3.897***	0.179	3.832***
距离县城距离	0.157	2.479**	0.150	2.295**
人均收入二次方			0.021	0.469
R^2	0.370		0.371	
F 统计量	9.222		8.040	

注：***在 0.001 水平上显著；**在 0.05 水平上显著；*在 0.1 水平上显著。

在模型 1、模型 2 中，人均收入的回归系数均大于 0，在模型 2 中引入人均收入的二次方，回归系数仍为正，没有出现倒 U 型环境库兹涅茨曲线。这说明经济的发展并未带来消费碳足迹减少的拐点。一些学者对发达国家的研究表明，经济发展与能源消费碳足迹之间存在 U 型关系，但发生拐点时的人均收入差异较大，低至 13 260 美元、中至 25 100 美元、高至 35 428—80 000 美元（Holtz-Eakin and Selden，1995）。甘南高原是我国经济欠发达地区。2012 年人均 GDP 为 2 234.88 美元，远低于发达国家研究中达到拐点所需的最低人均 GDP（13 260 美元）。

总体来看，生计方式是影响农户碳足迹的关键因素，同时，家庭规模、劳动力受教育程度等也影响着农户的碳足迹。鉴于此，首先应促进农户生计转型、增加农户生计多样化，急需采取技能培训、文化教育、小额贷款、提高就业机会、建立合作组织、改善医疗条件等，提高农牧民的生计能力，寻求新的生计途径。同时，应结合甘南高原农户的实际情况，提供技术含量低、易于组织、所需启动资金少、吸纳劳动力多的产业；应加强对农民的教育与培训，提高劳动力受教育程度，转变农民的思想观念、加强对低碳生活方式的宣传与倡导；应从调整农村能源消费结构入手，支持可再生能源开发，并采取政府财政补贴与市场机制相结合的方式，促进分布式利用太阳能、风能等可再生能源的广泛利用，倡导和推行低碳发展模式。

参 考 文 献

[1] 董会娟、耿涌："基于投入产出分析的北京市居民消费碳足迹研究"，《资源科学》，2012 年第 3 期。
[2] 董世魁等："高寒草地植物物种多样性与功能多样性的关系"，《生态学报》，2017 年第 5 期。
[3] 段伟等："保护区周边农户自然资源依赖度研究"，《农业技术经济》，2016 年第 3 期。
[4] 范玉龙等："陆地生态系统服务与生物多样性研究进展"，《生态学报》，2016 年第 15 期。
[5] 傅伯杰："我国生态系统研究的发展趋势与优先领域"，《地理研究》，2010 年第 3 期。
[6] 龚志起、张智慧："建筑材料物化环境状况的定量评价"，《清华大学学报》（自然科学版），2004 年第 9 期。
[7] 郝海广等："基于生态系统服务和农户福祉的生态补偿效果评估研究进展"，《生态学报》，2018 年第 19 期。
[8] 侯鹏等："国家重点生态功能区生态状况变化与保护成效评估——以海南岛中部山区国家重点生态功能区为例"，《地理学报》，2018 年第 3 期。
[9] 胡蕾、吴健、李海萍："生态系统服务与居民收入的耦合关系及影响因素——以丽江拉市海流域为例"，《生态学报》，2018 年第 18 期。
[10] 计军平、马晓明："碳足迹的概念和核算方法研究进展"，《生态经济》，2011 年第 4 期。
[11] 李波、张俊飚、李海鹏："中国农业碳排放时空特征及影响因素分解"，《中国人口·资源与环境》，2011 年第 8 期。
[12] 李聪等："易地移民搬迁对农户生态系统服务依赖度的影响"，《中国人口·资源与环境》，2017 年第 11 期。
[13] 李国柱等："陇中黄土丘陵地区农村生活能源消费的环境经济成本分析"，《自然资源学报》，2008 年第 1 期。
[14] 李诗瑶、蔡银莺："农户家庭农地依赖度测算及多维生存状态评价——以湖北省武汉市和孝感市为例"，《中国土地科学》，2018 年第 11 期。
[15] 李小建："还原论与农户地理研究"，《地理研究》，2010 年第 5 期。
[16] 李小建等："不同环境下农户自主发展能力对收入增长的影响"，《地理学报》，2009 年第 6 期。
[17] 梁育填等："西南山区农村生活能源消费结构的影响因素分析——以云南省昭通市为例"，《地理

学报》，2012 年第 2 期。
[18] 廖忠梅："甘南电力发展 60 载"，2013 年，http://zgao.gansudaily.com.cn/system/2009/10/19/011311508.
[19] 刘家根、黄璐、严力蛟："生态系统服务对人类福祉的影响——以浙江省桐庐县为例"，《生态学报》，2018 年第 5 期。
[20] 刘静、朱立志："我国农户能源消费实证研究——基于河北、湖南、新疆农户的调查数据"，《农业技术经济》，2011 年第 2 期。
[21] 龙爱华等："人口、富裕及技术对 2000 年中国水足迹的影响"，《生态学报》，2006 年第 10 期。
[22] 娄博杰：《农户生活能源消费选择行为研究》，中国农业科学院，2008 年。
[23] 雒丽等："高寒生态脆弱区农户对气候变化的感知——以甘南高原为例"，《生态学报》，2017 年第 2 期。
[24] 马玉寿等："三江源区退化高寒生态系统恢复技术与示范"，《生态学报》，2016 年第 22 期。
[25] 毛碧琦等："基于潜在分类模型的湿地生态系统服务公众生态偏好异质性研究"，《自然资源学报》，2018 年第 5 期。
[26] 南文渊："藏族生态文化的继承与藏区生态文明建设"，《青海民族学院学报》（社会科学版），2000 年第 4 期。
[27] 彭建、周尚意："公众环境感知与建立环境意识——以北京市南沙河环境感知调查为例"，《人文地理》，2001 年第 3 期。
[28] 齐文平等："虑及生态环境的十四片区贫困县多维贫困度量"，《应用生态学报》，2018 年第 11 期。
[29] 仟婷婷、周忠学："农业结构转型对生态系统服务与人类福祉的影响——以西安都市圈两种农业类型为例"，《生态学报》，2019 年第 7 期。
[30] 史恒通等："公众对黑河流域生态系统服务消费偏好及支付意愿研究——基于选择实验法的实证分析"，《地理科学》，2019 年第 2 期。
[31] 谭淑豪、曲福田、黄贤金："市场经济环境下不同类型农户土地利用行为差异及土地保护政策分析"，《南京农业大学学报》，2001 年第 2 期。
[32] 汤茜等："高集约化农业景观中不同利益相关者的景观偏好"，《应用生态学报》，2018 年第 8 期。
[33] 田媛等："基于多分类 Logistic 回归模型的张家口市农用地格局模拟"，《资源科学》，2012 年第 8 期。
[34] 汪静："中国城市住区生命周期 CO_2 排放量计算与分析"，清华大学，2009 年。
[35] 汪澜："水泥生产企业 CO_2 排放量的计算"，《中国水泥》，2009 年第 11 期。
[36] 王长波、张力小、栗广省："中国农村能源消费的碳排放核算"，《农业工程学报》，2011 年第 S1 期。
[37] 王会、赵亚文、温亚利："基于要素报酬的农户自然资源依赖度评价研究——以云南省六个自然保护区为例"，《中国人口·资源与环境》，2017 年第 12 期。
[38] 王立猛、何康林："基于 STIRPAT 模型的环境压力空间差异分析——以能源消费为例"，《环境科学学报》，2008 年第 5 期。
[39] 王文瑞等："生态恢复中生态系统反服务与居民生存的博弈——以甘肃'猪进人退'现象为例"，《地理研究》，2018 年第 4 期。
[40] 王一超等："农牧交错区农户生计分化及其对耕地利用的影响——以宁夏盐池县为例"，《自然资源学报》，2018 年第 2 期。
[41] 吴燕、王效科、逯非："北京市居民食物消费碳足迹"，《生态学报》，2012 年第 5 期。
[42] 吴燕红等："滇西北农村生活能源使用现状及生物质能源开发利用研究——以兰坪县和香格里拉县为例"，《自然资源学报》，2008 年第 5 期。

[43] 席建超、赵美风、葛全胜："乡村旅游诱导下农户能源消费模式的演变——基于六盘山生态旅游区的农户调查分析"，《自然资源学报》，2011 年第 6 期。
[44] 徐建英等："生计资本对农户再参与退耕还林意愿的影响——以卧龙自然保护区为例"，《生态学报》，2017 年第 18 期。
[45] 徐建英、王清、魏建瑛："卧龙自然保护区生态系统服务福祉贡献评估——当地居民的视角"，《生态学报》，2018 年第 20 期。
[46] 徐中民、程国栋、邱国玉："可持续性评价的 IMPACTS 等式"，《地理学报》，2005 年第 2 期。
[47] 阎建忠等："青藏高原东部样带农牧民生计的多样化"，《地理学报》，2009 年第 2 期。
[48] 阎建忠等："不同生计类型农户的土地利用——三峡库区典型村的实证研究"，《地理学报》，2010 年第 11 期。
[49] 杨梦斐、李兰："水力发电的生命周期温室气体排放"，《武汉大学学报》，2013 年第 2 期。
[50] 杨文、孙蚌珠、王学龙："中国农村家庭脆弱性的测量与分解"，《经济研究》，2012 年第 4 期。
[51] 杨振："农户收入差异对生活用能及生态环境的影响——以江汉平原为例"，《生态学报》，2011 年第 1 期。
[52] 张彪等："基于人类需求的生态系统服务分类"，《中国人口·资源与环境》，2010 年第 6 期。
[53] 张立伟等："基于综合指标法的中国生态系统服务保护有效性评价研究"，《地理学报》，2016 年第 5 期。
[54] 张妮妮、徐卫军、曹鹏宇："影响农户生活能源消费的因素分析——基于 9 省的微观数据"，《中国人口科学》，2011 年第 3 期。
[55] 张钦等："高寒生态脆弱区气候变化对农户生计的脆弱性影响评价——以甘南高原为例"，《生态学杂志》，2016 年第 3 期。
[56] 赵雪雁："牧民对高寒牧区生态环境的感知——以甘南牧区为例"，《生态学报》，2009 年第 5 期。
[57] 赵雪雁："不同生计方式农户的环境感知——以甘南高原为例"，《生态学报》，2012 年第 21 期。
[58] 赵雪雁："不同生计方式农户的环境影响——以甘南高原为例"，《地理科学》，2013 年第 5 期。
[59] 赵雪雁、薛冰："高寒生态脆弱区农户对气候变化的感知与适应意向——以甘南高原为例"，《应用生态学报》，2016 年第 7 期。
[60] 周李磊、官冬杰、袁兴中："精准扶贫视角下生态系统服务与贫困人口生计耦合关联分析"，《生态学报》，2018 年第 18 期。
[61] 周曙东、崔奇峰、王翠翠："农牧区农村家庭能源消费数量结构及影响因素分析——以内蒙古为例"，《资源科学》，2009 年第 4 期。
[62] 朱重阳："苏州地区住宅区生命周期碳足迹核算"，《中国建材科技》，2012 年第 5 期。
[63] Aguado, M., J. A. González, K. Bellott, *et al.* 2018. Exploring subjective well-being and ecosystem services perception along a rural urban gradient in the high Andes of Ecuador. *Ecosystem Services*, 34: 1-10.
[64] Ali, A., DB. Rahut 2018. Forest-based livelihoods, income and poverty: Empirical evidence from the Himalayan region of rural Pakistan. *Journal of Rural Studies*, 57: 44-54.
[65] Angelsen, A., P. Jagger, R. Babigumira, *et al*. 2014. Environmental income and rural livelihoods: A global-comparative analysis. *World Development*, 64: 12-28.
[66] Bin, S., L. H. Dow 2005. Consumer lifestyle approach to US energy use and the related CO_2 emissions. *Energy Policy*, 33(2): 197-208.
[67] Block, S., P. Webb 2001. The dynamics of livelihood diversification in post-famine Ethiopia. *Food*

Policy, 26(4): 333-350.

[68] Brobbey, LK., CP. Hansen, B. Kyereh, *et al.* 2019. The economic importance of charcoal to rural livelihoods: Evidence from a key charcoal-producing area in Ghana. *Forest Policy and Economics*, 101: 19-31.

[69] Brocklesby, M., E. Fisher 2003. Community development in sustainable livelihoods approaches: An introduction. *Community Development Journal*, 38: 185-198.

[70] Brown, M. A., F. Southworth, A. Sarzynski 2009. The geography of metropolitan carbon footprints. *Policy and Society*, 27(4): 285-304.

[71] Burneett, K. P., R. G. Golledge, G. Rushton 1976. Behavioral geography and philosophy of mind, *Spatial Choice and Spatial Behavior*. Columbus: Ohio State University Press.

[72] Burnham, A., M. Wang, Y. Wu 2006. *Development and Applications of GREET 2.7: The Transportation Vehicle-Cycle Model*. Chicago: Argonne National Laboratory.

[73] Chen, L., N. Heerink, B. M. van den 2006. Energy consumption in rural China: A household model for three villages in Jiangxi Province. *Ecological Economics*, 58(2): 407-420.

[74] Cole, A. 2009. More treatment in surgeries and at home will help cut NHS carbon footprint. *British Medical Journal*, 338: b345-b345.

[75] Cordova, JPP., S. Wunder, HC. Smith, *et al.* 2013. Rural Income and forest reliance in Highland Guatemala. *Environmental Management*, 51: 1034-1043.

[76] Costanza, R., R. d'Arge, R. de Groot, *et al.* 1997. The value of the world's ecosystem services and natural capital. *Nature*, 387(6630): 253-260.

[77] Costanza, R., R. de Groot, L. Braat, *et al.* 2017. Twenty years of ecosystem services: How far have we come and how far do we still need to go? *Ecosystem Services*, 28: 1-16.

[78] Dave, R., E. L. Tompkins, K. Schreckenberg 2017. Forest ecosystem services derived by smallholder farmers in northwestern Madagascar: Storm hazard mitigation and participation in forest management. *Forest Policy and Economics*, 84: 72-82.

[79] Dietze, V., N. Hagemann, N. Jürges, *et al.* 2019. Farmers consideration of soil ecosystem services in agricultural managementa case study from Saxony, Germany. *Land Use Policy*, 81: 813-824.

[80] Downing, T. E., K. W. Gitu, C. M. Kaman 1989. *Coping with Drought in Kenya: National and Local Strategies*. Boulder: Lynne Rienner.

[81] Ellis, F. 1998. Household strategies and rural livelihood diversification. *Journal of Development Studies*, 35(1): 1-38.

[82] Glavovic, B. C., S. Boonzaier 2007. Confronting coastal poverty: Building sustainable coastal livelihoods in South Africa. *Ocean and Coastal Management*, 50(1/2): 1-23.

[83] Gold, J. R. 1980. *An Introduction to Behavioral Geography*. New York: Oxford University Press.

[84] Greenland-Smith, S., J. Brazner, K. Sherren 2016. Farmer perceptions of wetlands and waterbodies: Using social metrics as an alternative to ecosystem service valuation. *Ecological Economics*, 126: 58-69.

[85] Hajung K., S. Yonghoon 2018. Perceptions of cultural ecosystem services in urban green spaces: A case study in Gwacheon, Republic of Korea. *Ecological Indicators*, 91: 299-306.

[86] Hansen, K., E. Duke, C. Bond, *et al.* 2018. Rancher preferences for a payment for ecosystem services program in southwestern Wyoming. *Ecological Economics*, 146: 240-249.

[87] Heijungs, R., S. Suh 2002. *The Computational Structure of Life Cycle Assessment*. Dordrecht: Kluwer Academic Publishers.

[88] Holden, S., B. Shiferaw, J. Pender 2004. Non-farm income, household welfare, and sustainable land management in a less-favored area in the Ethiopian highlands. *Food Policy*, 29(4): 369-392.

[89] Holtz-Eakin, D., T. M. Selden 1995. Stoking the fires CO_2 emissions and economic growth. *Journal of Public Economics*, 57(1): 85-101.

[90] Kates, RW., WC. Clark, R. Corell, *et al.* 2001. Sustainability Science. *Science*, 292: 641-642.

[91] Kemkes, RJ. 2015. The role of natural capital in sustaining livelihoods in remote mountainous regions: The case of Upper Svaneti, Republic of Georgia. *Ecological Economics*, 117: 22-31.

[92] Kenny, T., Gray N. F. 2009. Comparative performance of six carbon footprint models for use in Ireland. *Environmental Impact Assessment Review*, 29(1): 1-6.

[93] Kerkhof, A. C., S. Nonhebel, H. C. Moll 2009. Relating the environmental impact of consumption to household expenditures: An input-output analysis. *Ecological Economics*, 68(4): 1160-1170.

[94] Kibria, A. S. M. G., R. Costanza, C. Groves, *et al.* 2018. The interactions between livelihood capitals and access of local communities to the forest provisioning services of the Sundarbans Mangrove Forest, Bangladesh. *Ecosystem Services*, 32: 41-49.

[95] Larigauderie, A., H. A. Mooney 2010. The intergovernmental science-policy platform on biodiversity and ecosystem services: Moving a step closer to an IPCC-like mechanism for biodiversity. *Current Opinion in Environmental Sustainability*, 2(1/2): 9-14.

[96] Liu, G., M. Lucas, L. Shen 2008. Rural household energy consumption and its impacts on eco-environment in Tibet: Taking Taktse county as an example. *Renewable and Sustainable Energy Reviews*, 12(7): 1890-1908.

[97] Millennium Ecosystem Assessment. 2005. *Ecosystems and Human Well-being: Synthesis*. Washing, DC: Island Press.

[98] Nakakaawa, C., R. Moll, P. Vedeld, *et al.* 2015. Collaborative resource management and rural livelihoods around protected areas: A case study of Mount Elgon National Park, Uganda. *Forest Policy and Economics*, 57: 1-11.

[99] Narain, U., S. Gupta, KV. Veld 2008. Poverty and resource dependence in rural India. *Ecological Economics*, 66: 161-176.

[100] Nguyen, TT., TL. Do, D. Buhler, *et al.* 2015. Rural livelihoods and environmental resource dependence in Cambodia. *Ecological Economics*, 120: 282-295.

[101] Nguyen, TT., TL. Do, U. Grote 2018. Natural resource extraction and household welfare in rural Laos. *Land Degradation and Development*, 29: 1-10.

[102] Omar, R. M., D. S. Barbara, M. K. Daniel 2000. From linear fuel switching to multiple cooking strategies: A critique and alternative to the energy ladder model. *World Development*, 28(12): 2083-2103.

[103] POST. 2006. *Carbon Footprint of Electricity Generation*. London: Parliamentary Office of Science and Technology, http: //www. Parliament. uk /documents /upload /postpn268. pdf.

[104] Quyen, N. T. K., H. Berg, W. Gallardo, *et al.* 2017. Stakeholders' perceptions of ecosystem services and Pangasius catfish farming development along the Hau River in the Mekong Delta, Vietnam. *Ecosystem Services*, 25: 2-14.

[105] Rey-Valette, H., S. Mathé, J. M. Salles 2017. An assessment method of ecosystem services based on stakeholders perceptions: The rapid ecosystem services participatory appraisal (RESPA). *Ecosystem Services*, 8: 311-319.

[106] Shackleton, C. M., S. E. Shackleton, E. Buiten, *et al.* 2007. The importance of dry woodlands and forests in rural livelihoods and poverty alleviation in South Africa. *Forest Policy and Economics*, 9(5): 558-577.

[107] Shrestha, UB., K. R. Dhital 2017. Economic dependence of mountain communities on Chinese caterpillar fungus ophiocordyceps sinensis (yarsagumba): A case from western Nepal. *Oryx*, 53: 256-264.

[108] Smith, H. F., C. A. Sullivan 2014. Ecosystem services within agricultural landscapes-Farmers' perceptions. *Ecological Economics*, 98: 72-80.

[109] TEEB. 2010. *Mainstreaming the Economics of Nature: A Synthesis of the Approach, Conclusions and Recommendations of TEEB*. Washing DC: The Economics of Ecosystem and Biodiversity.

[110] Tonooka, Y., J. P. Liu, Y. Kondou, *et al.* 2006. A survey on energy consumption in rural households in the fringes of Xi'an city. *Energy and Buildings*, 38(11): 1335-1342.

[111] Walelign, SZ., X. Jiao 2017. Dynamics of rural livelihoods and environmental reliance: Empirical evidence from Nepal. *Forest Policy and Economics*, 83: 199-209.

[112] Wang, C. C., Y. S. Yang, Y. Q. Zhang 2012. Rural household livelihood change, fuelwood substitution, and hilly ecosystem restoration: Evidence from China. *Renewable and Sustainable Energy Reviews*, 16(5): 2475-2482.

[113] Wiedmann, T., J. Minx 2007. A definition of carbon footprint. *Research and Consulting*: 1-9.

[114] York, R., E. A. Rosa, Dietz T. 2003. STIRPAT, IPAT and IMPACT: Analytic tools for unpacking the driving forces of environmental impacts. *Ecological Economics*, 46(3): 351-365.

[115] Zenteno, M., PA. Zuidema, WD. Jong, *et al.* 2013. Livelihood strategies and forest dependence: New insights from Bolivian forest communities. *Forest Policy and Economics*, 26: 12-21.

[116] Zoderer, B. M., P. S. Lupo Stanghellini, E. Tasser, *et al.* 2016. Exploring socio-cultural values of ecosystem service categories in the Central Alps: The influence of socio-demographic factors and landscape type. *Regional Environmental Change*, 16(7): 2033-2044.

第四章 气候变化与生计适应

气候变化作为 21 世纪人类面临的最严峻挑战之一，对食物、水安全、公共健康、自然资源和生物多样性等造成严重威胁，加剧了很多国家和地区的脆弱性。适应已成为一种有效缓解气候变化不利影响、降低自然和人类社会系统脆弱性的有效路径和最佳选择（Gunathilaka et al.，2018），世界气候研究计划（WCRP）、国际全球环境变化人文因素计划（IHDP）、国际地圈生物圈计划（IGBP）和国际生物多样性计划（DIVERSITAS）以及未来地球计划都将科学地适应气候变化作为人类社会保持可持续发展的重要准则（Eriksen，2009）。气候变化对以自然资源为生计基础的农业人口影响尤为显著，加剧了农村家庭的脆弱性，导致贫困人口增加，并给人类生态系统带来更严重和不可逆转的风险。揭示农户对气候变化的生计适应机制、探索农户的生计适应策略，不仅有助于制定有效的气候变化适应政策，更有助于促进乡村可持续发展。

第一节 气候变化对农户生计的影响

贫困农业人口的生计更多地依赖于自然生态系统，而剧烈的气候变化强烈干扰着自然生态系统，通过"事先"生产力损失、早期应对成本、实物资本的资产损害和人类机会的资产损害等渠道影响贫困农业人口的发展，使贫困农业人口受气候变化的影响更为严峻。气候变化已成为贫困农村人口的一种额外负担，不仅限制了贫困农村人口获取各种生计资本的能力，也减少了他们谋生活动的选择范围，对农村社区的生计、资源退化、食物安全、基本服务、社会不平等带来严峻挑战（Gentle and Narayan，2012）。

一、气候变化对农户生计的影响

(一)数据来源及研究方法

1. 数据来源

地处青藏高原东缘的甘南高原既是典型的高寒生态脆弱区,也是气候变化的"感应器"和"敏感区",气候变化已使该区农户的生计遭受严重影响,当前急需深入理解农户对气候变化的生计适应机制与适应过程,以便制定有效的适应政策。研究数据主要源于中国气象科学数据共享服务网(http://cdc.cma.gov.cn/home.do)和农户调查资料。气象资料选取合作、玛曲、岷县和临夏四个站点1963—2013年的气温、降水量日值数据集,分析甘南高原近50年的气候变化趋势;农户调查数据来自2014年7月课题组在甘南高原的入户调查。入户调查中,采取分层随机抽样法选取受访农户。由于甘南高原地域辽阔、农牧民居住分散,访谈难度较大,仅抽取37个乡548户,收回有效问卷539份,问卷有效率为98.40%,其中纯牧区186份,半农半牧区168份,农区185份。

基于预调查中对村社干部及农户的访谈,设计了调查问卷,调查对象主要为户主。问卷内容包括:①农户的基本情况,包括户主的年龄、性别、务农年限、受教育程度以及家庭人口、家庭成员的受教育程度、家庭收入、住房及耐用消费品、社会资本等;②气候变化对农户生计的影响。

2. 气候变化趋势分析方法

气候变化趋势采用一元线性回归方程描述,即:

$$y(t) = a + bt \tag{4.1}$$

式中,$y(t)$为气候要素,t为时间(本研究为1963—2013年),a为常数项,b为线性趋势项,将$b \times 10$年作为气候要素倾向率(贺伟等,2013)。

(二)甘南高原气候变化趋势

近50年来甘南高原气温增加显著(0.23℃/10a)(图4-1)。在季尺度上,4个季节的气温均表现为增加趋势,冬季的增幅(0.34℃/10a)明显大于其他3个季节,雪灾趋于减少;≥0℃积温增加明显(45.29℃/10a),且在1995年之后快速增加,可见甘南高原的热量条件整体上呈好转态势,使得作物生长季延长,低温冻害有所减轻(刘彦随等，2010）；降水呈微弱减少态势（–5.21mm/10a）（图4-1），在季尺度上，春秋季降水减少（减幅分别为–4.76mm/10a、–2.72mm/10a），而夏冬季降水增多（增幅分别为1.18mm/10a、1.06mm/10a），可见，春秋季的减幅明显高于夏冬季的增幅。此外，强降水量和强降水频次均呈增加趋势，增幅分别为7.25mm/10a、0.26d/10a，使得暴雨的发生概率增加。

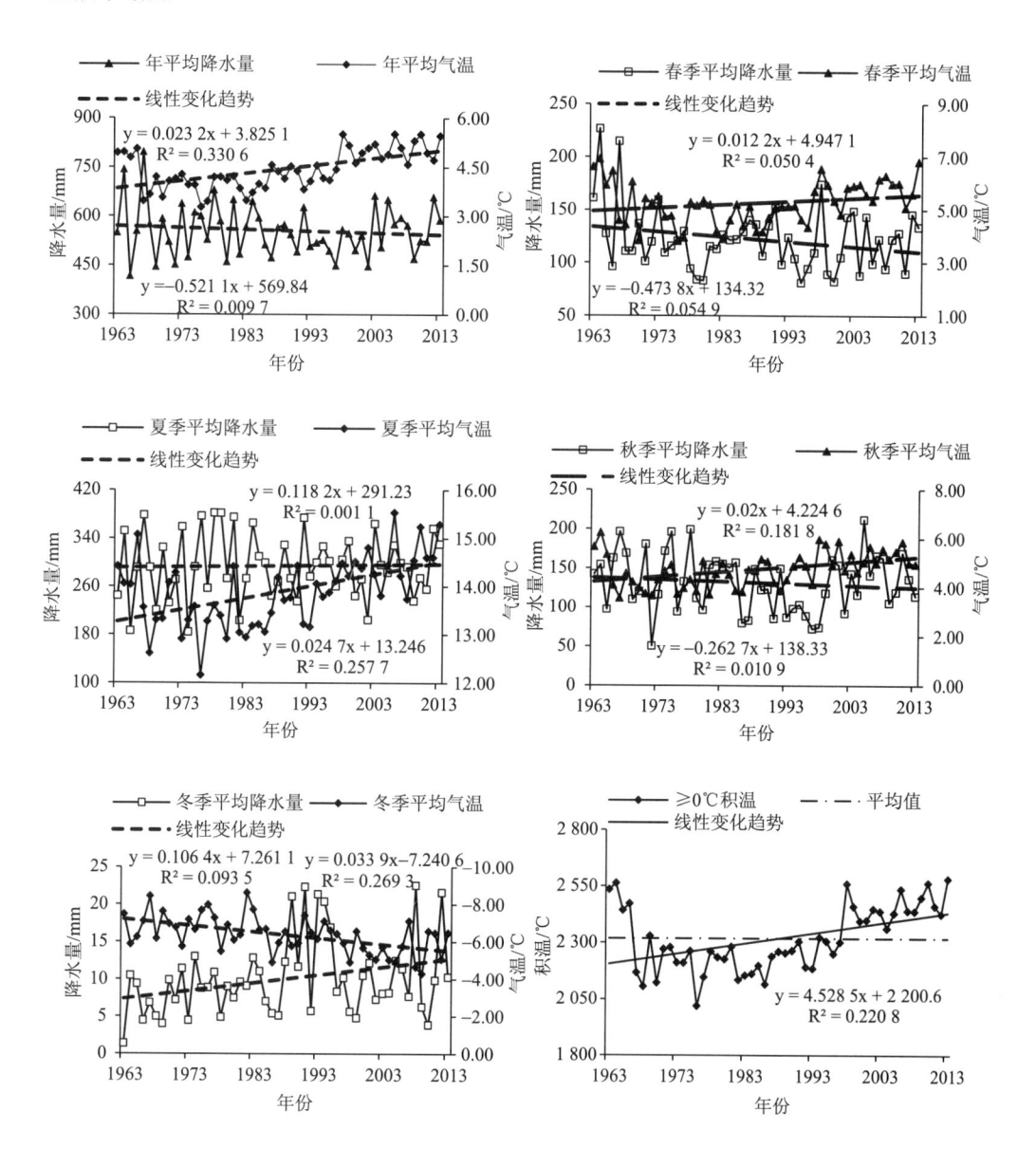

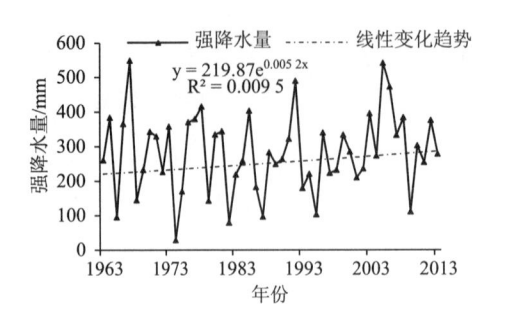

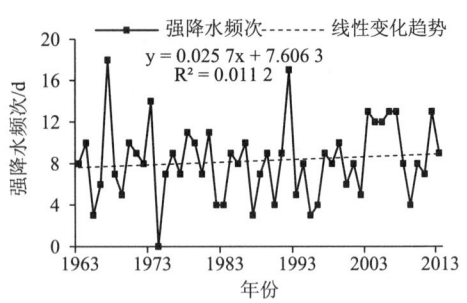

图 4-1　1963～2013 年甘南高原气候变化趋势

（三）气候变化对农户生计的影响

近年来，甘南高原旱灾、水灾、风雹灾、低温霜冻等气象灾害频发，给农牧业生产及农户生计带来严重影响。2009—2013 年间，由气象灾害造成的农业受灾面积达 8 882.67hm²/年，占播种面积的 12.87%；其中，风雹灾造成的受灾面积最大，干旱次之，分别占受灾面积的 34.19%、31.60%，水灾和低温霜冻等灾害影响相对较弱，分别占受灾面积的 14.24%、4.28%。此外，极端天气引发的次生灾害也对农牧业生产及农户生计造成严重影响，例如，2010 年 8 月 7 日舟曲县强降雨引发的特大泥石流灾害，造成两万多人受灾。

以暖干化及暴雨、冰雹、干旱、低温霜冻等气象灾害发生频率增加为特征的气候变化已成为甘南高原农户面临的最严峻生计风险，农户对气候变化的可能性感知比较强烈，有 41.56% 的受访者认为自家暴露于气候变化风险的可能性大，仅有 15.4% 的认为可能性小。其中，半农半牧区有 48.81% 的受访者认为自家暴露于气候变化风险的可能性大，而农区、纯牧区该比例分别为 46.49%、30.62%（图 4-2）。

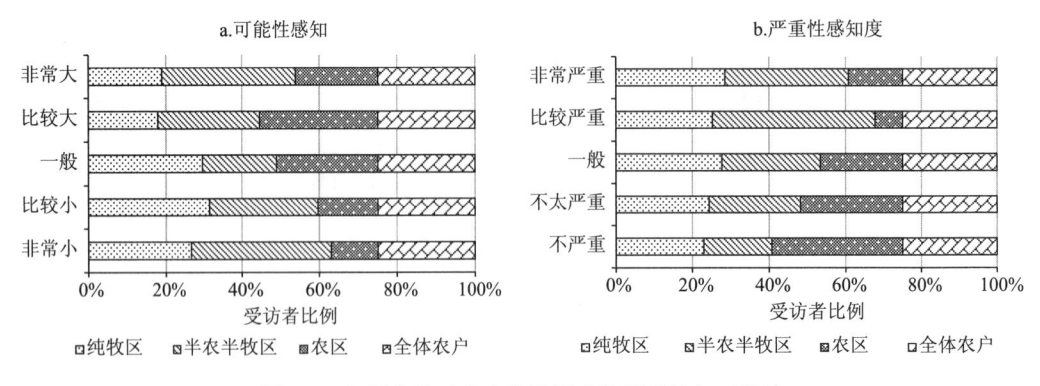

图 4-2　气候变化对农户生计影响的严重性与可能性

气候变化加剧了甘南高原农户的生计脆弱性，有39.08%的农户认为气候变化给其生计带来了严重的影响，其中有52.14%的农户认为气候变化使其生产成本增加，46.73%的农户认为气候变化使其农牧业收入减少。具体来看，半农半牧区有48.64%的受访者认为气候变化严重影响其生计，纯牧区、农区分别有42.25%、26.35%的受访户持此观点。调查中，大部分农户认为气候变化对草地、耕地、牲畜、农作物、水安全等造成了严重威胁，其中：农区40%以上的受访者认为气候变化导致自家农业生产成本增加、农作物减产；半农半牧区43.45%的受访者认为气候变化造成自家牲畜死亡；纯牧区50%以上的受访者认为气候变化造成自家草地退化、牲畜死亡、人畜饮水困难（图4-3）。

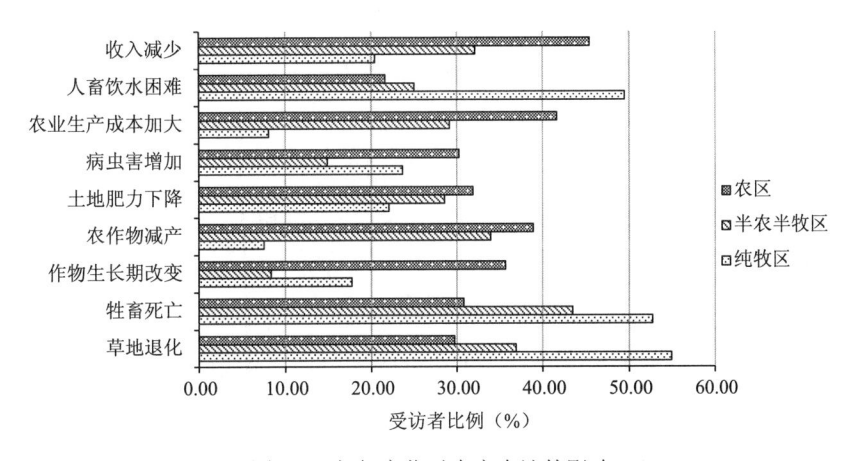

图 4-3　气候变化对农户生计的影响

二、气候变化对农户生计脆弱性的影响

（一）数据来源与研究方法

1. 数据来源

2014年7—8月在甘南高原进行了20余天的野外调查。首先在县级部门收集了资源环境、社会经济统计资料；然后采用调查问卷、观察法、小型座谈会等参与式农村评估（PRA）工具进行农户调查，以获取研究所需的数据及信息。入户调查中，采取分层随机抽样法选取受访农户。由于甘南高原地域辽阔、农牧民居住分散，访谈难度较大，共调查农户548户，收回有效问卷539份，其中纯牧区农户186户，半农半牧区农户168户，农区农户185户。受访农户数量虽较少，但与统计资料对比发现，样本基本上能反映研究区农户的基本情况，具有一定的代表性。

调查内容主要包括：①农户的基本情况，包括户主年龄、务农年限及其受教育水平、家庭规模、收入等；②农户对气候变化的暴露度，包括干旱、冰雹、暴雨的发生频率及农户面临的气象灾害等；③农户生计对气候变化的敏感性，包括农户饮用水、食物及收入对自然资源的依赖度；④农户生计应对气候变化的能力，包括家庭抚养比、劳动力受教育水平、家庭固定资本、生计多样性、气候变化信息获取情况、获取无偿帮助的机会以及交通状况等。

2. 研究方法

（1）农户类型划分

为了更好地识别脆弱群体，对农户类型进行划分。根据户主年龄，将农户划分为青年户主型、中青年户主型、中年户主型、中老年户主型；根据户主受教育水平，将农户划分为低教育水平农户、中等受教育水平农户、高教育水平农户；根据家庭人均收入分为低收入、中等收入及高收入农户；根据家庭抚养比，可分为高负担、中等负担和低负担农户；根据兼业程度可分为纯农户、一兼户和二兼户。

（2）生计脆弱性指标体系

在脆弱性评估中，"暴露—敏感性—适应能力"框架和 VSD 评价整合模型（Vulnerability Scoping Diagram）得到国内外学者的广泛应用（Adger，2006；Ellis，2000）。鉴于此，本研究基于已有相关研究及甘南高原农户的生计特色，从农户对气候变化的暴露度、敏感性以及适应能力三个方面构建了农户生计对气候变化的脆弱性评价指标体系（表 4-1）。

表 4-1 农户生计对气候变化的脆弱性评价指标

脆弱性指标	次级指标	权重	赋值	指标来源
暴露	气象灾害的数量	0.062	调查户所面临极端灾害的选项数占所列选项的比例	Krishnamurthy et al.，2014；Hahn et al.，2009
	干旱发生频率	0.069	几乎没有为 1；比较少为 2；一般为 3；比较频繁为 4；非常频繁为 5	Krishnamurthy et al.，2014；Hahn et al.，2009
	冰雹发生频率	0.069	几乎没有为 1；比较少为 2；一般为 3；比较频繁为 4；非常频繁为 5	Krishnamurthy et al.，2014；Hahn et al.，2009
	暴雨发生频率	0.041	几乎没有为 1；比较少为 2；一般为 3；比较频繁为 4；非常频繁为 5	Krishnamurthy et al.，2014；Hahn et al.，2009
	暴雪发生频率	0.054	几乎没有为 1；比较少为 2；一般为 3；比较频繁为 4；非常频繁为 5	Krishnamurthy et al.，2014；Hahn et al.，2009

续表

脆弱性指标	次级指标	权重	赋值	指标来源
敏感	饮用水对天然水资源的依赖度	0.083	几乎不依赖为1；较少依赖为2；一般为3；比较依赖为4；非常依赖为5	Adger and Kelly, 1999; Hahn et al., 2009
	食物自给度	0.062	全部购买为1；购买较多为2；一般为3；购买较少为4；全部自给为5	Hahn et al., 2009; Rajesh et al., 2014
	家庭收入对自然资源的依赖度	0.077	农牧业收入占家庭收入的比例	Krishnamurthy et al., 2014; Shah et al., 2013
适应	获取气候变化信息的及时性	0.035	非常缓慢为1；比较缓慢为2；一般为3；比较及时为4；非常及时为5	Adger et al., 1999; Rajesh et al., 2014
	家庭人均收入	0.025	家庭人均纯收入	Adger et al., 1999
	固定资本拥有量	0.016	调查户所拥有固定资本的选项数占所列选项的比例	Adger et al., 1999; Rajesh et al., 2014
	户主受教育水平	0.032	文盲为0；小学为0.25；初中为0.5；高中为0.75；大专及以上为1	Shah et al., 2013
	家庭抚养比	0.091	非劳动力人口占劳动力人口的比重	Hahn et al., 2009; Shah et al., 2013
	借款难易程度	0.048	非常困难为1；比较困难为2；一般为3；比较容易为4；非常容易为5	Hahn et al., 2009; Rajesh et al., 2014
	亲友的援助	0.085	几乎没有1；比较少为2；一般为3；比较多为4；非常多为5	Hahn et al., 2009; Rajesh et al., 2014
	交通便捷度	0.073	非常不方便为1；不方便为2；一般为3；比较方便为4；非常方便为5	Krishnamurthy et al., 2014
	生计多样化	0.077	从事1种生计活动，其多样化指数为1；从事2种生计活动，则为2	Hahn et al., 2009

（3）生计脆弱性评估模型

由于调查获取的数据具有不同量纲、数量级和变化幅度，因而需对各次级指标的量化值进行标准化处理。本研究采用极差标准化方法对指标进行标准化处理。为了有效克服指标间的信息重叠，采用熵值法确定各指标的权重。

因综合指数法操作简单，且能有效地反映评价单元脆弱度的相对大小，已成为目前脆弱性评价中广泛应用的一种方法。本研究采用国际上应用较广的综合指数评估模型（Cinner et al., 2012; Liu et al., 2013）测量甘南高原农户生计对气候变化的脆弱性。

$$LVI = (E+S) - A \quad (4.2)$$

式中，LVI 为生计脆弱性指数，E 为暴露水平，S 为敏感性，A 为适应能力。在 LVI

标准化的基础上，根据已有的生计脆弱性评价研究的评价标准（Krishnamurthy et al., 2014），并根据研究区的具体特征，将生计脆弱性平均划分为5个等级，分别为微度脆弱、轻度脆弱、中度脆弱、重度脆弱和极度脆弱。

（二）气候变化下农户生计脆弱性

1. 气候变化下不同年龄户主型农户生计脆弱性

气候变化对不同年龄户主型农户生计脆弱性的影响不同（表4-2），其中青年户主型农户生计受气候变化的影响最强，中青年和中老年户主型次之，中年户主型最小，其生计脆弱度分别为0.566、0.560、0.554、0.543，均处于中度脆弱状态。究其原因在于，虽然中年户主型农户生计对气候变化的暴露度（0.563）高于其他年龄组，但其敏感性较低（0.483），适应能力较强（0.625）。调查中发现，有75.63%、46.25%、46.67%的中年户主型农户认为暴雨、干旱、冰雹频发，而青年户主型农户该比重分别为52.63%、42.11%、39.47%；有46.55%的中年户主型农户的食物基本自给，而青年户主型农户该比重高达62.94%；中年户主型农户的农牧业收入占总收入的比重为50.51%，而青年户主型农户该比重高达62.94%。此外，中年户主型农户中文盲或小学文化户主的比重为56.50%，而中老年户主型农户中该比重高达80%；中年户主型农户中50.64%的农户交通较便捷，而中青年户主型农户中该比重仅为45.24%。

表4-2 不同年龄户主型和不同受教育水平农户生计脆弱性

指标	不同年龄户主型				不同受教育水平户主		
	青年户主型（7.0%）	中青年户主型（25.4%）	中年户主型（45.7%）	中老年户主型（21.9%）	高受教育水平（11.67%）	中等受教育水平（21.30%）	低受教育水平（67.03%）
暴露度	0.538	0.491	0.563	0.534	0.470	0.594	0.527
敏感性	0.518	0.484	0.483	0.487	0.438	0.492	0.494
适应能力	0.598	0.527	0.625	0.582	0.651	0.686	0.542
脆弱度	0.566	0.560	0.543	0.554	0.442	0.530	0.578

总体来看（图4-4），农户收入、饮用水、食物对自然资源的高依赖性，干旱灾害频发，加之家庭抚养比高、生计多样化程度低，是导致青年户主型农户生计脆弱度较高的主要因素；农户收入及饮用水对自然资源的高依赖性，生计多样化程度低、家庭抚养比高，是导致中青年户主型农户生计脆弱度较高的主要因素；农户收入对农牧业的高依赖性，干旱、冰雹等极端灾害频发，加之生计多样化程度低等，是导致中年户

主型农户生计脆弱度较高的主要因素；农户收入对农牧业的高依赖性，干旱灾害频发，加之生计多样化程度低等，是导致中老年户主型农户生计脆弱度较高的主要因素。

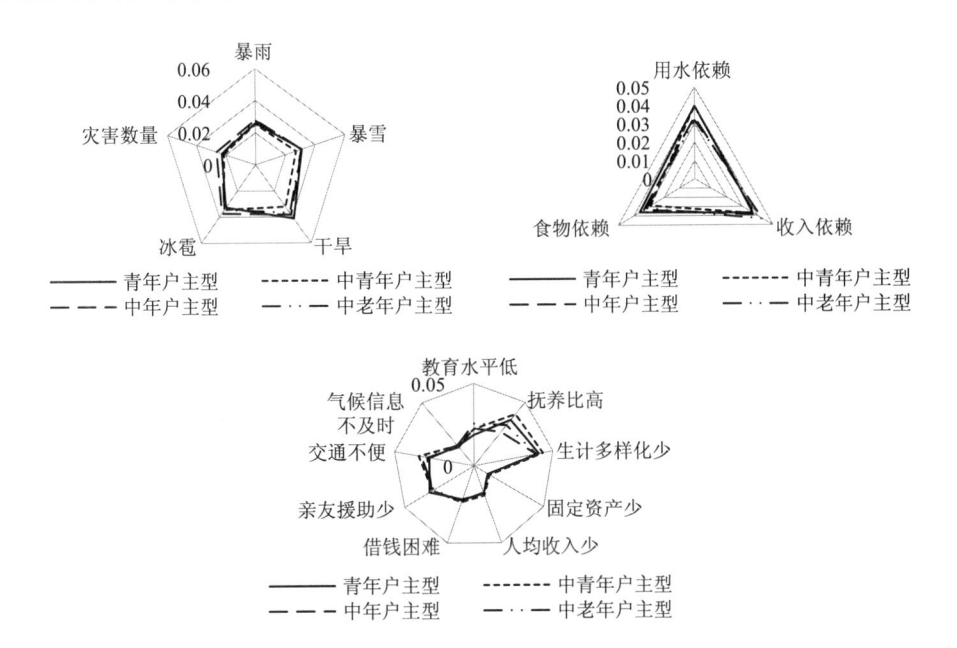

图 4-4 不同年龄户主型农户生计对气候变化的暴露度、敏感性和适应能力

2. 气候变化下不同受教育水平农户生计脆弱性

气候变化对不同受教育水平农户生计脆弱性的影响不同。其中，低受教育水平农户生计受气候变化的影响最强，中等受教育水平农户次之，高受教育水平农户最小，其生计脆弱度分别为 0.578、0.530、0.442，均处于中度脆弱状态（表 4-2）。究其原因在于，虽然低受教育水平农户生计对气候变化的暴露度（0.527）较低，但其敏感性（0.494）较高，且其适应能力（0.542）较低。调查发现，有 48.69%、38.60%、42.32% 的低受教育水平农户认为暴雪、干旱、冰雹频繁发生，而中等受教育水平农户中该比重分别高达 54.87%、53.10%、46.90%；有 31.01% 的低受教育水平农户的饮用水依赖天然水资源，而中等、高受教育水平农户该比重仅分别为 18.75%、24.19%；低受教育水平农户的农牧业收入占总收入比重高达 54.80%，而高受教育水平农户仅为 39.46%。此外，低受教育水平农户的生计多样化指数小，仅为 2.13，而高受教育水平农户为 2.59，且低受教育水平农户的人均年收入低，仅为 3 609.43 元，而高受教育水平农户为 4 311.12 元；低受教育水平农户中交通不便、不能及时获取气候变化信息的农户比重分别为 50.30%、46.73%，而高受教育水平农户该比重仅分别为 41.94%、27.87%。

总体来看（图 4-5），饮用水对自然资源的高依赖性，家庭抚养比高、生计多样化程度低、亲友援助少等，是导致高教育水平农户生计脆弱度较高的主要因素；收入对农牧业的高依赖性，干旱、冰雹等灾害频发，加之生计多样化程度低等，是导致中等教育水平农户生计脆弱度较高的主要因素；收入和饮用水对自然资源的高依赖性，干旱、冰雹等灾害频发，加之家庭抚养比高、生计多样化程度低等，是导致低教育水平农户生计脆弱度较高的主要因素。

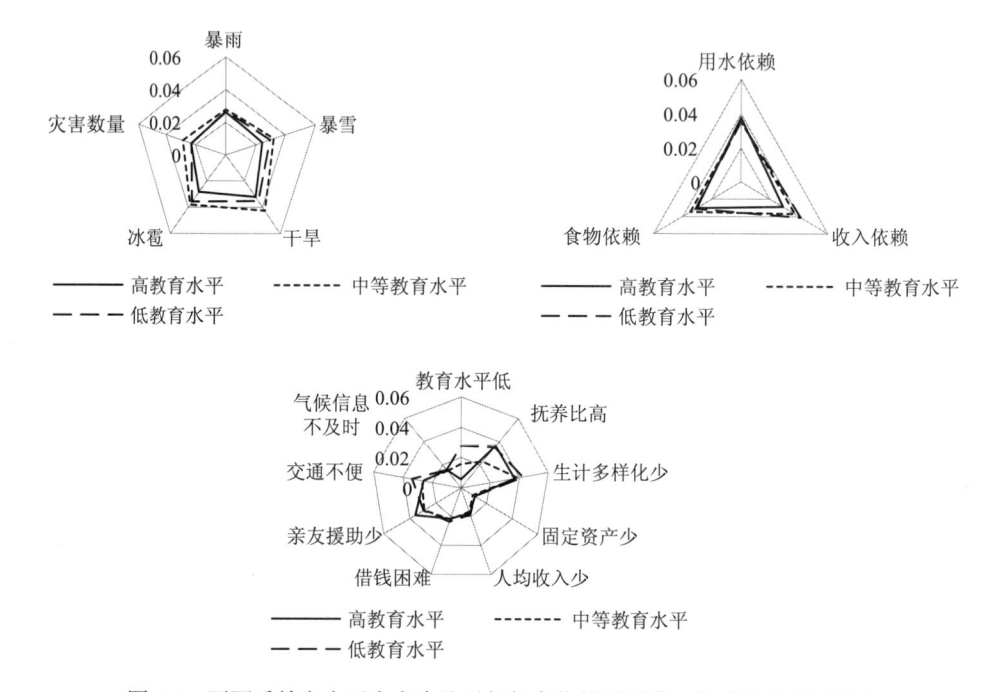

图 4-5 不同受教育水平农户生计对气候变化的暴露度、敏感性和适应能力

3. 气候变化下不同收入农户生计脆弱性

气候变化对不同收入农户生计的影响不同，其中低收入农户生计受气候变化的影响最强，中等收入农户次之，高收入农户最小，其生计脆弱度分别为 0.630、0.544、0.500，均处于中度脆弱状态（表 4-3）。究其原因在于，低收入农户生计对气候变化的暴露度（0.540）和敏感性（0.545）均较高，但其适应能力（0.523）较低。调查发现，有 51.89%、48.11%的低收入农户认为暴雪和冰雹频发，而高收入农户该比重分别为 45.71%、33.02%；50.00%的低收入农户食物基本自给，而高收入农户该比重仅为 43.81%；低收入农户农牧业收入占总收入的比重为 62.89%，而高收入农户仅为 46.67%。此外，低收入农户户主文盲或小学的比重高达 82.00%，而高收入农户仅为 57.61%；

低收入农户生计多样化较少，仅为 2.10，而高收入农户为 2.34；低收入农户固定资产较少，仅为 0.32，而高收入农户为 0.41；低收入农户借钱较为困难、获取气候变化的信息不及时的比重分别为 68.22%、45.19%，而高收入农户该比重分别为 64.22%、25.49%。

表 4-3 不同收入和不同抚养比农户生计脆弱性

指标	不同收入农户			不同抚养比农户		
	高收入农户（20%）	中等收入农户	低收入农户（20%）	高抚养比（31.11%）	中抚养比（27.78%）	低抚养比（41.11%）
暴露度	0.539	0.530	0.540	0.504	0.508	0.574
敏感性	0.471	0.473	0.545	0.494	0.461	0.500
适应能力	0.660	0.581	0.523	0.463	0.570	0.688
脆弱度	0.500	0.544	0.630	0.613	0.529	0.522

总体来看（图 4-6），饮用水、收入对自然资源的高依赖性，干旱、冰雹等灾害频发，加之生计多样化程度低等，是导致高收入和中等收入农户生计脆弱度较高的主要因素；饮用水、收入对自然资源的高依赖性，干旱、冰雹、暴雪等灾害频发，加之家庭抚养比高、生计多样化程度低等，是导致低收入农户生计脆弱度较高的主要因素。

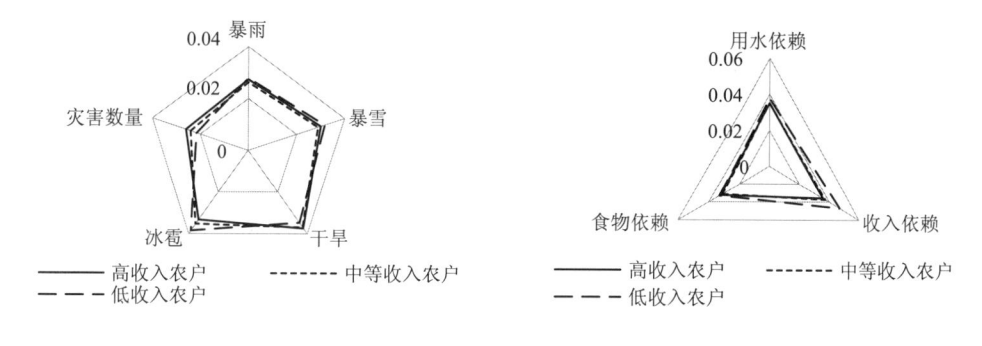

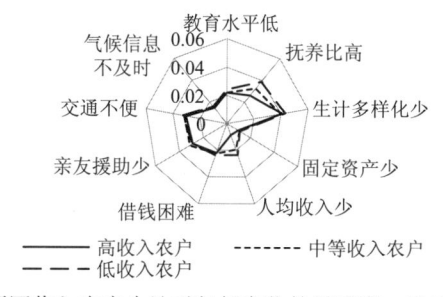

图 4-6 不同收入农户生计对气候变化的暴露度、敏感性和适应能力

4. 气候变化下不同抚养比农户生计脆弱性

气候变化对不同抚养比农户生计的影响不同，其中高抚养比农户生计受气候变化的影响最强，中抚养比农户次之，低抚养比农户最小，其生计脆弱度分别为 0.613、0.529、0.522，其中高抚养比农户处于重度脆弱状态，中、低抚养比农户处于中度脆弱状态（表 4-3）。究其原因在于，虽然高抚养比农户生计对气候变化的暴露度（0.504）较低，但其敏感性（0.494）较高、适应能力（0.493）较低。调查发现，有 44.16%、30.92%的高抚养比农户认为暴雪、干旱频发，而低抚养比农户该比重分别为 54.17%、52.29%；高抚养比农户农牧业收入占总收入的比重为 56.64%，而中抚养比农户该比重仅为 45.35%。此外，高抚养比农户中户主为文盲或小学的比重高达 75.32%，而低抚养比农户该比重仅为 53.37%；高抚养比农户的家庭抚养比高达 1.80，而低抚养农户该比重仅为 0.32；高抚养比农户人均收入为 3 233.26 元，而低抚养比农户为 5 125.59 元；高抚养比农户中交通不便的比重为 51.61%，而中抚养比农户中该比重为 45.07%。

总体来看（图 4-7），饮用水及收入对自然资源的高依赖性、冰雹灾害频发，加之高抚养比、生计多样化程度低、交通不便等，是导致高抚养比农户生计脆弱度较高的主要因素；饮用水及收入对自然资源的高依赖性，干旱、冰雹等灾害频发，加之生计多样化程度低、亲友援助少等，是导致中抚养比农户生计脆弱度较高的主要因素；食物、饮用水及收入对自然资源的高依赖性，干旱、冰雹等灾害频发，生计多样化程度低等，是导致低抚养比农户生计脆弱度较高的主要因素。

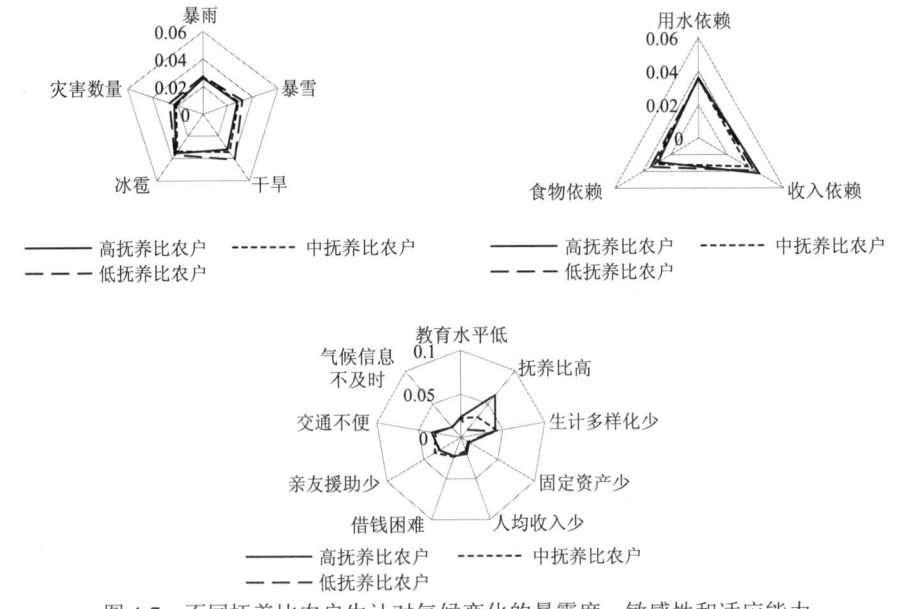

图 4-7 不同抚养比农户生计对气候变化的暴露度、敏感性和适应能力

5. 气候变化下不同生计类型农户生计脆弱性

气候变化对不同生计类型农户生计的影响不同，其中：纯农户生计受气候变化的影响最强，一兼户次之，二兼户最小，其生计脆弱度分别为 0.663、0.594、0.481（表 4-4）。究其原因在于，纯农户生计对气候变化的暴露度和敏感性较高，而其适应能力较低。调查发现，有 55.70%、46.25%的纯农户认为干旱、冰雹频发，而二兼户该比重分别为 45.49%、39.08%；纯农户农牧业收入占总收入的比重高达 96.47%，而二兼户该比重仅为 23.93%。此外，纯农户中户主为文盲或小学的比重为 71.23%，而二兼户该比重为 57.27%；纯农户生计多样化较少，为 2.19，而二兼户为 2.28；纯农户人均收入较少，仅为 2 809.42 元，而二兼户为 5 341.51 元；有 54.32%、50.26%的纯农户交通不方便、获取气候变化信息不及时，而二兼户该比重仅分别为 45.12%、36.29%。

表 4-4 不同生计类型农户生计脆弱性

指标	不同生计类型农户		
	纯农户（15.93%）	一兼户（37.41%）	二兼户（46.67%）
暴露度	0.535	0.552	0.519
敏感性	0.675	0.533	0.387
适应能力	0.586	0.582	0.594
脆弱度	0.663	0.594	0.481

总体来看（图 4-8），饮用水和收入对自然资源的高依赖性，干旱、冰雹等灾害频发，加之生计多样化程度低等，是导致纯农户和一兼户生计脆弱度较高的主要因素；饮用水及食物对自然资源的高依赖性，干旱、冰雹等灾害的频发，加之高抚养比、生计多样化程度低、亲友援助少等，是导致二兼户生计脆弱度较高的主要因素。

6. 气候变化下不同区域农户生计脆弱性

气候变化对甘南高原不同区域农户生计的影响存在差异（表 4-5）。其中，纯牧区农户生计受气候变化的影响最强，半农半牧区次之，农区农户最小，其脆弱度分别为 0.590、0.563、0.504，均处于中度脆弱状态。究其原因在于，纯牧区农户生计对气候变化的敏感性较强，适应能力较低。调查发现，纯牧区农户农牧业收入占总收入的比重为 56.16%，而农区农户该比重为 44.43%；此外，纯牧区户主为文盲及小学文化的农户比重为 79.65%，而农区该比重为 32.92%；纯牧区家庭抚养比达 1.2，而农区为 0.69；63.37%的纯牧区农户交通不便，而农区该比重为 61.64%。

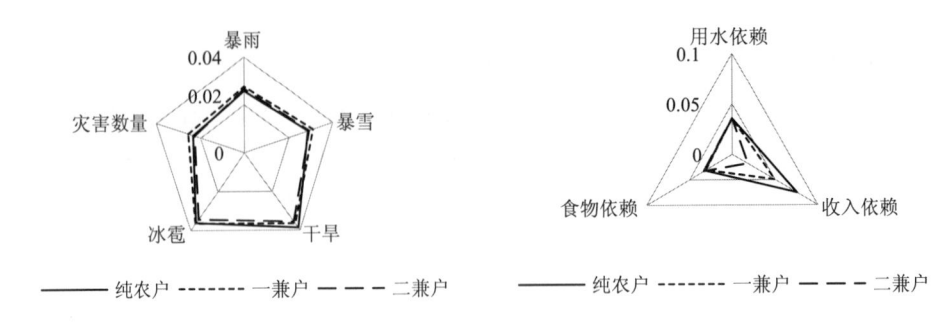

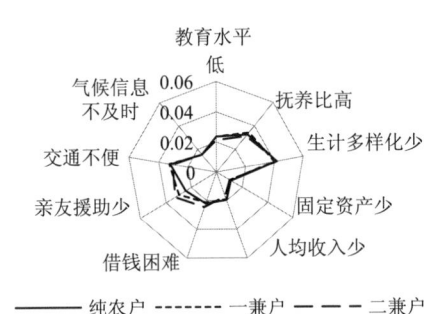

图 4-8　不同生计类型农户生计对气候变化的暴露度、敏感性和适应能力

表 4-5　不同区域农户生计脆弱性

区域	暴露度	敏感性	适应能力	脆弱度
纯牧区	0.488	0.502	0.493	0.590
半农半牧区	0.574	0.484	0.605	0.563
农区	0.545	0.475	0.612	0.504

总体来看（图 4-9），饮用水及收入对自然资源的高依赖性，加之家庭抚养比高和生计多样化程度低，是导致纯牧区农户生计脆弱度较高的主要因素；收入对农牧业的高依赖性，干旱、冰雹等极端灾害频发，加之生计多样化程度低，是导致半农半牧区农户生计脆弱度较高的主要因素；食物对自然资源的高依赖性、干旱发生频率高，加之生计多样化程度低等，是导致农区农户生计脆弱度较高的主要因素。

（三）影响农户生计对气候变化脆弱性的关键因素

相关研究证实，农户生计对气候变化的脆弱性受户主的年龄、受教育水平等个体特征以及农户家庭规模、家庭收入、家庭抚养比、生计类型以及生计多样化等家庭特征的影响（Adger *et al.*，2009；Shah *et al.*，2013；阎建忠等，2011）。因此，将户主特征变量与家庭特征变量作为自变量，将农户生计对气候变化的暴露度、敏感性、适应能力及脆弱度作为因变量,并引入地区虚拟变量(是否农区:是为1,否为0;是否纯牧区:是为1,否为0),采用多元线性回归模型来确定影响农户生计对气候变化脆弱性的关键因素(表4-6)。其中,模型1、模型2、模型3、模型4的因变量分别为暴露度、敏感性、适应能力、脆弱度。

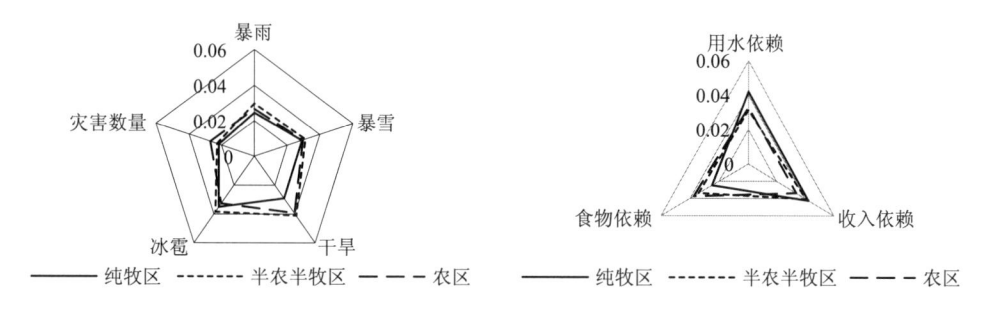

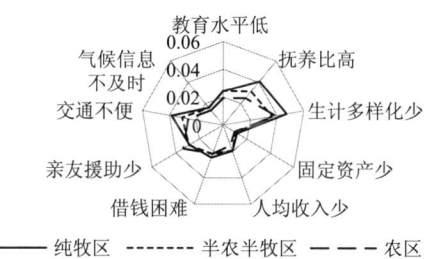

图4-9 甘南高原农户生计对气候变化的暴露度、敏感性和适应能力

表4-6 影响气候变化对农户生计脆弱性的因素拟合结果

变量	模型1(暴露度) 系数	标准差	模型2(敏感性) 系数	标准差	模型3(适应能力) 系数	标准差	模型4(脆弱度) 系数	标准差
常数	0.574***	0.056	0.795***	0.043	0.521***	0.037	0.8***	0.047
户主年龄	0.000	0.001	−0.001**	0.001	0.000	0.001	−0.001	0.001
户主受教育程度	−0.027	0.032	−0.002	0.024	0.151***	0.021	−0.111***	0.027
家庭规模	0.004	0.006	−0.001	0.004	−0.004	0.004	−0.001	0.005
家庭人均收入	0.028	0.036	−0.026	0.028	0.148***	0.024	−0.090***	0.030
家庭抚养比	−0.038***	0.013	−0.017*	0.010	−0.127***	0.008	0.044***	0.011
生计类型	−0.048**	0.026	−0.386***	0.020	0.049***	0.017	−0.236***	0.022
生计多样化	0.012	0.008	−0.016***	0.006	0.062***	0.005	−0.041***	0.006
农区	−0.027	0.021	0.022	0.016	−0.003	0.014	−0.005	0.018
纯牧区	−0.065***	0.021	−0.002	0.016	0.031**	0.014	−0.022	0.017
模型检验	R^2 0.066 F统计值 4.143***		0.425 43.572***		0.584 82.565***		0.329 28.833***	

注:*在0.1水平上显著;**在0.05水平上显著;***在0.01水平上显著。

拟合结果显示，模型 1、模型 2、模型 3、模型 4 的 F 检验值分别为 4.143、43.572、82.565、28.833，在 0.01 水平上显著，其中 R^2 分别为 0.066、0.425、0.584、0.329，说明上述变量能在一定程度上解释农户对气候变化的暴露度、敏感性、适应能力及脆弱性。

结果显示，家庭抚养比和生计类型分别在 0.01 和 0.05 水平上与暴露度呈负相关，说明家庭抚养比和生计非农化水平越高，农户生计对气候变化的暴露度越低；户主年龄、家庭抚养比、生计类型和生计多样化水平分别在 0.05、0.1、0.01 和 0.01 水平上与敏感性呈负相关，说明随着户主年龄和家庭抚养比的增大以及生计非农化和生计多样化水平的提高，农户生计对气候变化的敏感性趋于降低；家庭抚养比与适应能力在 0.01 水平呈负相关，户主受教育程度、家庭人均收入、生计类型及生计多样化水平与适应能力在 0.01 水平上呈正相关，但与脆弱度在 0.01 水平上呈负相关，说明随着户主受教育水平、家庭人均收入、生计非农化水平、生计多样化水平的提高，农户生计对气候变化的适应能力趋于增强，其生计脆弱度趋于降低，而随着家庭抚养比的增大，农户生计对气候变化的适应能力趋于降低，其生计脆弱度趋于增大。

明确气候变化对农户生计的影响，对于制定有效的气候变化适应政策，增强农户应对气候变化的适应能力，减轻农村贫困人口的生计脆弱性具有重要意义。总体来看，气候变化对甘南高原不同类型农户生计的影响不同，且气候变化下农户的生计脆弱性与其年龄和受教育水平、家庭人均收入水平、非农化水平及生计多样化水平呈负相关，与家庭抚养比呈正相关。鉴于此，当前急需通过降低农户生计对气候变化的暴露度和敏感性，提高农户应对气候变化的适应能力来降低农户生计的脆弱性。首先，应完善气候变化信息发布平台，建立气象灾害预警机制，及时、准确地为农户提供气候变化信息；其次，应加强农村道路交通建设以及生活和生产用水、用能等民生工程建设，解决农村出行、水资源以及食物安全问题；第三，应加大对农村劳动力，尤其是对剩余劳动力的职业技能培训力度，提升农牧民非农就业的能力，拓宽农民向非农就业转变的渠道。

第二节 农户应对气候变化的生计适应意向

气候变化影响着生态系统及人类的发展，对食物、水安全、公共健康、自然资源和生物多样性等造成严重威胁，尤其加剧了以自然资源为生计基础的贫困农业人口的脆弱性（Rodima-Taylor et al., 2012）。适应作为一种减轻气候变化负面影响的政策选项，已引起全社会的广泛关注，探索有效的适应对策及适应模式成为气候变化适应性研究的前沿领域和核心内容。然而，适应并非纯粹理性的技术过程，而是嵌入在一定社会背景中有价值倾向的高度主观过程，人们无论经历什么风险或冲击，只有感知到行动的需要并具有反应能力，产生适应意向，才会作出适应决策。其中，意向更是引起适应的决定性要素，许多有意识的适应决策都需要适应意向（Adger et al., 2009；赵雪雁，2014）。可以说，生计适应意向作为理解人文响应行动的基础，为探明气候变化适应机制与适应过程提供了一种新视角。

一、气候变化的生计适应意向

（一）数据来源

2014 年 7—8 月，课题组采用调查问卷、访谈、小型座谈会等农村参与式评估工具在甘南高原进行了 20 余天的农户调查。入户调查中，采取分层随机抽样法选取受访农户。由于甘南高原地域辽阔、农户居住分散，调查难度较大，仅调查了 548 户农户，删除信息不全的问卷，收回有效问卷 539 份，问卷有效率为 98.5%，其中纯牧区 186 份，半农半牧区 168 份，农区 185 份。调查过程中，为了确保信息准确，聘请了 6 名藏族大学生作为语言翻译，每户问卷调查时间约为 30—40 分钟。

基于预调查中对农户的访谈设计了调查问卷。调查内容主要包括：①农户的生计资本，包括自然资本（草地及耕地面积、质量等）、人力资本（家庭规模、劳动力数量、家庭成员的受教育程度及健康状况等）、金融资本（家庭收入、无偿现金援助机会、信贷情况等）、物质资本（固定资产、牲畜等）、社会资本（亲戚数量、遭受风险提供帮助的人数等）；②农户对气候变化的风险感知及适应感知，包括农户对气候变化影响的严重性感知、对自身不作为所遭受损害的可能性感知；③农户对气候变化的适应感知，包括农户对适应行动减缓负面影响的预期效果感知、对自身适应能力的感知、对适应行动的预期成本感知；④农户对气候变化的适应障碍；⑤农户对气候变化的适应意向。

（二）农户的生计适应意向

生计适应意向是影响农户适应决策的最关键因素。甘南高原农户对气候变化的适应意向较强，有 52.9%的农户愿意积极应对气候变化，有 29.5%的农户对气候变化持听天由命的观点，17.6%的受访户等待外界援助，后两者都属于消极适应意向。进一步分析发现，非农户主动适应气候变化的意向最高，兼业户次之，纯农户最低，非农户中愿意主动适应气候变化的农户比重为 63.2%，而兼业户、纯农户中该比重分别为 52.5%、47.5%。可见，随着非农化水平的提高，农户对气候变化的积极适应意向趋于增强。

究其原因，主要在于纯农户遭受气候变化的冲击更为严重，而其自身的适应能力有限，面对气候变化的冲击往往束手无策，尤其对于极端天气（例如暴雨、冰雹、暴雪等气象灾害）的冲击缺乏应对能力，认为自身无法有效抵御气象灾害影响，因而丧失了主动应对气候变化的信心；加之，纯农户的信息获取渠道有限，无法有效、及时、准确地获取气候变化信息和适应策略信息，限制了其应对气候变化的积极适应意向。访谈中，大部分纯农户也反映自身的适应能力有限，而气候变化（尤其气象灾害）带来的冲击非常大，加之气候变化具有不确定性，目前所采取的应对措施效果较差，与其应对，还不如听天由命。

二、气候变化感知对生计适应意向的影响

（一）研究方法

1. 研究假设

通常个体响应气候变化要经过 3 个相互关联的阶段，即观察、感知和行动，且后一阶段必须以前一阶段为基础。其中，感知是采取人文响应行动的前提与基础，格罗斯曼和帕特（Grothmann and Patt，2005）在个人主动适应气候变化的社会认知模型（model of private proactive adaptation to climate change，MPPACC）中将个人对气候变化的感知分解为风险感知与适应感知；意向是引起适应行动的最终决定性要素，适应意向虽不能被观察或直接测量，但能够通过态度（例如对某种信息及其来源、特定适应选择的满意或不满意等）与行为措施（例如积极主动地追寻/利用信息或积极实施等）显示自己的意向选择（李华敏，2010），可分为积极适应意向（例如愿意采取行动积极应对气候变化）与不良（或消极）适应意向（例如听天由命或等待外界援助）。

风险感知是风险主体对其自身面临或可能面临的风险进行感知和识别。作为一种充满个人意志的解释过程，风险感知既包含个体对风险可能性的主观判断，也包含其对风险结果的主观理解（Slovic et al.，2004）。在有限理性的决策模式下，风险感知会促使人们采取行动来降低风险，它是决策行为的重要解释变量。通常，农户对气候变化的风险感知，不仅会评估气候变化对自身损害程度的严重性，而且会评估如果自身

不作为所遭受损害的可能性，从而形成了气候变化的严重性感知与可能性感知。风险感知是形成气候变化适应意向的前提，它们对激励农户采取适应行为起着关键作用，格罗斯曼和帕特（Grothmann and Patt，2005）发现，感知到的风险水平决定着参与适应实践的可能性，当感知到的与气候变化相联系的风险较低时，参与适应实践的可能性就会降低，只有当农户对气候变化危害的严重性与可能性感知强烈时，农户才会产生积极适应意向。综上，在农户的风险感知向适应意向转化过程中，虽受外在因素（例如适应激励等）的制约，但农户内在的风险感知程度越高，则积极适应意向越强烈。基于此，提出以下假设，假设1：气候变化风险感知与适应意向之间具有显著相关性，风险感知程度越高的农户，积极适应意向越强烈；假设1a：对气候变化危害的严重性感知与积极适应意向之间具有显著正相关性；假设1b：气候变化的可能性感知与积极适应意向之间具有显著正相关性。

适应感知是风险主体对其自身适应能力、适应成本及适应效果进行的感知和识别，是风险主体是否采取适应行动的重要决定因素。通常农户在评价气候变化风险的同时，会感知所采取的适应行动对保护自己或他人免受威胁的有效性或预期结果、自己实施或执行适应行动的能力，以及执行适应行动的预期成本并进行评估，从而形成适应功效感知、自我效能感知及适应成本感知。只有当农户感知到自身的适应能力较强、适应效果明显、适应代价较低时，才会产生积极适应意向；而低自我效能感知与高适应成本感知往往会导致消极适应意向。综上，在农户的适应感知向适应意向转化过程中，虽受认知偏见、直观判断等因素的制约，但农户的适应感知影响着其适应意向，其中适应成本越高，积极适应意向越弱；而适应功效感知与自我效能感知越高，积极适应意向越强烈。基于此，提出下述假设，假设2：气候变化的适应感知与适应意向之间具有显著相关性；假设2a：气候变化的适应功效感知与积极适应意向之间具有显著的正相关性；假设2b：气候变化的自我效能感知与积极适应意向之间具有显著的正相关性；假设2c：气候变化的适应成本感知与积极适应意向之间具有显著的负相关性（图4-10）。

已有研究也显示，虽然认识到气候变化危害的农户更倾向于采取应对气候变化的适应性行为，但这种认识并不是使其采取主动适应性行为的直接的或唯一的决定因素。埃琳等（Erin et al.，2012）在印度尼西亚的研究发现，农村地区的许多家庭虽感知到了气候变化的危害却并未采取行动，而城市地区的许多家庭虽采取了行动却未感知到气候变化及其影响。可见，农户的适应意向并不仅仅依赖于对气候变化危害的认知，还受其他因素的影响。其中，适应激励在提供农户的气候变化适应意向中也起着重要作用，尤其当农户没有风险感知时，它对促使农户形成适应气候变化的意向起着关键作用。德雷萨等（Deressa et al.，2009）则指出，教育水平、性别、年龄、户主健康状况、社会资本等均会影响农民对气候变化的适应意向；格罗斯曼和帕特（Grothmann and Patt，2005）提出，时间、金钱、忍耐力、知识、权利等客观适应能力影响着个人的适应选择；李广东等（2012）也指出，农户的决策也受其心理资产（尤其性格特征）的影响，通常农户面对重大变故与风险时越乐观，其积极适应意向越强烈，反之，则会产生消极适应意向。

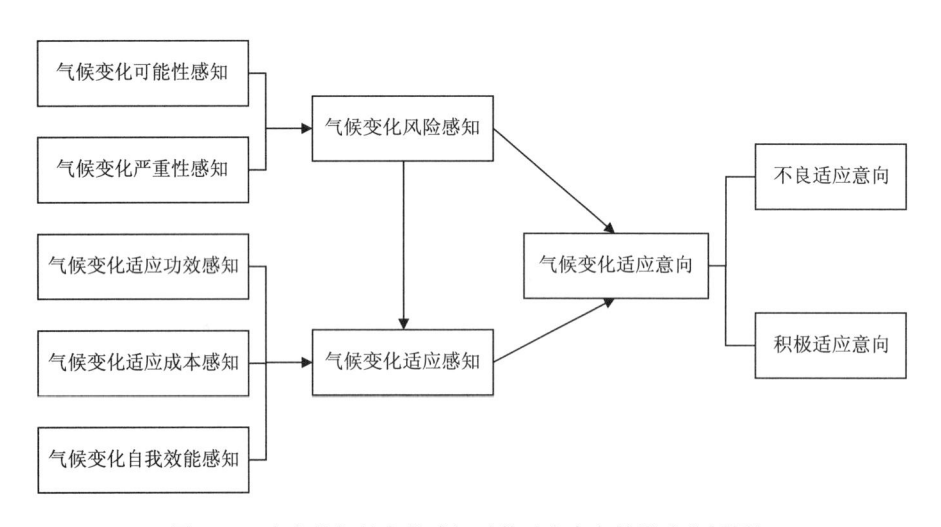

图 4-10　农户的气候变化感知对其适应意向的影响分析框架

2. 变量选择

基于上述研究假设，选择农户对气候变化的风险感知、适应感知、适应激励、客观适应能力及生计方式作为解释变量，农户应对气候变化的生计适应意向作为被解释变量。其中，适应意向通过询问"面对气候变化，您打算怎么做？"来获取相关信息；农户对气候变化的风险感知与适应感知均采用五级量表来测量；适应激励通过询问"政府是否采取措施激励您适应气候变化"来获取相关信息；生计方式用非农化水平（从事非农生产的劳动力占家庭总劳动力的比重）来测量。库鲁普等（Kuruppu and Liverman，2011）把农户的适应能力看作各种生计资本联合起来所产生的期望结果或效果，指出自然资本、人力资本、金融资本、物质资本、社会资本可以促进农户应对气候变化的适应能力；而李广东等（2012）发现，除上述 5 种生计资本以外，农户的决策也受其心理资本（尤其性格特征）的影响。因此用农户拥有的自然资本、人力资本、金融资本、物质资本、社会资本、性格特征来考察其客观适应能力，并参照赵雪雁（2011）的研究对各类生计资本指标进行测量与赋值。其中，社会资本用亲戚网（亲戚数量）与帮助网（遇到风险提供援助的人数）规模来测量；人力资本用家庭整体劳动能力与成年劳动力受教育水平来测量；自然资本用人均耕地面积与人均草地面积来测量；金融资本用人均现金收入与获得无偿现金援助机会来测量；物质资本用固定资产拥有量及牲畜数量来测量；性格特征用农户面临困难或身处逆境时的心理状态来表征（表 4-7）。

表 4-7 变量的测量与赋值

指标	测度问题	赋值	均值	标准差
严重性感知	气候变化对生计损害程度多大？	非常小为 1；一般为 3；非常严重为 5	3.781	1.115
可能性感知	自身不作为遭受损害的可能性多大？	非常小为 1；一般为 3；非常大为 5	3.341	0.788
适应功效感知	适应行动能否减缓气候变化的负面影响？	没有效果为 1；一般为 3；效果非常好为 5	3.429	0.881
自我效能感知	自身适应气候变化的能力如何？	非常低为 1；一般为 3；非常强为 5	2.848	0.756
适应成本感知	所采取适应行动的预期成本如何？	非常低为 1；一般为 3；非常高为 5	3.525	0.841
人力资本	家庭整体劳动能力	非劳动力为 0；半劳动力为 0.5；全劳动力为 1.0	3.991	1.175
	成年劳动力受教育程度	文盲为 0；小学为 0.25；初中为 0.5；高中为 0.75；大专及以上为 1.0	1.231	0.835
自然资本	人均耕地面积	人均实际耕种面积（hm²）	0.067	0.084
	人均草地面积	人均拥有的草地面积（hm²）	1.001	2.180
物质资本	家庭固定资产拥有量	所拥有的固定资产项数占所列选项的比例（%）	0.347	0.156
	牲畜数量	拥有的牲畜数量（羊单位）	212.42	353.28
金融资本	人均年收入	人均年收入（元）	7 082.12	7 032.19
	获得无偿现金援助的机会	有为 1；无为 0	0.523	0.500
社会资本	亲戚网规模	很多为 1；较多为 0.75；一般为 0.5；较少为 0.25；很少为 0	0.455	0.255
	帮助网规模	很多为 1；较多为 0.75；一般为 0.5；较少为 0.25；很少为 0	0.649	0.213
性格特征	面临困难或逆境时的心理状态	非常沮丧为 1；较沮丧为 2；一般为 3；较乐观为 4；非常乐观为 5	3.902	0.813
生计方式	非农化水平	从事非农生产的劳动力占家庭总劳动力的比重（%）	46.18	33.82
适应意向	面对气候变化，您打算怎么做？	积极适应为 1；听天由命或等待外界援助为 0	0.529	0.499

3. 验证模型

采用二元 Logistic 回归模型分析影响农户应对气候变化适应意向的关键因素，并利用最大似然估计法对其回归参数进行估计。将农户的气候变化适应意向简化为 0—1 型因变量 y_i，即"积极适应意向"定义为 1，"听天由命或等待援助等消极适应意向"定义为 0；假定 x_i 是自变量，P_i 是适应意向 y_i 发生的概率，其回归模型为：

$$P_i = \frac{\mathrm{Exp}(\beta_0 + \beta_1 x_{i1} + \cdots + \beta_m x_{im})}{1 + \mathrm{Exp}(\beta_0 + \beta_1 x_{i1} + \cdots + \beta_m x_{im})} \quad (4.3)$$

式中，β_0 为常数，β_1，β_2，$\cdots$，β_m 为回归系数，表示诸自变量 x_{im} 对 P_i 的贡献量。回归系数为正值时，表示解释变量每增加一个单位值，发生比会相应增加；相反，回归系数为负值，则表示解释变量每增加一个单位值，发生比会相应减少。回归系数的 Wald 值表示在模型中每个解释变量的相对权重，可表征每个解释变量对事件预测的贡献力。

（二）气候变化感知对生计适应意向的影响

将农户对气候变化的风险感知、适应感知、生计资本、生计方式、适应激励与农户的适应意向等变量纳入二元 Logisitic 模型进一步进行分析，结果显示，模型的 x^2 检验值为 101.603，显著性水平为 0.01（<0.05）；Hosmer-Lemeshow 拟合优度为 7.239，P 值为 0.511（>0.05），说明模型具有较好的拟合优度（表 4-8）。

表 4-8　农户的气候变化感知对其适应意向影响的估计结果

变量	系数	标准差	Wald 值	Exp（B）	变量	系数	标准差	Wald 值	Exp（B）
常量	−2.656**	0.947	7.869	0.070	人均耕地	1.105*	0.660	2.803	3.018
严重性感知	0.1**	0.093	4.499	1.218	人均草地	−1.101	1.413	0.607	0.332
可能性感知	0.444***	0.134	10.981	1.559	固定资本拥有量	−2.072**	0.679	9.321	0.126
适应功效感知	0.237*	0.137	2.990	1.268	牲畜拥有量	1.816**	0.651	7.770	6.144
自我效能感知	0.141	0.135	1.088	0.869	人均年收入	1.776**	0.814	4.768	5.909
适应成本感知	−0.418**	0.137	9.329	0.658	无偿现金援助机会	−0.652**	0.215	9.213	0.521
家庭整体劳动力	−0.063	0.829	0.006	0.939	亲戚数量	−0.654*	0.398	2.699	0.520
劳动力受教育程度	0.041	0.702	0.003	1.042	提供帮助的人数	−0.799*	0.495	2.607	0.450
适应激励	0.817***	0.220	13.797	2.265	性格特征	0.557***	0.132	17.704	1.745
非农化水平	0.006*	0.003	3.188	1.006					

注：*P<0.1；**P<0.05；***P<0.001。

结果显示，气候变化感知中除自我效能感知未通过显著性检验外，可能性感知在 0.001 水平上显著，严重性感知、适应成本感知均在 0.05 显著性水平上显著，适应效能感知在 0.1 水平上显著。在农户的气候变化感知中，可能性感知对适应意向的影响最重要，其 Wald 值为 10.981；适应成本感知的影响次之，其 Wald 值为 9.323；再次为严重性感知，其 Wald 值为 4.499。可见，农户的气候变化风险感知与适应感知对其生计适应意向起着关键作用。

气候变化风险感知的 2 个组分——严重性感知、可能性感知均对生计适应意向产生正向影响，它们每提高 1 个单位，农户产生积极适应意向的概率分别增加 1.218 倍、1.599 倍，说明气候变化风险感知会促使农户产生积极适应意向，这证实了假设 1。

气候变化适应感知的 3 个组分中，自我效能感知对生计适应意向的影响不显著；适应功效感知对生计适应意向产生正向影响，它每提高 1 个单位，农户产生积极适应意向的概率增加 1.268 倍；而适应成本感知对生计适应意向产生负向影响，它每提高 1 个单位，农户产生积极适应意向的概率降低 0.658 倍。说明适应效能感知会促使农户产生积极适应意向，而适应成本感知会促使农户产生消极适应意向，这在一定程度上证实了假设 2。

农户的客观适应能力中，人力资本两项指标对生计适应意向的影响均不显著；性格特征的影响最重要，其 Wald 值为 17.704；固定资本拥有量的影响次之，其 Wald 值为 9.321；再次为无偿现金援助机会，其 Wald 值为 9.213。其中，人均耕地面积、牲畜数量、人均收入及性格特征均对积极适应意向具有显著的正向影响，它们每提高 1 个单位，农户产生积极适应意向的概率分别增加 3.108 倍、6.144 倍、5.909 倍、1.745 倍；而固定资产拥有量、无偿现金援助机会、亲戚网与帮助网规模均对积极适应意向具有显著的负向影响，它们每提高 1 个单位，农户产生积极适应意向的概率分别下降 0.126 倍、0.520 倍、0.521 倍、0.405 倍。可见，农户拥有的耕地面积与牲畜数量越多、收入水平越高、性格越乐观，越易于产生积极适应意向；而固定资产与无偿现金援助机会越多、亲戚网及帮助网规模越大，越易于产生消极适应意向。

非农化水平及政府提供的适应激励对生计适应意向产生显著正向影响。其中，非农化水平每提高 1 个单位，产生积极适应意向的概率增加 1.006 倍；适应激励的 Wald 值达 13.797，它每提高 1 个单位，农户产生积极适应意向的概率增加 2.265 倍。可见，提高非农化水平、增强适应激励有助于促使农户产生积极适应意向。

1. 气候变化感知偏差与生计适应意向

气候变化的影响是客观存在的，而风险是社会建构的。气候变化风险来源于人们的主观判断，不仅受个体因素（例如人格特征、知识经验等）的影响，还受风险的性质、期望水平、可控程度以及风险沟通、成就动机等因素的影响（刘金平等，2006），从而使风险感知与客观的真实风险存在一定的差距。例如，当媒体对气候变化的发生和负面影响进行广泛密集报道时，可能使人们对气候变化发生的概率及后果严重性的判断增强，造成风险感知过高（Pasquaré and Oppizzi，2012）；而信息匮乏或信息传递过程不对称，有可能使人们的风险感知过低。这种偏差程度越大越可能使个体产生不适的心理状态和不理性的行为方式（李华强等，2009），尤其对气候变化风险感知存在乐观主义认知偏见（即人们认为他们受灾害影响的个人风险要小于平均风险）时，往往会低估气候变化风险，使农户错失响应气候变化的机会而造成不必要的损失；而风险感知过高则有可能造成过度的心理压力，从而产生不良适应意向（Tam and Niels，2013）。

适应感知作为人们对自己免受危害的能力以及采取行动的代价进行的自觉认识和主观判断，同样受到心理、文化、社会、制度等多因素的影响，使这种判断和实际的适应能力、适应成本与适应效果之间存在偏差。通常，认知偏见与直观推断会非理性地影响农户感知到的适应能力，导致高估、低估或错误估计他们的适应能力；同时，农户对气候变化风险的感知不准确（例如过高地估计气候变化的负面影响），也会使农户产生错误的适应感知（例如过低估计适应功效或过高估计适应成本），这都将引起农户对气候变化的不良适应意向。因此，未来需要进一步甄别影响农户对气候变化的风险感知与适应感知的因素，明确这些因素影响气候变化感知的作用路径与作用大小，引导农户准确地感知气候变化风险，评估自身的适应能力，尽可能减小农户的气候变化感知偏差。

2. 气候变化感知与生计适应意向的关系

拟合结果显示，农户的气候变化风险感知对其生计适应意向具有显著影响，而且随着风险感知的增强，农户产生积极适应意向的概率将增加。这与秋等（Cho and Lee，2006）的研究结果一致，他们也指出高风险往往将人们置于一种沮丧和焦虑的状态中，从而促使人们采取行动来解决问题或减缓这种状态，感受到的风险越高，人们越倾向于采取降低风险的应对措施；博楚姆等（Botzen *et al.*，2008）在荷兰的研究也发现，感知到洪水风险越大的居民越愿意采取措施（购买沙袋以获取保费折扣）来转移洪水风险。但实地调研却发现，个别农户的气候变化风险感知虽然非常强烈，但并未产生积极适应意向，而且存在风险感知越强烈，越倾向于产生消极适应意向的现象。问及原因，他们提出气候变化对其生计造成的负面影响太严重了，加之气候变化具有不确定性，自身没有能力去应对，只能听天由命或等待外界援助。可见，农户的气候变化风险感知与生计适应意向之间并非简单的一元线性关系，二者之间似乎存在"倒 U 形"关系，即随着风险感知的增加，农户的积极适应意向发生概率增强，但当农户的风险感知增加到一定程度时，农户的积极适应意向发生概率反而会下降。但本研究的数据尚未证实这一关系，未来还需进一步全面验证农户的气候变化风险感知与适应意向之间的关系。

拟合结果也显示，适应成本感知、适应功效感知对生计适应意向有显著影响，且随着适应成本感知的降低、适应功效感知的增强，积极适应意向的发生概率会增加。调查中也发现，农户所采用措施的成本越低、减缓气候变化负面影响的效果越显著，他们越愿意积极适应气候变化；但如果感知到的适应成本很高而收效甚微，则会产生消极适应意向。假设 2 提出，自我效能感知对积极适应意向具有正向作用，但研究并未证实这一点，可能是因为甘南高原农户的自我适应能力普遍较低导致的。调查中，大部分受访者都认为自身的适应能力较弱，难以应对气候变化的冲击。可见，当前急需提高农户的适应能力，以增强农户的气候变化适应意识（Marshall et al., 2013）。

生计适应意向是农户采取适应行动的前提。总体来看，甘南高原农户的气候变化风险感知、适应功效感知会促使农户产生积极适应意向，而适应成本感知会促使农户产生消极适应意向。此外，农户拥有的耕地面积与牲畜数量越多、收入越高、性格越乐观，越易于产生积极适应意向；而固定资产与无偿现金援助机会越多、亲戚网及帮助网规模越大，越易于产生不良适应意向。鉴于此，当前急需完善信息渠道与平台建设，引导农户正确地感知气候变化和极端天气，合理地评估自身的适应能力，选择有效的适应策略，树立科学的气候变化适应观念。同时，需要通过科学手段，及时地了解农户的气候变化风险感知程度，采取措施进行针对性的风险沟通管理，做出合理的风险调控与适应调控，引导农户建立理性的风险意识与适应意识，避免或减轻气候变化带来的负面影响。

与此同时，应加强高寒生态脆弱区农牧业生产的抗风险能力，健全农业保险制度，把气候变化对农户生计的不利影响控制到最低；应积极推动农村经济发展，拓宽增收渠道，切实提高农民的收入，建立健全社会保障制度，增强农户的适应能力。另外，我国的高寒生态脆弱区往往是相对贫困区，社会经济发展水平落后，气候变化对贫穷与边缘化人群的影响更加显著，且农户应对气候变化的适应能力非常有限，这就需要为农户提供资金、技术、信息等方面的支持。但是，单纯的"输血式"经济援助不仅无益于减轻气候变化的负面影响，还会助长农户的"等、靠、要"思想，削弱其适应气候变化的积极性与主动性。为此，必须建立"造血式"的气候变化适应激励机制，选择有效的激励与援助方式，将单纯的经济激励与援助转变为技术、技能、管理、理念激励与援助，以增强农户的积极适应意向。

第三节 农户应对气候变化的生计适应策略

全球气候变化对陆地和海洋生态系统、农村和城市、人类健康与安全等造成了重大影响（IPCC，2014），加剧了全球及区域层面的脆弱性，寻求有效的策略应对气候变化已成为世界各国的共同意愿和紧迫需求（周晓农，2010）。农户作为分布最广的最基层经济活动主体以及自然资源利用的最直接单元，气候变化对其生计造成的影响尤为严重，农户能否有效地应对气候变化、减轻气候变化带来的负面影响，不仅直接关系到农户的福祉，更关系到全球及区域层面的可持续发展，当前急需科学评估农户所采取的生计适应策略的实施效果，并筛选出有效的生计适应策略。

一、农户应对气候变化的生计适应策略选择

（一）研究方法

1. 农户类型的划分及生计适应策略多样化指数

为了分析不同类型农户适应策略的差别，基于已有研究将农户分为不同类型。根据非农收入占家庭总收入的比重，可分为纯农户（家庭收入全部来自农业）、一兼户（非农收入比重为0—40%）、二兼户（非农收入比重为40%—90%）及非农户（非农收入比重>90%）（赵雪雁等，2015）；根据家庭人均年收入可分为高收入农户（人均年收入位于前20%的农户）、中等收入农户（人均年收入位于中间60%的农户）及低收入农户（人均年收入位于后20%的农户）；根据户主的务农年限可将农户分为短期务农户（务农年限<10年）、中期务农户（务农年限为10—30年）、长期务农户（务农年限>30年）（李明贤、樊英，2013）。

为了描述农户应对气候变化适应策略的多样化程度，特引入适应策略多样化指数，即将农户所采取的每种适应措施赋值为1，例如某户采取人工种草、调整农时两种适应措施，则其适应策略多样化指数为2；最后，对不同区域、不同类型农户的适应策略多样化指数取平均值，得出该区域、该类型农户的气候变化适应策略多样化指数。

2. 生计适应策略选择影响因素分析模型

（1）生计适应策略的类型划分

有效的适应策略是降低农户生计脆弱性、增强其可持续发展能力的关键（赵雪雁，2014）。当前，国内外学者围绕农户应对气候变化适应策略开展了大量研究，贝洛等（Below et al.，2010）指出最常见的适应策略涉及一些多样化的形式及投资变动，包括土地利用与生计策略变化、作物变化与作物品种改良、种植时机与种植模式变化、水资源保护技术与灌溉、迁移等；德雷萨等（Deressa et al.，2009）提出植树、土壤保持、种植不同的作物品种、改变种植时间、灌溉是最常见的农业适应策略；惠勒等（Wheeler et al.，2013）则将农户采取的适应策略分为扩张型策略（例如购进土地或水权、增加灌溉面积等）、调节型策略（例如改善灌溉设施及管理制度、种植节水型作物等）及收缩型策略（例如出售土地、减少灌溉面积、出售水权等）。

为了更好地解析甘南高原农户应对气候变化的生计适应策略，基于入户调查数据可将其采取的适应措施分为三类：①扩张型策略，即在现有基础上扩大农牧业投资与生产规模的策略，例如购买饲料、租用草场、增加灌溉、增加农药化肥投入、修建围栏、打井等；②调整型策略，即通过采取不同的农牧业生产管理实践来适应气候变化的策略，能够提升农户改变相关气候条件的适应能力，例如人工种草、畜种/作物品种改良、调整畜群/农作物结构、提前转场/调整农时等；③收缩型策略，即在现有基础上减少农牧业投资与生产规模的策略，例如减畜、休牧/轮牧等。

（2）模型设计

采用多项 Logistic 回归方法分析农户应对气候变化生计适应策略选择的关键影响因素，并利用最大似然估计法对其回归参数进行估计。为了更清晰地解析影响农户适应策略选择的关键因素，仅选择以扩张型为主的策略、以调整型为主的策略、以收缩型为主的策略以及扩张+调整+收缩组合型策略等四类主要的气候变化生计适应策略进行分析，并将因变量的取值限定在[0，3]，即把"以扩张型为主策略""以调整型为主策略""以收缩型为主策略""扩张+调整+收缩组合型策略"分别定义为多项无序性变量 $y=(y_0, y_1, y_2, y_3)$，并将 y_3 作为模型的参照水平，自变量为 $x=(x_1, x_2, \cdots, x_p)$。相应的 Logistic 回归模型（赵雪雁等，2015）为：

$$y_m = \ln\left[\frac{P(y=m|x)}{P(y=0|x)}\right] = \beta_{0m} + \beta_{1m} \times x_1 + \beta_{2m} \times x_2 + \cdots + \beta_{pm} \times x_p \tag{4.4}$$

y 的条件概率为：

$$P(y=m|x)=\operatorname{Exp}(y_m)\Big/1+\sum_{m=0}^{3}\operatorname{Exp}(y_m) \tag{4.5}$$

式中，β_0 为常数，$\beta_1, \beta_2, \cdots, \beta_p$ 为回归系数，表示自变量 x_p 对 P 的贡献量，y_m 为因变量类型，P 为因变量 y_m 的发生概率，m 为因变量的取值限定区间。

（3）变量选择

已有研究显示（Grothmann and Patt，2005），农户对气候变化的感知是影响农户适应行为的关键变量，当农户感知到的气候变化风险和自身适应能力较低时，农户就不倾向于参与适应实践活动；相反，农户对极端气候影响的认知越深入，就越倾向于选择卖畜、圈养、转场等收缩类或调整类适应行为，只有消除认知障碍，高水平的个人客观适应能力才会自动地促进适应行为。另有研究则显示（苏芳等，2009），家庭的资本状况是理解其采取的生计策略和所处风险环境的基础；德雷萨等（Deressa *et al.*，2009）和依拉等（Yila and Resurreccion，2013）则指出性别、年龄、受教育程度、劳动力水平、家庭规模、气候信息、社会资本等影响着适应措施的选择；布赖恩等（Bryan *et al.*，2009）也提出农户的农业经验、社会经济地位、技术推广服务可得性、信贷服务等为影响适应策略选择的主要因素。鉴于此，本研究选择农户对气候变化的感知及其拥有的生计资本作为解释变量，来分析影响农户生计适应策略选择的因素。基于格罗斯曼和帕特（Grothmann and Patt，2005）提出的个人主动适应气候变化的社会认知模型（Process model of private proactive adaptation to climate change，MPPACC），将农户对气候变化的感知分解为气候变化风险感知与适应感知，风险感知又分解为严重性感知与可能性感知，适应感知分解为适应效能感知、自我效能感知、适应成本感知。为了检验农户的气候变化感知差异，对问卷调查获取的气候变化感知信息进行赋值，得到相应的感知度指数[①]。依据英国国际发展部（DFID）提出的可持续生计分析框架，将农户的生计资本分为人力资本、自然资本、物质资本、金融资本与社会资本（DFID，2000）；基于赵雪雁等（2011）设计的生计资本测量指标及指标量化数值，采用极差标准化法对各指标值进行标准化处理，利用专家咨询法确定各个指标的权重，运用加权求和法测算农户的各类生计资本指数；并引入地区虚拟变量（是否纯牧区：是=1，否=0；是否农区：是=1，否=0）（表4-9）。

---

① 农户气候变化感知指数的测量：$G_m = \frac{1}{n}\sum_{i=1}^{n}g_{mij}$，式中，$G_{mj}$ 表示第 j 类型农户对第 m 问题的感知度指数，g_{mij} 表示第 j 类型农户第 i 个农户对 m 问题的感知度赋值，n 为第 j 类型的农户个数。

表 4-9 模型解释变量描述

变量		测量指标及权重	指标赋值	均值	标准差
农户对气候变化的感知	严重性感知	气候变化对生计影响的严重程度	根本不严重为1；一般为3；非常严重为5	3.58	0.60
	可能性感知	未来气候变化的可能性	根本不可能为1；一般为3；非常可能为5	3.36	0.52
	适应效能感知	适应行动能否减轻气候变化的影响	根本不能为1；一般为3；肯定能为5	3.44	0.89
	自我效能感知	农户自身应对气候变化的能力	根本没有为1；一般为3；非常强为5	2.54	0.77
	适应成本感知	采取适应行动的预期成本	非常低为1；一般为3；非常高为5	3.51	0.85
生计资本	人力资本	家庭整体劳动能力（0.44）	非劳动力为0；半劳动力为0.5；全劳动力为1	4.04	1.11
		成年劳动力受教育水平（0.56）	文盲为0；小学为0.25；初中为0.5；高中为0.75；大专及以上为1	1.27	0.82
	自然资本	人均耕地面积（0.47）	人均实际耕种面积（亩）	1.47	6.60
		人均草地面积（0.53）	人均实际草地面积（亩）	13.52	32.58
	物质资本	牲畜数量（0.68）	拥有的牲畜数量（以羊单位）	214.29	356.42
		家庭固定资本（0.32）	所拥有固定资产项数占所列选项的比例	0.36	0.16
	金融资本	家庭现金收入（0.65）	人均现金年收入（元）	5 976.15	6 010.87
		借贷机会（0.35）	能为1；否为0	0.54	0.50
	社会资本	遇到困难能提供援助的人（0.40）	很多为1；较多为0.75；一般为0.5；较少为0.25；很少为0	0.65	0.22
		亲戚数（0.60）	很多为1；较多为0.75；一般为0.5；较少为0.25；很少为0	0.45	0.26

（二）农户应对气候变化的生计适应策略

1. 农户应对气候变化的生计适应策略多样化程度

为了减轻气候变化的冲击，甘南高原农户往往采取多种措施应对气候变化，农户应对气候变化的生计适应策略多样化指数为2.65。其中，农户选择最多的适应措施是提前转场/调整农时，其次是减少牲畜，再次是增加灌溉，分别有33.72%、32.75%、28.65%的农户选择了这三种适应措施（表4-10）。但是，不同区域、不同类型农户应对气候变化的生计适应策略多样化程度存在差异。

表 4-10　甘南高原不同区域农户应对气候变化的生计适应策略多样化指数

适应策略		纯牧区		半农半牧区		农区	
		频数	百分比（%）	频数	百分比（%）	频数	百分比（%）
扩张型	购买饲料	51	31.48	30	17.86	52	28.42
	租用草场	44	27.16	29	17.26	6	3.28
	增加灌溉	33	20.37	56	33.33	58	31.69
	增加农药化肥投入	12	7.41	18	10.71	36	19.67
	修建围栏	23	14.20	26	15.48	48	26.23
	打井	14	8.64	23	13.69	29	15.85
调整型	人工种草	44	27.16	49	29.17	50	27.32
	畜种/作物品种改良	32	19.75	39	23.21	50	27.32
	调整畜种/农作物结构	28	17.28	40	23.81	39	21.31
	提前转场/调整农时	41	25.31	74	44.05	58	31.69
收缩型	减少牲畜	58	35.80	55	32.74	55	30.05
	休牧/轮牧	21	12.96	36	21.43	7	3.83
适应策略多样化指数		2.48		2.77		2.67	

（1）不同区域农户应对气候变化的生计适应策略多样化程度

纯牧区农户选择最多的适应措施为减少牲畜，其次是购买饲料，再次是租用草场和人工种草，分别有 35.80%、31.48%、27.16%、27.16%的农户选择这 4 种措施，农户的生计适应策略多样化指数 2.48（表 4-10）；半农半牧区农户选择最多的是提前转场/调整农时，其次是增加灌溉，再次是减少牲畜，分别有 44.05%、33.33%、32.74%的农户选择这 3 种措施，农户的生计适应策略多样化指数为 2.77；农区农户选择最多的是提前转场/调整农时和增加灌溉，其次是减少牲畜，再次是购买饲料，分别有 31.69%、31.69%、30.05%、28.42%的农户选择了上述 4 种措施，农户的生计适应策略多样化指数为 2.67。总体来看，半农半牧区农户的生计适应策略多样化程度最高、农区次之、纯牧区最低，且纯牧区以减少牲畜为主要适应措施，而半农半牧区与农区以提前转场/调整农时为主要适应措施。

（2）不同生计类型农户应对气候变化的生计适应策略多样化程度

纯农户中采取租用草场措施的农户比重最大，为 31.86%，其生计适应策略多样化指数为 2.60（表 4-11）；一兼户选择最多的是提前转场/调整农时，选择该措施的该类农户比重为40.00%，其生计适应策略多样化指数为2.66；二兼户和非农户均以减少牲畜为主要措施，分别有37.78%、42.37%的农户选择了该措施，其生计适应策略多样化指数分别为2.83、2.42。可见，随着兼业化程度的提高，农户应对气候变化的生计适应策略多样化程度趋于增加。究其原因，主要在于兼业户虽从事非农产业，但对自然资源的依赖度仍较高，气候变化对其生计产出影响较严重，故倾向于采取多种措施减轻气候变化的影响。

表4-11 甘南高原农户应对气候变化的生计适应策略多样化指数

	不同生计类型农户				不同收入水平农户			不同务农年限农户		
	纯农户	一兼户	二兼户	非农户	低收入	中等收入	高收入	短期务农	中期务农	长期务农
生计适应策略多样化指数	2.60	2.66	2.83	2.42	2.56	2.69	2.67	3.17	2.67	2.27

（3）不同收入水平农户应对气候变化的生计适应策略多样化程度

低收入、中等收入农户选择最多的适应措施均为提前转场/调整农时，分别有36.52%、33.11%的农户选择该措施，其生计适应策略多样化指数分别为2.56、2.69（表4-11）；高收入农户中选择减少牲畜的农户比例最大，为38.24%，其生计适应策略多样化指数为2.67。可见，低收入农户的生计适应策略多样化程度最低，究其原因，一方面在于低收入农户的农牧业生产经营规模较小，另一方面在于低收入农户适应能力有限，使其难以采取多种策略应对气候变化。

（4）不同务农年限农户应对气候变化的生计适应策略多样化程度

短期、中期务农户选择最多的适应措施均为减少牲畜，分别有48.15%、34.32%的农户选择了此种措施，其生计适应策略多样化指数分别为3.17、2.67（表4-11），而长期务农户选择最多的为提前转场/调整农时，采取该措施的该类农户比重为31.46%，其生计适应策略多样化指数为2.27。可见，随着户主务农年限的增加，农户应对气候变化的生计适应策略多样化程度趋于减少。究其原因，主要在于长期务农户的年龄一般较大，虽然生产经验丰富，但受教育水平普遍较低，思想较为保守，不愿意改变现有的生产方式；而短期务农户的年龄普遍较低，受教育水平相对较高，思想开放，敢于采取多种方式应对风险。

2. 农户应对气候变化的生计适应策略类型

为了有效应对气候变化，甘南高原农户往往采取组合型策略。其中，有65.30%的农户采取了各种组合型策略（主要包括扩张+调整型、扩张+收缩型、调整+收缩型、扩张+调整+收缩型等四类），仅有 34.70%的农户选择了单一型策略（包括扩张型、调整型、收缩型三类），其中采取扩张型策略的农户比重最大（15.79%），采取收缩型策略的农户比重最小（7.02%）。在组合型策略中，采取扩张+调整型组合策略的农户比重最大，为 30.21%，采取收缩+调整型组合策略的农户比重最小，仅为 5.82%。不同区域、不同类型农户采取的生计适应策略类型存在一定差异（表 4-12）。

表 4-12 甘南高原农户应对气候变化的生计适应策略类型（%）

农户类型		扩张型	调整型	收缩型	扩张+调整型	扩张+收缩型	调整+收缩型	扩张+调整+收缩型
不同区域农户	纯牧区农户	23.46	12.35	14.81	20.37	6.79	4.94	17.28
	半农半牧区农户	10.12	13.69	5.95	26.19	9.52	8.33	26.19
	农区农户	14.21	9.84	1.09	42.62	6.01	4.37	21.86
不同生计类型农户	纯农户	24.78	10.62	11.50	24.78	7.96	0.88	19.47
	一兼户	21.74	13.04	0.87	33.04	7.83	4.35	19.13
	二兼户	9.73	10.62	6.19	33.19	6.19	7.96	26.11
	非农户	10.17	16.95	13.56	23.73	10.17	10.17	15.25
不同收入水平农户	低收入农户	16.52	20.87	6.09	23.48	10.43	2.61	20.00
	中等收入农户	17.91	10.81	5.74	29.05	6.42	7.09	22.97
	高收入农户	8.82	11.76	5.88	41.18	6.86	4.90	20.59
不同务农年限农户	短期务农户	7.41	12.96	1.85	33.33	3.70	7.41	33.33
	中期务农户	13.48	11.86	8.36	31.27	8.63	5.93	20.49
	长期务农户	30.68	11.36	4.55	23.86	4.55	4.55	20.45

（1）不同区域农户应对气候变化的生计适应策略类型

纯牧区农户以扩张型策略为主，有 23.46%的该区农户采取该策略；半农半牧区农户采取最多的为扩张+调整型及扩张+调整+收缩型组合策略，均有 26.19%的该区农户采取上述策略；农区农户采取最多的为扩张+调整型组合策略，有 42.62%的该区农户采取该策略（表 4-12）。在扩张型策略中，纯牧区农户更倾向于购买饲料来应对气候变化，有 31.48%的该区农户采取该措施，而半农半牧区、农区农户选择最多的均为增加灌溉；在调整型策略中，纯牧区农户选择最多的是人工种草，有 27.16%的该区农户选择了该措施，而半农半牧区、农区选择提前转场/调整农时的农户比重最高，分别为 44.05%、33.69%；在收缩型策略中，纯牧区、半农半牧区、农区农户均主要以减少牲畜来应对气候变化，选择该措施的比重分别为 38.20%、32.74%、30.05%。

（2）不同生计类型农户应对气候变化的生计适应策略类型

纯农户、一兼户、二兼户、非农户选择最多的均为扩张+调整型组合策略，分别有24.78%、33.04%、33.19%、23.73%的农户选择了该类策略（表4-12）。在扩张型策略中，纯农户、一兼户、二兼户、非农户选择最多的适应措施分别为租用草场、购买饲料、增加灌溉、增加灌溉，分别有31.86%、33.91%、27.11%、28.81%的该类农户选择上述措施；在调整型策略中，纯农户、一兼户、二兼户更倾向于采取提前转场/调整农时以应对气候变化，分别有28.32%、40.00%、35.56%的农户选择了该策略，非农户则更倾向于采取人工种草，有35.59%的该类户选择该措施；在收缩型策略中，减少牲畜成为不同生计类型农户选择的主要适应措施，纯农户、一兼户、二兼户、非农户中分别有29.20%、21.74%、37.78%、42.37%的农户选择了该措施。

（3）不同收入水平农户应对气候变化的生计适应策略类型

甘南高原低收入、中等收入、高收入农户选择最多的均为扩张+调整型组合策略，分别有23.48%、29.05%、41.18%的农户选择了该策略（表4-12）。在扩张型策略中，低收入与高收入农户选择最多的适应措施均为购买饲料，分别有36.52%、32.35%的农户选择了该措施，而中等收入农户选择最多的为增加灌溉，有31.42%的该类农户选择该措施；在调整型策略中，提前转场/调整农时是低收入、中等收入、高收入农户采取的最主要适应措施，分别有36.52%、33.11%、32.35%的农户选择了该措施；在收缩型策略中，不同收入水平的农户均倾向于选择减少牲畜来应对气候变化。

（4）不同务农年限农户应对气候变化的生计适应策略类型

短期务农户选择最多的为扩张+调整型及扩张+调整+收缩型组合策略，均有33.33%的该类农户采取上述策略；中期务农户选择最多的为扩张+调整型组合策略，有31.27%的该类农户采取该策略；长期务农户选择最多的为扩张型策略，采取该策略的农户比重为30.68%（表4-12）。在扩张型策略中，短期与中期务农户更倾向于选择增加灌溉来应对气候变化，分别有35.19%、28.65%的农户采取了该措施，长期务农户则倾向于采取购买饲料，有28.09%的农户采取了此措施；在调整型策略中，短期务农户采取人工种草的比例最高，为48.15%，中期及长期务农户选择最多的均为提前转场/调整农时，分别有33.78%、31.46%的农户选择了该措施；在收缩型策略中，短期、中期、长期务农户均倾向于减少牲畜，分别有33.33%、34.32%、25.84%的农户采取了该措施。

(三)影响生计适应策略选择的关键因素

1. 生计适应策略多样化程度的影响因素

将农户应对气候变化的生计适应策略多样化指数作为因变量,以农户对气候变化的感知及其拥有的生计资本作为自变量,并引入地区虚拟变量(是否纯牧区:是=1,否=0;是否农区:是=1,否=0),采用多元线性回归模型分析影响生计适应策略多样化程度的关键因素(表4-13中的模型1)。利用最小二乘法进行参数拟合,VIF值均小于1.700,说明进入模型的解释变量不存在多重共线性;模型的F统计量为6.356,在0.01的水平上显著,说明该模型有效且具有一定的解释力。

表4-13 模型参数估计系数与检验

变量	模型1 系数	模型1 标准差	以扩张型为主 系数	以扩张型为主 标准差	以扩张型为主 Wald统计量	以调整型为主 系数	以调整型为主 标准差	以调整型为主 Wald统计量	以收缩型为主 系数	以收缩型为主 标准差	以收缩型为主 Wald统计量
常数	−0.856	0.619	5.623***	1.947	8.344	5.962***	1.897	9.877	3.552*	2.120	2.808
严重性感知	0.350***	0.114	−0.517	0.347	2.227	−0.611*	0.339	3.254	0.698*	0.391	3.196
可能性感知	0.050	0.133	−1.013**	0.407	6.187	−1.000**	0.398	6.331	−0.505	0.451	1.249
适应效能感知	0.183**	0.078	−0.693***	0.257	7.284	−0.392	0.253	2.399	−0.214	0.278	0.591
自我效能感知	0.223***	0.084	0.341	0.248	1.892	0.351	0.242	2.108	0.113	0.270	0.176
适应成本感知	0.060	0.079	0.05	0.246	0.041	−0.029	0.241	0.015	−0.035	0.268	0.017
人力资本指数	0.911**	0.392	2.762**	1.308	4.457	3.250**	1.276	6.483	3.291**	1.396	5.559
自然资本指数	2.338**	1.138	−0.688	2.647	0.068	−1.161	2.714	0.183	−2.832	3.407	0.691
物质资本指数	0.795	0.522	0.143	1.884	0.006	−0.096	1.890	0.003	2.058	1.918	1.151
金融资本指数	1.063***	0.368	−0.415	1.118	0.138	−1.528	1.095	1.946	−2.977**	1.278	5.429
社会资本指数	0.498	0.357	3.001***	1.144	6.881	2.252**	1.121	4.034	1.309	1.236	1.122
纯牧区	−0.447***	0.164	0.462	0.613	0.570	0.141	0.606	0.054	1.232*	0.673	3.353
农区	−0.403**	0.171	−0.119	0.495	0.058	0.206	0.478	0.185	0.807	0.563	2.057
模型检验	调整R^2 F统计值	0.112 6.356***	−2倍最大似然值 Chi-square检验值						1 165.994 102.989***		

注:*表示0.1的显著性水平,**表示0.05的显著性水平,***表示0.01的显著性水平。

结果显示,农户对气候变化的严重性感知、适应效能感知、自我效能感知与生计适应策略多样化指数分别在0.01、0.05、0.01的水平上呈显著正相关,说明随着农户对气候变化的严重性感知、适应效能感知、自我效能感知的增强，农户更倾向于采取多种适应措施。其中，严重性感知的回归系数最高，达 0.350，比适应效能感知、自我效能感知的回归系数分别高 0.167、0.127，说明严重性感知对适应措施多样程度的影响高于其他各类感知，严重性感知越高，农户越倾向于选择多种措施来应对气候变化。

农户的人力资本指数、自然资本指数、金融资本指数与生计适应策略多样化指数也分别在 0.05、0.05、0.01 的水平上呈显著正相关，说明农户拥有的人力资本、自然资本、金融资本越多，农户越倾向于选择多种适应措施应对气候变化的影响。其中，自然资本与金融资本的回归系数均大于 1，分别为 2.338、1.063，说明农户的自然资本与金融资本增加所引起的生计适应策略多样化程度增加速度超过它们自身的变化速度；而人力资本的回归系数大于 0 小于 1，为 0.911，说明农户的人力资本增加所引起的生计适应策略多样化程度增加速度低于它自身的变化速度。

2. 生计适应策略类型选择的影响因素

为了进一步分析影响生计适应策略类型选择的关键因素，将前述的 7 种策略归并为"以扩张型为主策略""以调整型为主策略""以收缩型为主策略"及"扩张+调整+收缩组合型策略"四类，并以"扩张+调整+收缩组合型策略"为参照，将生计适应策略类型与农户对气候变化的感知、农户拥有的生计资本及地区虚拟变量引入多项 Logistic 回归模型，分析影响农户适应策略类型选择的因素（表 4-13 中的模型 2）。模型 2 中的–2 倍最大似然值为 1 165.994，卡方检验值为 102.989，显著性水平为 0.000（<0.01），说明模型具有显著意义。

结果显示，可能性感知、适应效能感知、人力资本指数、社会资本指数是影响"以扩张型为主策略"的显著性因素。其中，影响"以扩张型为主策略"选择的最关键因素是适应效能感知，其 Wald 值为 7.284，其次为社会资本，其 Wald 值为 6.881。具体来看，可能性感知、适应效能感知具有显著的负向影响，其回归系数分别为–1.013、–0.693；人力资本指数、社会资本指数具有显著的正向影响，其回归系数分别为 2.762、3.001。这说明随着可能性感知与适应效能感知的增强，农户选择"以扩张型为主策略"的概率降低；但随着人力资本与社会资本拥有量的提高，农户选择"以扩张型为主策略"的概率增加。

严重性感知、可能性感知、人力资本指数、社会资本指数是影响"以调整型为主策略"的显著因素。其中，人力资本是影响"以调整型为主策略"选择的最关键因素，其 Wald 值为 6.483，其次为可能性感知，其 Wald 值为 6.331。具体来看，严重性感知、可能性感知具有显著的负向影响，其回归系数分别为–0.611、–1.000；人力资本指数、社会资本指数具有显著的正向影响,其回归系数分别为 3.250、2.252。这说明随着农户对气候变化风险感知的增强,农户选择"以调整型为主策略"的概率将降低;而随着人力资本与社会资本拥有量的增加,农户选择"以调整型为主策略"的概率将增加。究其原因,主要在于拥有较高人力资本与社会资本的农户,其获取信息的渠道较多,适应能力较强,有助于其及时地调整生产方式。

严重性感知、人力资本指数、金融资本指数是影响"以收缩型策略为主"的显著因素。其中,人力资本是影响"以收缩型为主策略"选择的最关键因素,其 Wald 值为 5.559,其次是金融资本,其 Wald 值为 5.429,再次是严重性感知,其 Wald 值为 3.196。具体来看,金融资本指数具有显著的负向影响,其回归系数为–2.977;严重性感知与人力资本指数具有显著的正向影响,其回归系数分别为 0.698、3.291。这说明随着农户对气候变化严重性感知及人力资本的增加,农户选择"以收缩型为主策略"的概率将增加;但随着金融资本的增加,农户选择"以收缩型为主策略"的概率将降低。

总体来看,人力资本是影响生计适应策略类型选择的最关键因素,它对"以扩张型为主策略""以调整型为主策略""以收缩型为主策略"均有显著影响;农户的社会资本及其对气候变化的风险感知影响次之,其中可能性感知与社会资本对"以扩张型为主策略""以调整型为主策略"有显著影响,而严重性感知对"以调整型为主策略""收缩型为主策略"有显著影响;适应效能感知与金融资本的影响最弱。

二、农户应对气候变化的生计适应策略评价

(一)数据来源与研究方法

1. 数据来源

数据来源于 2014 年 7 月至 8 月在甘南高原进行的农户调查。基于预调查中对村社干部及农户代表的访谈,设计了调查问卷,调查对象主要为户主。为了确保信息准确,聘请了 6 名藏族大学生作为语言翻译,每户问卷调查时间约为 30—40 分钟。入户调查采取分层随机抽样法选取受访农户,由于甘南高原地域辽阔、农牧民居住分散,访谈难度较大,共调查农户 548 户,收回有效问卷 539 份,其中纯牧区农户 186 户,半农半牧区农户 168 户,农区农户 185 户。

调查内容包括:①农户的基本情况,包括户主的年龄、性别、务农年限、受教育程度以及家庭人口、家庭成员的受教育程度、家庭收支状况、拥有的耕地与草地面积等;②气候变化对农户生计的影响及农户采取的气候变化生计适应策略;③农户对适

应策略的经济、社会、环境效益评价；④农户对各种备选适应策略的适应效果、成本效率、可能性、灵活性和响应性的评价。

2. 研究方法

国内外学者已围绕区域层面的适应策略评估实践以及评价方法的革新等重要问题开展了一系列研究。例如，克莱森斯等（Claessens et al., 2012）和安特尔等（Antle, 2011）开发的最小数据法利用一些容易得到的二手数据（例如统计报表上的数据），将自然模型与生产模型结合起来，准确、及时地模拟了不同气候变化背景下适应策略的环境、经济和社会效果；秦等（Qin et al., 2007）开发了基于多准则决策模型（multi-criteria decision-making，MCDM）的综合专家系统，对加拿大格鲁吉亚湾流域水资源开展气候变化影响和适应策略评估，选取了有效性、可行性、响应性、灵活性和成本五个指标评价适应措施；巴维等（Bhave et al., 2014）集成了自上而下与自下而上的适应选择评估，确定了各种适应策略的优先序；张兵等（2011）则利用倍差法对我国苏北地区的气候变化农业适应措施进行了评价。尽管农户对气候变化的生计适应策略评价引起了国内外学者的广泛关注，并取得了一定的成果。目前国内仍缺少对生计适应策略效果的定量研究。本研究拟采用模糊综合评价法评估现行生计适应策略的效果，并利用多准则决策模型筛选出最有效的生计适应策略。

（1）农户应对气候变化的生计适应策略效果评价方法

①模型设计

农户应对气候变化的生计适应策略效果评价指标具有较强的模糊性，难以给予定量研究。而模糊综合评价法是基于模糊数学的一种综合评价方法，可将定性评价转化为定量评价，在处理定性、不确定及信息不完善问题方面具有很大的优越性（邢权兴等，2014；潘彬等，2015）。因此，本研究采取模糊综合评价法分析现行生计适应策略的实施效果。其具体步骤如下：

步骤1：确定生计适应策略效果评价的指标集 U 并确定各指标的权重 W。

步骤2：确定评价集。对模糊隶属度函数进行定量化，建立评价集 $V=\{v_1, v_2, \cdots, v_n\}$，按照克里特量表，将生计适应策略的实施效果分为5个等级，即 $n=5$，则评价集 $V=\{$很好，较好，一般，较差，很差$\}$。

步骤3：构建综合评价矩阵 R。根据实际调查数据，设对第 g 个指标 u_g 的评价 $R_g=\{r_{g1}, r_{g2}, \cdots, r_{gn}\}$，它是评价等级集上的一个子集，其中 r_{gn} 表示第 g 个指标对第 n 个等级的隶属度。由单个指标评价向量 R_g（$g=1, 2, \cdots, m$）构成评判矩阵：

$$R = \begin{pmatrix} r_{11} & r_{12} & \cdots & r_{1n} \\ r_{21} & r_{22} & \cdots & r_{2n} \\ \cdots & \cdots & \cdots & \cdots \\ r_{m1} & r_{m2} & \cdots & r_{mn} \end{pmatrix} \tag{4.6}$$

然后，通过 $B=W \times R$ 得出模糊综合评价集 B。

步骤4：去模糊化。即用模糊综合评价集 B 和测量指标 E 计算出各个评价指标的综合效果评价指数 P：

$$P = B \times E \tag{4.7}$$

式中，$E=\{$很好，较好，一般，较差，很差$\}=\{5, 4, 3, 2, 1\}$。

②指标体系构建

气候变化的适应领域是多空间、多层次的，生态环境与社会经济等系统对气候变化的适应存在不同程度的响应，在遵循评价指标的全面性、系统性、代表性、客观性等原则下，通过实地调查并借鉴以往的效果评价研究成果（侯成成等，2012），充分考虑甘南高原的生态环境、资源禀赋、文化习俗、农户的生计方式以及气候变化对农户生计的影响等实际情况，从经济、社会和生态环境三个方面出发，设计出能够全面反映生计适应策略实施效果的评价指标及其量化数值，并利用专家咨询法确定指标权重（表4-14）。其中，选取农户家庭收入变化来表征生计适应策略的经济效果；选取农户

表4-14 现行生计适应策略效果评价指标体系

目标层	准则层	指标层	指标解释及赋值	5	4	3	2	1
现行生计适应策略总体效果	经济效果 0.373 7	家庭收入 0.373 7	增加很多5；增加一些4；没有变化3；减少一些2；减少很多1	1.17	44.16	35.02	18.09	1.56
	社会效果 0.367 4	就业方式 0.250 7	农业转非农业5；没有变化3；非农业转农业1	50.78	0.00	33.85	0.00	15.37
		气候变化关注度 0.156 5	提高很多5；提高一些4；没有变化3；下降一些2；下降很多1	2.14	67.32	25.68	4.47	0.39
		应对气候变化的积极性 0.176 1		2.72	63.42	26.46	6.42	0.97
		生活质量 0.277 4		3.50	66.34	20.43	7.39	2.33
		适应能力 0.139 4		1.17	58.17	29.96	10.31	0.39
	环境效果 0.258 9	草地质量 0.495 2	提高很多5；提高一些4；没有变化3；降低一些2；降低很多1	2.33	47.28	36.96	12.65	0.78
		耕地质量 0.504 8		0.78	50.78	37.94	8.75	1.70

的就业方式变化、观念变化（农户对气候变化的关注度、农户应对气候变化的积极性）、生活质量变化、适应能力变化来表征生计适应策略的社会效果；选取草地与耕地质量变化来表征生计适应策略的环境效果。

（2）生计适应策略多准则评估模型

多准则决策模型（multi-criteria decision-making，MCDM）是基于多标准，通过利益相关者参与，依据不同评估标准对各种适应策略进行排序、筛选的一种集成评价方法。因其有助于观察各种适应策略的优点和缺点，对确定减轻气候变化负面影响的期望选择非常有效，目前在生计适应策略评价领域得到了较为广泛的应用，例如，秦等（Qin et al.，2007）利用 MCDM 对加拿大格鲁吉亚湾流域水资源进行气候变化影响和适应策略评估；王金霞等（2008）开展了海河流域气候变化条件下水资源短缺的适应性措施多标准评估。

多准则评估模型主要包括简单加权法（SAW）、消去选择转换法（ELECTRE）、逼近理想点排序法（TOPSIS）等常用方法。其中，SAW 中各属性是相互独立的，对整体评价可以叠加，各属性具有互补性；ELECTRE 仅能求得各适应策略的优劣关系排序，无法了解其优劣关系程度的大小；TOPSIS 法是通过测算所评价策略与"理想解"和"负理想解"的接近程度来对各评价策略进行相对优劣排序。在多准则情况下，TOPSIS 法能够对各种生计适应策略进行客观的综合评价，也能反映各生计适应策略的优劣程度，计算过程清晰、具有可操作性，因而采用逼近理想点排序法（TOPSIS）对生计适应策略进行排序，以便筛选出最优的生计适应策略。

①评价准则的确定及权重

适应气候变化是要减少气候风险造成的不利影响或损失，增加潜在的有利机会。已有研究显示（郑艳等，2013），适应规划需要与当地自然资源开发利用、减贫、减排、生态环境保护等多种目标相结合，来明确气候变化适应策略可评估的共识性目标，在充分了解当地农户适应需求、愿望及地方文化的基础上，参照特定性、可量性、可实现性、结果导向等原则（UKCIP，2013），从适应规划的成本效益、可操作性、变通性、灵活性等方面，评估生计适应策略的优先序，甄别和筛选出最有效、科学的生计适应策略。基于此，本研究选取了适应效果、成本效率、适应灵活性、适应响应性、适应可能性等 5 个评价准则，并给出了各准则的量化数值，在与专家讨论和相关文献研究的基础上，利用 AHP 方法确定了各评价准则的权重（表4-15）。

表 4-15 评价准则及权重

评价准则	准则含义	准则分级与赋值	权重
适应效果	该策略能否明显提高农户的适应能力	非常明显 3；一般 2；不太明显 1	0.35
成本效率	采取该策略的成本	非常低 3；一般 2；非常高 1	0.27
适应灵活性	该策略能否灵活调整	非常灵活 3；一般 2；不太灵活 1	0.08
适应响应性	该策略是否与社区社会、经济、环境目标一致	非常一致 3；一般 2；不太一致 1	0.12
适应可能性	农户采取该策略的可能性	非常可能 3；一般 2；不太可能 1	0.18

②TOPSIS 法

逼近理想点排序法（the technique ordered preference by similarity to the ideal solution）是一种逼近理想解的排序法，步骤如下：

步骤 1：构建评价矩阵。针对气候变化适应规划评价中的 q 个适应策略的 p 个准则，可以得到原始数据矩阵：

$$X=\{x_{ij}\}_{q\times p} \tag{4.8}$$

式中，x_{ij} 表示第 i 个适应策略的第 j 个评价准则的数值；$i=1, 2, \cdots, q$；$j=1, 2, \cdots, p$。

步骤 2：矩阵标准化。用 z-score 标准化方法对矩阵进行归一化整理，得到归一化矩阵 A：

$$A=\{a_{ij}\}_{q\times p} \tag{4.9}$$

步骤 3：找出 q 个适应策略中的最优策略 A^+ 和最劣策略 A^-（也就是正、负理想解）。

$$\begin{aligned}&A^+=(b_1^+, b_2^+, b_3^+, \cdots, b_q^+)，其中：b_i^+=\max a_{ij}，j=1, 2, \cdots, p\\&A^-=(b_1^-, b_2^-, b_3^-, \cdots, b_q^-)，其中：b_i^-=\min a_{ij}，j=1, 2, \cdots, p\end{aligned} \tag{4.10}$$

步骤 4：计算各个适应策略的数值与最优和最劣策略的距离 d_i^+ 和 d_i^-。

$$d_i^+=\sqrt{\sum_{j=1}^p\left(a_{ij}-b_i^+\right)^2} \quad d_i^-=\sqrt{\sum_{j=1}^p\left(a_{ij}-b_i^-\right)^2}，j=1, 2, \cdots, p \tag{4.11}$$

步骤 5：获得各评价策略与最优策略的相对贴近度 C_i。

$$C_i=d_i^-/(d_i^++d_i^-)，j=1, 2, \cdots, p \tag{4.12}$$

步骤 6：排列各个生计适应策略的优先序，按照 C_i 的降序进行排列，可知 $0\leqslant C_i\leqslant 1$，且 C_i 值越大，表示生计适应策略的效果越好；反之，说明生计适应策略的效果越差。

（二）现行生计适应策略的效果评价

甘南高原农户所采取的生计适应策略的总体效益指数为 3.43，效果较好。其中，经济、社会、环境效益指数分别为 3.25、3.63、3.39，可见，农户所采取的生计适应策略的社会效益最高，经济效益最差。进一步分析发现（表 4-16），农区农户所采取的生计适应策略的效益最好，纯牧区农户所采取的生计适应策略的效益最差，其生计适应策略的总体效益指数分别为 3.56、3.33。

表 4-16 甘南高原现行生计适应策略的效益

农户类型	经济效益指数	社会效益指数	环境效益指数	总体效益指数
纯牧区农户	3.19	3.46	3.35	3.33
半农半牧区农户	3.20	3.58	3.34	3.37
农区农户	3.36	3.82	3.46	3.56
全体受访户	3.25	3.63	3.39	3.43

1. 现行生计适应策略的经济效益

甘南高原农户所采取的生计适应策略的经济效益指数为 3.25，低于总体效益指数。其中，纯牧区、半农半牧区、农区农户所采取策略的经济效益指数分别为 3.19、3.20、3.36，呈依次上升趋势，表明农区农户所采取策略的经济效益最好，纯牧区最差。调查发现，有 45.33% 的农户认为所采取的气候变化适应策略增加了其家庭收入，而仅有 19.65% 的农户持相反观点。其中，农区有 51.63% 的农户认为所采取的适应策略有助于其收入增加，而纯牧区该比重仅为 38.89%，并有 19.75% 的纯牧区农户表示家庭收入因采取措施而减少。据纯牧区农户反映，购买饲料、租用草场、人工种草等适应措施增加了其生产成本。

2. 现行生计适应策略的社会效益

甘南高原农户所采取的生计适应策略的社会效益指数为 3.63，达到较高水平且高于总体效益指数。其中，就业方式的效益指数最高，为 3.71，农户的气候变化关注度次之，为 3.66，可见，农户应对气候变化的积极性、生活质量、适应能力的效益指数偏低，影响了其社会效益指数。调查显示，农户各种适应策略的实施带来了其生产要素的流动与劳动力投向的变化，据 50.78% 的农户反映，其就业方式由农业转向非农产业，从单纯的农牧业生产中解放出来，减少了对气候变化最敏感的自然资本的依赖。同时,当农户被问及"采取气候变化适应策略之后,是否更加关注气候变化,且是否能够积极应对"时,分别有69.46%、66.14%的农户表示会更加关注气候变化、积极应对气候变化。此外,在生活质量和农户适应能力方面,分别有69.84%、59.34%的农户反映现行适应策略使其生活质量和适应能力有了不同程度的提升。

不同区域农户采取生计适应策略的社会效益存在一定差异。其中,纯牧区、半农半牧区、农区农户所采取策略的社会效益指数分别为3.46、3.58、3.82,呈依次上升趋势,表明农区农户所采取适应策略的社会效益最好,纯牧区最差。调查显示,农区农户就业方式的变化最为强烈,有69.02%的农户开始从事非农产业,这主要是由于农区农户的人均耕地较少,当遭遇干旱、雪灾等造成的农作物减产、农业设施损坏时,自然资本产出便不能满足农户的基本生活需求,加之农区农户的受教育水平较高,视野开阔,因此,农户更加倾向于选择外出打工等非农产业。同时,与其他区域农户相比,农区农户所采取适应策略对其气候变化关注度、适应积极性的影响更为显著,分别有77.72%、73.37%的农户在上述两方面有了不同程度的提高。此外,采取现行适应策略之后,适应能力有所提高的农区农户比重最大,高达80.07%,而纯牧区的该比重最小,仅为35.19%。

3. 现行生计适应策略的环境效益

甘南高原农户所采取的生计适应策略的环境效益指数为3.39,低于总体效益指数。其中,现行生计适应策略对耕地质量的影响最大,效益指数为3.40;其次是对草地质量的影响,效益指数为3.38。调查显示,分别有49.61%、51.56%的农户表示采取现行生计适应策略后,草地质量、耕地质量有所提高;但调查中也发现,部分农户采取的生计适应策略对环境带来了负面的影响,分别有13.43%、10.45%的农户表示所采取的现行策略导致草地质量、耕地质量下降。

纯牧区、半农半牧区、农区农户所采取策略的环境效益指数分别为3.35、3.34、3.46,表明农区农户所采取策略的环境效益最好,半农半牧区最差。调查显示,有55.98%的农区农户表示所采取的生计适应策略使草地质量得到提高,而半农半牧区该比重仅为38.10%。这主要是因为相对于纯农区和半农半牧区,农区农户所拥有的草地面积较小,且农户受教育程度较高和支付能力较强,能够有效地开展人工种草、休牧轮牧等措施来增强草地的生产能力。此外,半农半牧区和农区农户通过施肥、水分保持等措施也提高了当地的耕地质量,其中农区农户表现得最为强烈,有57.14%农户反映所采取的生计适应策略使耕地质量得到提高,而半农半牧区的该比重仅有 51.09%。

(三) 生计适应策略的优选

为了更好地适应气候变化,急需寻求更有效的生计适应策略。但生计适应策略选择需要综合考虑气候风险、社会经济条件及区域发展规划等多项内容。为此,基于甘南高原农户的生计适应需求调查、对相关部门及专家的咨询,确定了调整农牧业产业结构(例如种植结构、畜种结构等)、采用农牧业新技术(例如引进新品种、养殖技术、饲料种植技术等)、调整农牧业规模、完善农牧业设施(例如打井、修建灌溉设施、建圈舍、建暖棚等)、发展非农产业(例如发展旅游业、发展特色农牧产品加工业等)、参加合作组织(例如联户放牧、合作采购料草、合作运输、合作销售等)、参加保险(例如农业保险、医疗保险、养老保险等)等 7 种主要的生计适应策略,并根据农户对各种策略的打分,采用多准则评估模型来筛选最优的生计适应策略。

甘南高原全体受访户对不同生计适应策略的评分不同(表 4-17)。发展非农产业的得分最高,为 0.743,被认为是甘南高原农户应对气候变化的一种最为有效的策略,这说明甘南高原农户认为该项策略在适应效果和适应可能性方面具有明显的优势;调查显示,分别有 78.60%、73.20%的农户认为发展非农产业的适应效果、适应可能性高于其他生计适应策略。纯牧区农户的最优策略是调整农牧业结构,得分为 0.827,这说明纯牧区农户认为该项策略在适应效果和成本效率方面具有明显优势;调查发现,分别有 78.31%、78.30%的农户认为调整农牧业结构的适应效果、成本效率高于其他适应策略。半农半牧区农户的最优策略也是调整农牧业产业结构,得分为 0.748,这说明半农半牧区农户认为该项策略在适应效果、成本效率、适应响应性方面具有明显优势;调查显示,分别有 84.94%、64.46%、77.11%的农户反映调整农牧业结构的适应效果、成

表 4-17 甘南高原农户应对气候变化生计适应策略的评价值

农户类型	调整农牧业产业结构	采用农牧业新技术	调整农牧业规模	完善农牧业设施	发展非农产业	参加合作组织	参加保险
纯牧区农户	0.827	0.652	0.640	0.293	0.781	0.719	0.637
半农半牧区农户	0.748	0.368	0.293	0.652	0.604	0.117	0.730
农区农户	0.234	0.493	0.284	0.856	0.512	0.353	0.760
全体受访户	0.459	0.349	0.218	0.397	0.743	0.434	0.663

本效率、适应响应性高于其他适应策略。农区农户的最优策略是完善农牧业设施，得分为 0.856，这说明农区农户认为该项策略在适应效果、适应可能性、适应响应方面的优势明显；调查显示，分别有 86.47%、75.47%、72.09%的农户反映完善农牧业设施的适应效果、适应响应性、适应可能性高于其他策略。

总体来看，甘南高原农户多采取组合型策略应对气候变化，尤以调整+扩张型策略为主，生计适应策略的选择不仅受气候变化感知的影响，更受所拥有生计资本的影响。现行生计适应策略的效果较好，但不同区域农户筛选的最优策略存在差异。鉴于此，首先，政府应当建立反映地方特色的气候监测体系，提高中长期气象预报的准确性，并加入生计适应策略互动反馈机制，这对于农户优化农牧业产业结构、合理安排农时来应对气候变化具有重要作用。其次，政府应当建立和完善信息发布平台，及时、准确地提供农牧业市场信息、就业信息等，并加大对农户气候变化相关信息的宣传力度，使农户能够适时有计划地采取适应策略，以便实现潜在的效益。第三，政府应当建立良好的信贷资金机制安排，加大向农户发放小额贷款的力度，建立多元化信贷机制、优惠的税收政策和贷款补贴，持续增加政府的气候变化适应资金投入，为农户适应气候变化提供物质支撑基础；此外，还可增加农户的转移性收入，减少农户对农牧业收入的依赖，从而促进劳动力逐渐向城镇转移并开展非农产业。最后，政府应当积极开发和推广新技术、开展实用技术与技能培训、进行经营管理策略的指导。例如大力开发投资小、成本低、收益好的轻简农牧业新技术，开发和引进幼稚种籽、畜禽良种技术和种植养殖技术，激励农户更积极地使用农牧业新技术。

第四节 农户应对气候变化的生计适应障碍与需求

适应气候变化是一个长期、复杂、系统的应对过程，在实践中有计划的适应行为不一定能够实现，高适应能力也不一定会自动地转变为成功的适应，个人与集体在寻求最恰当、最可持续的适应行动中往往面临着一系列障碍与需求（Wheeler et al., 2013）。这些障碍的出现不仅限制了群体或个人识别、评估和管理气候变化风险的能力，还降低了他们的适应效率，延误了适应机会，增加了适应成本，并限制了适应政策的制定和实施（Islam et al., 2014；Bryan et al., 2009），导致一些发展中国家和不发达地区无法采取有效的适应行动（赵雪雁，2014）。为此，亟需探明发展中国家农民适应气候变化的障碍、需求及其影响因素，这也是优化农户应对气候变化的生计适应策略和适应能力的必要条件。

一、农户应对气候变化的生计适应障碍

（一）研究方法

1. 生计适应障碍测量指标

已有文献将适应障碍按照其区别和联系大体分为 3 类（Adger *et al.*，2010；Jones and Boyd，2011；Smith and Hamilton，2011）（图 4-11）：第一类是由物理和生态约束构成的自然障碍，包括生态系统阈值与恢复力、物种与栖息地敏感性、资源配置限制等多种形式；第二类是由知识、经济和技术约束构成的人文与信息障碍，包括缺乏技术设备、气候模拟系统的局限性、预测信息的不确定性、技术故障导致的信息不准确、缺乏引导信息等，同时还包括低收入、信贷缺乏、预算约束等限制；第三类是由认知、规范和制度约束构成的社会障碍，包括正式与非正式制度、道德规范、价值观与信仰、风险感知、自我效能等。基于已有研究（Adger *et al.*，2009；Below *et al.*，2012；Bryan *et al.*，2009）和甘南高原的独特性，从认知、信息技术、规范性和制度障碍 4 个维度出发构建综合评价指标体系来衡量适应障碍（表 4-18）。

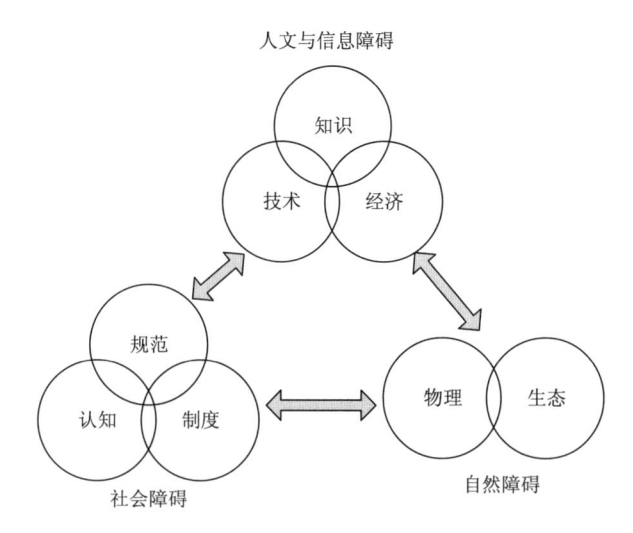

图 4-11 气候变化适应障碍框架及其相互作用（Jones and Boyd，2011）

表 4-18　农户对极端天气的生计适应障碍指标评价体系

指标	次级指标	测度问题及赋值	均值
认知障碍	大—暴雪发生频率认知	增加为 1；不变为 0.5；减少为 0	0.686
	干旱发生频率认知	增加为 1；不变为 0.5；减少为 0	0.583
	暴雨发生频率认知	增加为 1；不变为 0.5；减少为 0	0.782
信息技术障碍	信息准确度	非常准确为 1；比较准确为 0.75；一般为 0.5；不太准确为 0.25；非常不准确为 0	0.540
	信息获取及时性	及时获取为 1；无法及时获取为 0	0.557
	技术服务	有为 1；没有为 0	0.271
规范性障碍	适应方式	延续传统不良应对方式为 0；良性应对方式为 1	0.276
	适应策略选择时机	事前适应、预期适应为 1；事后适应、临时应对为 0	0.293
制度障碍	资源获取性	能够获得为 1；无法获得为 0	0.584
	政策激励	获得为 1；无法获得为 0	0.588

琼斯和博伊德（Jones and Boyd，2011）认为认知障碍与影响个体响应当前或预期气候刺激的心理和思维过程有关，包括个体对气候变化的否认、漠不关心、无能为力等态度以及对气候变化认知的偏差；通常个体对气候变化的认知与实际情况一致性越高，其认知障碍越小。近 30 年来甘南高原干旱程度、暴雨发生频率呈增加趋势，而大—暴雪发生频率基本保持不变。鉴于此，本研究认为持"干旱和暴雨发生频率增加、大—暴雪发生频率不变"观点的受访户其认知与实际变化趋势相一致，不存在认知偏差（即农户不存在认知障碍）；反之，农户对极端天气的认知与实际变化趋势反差越大，则面临的认知障碍越严重。

雷蒙德和鲁滨逊（Raymond and Robinson，2013）认为信息技术障碍与个体获取的气候变化信息准确性、及时性及存在的技术故障有关；通常个体所获取的气象信息越准确、越及时，技术服务水平越高，农户面临的信息技术障碍越小，反之则越大。鉴于此，利用农户获取气象灾害预警信息的准确、及时性（与国家气象部门发布的气象灾害信息相比，农户从其他渠道获取的气象灾害预警信息的准确性和及时性）及技术服务水平（能否获得农牧业机械技术培训）来测量其面临的信息技术障碍。

琼斯（Jones，2010）认为规范性障碍与个体响应气候变化刺激的方式有关，例如延续传统而低效的应对方式、适应策略时机选择不当等；通常个体选择的适应时机越恰当、适应方式越有效，其面临的规范性障碍越小，反之则越大。鉴于此，利用农户应对气象灾害的方式和适应策略选择时机来测度其面临的规范性障碍；如果农户选择传统不良应对策略（例如修建暖棚、储备饲草、牲畜饮水工程等）和事后适应、临时应对（例如灾后补救，没有做到灾前预防），则该农户面临规范性障碍，反之则不存在。

阿格拉沃尔等（Agrawala et al.，2007）认为制度性障碍与法律法规不健全、资源分配不均或不到位、政策激励不足等问题有关；通常适应政策越健全、资源分配越到位，个体面临的制度障碍越小。鉴于此，利用农户获取适应极端天气所需资源的能力（例如获得政府提供灾后救援物资的难易程度）及政策激励水平（例如政府的宣传、引导力度、灾害预警平台的完善）来测度其面临的制度障碍；能够获得应对极端天气所需资源和激励的农户不存在制度性障碍，反之则存在。

2. 生计适应障碍测量方法

为了辨明不同生计方式农户所面临适应障碍的差异性和严重程度，特引入逼近理想点排序法（TOPSIS）。逼近理想点排序法是通过测算所评价指标与"理想解"和"负理想解"的接近程度来评价对象的相对优劣（鲁春阳等，2011）。采用 TOPSIS 法对适应障碍进行排序，以便判断不同类型适应障碍的严重程度，即以实际的极端天气变化趋势为基准，来评判农户对近 20 年极端天气事件的认知程度，与其实际变化趋势越贴近，则农户面临的认知障碍越小。TOPSIS 法计算步骤如下：

①构建评价矩阵：针对 m 个评价对象，n 个评价指标，采用正向指标标准化法，可构建标准化矩阵 Z：

$$Z=\{z_{ij}\}_{m\times n} \tag{4.13}$$

式中，z_{ij} 表示第 i 个评价对象的第 j 个评价指标，$i=1, 2, \cdots, m$；$j=1, 2, \cdots, n$。

②确定最优解 Z^+ 和最劣解 Z^-（也就是正、负理想解）：

$$\begin{aligned}Z^+ &= \{\max z_{ij}| j=1,2,\cdots,n\} = \{z_1^+, z_2^+, \cdots, z_n^+\} \\ Z^- &= \{\min z_{ij}| j=1,2,\cdots,n\} = \{z_1^-, z_2^-, \cdots, z_n^-\}\end{aligned} \tag{4.14}$$

③计算各评价对象与最优解和最劣解的欧式距离：

$$D_i^+ = \sqrt{\sum_{j=1}^{n}(z_{ij}-z_j^+)^2} \ ; \ D_i^- = \sqrt{\sum_{j=1}^{n}(z_{ij}-z_j^-)^2} \tag{4.15}$$

④计算各评价对象与最优解的相对贴近度 C_i：

$$C_i = \frac{D_i^-}{D_i^+ + D_i^-} \ (i=1, 2, \cdots, m) \tag{4.16}$$

式中，$0 \leq C_i \leq 1$，C_i 值越大表明评价指标效果越好或农户面临的适应障碍越小，反之越大。

（二）农户应对气候变化的生计适应障碍

甘南高原农户面临着多重生计适应障碍。其中，农户面临的规范性障碍最严重（0.393），68.81%的家庭在应对极端天气时会延续传统的不良应对方式，并选择事后适应、临时应对策略。可见，该区农户受传统价值观念的影响，多依赖传统不良应对方式或采取不良适应策略，然而消极适应选择往往会引发其他适应风险或造成严重损失；信息技术障碍次之（0.479），有43.7%的农户无法及时获得气象灾害预警信息，仅有29.44%的农户所获取信息的准确度较高，并获得了技术推广服务；再次为制度障碍（0.539），有43.31%的农户无法获得应对气象灾害所需的关键资产或资源；农户面临的认知障碍最小（0.570），但仍有48.27%的农户存在气候认知偏差（表4-19）。

表4-19 农户面临的主要生计适应障碍及所占比重（%）

类型	认知障碍 贴近度 C_i	比重/%	信息技术障碍 贴近度 C_i	比重/%	规范性障碍 贴近度 C_i	比重/%	制度障碍 贴近度 C_i	比重/%
纯农户	0.537	55.06	0.465	66.42	0.412	64.82	0.524	45.19
兼业户	0.590	44.733	0.483	61.40	0.372	74.03	0.553	39.52
非农户	0.582	45.03	0.491	59.57	0.394	69.15	0.540	42.02
全体农户	0.570	48.27	0.479	62.46	0.393	69.33	0.539	42.24

1. 认知障碍

甘南高原79.76%的农户已感知到气候变化，尤其对极端天气事件产生的影响更为敏感，但其这方面的认知存在较大差异。其中，农户对暴雨发生频率的认知贴近度最高（0.653）、对干旱事件发生频率的认知贴近度次之（0.542）、对大—暴雪发生频率的认知贴近度最低（0.515），分别有34.72%、51.85%、58.25%的农户对上述极端天气的认知与气象监测数据所反映的变化趋势不一致，存在较大的认知差异。

进一步分析发现，不同生计农户对极端天气的认知存在较大差异。其中，非农户对大—暴雪发生频率的认知贴近度最高，纯农户次之，兼业户最低，分别有42.55%、53.33%、59.67%的非农户、纯农户、兼业户对大—暴雪发生频率的认知存在障碍；兼业户对暴雨、干旱发生频率的认知贴近度最高，非农户次之、纯农户最低，仅有22.58%、45.94%的兼业户对暴雨、干旱存在认知障碍，而纯农户中该比重分别高达 39.36%、

47.19%。

究其原因，一方面在于该区农户的受教育程度较低，小学及以下受教育程度的户主和劳动力分别占 66.49%、55.32%，其中纯农户中小学及以下受教育程度的户主和家庭劳动力比重高达 81.36%、59.42%，这限制了农户对气候变化及极端天气事件信息的获取及准确判断；另一方面在于该区农户对专家、权威机构、政府或媒体发布的气象灾害信息缺乏信任，其中纯农户中认可所发布信息的农户比重仅为 42.78%，兼业户和非农户中该比例也仅为 53.87%、57.18%（表 4-20）。

表 4-20　面临各类生计适应障碍的农户比重（%）

类型	认知障碍			信息技术障碍			规范性障碍		制度障碍	
	暴雨认知	干旱认知	大—暴雪认知	信息准确度	信息及时性	技术服务	应对方式	适应时机	资源获得性	政策激励
纯农户	42.22	58.62	53.33	74.81	56.30	68.15	60.74	68.89	49.63	40.74
兼业户	22.58	45.94	59.67	67.74	42.90	73.56	75.48	72.58	37.74	41.29
非农户	39.36	47.19	42.55	69.14	31.91	77.66	70.21	68.09	42.55	41.49

2. 信息技术障碍

从信息获取及时性来看，甘南高原农户对极端天气信息获取及时性指数仅为 0.533，尚有 43.7% 的农户无法及时获取气象灾害的相关信息；其中，纯农户面临的信息获取障碍最严重（0.468），高达 56.30% 的纯农户无法及时获取极端天气信息；从所获信息准确度来看，农户获取的极端天气信息准确度仅为 0.530，有 70.57% 的农户所获取信息不准确；其中，纯农户获取的信息准确度最低（0.521），有 74.81% 的农户无法获取准确的极端天气信息。究其原因，一方面在于该区农户居住分散，且实行冬春转场，尤其夏季牧场远离村镇，气象信息服务平台覆盖度有限；另一方面在于农户的信息获取渠道单一，仅有 28.72%、15.84% 的农户通过电视、手机等方式获取气象信息，大部分农户主要通过邻里交流等方式获取信息，这无疑降低了信息的准确性和及时性。

调查中还发现，甘南高原农户的技术服务指数仅为 0.377，73.12% 的农户无法获取有效的技术支持，其中 77.66% 的非农户无法获取有效技术支持，其技术服务指数仅为 0.349，兼业户、纯农户中该比重也达 73.56%、68.15%，其技术服务指数分别为 0.374、0.406。访谈中问及"适应气候变化及极端天气还需要哪些帮助？"39.52% 的农户希望得到技术支持和培训，并将现代种植养殖技术、灌溉技术等作为首选。可见，技术支持在农户适应过程中起着极其重要的作用。

3. 规范性障碍

从农户应对极端天气的处理方式来看，71.56%的农户在应对气候变化及极端天气事件时选择延续传统的不良应对方式，应对规范指数仅为0.389。其中，兼业户中延续传统不良应对方式的农户比重高达75.48%，而纯农户中该比重也达60.74%，两者应对规范指数分别为0.363、0.422。从适应极端天气策略选择时机来看，69.85%的农户选择事后适应、临时应对策略响应极端天气产生的负面影响，缺乏预见性和风险意识，面临着适应策略选择时机障碍，选择时机障碍指数仅为0.396；其中，兼业户面临的选择时机障碍最严重（0.381），72.58%的该类农户选择事后适应、临时应对策略。

究其原因，一方面由于甘南高原农村技术推广服务体系不健全，73.12%的农户无法获得有效的技术推广服务，遭遇气象灾害只能采取传统的不良应对方式；另一方面在于甘南高原农户受教育程度低，观念保守，接受新技术的能力较弱，且对自身的适应能力、适应效果等持怀疑态度。访谈中，有81.82%的受访户认为应对气候变化及极端天气所需成本太高，无力承担。

4. 制度障碍

从政府对农户适应极端天气的激励程度来看，有41.17%的农户未能享受政府提供的适应激励，面临着政策激励障碍，政策激励水平为0.544；其中，非农户面临的政策激励障碍最严重（0.543），兼业户次之（0.544），纯农户最低（0.547），分别有41.49%、41.29%、40.74%的上述农户没有享受到政府提供的相关适应激励。从政府提供的应对极端天气的资源普及程度来看，43.31%的农户难以获得相关资源，面临着资源获取性障碍，资源普及程度为0.534；其中，纯农户面临的资源获取性障碍最严重（0.502），非农户次之（0.537），兼业户最小（0.562），分别有49.63%、42.55%、37.74%的上述农户无法获得政府提供的资源，面临资源获取性障碍。访谈中，大部分农户反映所在乡镇应对极端天气的基础设施供给不足，帮助农户应对极端天气的资源供给严重不足，且有限的适应资源存在不合理分配、低效利用等问题，不仅使其适应能力难以有效提高，而且使其适应气候变化的积极性削弱。

（三）适应障碍对生计适应意向的影响

1. 研究方法

已有大量研究显示，农户的生计适应障碍对其适应意向会产生重要影响。为了进一步探明影响农户适应意向的关键性障碍因素，采用二元Logistic回归模型分析影响农户适应意向的因素。将农户对极端天气的适应意向简化为0—1型因变量y_i，即"积极适应意向"定义为 1，"听天由命或等待援助等消极适应意向"定义为 0；假定 x_i 是自变量，p_i 是适应意向 y_i 发生的概率，其回归模型为：

$$p_i = \frac{\mathrm{Exp}(\beta_0 + \beta_1 x_{i1} + \cdots + \beta_m x_{im})}{1 + \mathrm{Exp}(\beta_0 + \beta_1 x_{i1} + \cdots + \beta_m x_{im})} \tag{4.17}$$

式中，β_0 为常数，β_1，β_2，…，β_m 为回归系数，表示诸自变量 x_{im} 对 p_i 的贡献量。

2. 适应障碍对生计适应意向的影响

农户是否愿意积极应对气候变化及极端天气，不仅受生计适应障碍的影响，同时也受农户拥有的时间、金钱、权利等客观适应能力的影响（Grothmann and Patt，2005）。因此，以农户拥有的生计资本来考察其客观适应能力，并参照张钦等（2016）和德雷萨等（Deressa et al.，2009）的研究将生计资本指标进行测量与赋值，并与生计适应障碍同时纳入回归模型，考察其对适应意向的影响。结果显示，纯农户、兼业户和非农户的 Hosmer-Lemeshow 拟合优度分别为 4.861、6.620、1.177，P 值分别为 0.772、0.157、0.674（>0.05），说明该模型拟合效果较好，模型分析结果如表 4-21 所示。

表 4-21 农户的气候适应障碍对其生计适应意向影响的估计结果

变量	纯农户	兼业户	非农户
常量	−3.274***	−0.737	−1.691**
认知障碍	1.333***	1.126**	1.564**
信息及时性障碍	0.009	2.227	1.282
信息准确性障碍	2.73**	0.576	2.614
技术服务障碍	0.097	0.625**	1.308
适应策略选择时机障碍	−1.103**	0.062	0.01
应对策略障碍	0.759	0.438	2.099
资源获取障碍	0.015	0.562	1.756***
政策激励障碍	1.057**	1.355***	0.774
家庭整体劳动能力	0.031	0.157	0.548
劳动力受教育程度	0.212	0.014	0.331
人均耕（草）地	0.384	0.287	0.83
固定资产拥有量	2.084	0.136	0.9
牲畜拥有量	0.011**	0.016	1.771
人均年收入	0.138	0.64	2.953
亲戚网规模	0.263	0.877	1.261
帮助网规模	0.256	1.477	0.371

注：**P<0.05；***P<0.01。

结果显示，认知障碍、制度障碍、信息技术障碍和规范性障碍对农户的生计适应意向均有显著影响。其中，纯农户面临的认知障碍在 0.01 水平上显著，信息准确性障碍、适应策略选择时机障碍、政府激励障碍均在 0.05 水平上显著；兼业户面临的认知障碍、技术服务障碍在 0.05 水平上显著，政策激励障碍在 0.01 水平上显著；非农户面临的认知障碍在 0.05 水平上显著，资源获取障碍在 0.01 水平上显著。上述适应障碍中，除适应策略选择时机障碍对纯农户的生计适应意向产生负向影响外，其余均对农户的生计适应意向有积极作用。

认知障碍对不同生计农户的生计适应意向均产生显著的正向影响，即农户对极端天气的认知程度越高，越有利于促使农户产生积极的生计适应意向；制度障碍方面，政策激励障碍对纯农户和兼业户的生计适应意向有显著的正向影响，资源获取性障碍对非农户的生计适应意向有积极影响，说明适应气候变化的制度体系越完善，农户的积极适应意向越强烈；信息技术方面，信息准确性障碍对纯农户生计适应意向具有显著的正向影响，技术服务障碍对兼业户的生计适应意向具有显著正影响，说明农户获取的信息技术水平越高，其适应意向越强烈。准确的气候变化预测信息、高效的农业生产技术和先进的技术设备等，对农户的适应意向都具有积极作用。然而，适应策略选择时机障碍对纯农户的生计适应意向有显著的负向影响，说明农户面临的适应策略选择时机障碍越大，其适应意向越强，即农户在面对气候变化风险时，更愿意选择事后适应、临时应对策略，而不愿为预防低概率的极端天气支付高额费用，原因可能在于纯农户受传统价值观念和低教育水平的影响较大。

同时，物质资本对农户的生计适应意向也具有积极影响。其中，纯农户的牲畜拥有量通过了 0.05 水平显著性检验，说明牲畜拥有量越多，越有利于促使农户产生积极的生计适应意向，原因在于甘南高原畜牧业是纯农户家庭收入主要来源之一，牲畜拥有量越多，农户的收入水平越高，应对气候变化的能力也会越强；再者牲畜数量越多，遭受气候变化负面影响的风险越大，农户也会倾向于采取积极的生计适应意向。

二、农户应对气候变化的生计适应需求

（一）研究方法

1. 变量选择

家庭或个人的资本状况是理解家庭或个人所拥有的选择机会、所采用的生计策略和应对所处环境风险的基础，也是对农村扶贫和发展项目进行政策干预的切入点（李

小云、杨帆，2005）。拥有不同生计资本的农户在适应气候变化过程中，产生的适应需求不同（许汉石、乐章，2012）。已有研究发现，农户的自然资本存量越高，其生产经营规模可能越大，进而会引发农户对具有提高农牧业生产效益和减缓气象灾害损失等功能的公共产品的需求（周小斌等，2004）；人力资本影响着农户对气候变化的认知水平及适应能力，进而影响农户对公共产品的需求内容（郭瑜，2010）；金融资本影响农户的支付能力，导致农户对公共产品的有效需求存在差异（杨明月、陈宝峰，2009）；物质资本既是农户生产生活的工具，也是家庭财富的一部分，它在一定程度上可转化为金融资本，因此，物质资本会影响农户应对气候变化的适应方式及其适应能力，使农户应对气候变化的适应需求产生差异（刘西川等，2009）；以人际关系、组织关系、信任等社会关系网络为载体的社会资本是农户的重要资源，它在增加农民收入、促进就业和抵御自然和社会风险等方面的作用显著（Munshi and Rosenzweig，2006），因此，它在一定程度上也会影响农户的适应需求。已有研究也发现，农户对公共产品的需求受户主的年龄、文化程度以及家庭收入、家庭规模、生产规模、兼业化水平、社会网络等因素的影响（展进涛、陈超，2009）。基于已有研究，选择自然资本、人力资本、金融资本、物质资本和社会资本等指标作为自变量，以农户应对气候变化的首选适应需求类型作为因变量，并引入地区虚拟变量（是否农区：是为1，否为0；是否纯牧区：是为1，否为0）（表4-22）。

表 4-22 模型的解释与变量说明

变量名称	测量指标及权重	赋值	均值	标准差
自然资本	耕地（0.47）	人均耕地面积（hm^2）	0.09	0.43
	草地（0.53）	人均草地面积（hm^2）	0.98	2.17
人力资本	家庭整体劳动能力（0.44）	非劳动力为0；半劳动力为0.5；全劳动力为1	3.96	1.17
	成年劳动力受教育程度（0.56）	文盲为0；小学为0.25；初中为0.5；高中为0.75；大专及以上为1	1.25	0.84
金融资本	农牧民家庭现金收入（0.60）	人均现金年收入	4 233.82	2 708.63
	获得无偿现金援助的机会（0.23）	有为1；无为0	0.54	0.50
	获得信贷的机会（0.17）	有为1；无为0	0.35	0.21
物质资本	牲畜数量（0.58）	马/骡为1.0；牛为0.8；羊为0.3；猪为0.2	179.18	259.91
	家庭固定资本（0.24）	调查户所拥有资本的选项数占所列选项的比例	0.36	0.16

续表

变量名称	测量指标及权重	赋值	均值	标准差
物质资本	住房类型（0.18）	对房屋类型和数量分别赋值，二者加权合成作为住房项的总得分，其中：混凝土房为1.0，砖瓦/砖木房为0.75，土木房为0.5，帐篷为0.25，草房为0；5间房及以上为1.0，4间房为0.75，3间房为0.5，2间为0.25，1间为0	4.19	2.49
社会资本	对周围人的信任（0.32）	非常信任1；比较信任0.75；一般信任0.5；不太信任0.25；根本不信任0	0.44	0.24
	亲戚圈（0.38）	所在村庄亲戚圈数量大于10户为1；7—9户为0.75；4—6户为0.5；1—3户为0.25；几乎没有为0	0.45	0.25
	与他人交流的机会（0.18）	很多为1；较多为0.75；一般0.5；较少为0.25；几乎没有为0	0.90	0.29

2. 模型设计

采用二元 Logistic 模型分析生计资本对农户适应需求的影响，并利用最大似然估计法对其回归参数进行估计。将农户的首选适应需求设置为0—1型因变量 y_i，其中模型1、模型2、模型3、模型4的因变量分别为生产技术需求、信息需求、基础设施需求、信贷保险需求。若农户选择某种适应需求，则设定 $y_i=1$，否则设定 $y_i=0$。假定 x_i 是自变量，P_i 是 y_i 事件发生的概率，相应的回归模型如下：

$$P_i = \frac{\mathrm{Exp}(\beta_0 + \beta_1 x_{i1} + \cdots + \beta_m x_{im})}{1 + \mathrm{Exp}(\beta_0 + \beta_1 x_{i1} + \cdots + \beta_m x_{im})} \tag{4.18}$$

式中，β_0 为常数，β_1，β_2，…，β_m 为回归系数，表示诸因素 x_{im} 对 P_i 的贡献量。回归系数为正值，表示解释变量每增加1个单位值，发生比会相应增加；相反，回归系数为负值，则表示解释变量每增加1个单位值，发生比会相应减少。

（二）农户应对气候变化的生计适应需求

1. 不同区域农户应对气候变化的生计适应需求

在适应气候变化过程中，甘南高原农户对基础设施的需求最强烈，其次是对信息和生产技术服务的需求。其中，有59.04%的农户需要基础设施投入，54.47%的农户需要信息服务，51.64%农户需要生产技术服务。究其原因，在于甘南高原农户生计主要依赖农牧业，农牧民对气候变化的影响非常敏感，加之当地经济发展水平较落后，生产与生活基础设施供给不足,交通设施供需矛盾尤为突出,当地主要靠公路运输,而且道路等级和网络化程度低;目前仍有 1 700 个左右的自然村不通村道,农村公路上缺桥少涵的现象十分突出,严重制约了农户对气候变化的有效适应,因此,农户对基础设施的需求更强烈。访谈中也发现,69.72%的农户认为当地针对适应气候变化的生产型基础设施供给不足,其中以水利、电力和交通设施最为显著。

对甘南高原纯牧区、半农半牧区、农区农户的生计适应需求进行多独立样本 Median 检验,发现生产技术、信息、基础设施和信贷保险的 Median 检验卡方统计量对应的相伴概率均小于显著性水平 0.05,说明甘南高原不同区域农户对生产技术、信息、基础设施和信贷保险的需求存在显著差异(表 4-23)。进一步分析发现,在适应气候变化过程中,纯牧区农户对基础设施的需求最强烈(56.29%),对生产技术的需求次之(51.05%);在基础设施需求中,该区农户对交通设施的需求更强烈,57.18%的纯牧区农户有此需求;在生产技术需求中,该区农户对养殖技术的需求更强烈,有 56.02%的纯牧区农户需要养殖技术。半农半牧区农户对信息的需求最强烈(49.13%),对生产技术的需求次之(48.61%);在信息需求中,对灾害预警信息的需求最强烈,57.80%的半农半牧区农户有此需求;生产技术需求中,该区农户对种养技术的需求最强烈,

表 4-23 甘南高原农户应对气候变化的生计适应需求

项目	生产技术需求(%) 良种繁育	动物防疫/病虫害防治	栽培/养殖	信息需求(%) 灾害预警信息	农牧业市场信息	就业信息	基础设施需求(%) 交通设施	水电设施	信贷保险需求(%) 低息/无息贷款	医疗/养老保险
纯牧区农户	49.81	47.33	56.02	43.60	46.71	40.50	57.18	55.40	42.36	42.98
半农半牧区农户	51.50	39.69	54.65	57.80	37.32	52.28	54.62	53.07	42.05	51.50
农区农户	53.33	50.60	54.97	66.45	51.69	69.18	67.54	66.45	61.53	57.70
中位数		0.333			0.333		0.500		0.000	
卡方检验		9.931*(0.007)			27.034*(0.000)		9.277(0.010)		20.827*(0.000)	
纯农户	55.14	45.68	67.30	48.38	44.32	42.89	58.40	57.84	65.95	57.84
一兼户	41.91	54.83	50.34	58.76	56.97	50.90	65.69	66.35	53.71	49.21
二兼户	38.71	40.28	45.48	47.33	42.27	65.94	56.52	54.10	41.20	50.41
中位数		0.333			0.333		0.500		0.000	
卡方检验		0.441(0.802)			6.756*(0.034)		2.817(0.245)		6.508*(0.039)	

注:括号内为 P 值,*在 0.05 水平上显著。

有 54.65%的半农半牧区农户需要种养技术。农区农户对基础设施的需求最强烈（67.00%），对信息的需求次之（62.44%）；在基础设施需求中，该区农户对交通设施的需求最强烈，67.54%的农区农户有此需求；在信息需求中，该区农户对就业信息的需求最强烈，有 69.18%的农区农户有此需求。

2. 不同生计方式农户应对气候变化的生计适应需求

对甘南高原纯农户、一兼户、二兼户的生计适应需求进行多独立样本 Median 检验，发现信息和信贷保险的 Median 检验卡方统计量对应的相伴概率均小于显著性水平 0.05，说明甘南高原不同生计方式农户对信息、信贷保险的需求存在显著差异（表 4-23）。进一步分析发现，在适应气候变化过程中，纯农户对信贷保险的需求最强烈（61.90%），对生产技术的需求次之（56.04%）；在信贷保险需求中，纯农户对低息、无息贷款的需求最强烈，有 65.95%的该类农户有此需求；在生产技术需求中，纯农户对种养技术的需求最强烈，有 67.30%的该类农户有此需求。一兼户对基础设施的需求最强烈（66.02%），对信息的需求次之（51.46%）；在基础设施需求中，一兼户对水利及电力设施的需求最强烈，有 66.35%的该类农户有此需求；在信息需求中，一兼户对灾害预警信息的需求最强烈，有 58.76%的该类农户有此需求。二兼户对基础设施的需求最强烈（55.31%），对信息的需求次之（51.85%）。在基础设施需求中，二兼户对交通设施的需求最强烈，有 56.52%的该类农户有此需求；在信息需求中，二兼户对就业信息的需求最强烈，有 65.94%的该类农户有此需求。

（三）影响农户应对气候变化适应需求的关键因素

采用二项 Logistic 回归模型分析影响农户应对气候变化生计适应需求的关键因素。在解释变量的相关性分析中，人力资本和社会资本的相关性系数为 0.189，自然资本和物质资本的相关系数为 0.171，金融资本和人力资本的相关性系数为 0.100，其他各个变量之间的相关性系数绝对值均小于 0.20，自变量的共线性关系很小，因而可以引入模型进行回归分析。回归结果如表 4-24，模型 1、模型 2、模型 3、模型 4 的 Nagelkerke R^2 值分别为 0.132、0.118、0.087、0.102，Chi-square 值分别为 44.469、39.369、31.225、34.886，均在 0.01 水平上显著，模型预测准确率分别为 76.5%、75.3%、62.9%、70.1%，4 个模型均具有一定的解释力。

表 4-24 农户应对气候变化适应需求的影响因素回归结果

解释变量	生产技术需求（模型1）	信息需求（模型2）	基础设施需求（模型3）	信贷保险需求（模型4）
自然资本	2.208**	1.853**	0.773	1.160*
人力资本	0.354	2.385***	1.166**	1.113**
金融资本	0.677	0.295	−0.850*	−1.051*
物质资本	0.940*	0.209	0.336	−1.253**
社会资本	0.222	−0.253	0.992	−1.518***
纯牧区	0.656	−0.023	0.835*	−0.165
农区	0.405	1.121***	0.608	0.472
−2Log likelihood	499.356	500.363	597.025	536.913
卡方检验值	44.469***	39.369***	31.225***	34.886***
Nagelkerke R^2	0.132	0.118	0.087	0.102
预测准确率	76.5%	75.3%	62.9%	70.1%

注：*在 0.1 水平上显著；**在 0.05 水平上显著；***在 0.01 水平上显著。

模型 1 中，农户自然资本和物质资本分别在 0.05 和 0.1 显著性水平上与生产技术需求呈正相关，说明随着农户自然资本和物质资本存量的增加，农户对生产技术的需求上升。

模型 2 中，农户自然资本和人力资本分别在 0.05 和 0.01 显著性水平上与信息需求呈正相关，说明随着农户自然资本和人力资本的增加，农户对信息的需求趋于增强。与半农半牧区相比，农区农户对信息的需求更加强烈。

模型 3 中，农户人力资本在 0.05 显著性水平上与基础设施需求呈正相关，金融资本在 0.1 显著性水平上与基础设施需求呈负相关，说明随着农户人力资本的提高，农户对基础设施的需求趋于增强，但随着金融资本的提高，农户对基础设施的需求趋于降低。与半农半牧区相比，纯牧区农户对基础设施的需求更强烈。

模型 4 中，农户自然资本和人力资本分别在 0.1 和 0.05 显著性水平上与信贷保险需求呈正相关，而农户金融资本、物质资本和社会资本分别在 0.1、0.05 和 0.05 显著性水平上与信贷保险需求呈负相关，说明随着农户自然资本和人力资本的增加，农户对信贷保险的需求趋于增强，但随着金融资本、物质资本和社会资本的增加，农户对信贷保险的需求趋于降低。与半农半牧区相比，农区农户对信贷保险的需求更强烈。

1. 区域特色与生计适应需求

由于甘南高原纯牧区、半农半牧区与农区的自然环境、资源禀赋和农户生计特征不同，农户应对气候变化的适应需求也存在差异。相对于半农半牧区，农区农户对就业信息的需求更强烈，纯牧区农户对交通设施的需求更强烈。究其原因，在于农区农户的受教育水平普遍高于纯牧区和半农半牧区，加之人均耕地面积小，家庭剩余劳动力多，自然资本产出不能满足农户基本生活需求，故外出打工比例较高，因此，农区农户对就业信息的需求较高（表 4-23）。调查中也发现，67.15%的农区农户无法获取充足的就业信息，多数农户仅依靠亲友介绍获取外出务工信息，他们希望政府能够提供相关就业信息，以便拓宽其外出务工的就业渠道。这与陈宗胜等（2006）和辛岭、蒋和平（2009）等的研究结论较一致，即农户受教育水平越高、家庭劳动力数量越多、人均耕地面积越少，农户对外出务工的意愿越强，对就业信息的需求量也越大。

由于甘南高原纯牧区地域辽阔，人口密度小，仅为 13 人/km^2，其中玛曲县人口密度仅为 3 人/km^2，致使基础设施覆盖面小，限制了农户对气候变化的有效适应。该区交通设施尤为落后，道路通行能力差，例如合作市公路密度仅为 0.17km/km^2，干线公路年平均好路率仅为 79.71%，地方主要养护路线平均好路率仅为 57.27%，这严重制约了农户与外界的交流，使其难以及时获取气象信息、市场信息以及社会资助，因此，纯牧区农户对交通设施的需求较强烈。调查中也发现，纯牧区 63.37%的农户认为出行不方便，75.16%的农户到县城或集市的频率在 2 周及以上。这也充分说明，需求的满足程度依赖于公共产品的供给（周小斌等，2004），不同区域农户享有的公共产品供给量存在差异，因而其生计适应需求也不相同（许汉石、乐章，2012）。

2. 生计方式与适应需求

拟合结果显示，纯农户对农业技术和信贷保险的需求较强烈，一兼户对交通设施的需求较强烈，二兼户对就业信息的需求较强烈。究其原因，在于甘南高原纯农户的收入主要来自于畜牧业与种植业，而种植业与畜牧业均属于高风险行业，受气候变化的影响较显著，因而他们更需要掌握有效的农牧业技术来应对气候变化；同时，由于担心其未来的健康和养老问题，纯农户对信贷保险的需求也较强烈。这与相关研究的结论较为一致，即农业收入占家庭总收入的比例越高，农户对农业技术需求和购买保险的意愿越强（庄丽娟、贺梅英，2010）。一兼户仍以种植业或畜牧业为主，受气候变化的影响也较显著，因其从事一定非农活动，与外界交往频繁，需要便捷的交通设施将其农产品销往市场或从事非农活动，这有利于农户规避气候风险和提高应对气候变化的适应能力，故对交通设施的需求较强烈。甘南高原的二兼户主要靠外出务工或在当地从事运输和服务业获取非农收入，这对其规避气候变化风险极为有利，但有72.84%的二兼户认为其工作不稳定，需不断寻找新的就业岗位，故对就业信息的需求较强烈。事实上，生计非农化已成为发展中国家农户有效应对气候变化的重要策略，它不仅有利于降低农户生计脆弱性，而且能增强农户响应气候变化的能力（Paavola et al.，2008；Tsegaye et al.，2013；Motsholapheko et al.，2011）。

3. 生计资本与适应需求

拟合结果显示，自然资本越丰富的农户，对技术、信息及信贷保险的需求越强烈，这与庄丽娟等（2011）、杜鹏（2011）和周小斌等（2004）的研究结果较一致。究其原因，在于所拥有的耕地和草地面积越大的农户，对自然资源的依赖性越强，越容易遭受到气候变化的冲击，越需要技术、市场、保险等服务，以减轻气候变化的负面影响，因为有效的生产技术和气候变化、市场等信息有助于减轻气候变化的影响，而信贷保险有助于减缓农户遭受的气象灾害损失、增强农户生计对气象灾害的恢复力。结果也显示，人力资本越丰富的农户，对信息、基础设施和信贷保险的需求越强烈，这与杜鹏（2011）和郭瑜（2010）的研究结论较一致。究其原因在于，劳动力数量是该区农户人力资本的主要来源（赵雪雁，2011）。在甘南高原人力资本越丰富的农户，其家庭劳动力数量也较多，出现剩余劳动力的可能性也较大，因而对就业信息的需求越强烈；同时受教育水平越高的农户对气象信息、基础设施和信贷保险在增加农牧业生产效益和减少气候变化风险方面的作用认识更加深刻。因此，人力资本越丰富的农户对信息、基础设施和信贷保险的需求越强烈。

拟合结果显示，金融资本越丰富的农户，对基础设施和信贷保险的需求越小。究其原因，在于家庭收入越高，农户应对气候变化的抗风险能力就越强，受灾害的影响程度也越小，因而对减灾基础设施的需求相对较低，这与杨明月、陈宝峰（2009）的研究较一致。此外，农户的金融资本越丰富，农户发生资金短缺的可能性就越低，故其借贷需求会降低，这与周小斌等（2004）和王定祥等（2011）的研究结论较一致。物质资本越丰富的农户，对生产技术的需求越强烈，对信贷保险的需求越小。究其原因，在于甘南高原农户的家庭固定资产一般较少，仅限于维持简单的生产与生活，而物质资本较丰富的农户，主要得益于其家庭牲畜数量较多，这促使农户对牲畜繁育、防疫等技术的需求增强。此外，由于甘南高原农户固定资产价值较低，且难以流通，很难作为正规金融机构的信贷抵押（刘西川等，2009），因此，农户面临气候变化风险冲击时，对信贷保险的需求增强。

拟合结果也显示，社会资本越丰富的农户，对信贷保险的需求越小。究其原因，在于依托"政治关系、人际关系、组织关系、信任、社会规范"等社会关系网络为载体的社会资本是农户的重要资源，它可以在借贷关系中提高借款者的还贷激励、降低逆向选择以及违约的可能性（Ghatak，1999；Karlan，2007；Morduch and Karlan，2010）。因此，在金融交易中社会资本具有类似抵押品的功能，在一定程度上可以弥补农户物质性抵押不足的缺陷，是农户平衡现金流、弱化流动性约束的重要手段（Biggart and Castanias，2001）。因此，社会资本较丰富的农户，其资金需求很容易在社会网络中或非正规金融机构中得到满足，从而降低了对正规金融机构的信贷需求（徐璋勇、杨贺，2014）；相反，社会资本较缺乏的农户，对正规金融机构借贷的需求较强烈。

（四）应对气候变化的生计适应性管理对策

有效的气候变化适应政策对于降低农户生计脆弱性、提高适应能力和促进区域可持续发展至关重要。基于以上分析和讨论，构建了地方适应政策行动的实施框架（图4-12），并针对各个阶段提出了相应的对策建议。政策行动框架分为六个阶段，并且随着气候变化的动态演化，呈现出周期性的状态。

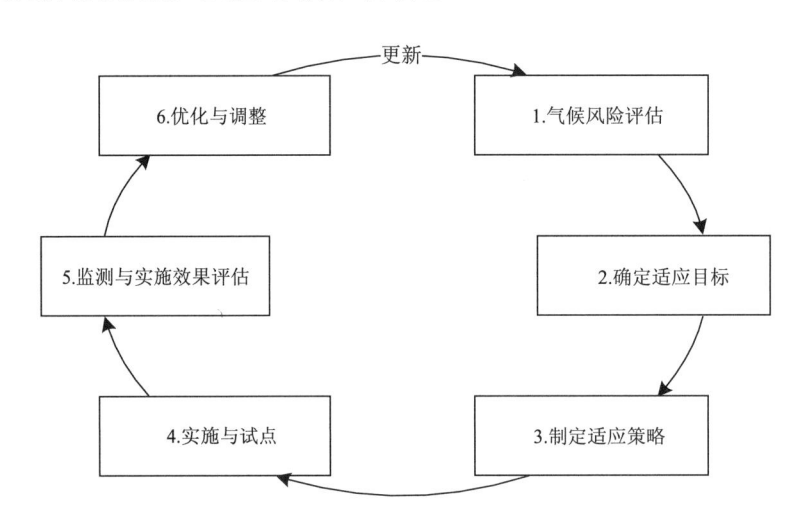

图 4-12　气候变化适应行动的政策实施框架

过程 1：气候风险评估。地方政府应组织专家学者对当地气候变化趋势进行科学评估，明确未来暴雨、干旱、暴雪等气候变化风险发生的可能性、严重性和持续性。

过程 2：确定适应目标。政府应根据气候变化风险评估结果，结合当地相关政策或项目，例如自然资源开发利用政策、精准扶贫政策和生态保护政策，制定切实可行的气候变化适应方案。同时，应在充分了解当地农民适应需求的基础上，根据不同地区自然生态条件和农业生产特点，进一步明确各地区的具体适应目标。

过程 3：制定适应策略。政府应针对适应目标制定多样化的适应策略，例如收缩型策略（例如减少牲畜、休牧/轮牧）、扩张型策略（例如租用牧场、人工种草）和调整型策略（例如调整畜牧/作物结构、调整农时）。此外，应根据不同农户面临的障碍和需求，制定差异化的优先适应策略，实现政策激励与家庭适应需求的有效匹配，有效消除适应障碍。例如，为牧区农户提供新的牲畜品种和牧场管理技术，为农区农户提供温室栽培技术和劳动技能培训，为半农半牧区农户提供及时的干旱预警信息和设施养殖技术。

过程 4：实施与试点。建立地方政府、社区和农民三级联动网络，有效实施适应策略，选择受气候变化影响最大的家庭进行试点。其中，地方政府主要负责政策制定和监管、先进技术和新品种引进，专业合作社主要负责为农民提供技术培训服务和市场信息，而农民主要负责具体措施的实施和试点。

过程 5：监测和评估。基于利益相关者的广泛参与，政府应从社会效应（例如就业方式和气候变化适应意向的变化）、经济效应（例如家庭收入的变化）和环境效应（例如适应能力和耕地质量的变化）等方面构建评价指标体系，综合评价当前适应策略的实施效果，确定最有效的适应策略。

过程 6：优化与调整。针对评估结果，政府应适当优化和调整低效或不理想的适应策略，整合优势或互补的适应策略，进入新一轮的评价和应用。

系统地确定生计适应障碍和适应需求，对于地方政府制定适宜的气候适应规划和相关政策至关重要，特别是在资源和技术有限的发展中国家的山区农村社区。总体来看，甘南高原农户面临多重生计适应障碍，其中规范性、信息和技术障碍更为严重，例如农业或畜牧业缺乏气象信息服务、基础设施和技术推广等。适应需求是有效减少或消除适应障碍、提高农民适应气候变化能力的重要途径。调查发现，当地农户家庭迫切需要基础设施建设、信息和生产技术服务渠道的完善，例如水、电、交通设施、灾害预警信息、就业信息以及耕作或养殖技术等。此外，由于受经济水平、受教育程度、耕作年限、性别等因素的影响，不同地区农户面临的适应障碍和适应需求存在差异。这些研究成果扩展了经验证据，有利于制定合理的适应框架和选择最佳适应策略，这对制定目标明确的区域适应政策至关重要。

参 考 文 献

[1] 陈宗胜、周云波、任国强："影响农村三种非农就业途径的主要因素研究：对天津市农村社会的实证分析"，《财经研究》，2006 年第 5 期。
[2] 杜鹏："农户农业保险需求的影响因素研究：基于湖北省五县市 342 户农户的调查"，《农业经济问题》，2011 年第 11 期。

[3] 郭瑜:"需求与现实：农民工养老保险参与程度的影响因素分析：基于7城市数据的考察",《农业技术经济》, 2010年第11期。

[4] 国家发展和改革委员会:《中国应对气候变化的政策与行动2013年度报告》, 国家发展和改革委员会, 2013年。

[5] 贺伟等:"1931—2005年东北地区气温和降水变化趋势",《生态学报》, 2013年第2期。

[6] 侯成成等:"生态补偿对区域发展的影响：以甘南黄河水源补给区为例",《自然资源学报》, 2012年第1期。

[7] 黄武:"农户对有偿技术服务的需求意愿及其影响因素分析：以江苏省种植业为例",《中国农村观察》, 2010年第2期。

[8] 李成威:"公共产品的需求与供给：基于评价与激励理论的分析框架",《财政研究》, 2005年第5期。

[9] 李广东等:"生计资产差异对农户耕地保护补偿模式选择的影响：渝西方山丘陵不同地带样点村的实证分析",《地理学报》, 2012年第4期。

[10] 李华敏:"基于顾客价值理论的旅游地选择意向形成机制研究",《地理研究》, 2010年第7期。

[11] 李华强等:"突发性灾害中的公众风险感知与应急管理：以5·12汶川地震为例",《管理世界》, 2009年第6期。

[12] 李明贤、樊英:"粮食主产区农民素质及其种粮意愿分析：基于6个粮食主产省457户农户的调查",《中国农村经济》, 2013年第6期。

[13] 李西良等:"天山北坡家庭牧场复合系统对极端气候的响应过程",《生态学报》, 2013年第17期。

[14] 李小云、杨帆:"入世对我国少数民族妇女生计发展的影响",《妇女研究论丛》, 2005年第4期。

[15] 刘金平、周广亚、黄宏强:"风险认知的结构、因素及其研究方法",《心理科学》, 2006年第2期。

[16] 刘西川、黄祖辉、程恩江:"贫困地区农户的正规信贷需求：直接识别与经验分析",《金融研究》, 2009年第4期。

[17] 刘彦随、刘玉、郭丽英:"气候变化对中国农业生产的影响及应对策略",《中国生态农业学报》, 2010年第4期。

[18] 鲁春阳等:"基于改进TOPSIS法的城市土地利用绩效评价及障碍因子诊断：以重庆市为例",《资源科学》, 2011年第3期。

[19] 吕亚荣、陈淑芬:"农民对气候变化的认知及适应性行为分析",《中国农村经济》, 2010年第7期。

[20] 马艳梅、吴玉鸣、吴柏钧:"长三角地区城镇化可持续发展综合评价：基于熵值法和象限图法",《经济地理》, 2015年第6期。

[21] 潘彬等:"基于熵权改进的模糊综合方法对大型基础设施项目的风险评价：以温州轨道交通建设项目为例",《经济地理》, 2015年第10期。

[22] 苏芳等:"生计资本与生计策略关系研究：以张掖市甘州区为例",《中国人口·资源与环境》, 2009年第6期。

[23] 王定祥等:"贫困型农户信贷需求与信贷行为实证研究",《金融研究》, 2011年第5期。

[24] 王金霞等:"气候变化条件下水资源短缺的状况及适应性措施：海河流域的模拟分析",《气候变化研究进展》, 2008年第6期。

[25] 辛岭、蒋和平:"农村劳动力非农就业的影响因素分析：基于四川省1006个农村劳动力的调查",《中国农业技术经济研究会2009年理事工作会议暨学术研讨会论文集》, 沈阳：中国农业技术

经济研究会，2009 年。

[26] 邢权兴等："基于模糊综合评价法的西安市免费公园游客满意度评价"，《资源科学》，2014 年第 8 期。
[27] 徐璋勇、杨贺："农户信贷行为倾向及其影响因素分析：基于西部 11 省（区）1664 户农户的调查"，《中国软科学》，2014 年第 3 期。
[28] 许汉石、乐章："生计资本、生计风险与农户的生计策略"，《农业经济问题》，2012 年第 10 期。
[29] 阎建忠等："青藏高原东部样带农牧民生计脆弱性评估"，《地理科学》，2011 年第 7 期。
[30] 杨明月、陈宝峰："农户对农业基础设施需求的影响因素分析：以山西省为例"，《技术经济》，2009 年第 8 期。
[31] 姚玉璧等："黄河重要水源补给区甘南高原气候变化及其对生态环境的影响"，《地理研究》，2007 年第 4 期。
[32] 展进涛、陈超："劳动力转移对农户农业技术选择的影响：基于全国农户微观数据的分析"，《中国农村经济》，2009 年第 3 期。
[33] 张兵、张宁、张轶凡："农业适应气候变化措施绩效评价：基于苏北 GEF 项目区 300 户农户的调查"，《农业技术经济》，2011 年第 7 期。
[34] 张钦等："高寒生态脆弱区气候变化对农户生计的脆弱性影响评价：以甘南高原为例"，《生态学杂志》，2016 年第 3 期。
[35] 赵雪雁："生计资本对农牧民生活满意度的影响：以甘南高原为例"，《地理研究》，2011 年第 4 期。
[36] 赵雪雁："农户对气候变化的感知与适应研究综述"，《应用生态学报》，2014 年第 8 期。
[37] 赵雪雁、薛冰："高寒生态脆弱区农户对气候变化的感知与适应意向：以甘南高原为例"，《应用生态学报》，2016 年第 7 期。
[38] 赵雪雁、赵海莉、刘春芳："石羊河下游农户的生计风险及应对策略：以民勤绿洲区为例"，《地理研究》，2015 年第 5 期。
[39] 郑艳、潘家华、廖茂林："适应规划：概念、方法学及案例"，《中国人口·资源与环境》，2013 年第 3 期。
[40] 周小斌、耿洁、李秉龙："影响中国农户借贷需求的因素分析"，《中国农村经济》，2004 年第 8 期。
[41] 周晓农："气候变化与人体健康"，《气候变化研究进展》，2010 年第 4 期。
[42] 庄丽娟、贺梅英："我国荔枝主产区农户技术服务需求意愿及影响因素分析"，《农业经济问题》，2010 年第 11 期。
[43] 庄丽娟、贺梅英、张杰："农业生产性服务需求意愿及影响因素分析：以广东省 450 户荔枝生产者的调查为例"，《中国农村经济》，2011 年第 3 期。
[44] Adger, W. N. 2006. Vulnerability. *Global Environmental Change*, 16: 268-281.
[45] Adger, W. N., L. Lorenzoni, L. O'Brien K, et al. 2010. Adapting to climate change: Thresholds, values, governance. *International Journal of Climate Change Strategies & Management*, 19(2): 99-113.
[46] Adger, W. N., P. M. Kelly 1999. Social vulnerability to climate change and the architecture of entitlements. *Mitigation & Adaptation Strategies for Global Change*, 4: 253-266.
[47] Adger, W. N., S. Dessai, M. Goulden, et al. 2009. Are there social limits to adaptation to climate change? *Climatic Change*, 93: 335-354.

[48] Agrawala, S., J. Pulhin, C. Conde, et al. 2007. Assessment of adaptation practices, options, constraints and capacity//Parry M. L., Canziani O. F., Palutikof J. P., van der Linden P. J., Hanson C. E., eds. *Climate Change 2007: Impacts, Adaptation and Vulnerability. Contribution of Working Group II to the Fourth Assessment Report of the Intergovernmental Panel on Climate Change*. Cambridge, UK: Cambridge University Press.

[49] Antle, J. M. 2011. Parsimonious multi-dimensional impact assessment. *American Journal of Agricultural Economics*, 93(5): 1292-1311.

[50] Below, T. B., K. D. Mutabazi, D. Kirschke, et al. 2012. Can farmers' adaptation to climate change be explained by socio-economic household-level variables? *Global Environment Change*, 22(1): 223-235.

[51] Below, T. B., A. Artner, R. Siebert, et al. 2010. Micro-level practices to adapt to climate change for African small-scale farmers: A review of selected literature. *IFPRI Discussion Papers*, 55(4): 488.

[52] Bhave, A. G., A. Mishra, N. S. Raghuwanshi 2014. A combined bottom-up and top-down approach for assessment of climate change adaptation options. *Journal of Hydrology*, 518(2): 150-161.

[53] Biggart, N. W., R. P. Castanias 2001. Collateralized social relations: The social in economic calculation. *American Journal of Economics and Sociology*, 60(2): 471-500.

[54] Botzen, W. J. W., J. C. J. M. Van Den Bergh 2008. Insurance against climate change and flooding in the Netherlands: Present, future, and comparison with other countries. *Risk Analysis*, 28: 413-426.

[55] Bryan, E., T. T. Deressa, G. A. Gbetibouo, et al. 2009. Adaptation to climate change in Ethiopia and South Africa: Options and constraints. *Environmental Science & Policy*, 12(4): 413-426.

[56] Cho, J., J. Lee. 2006. An integrated model of risk and risk-reducing strategies. *Journal of Business Research*, 59: 112-120.

[57] Cinner, J. E., T. R. McClanahan, N. A. J. Graham, et al. 2012. Vulnerability of coastal communities to key impacts of climate change on coral reef fisheries. *Global Environmental Change*, 22: 12-20.

[58] Claessens, L., J. M. Antle, J. J. Stoorvogel, et al. 2012. A method for evaluating climate change adaptation strategies for small-scale farmers using survey, experimental and modeled data. *Agricultural Systems*, 111(3): 85-95.

[59] Department for International Development. 2000. *Sustainable Livelihoods Guidance Sheets*. London: Department for International Development.

[60] Deressa, T. T., R. M. Hassan R. M., Ringler C., et al. 2009. Determinants of farmers' choice of adaptation methods to climate change in the Nile Basin of Ethiopia. *Global Environmental Change*, 19(2): 248-255.

[61] DFID 2000. *Sustainable Livelihoods Guidance Sheets*. London: Department for International Development.

[62] Ellis, F. 2000. *Rural Livelihoods and Diversity in Development Countries*. Oxford University Press.

[63] Eriksen, S. 2009. Sustainable adaptation: Emphasising local and global equity and environmental integrity. *IHDP Update*, 2: 40-44.

[64] Erin, L. B., A. Smajgl, T. Brewer 2012. Patterns in household level engagement with climate change in Indonesia. *Nature Climate Change*, 3: 348-351.

[65] Gentle, P., T. M. Narayan 2012. Climate change, poverty and livelihoods: Adaptation practices by rural mountain communities in Nepal. *Environmental Science & Policy*, 21: 24-34.

[66] Ghatak, M. 1999. Group lending, local information and peer selection 1. *Journal of Development*

Economics, 60(1): 27-50.

[67] Grothmann, T., A. Patt 2005. Adaptive capacity and human cognition: The process of individual adaptation to climate change. *Global Environmental Change*, 15(3): 199-213.

[68] Gunathilaka, R. P. D., J. C. R. Smart, C. M. Fleming 2018. Adaptation to climate change in perennial cropping systems: Options, barriers and policy implications. *Environmental Science & Policy*, 82: 108-116.

[69] Hahn, M. B., A. M. Riederer, S. O. Foster 2009. The livelihood vulnerability index: A pragmatic approach to assessing risks from climate variability and change: A case study in Mozambique. *Global Environmental Change*, 19: 74-88.

[70] IPCC 2001. *Climate Change 2001: Impacts, Adaptation and Vulnerability, Contribution of Working Group II to the Third Assessment Report of the Intergovernmental Panel on Climate Change*. Cambridge: Cambridge university press: 1032-1032.

[71] IPCC 2014. *Climate Change 2014: Impacts, Adaptation, and Vulnerability*. Cambridge: Cambridge University Press.

[72] Islam, M. M., S. Sallu, K. Hubacek, *et al*. 2014. Limits and barriers to adaptation to climate variability and change in Bangladeshi coastal fishing communities. *Marine Policy*, 43: 208-216.

[73] Jones, L. 2010. *Overcoming Social Barriers to Adaptation*. Overseas Development Institute, Background Note. http://ssrn.com/abstract = 2646812.

[74] Jones, L., E. Boyd 2011. Exploring social barriers to adaptation: Insights from Western Nepal. *Global Environmental Change*, 21(4): 1262-1274.

[75] Karlan, D. S. 2007. Social connections and group banking. *Economic Journal*, 117(517): 52-84.

[76] Krishnamurthy, P. K., K. Lewis, R. J. Choularton 2014. A methodological framework for rapidly assessing the impacts of climate risk on national-level food security through a vulnerability index. *Global Environmental Change*. 25: 121-132.

[77] Kuruppu, N., D. Liverman 2011. Mental preparation for climate adaptation: The role of cognition and culture in enhancing adaptive capacity of water management in Kiribati. *Global Environmental Change*, 21: 657-669.

[78] Liu, X., Y. Wang, J. Peng, *et al*. 2013. Assessing vulnerability to drought based on exposure, sensitivity and adaptive capacity: A case study in middle Inner Mongolia of China. *Chinese Geographical Science*, 23: 13-25.

[79] Marshall, N. A., S. Park, S. M. Howden, *et al*. 2013. Climate change awareness is associated with enhanced adaptive capacity. *Agricultural Systems*, 117: 30-34.

[80] Morduch, J., D. S. Karlan 2010. Access to finance//Rodrik D., Rsenzweig M., eds. Handbook of development economics. *Amsterdam: North Holland*, 5: 4703-4784.

[81] Motsholapheko, M. R., D. L. Kgathi, C. Vanderpost 2011. Rural livelihoods and household adaptation to extreme flooding in the Okavango Delta, Botswana. *Physics and Chemistry of the Earth, Parts A/B/C*, 36(14-15): 984-995.

[82] Munshi, K., M. Rosenzweig 2006. Traditional institutions meet the modern world: Caste, gender, and schooling choice in a globalizing economy. *The American Economic Review*, 96(4): 1225-1252.

[83] Paavola, J. 2008. Livelihoods, vulnerability and adaptation to climate change in Morogoro, Tanzania. *Environmental Science &Policy*, 11(7): 642-654.

[84] Pasquaré, F. A., P. Oppizzi 2012. How do the media affect public perception of climate change and geohazards? An Italian case study. *Global & Planetary Change*, 90: 15-157.

[85] Qin, X. S., G. H. Huang, A. Chakma, *et al.* 2007. A MCDM-based expert system for climate-change impact assessment and adaptation planning: A case study for the Georgia Basin, Canada. *Expert Systems with Applications*, 34(3): 2164-2179.

[86] Rajesh, S., S. Jain, P. Sharma, *et al.* 2014. Assessment of inherent vulnerability of rural communities to environmental hazards in Kimsar region of Uttarakhand, India. *Environmental Development*, 12: 16-36.

[87] Raymond, C. M., G. M. Robinson 2013. Factors affecting rural landholders' adaptation to climate change: Insights from formal institutions and communities of practice. *Global Environmental Change*, 23(1): 103-114.

[88] Rodima-Taylor, D., M. F. Olwig, N. Chhetri 2012. Adaptation as innovation, innovation as adaptation: An institutional approach to climate change. *Applied Geography*, 33: 107-118.

[89] Shah, K. U., H. B. Dulal, C. Johnson, *et al.* 2013. Understanding livelihood vulnerability to climate change: Applying the livelihood vulnerability index in Trinidad and Tobago. *Geoforum*, 47: 125-137.

[90] Slovic, P., M. L. Finucane, E. Peters, *et al.* 2004. Risk as analysis and risk as feelings: Some thoughts about affect, reason, risk, and rationality, *Risk Analysis*, 24: 311-322.

[91] Smith, M. S., C. Hamilton 2011. Rethinking adaptation for a 4°C world. *Philosophical Transactions of the Royal Society A Mathematical Physical & Engineering Sciences*, 369(1934): 196-216.

[92] Tam, J., T. L. Niels 2013. Understanding individual risk perceptions and preferences for climate change adaptations in biological conservation. *Environmental Science &Policy*, 27: 114-123.

[93] Tsegaye, D., P. Vedeld, S. R. Moe 2013. Pastoralists and livelihoods: a case study from northern Afar, Ethiopia. *Journal of Arid Environments*, 2013, 91: 138-146.

[94] UKCIP 2013. *The UKCIP Adaptation Wizard V4.0*. Oxford. www.ukcip.org.uk/wizard/.

[95] Wheeler, S., A. Zuo, H. Bjornlund 2013. Farmers' climate change beliefs and adaptation strategies for a water scarce future in Australia. *Global Environmental Change*, 23(2): 537-547.

[96] Yila. J. O., B. P. Resurreccion 2013. Determinants of smallholder farmers' adaptation strategies to climate change in the semi arid Nguru Local Government Area, Northeastern Nigeria. *Management of Environmental Quality: An International Journal*, 24(3): 341-364.

第五章　多重压力与生计响应

进入 21 世纪以来，人类活动与自然地理过程交互作用导致的全球环境问题不仅对经济社会、生态系统和人类健康等产生了直接影响，还加剧了潜在风险发生的可能性（Soltani *et al.*, 2012）。作为农村社会中最小的生计单位，农户承受着自然灾害、环境恶化、市场风险、政策冲击、健康压力等带来的多重压力，各种压力相互作用形成多层次、复杂的反馈和嵌套关系，不仅放大了各种冲击和压力的危害性，也加强了不同冲击和压力之间的转化性，加剧了农户的生计脆弱性，使其极易陷入贫穷的困境（赵雪雁，2017）。探究多重压力对农户可持续生计的影响过程与影响机理，揭示农户对多重压力的生计响应机制，不仅可为农村地区制定有效的生计调控政策提供参考，也有助于推进乡村振兴战略。

第一节　多重压力对资产可得性的影响

生计资产不仅是人们用来构建生计的资源，也是控制、利用、转变资源规则的权利基础。家庭或个人所拥有的资产状况不仅是理解其所拥有的选择机会、采用的生计策略和所处风险环境的基础，也是贫困地区扶贫和发展项目设计和实施、政策制定的切入点（Ellis, 2011）。在来自生计内部的结构性因素（例如，家庭成员健康受损）与来自外部的自然及人文因素（例如气候变化、快速城市化）等多重压力的交互胁迫下，农户拥有的资产可得性将遭受严重影响，从而使其生计脆弱性加剧。当前，急需探明多重压力对资产可得性的影响，这不仅有助于揭示生计脆弱性形成过程与形成机制，也有助于制定切实可行的生计脆弱性调控政策。

一、多重生计压力识别

（一）研究区与数据来源

1. 研究区

以甘南黄河水源补给区为研究区。甘南黄河水源补给功能区地处青藏高原东缘，是青藏高原"中华水塔"的重要涵养地。近年来，在气候变化和人类活动的交互胁迫下，该区出现草原退化、湿地锐减、水土流失严重、河流补给量急剧下降等一系列生态问题，严重威胁当地的生态安全，使其脆弱性加剧。农户作为该区经济活动的微观行为主体与自然资源利用的最直接单元，其不仅遭受着气候变化、生态环境退化、市场、生态补偿政策等带来的外部冲击，还承受着家人患病、子女教育、牲畜患病等内部冲击，这严重制约了甘南黄河水源补给生态功能区农牧民生计的可持续发展。

根据《甘肃甘南黄河水源补给生态功能区生态保护与建设规划》，从生态保护的角度出发，将研究区划分为重点保护区、恢复治理区和经济示范区。其中，重点保护区占总面积的44.2%，其生态功能主要为涵养水源、汇集天然降水补给河流和保存生物多样性等，并且受生态政策影响，该区农户被禁止放牧、狩猎、砍伐等一切开发利用活动，该区人口密度最低，仅为9.0人/km^2；恢复治理区占总面积的50.7%，其生态功能主要为修复提高其涵养水源能力、补给河流水资源等，并且受生态政策影响，该区农牧民需集中定居、以草定畜，休牧轮牧，在生态环境方面需治理退化草原、修复森林植被、保护湿地与野生动植物，从而促进草原自我恢复，该区人口密度为15.5人/km^2，年降水量350—550mm；经济示范区占总面积的5.0%，该区人口密度最高，为88.6人/km^2，并且受生态政策影响，该区农户在开展养殖牛羊育肥等经济示范项目的同时，需考虑其与当地水资源条件、环境条件是否相适应，并进行科学论证。

2. 数据来源

研究数据主要来源于问卷调查。2017年10月，课题组首先通过走访各县市政府部门，收集了该区的自然、社会经济等统计资料；然后，在甘南黄河水源补给区随机抽取5个乡镇，每个乡镇随机选取10户家庭进行预调查，并对遭受重大风险冲击的农户进行了深度访谈。基于预调查结果，对调查问卷与访谈提纲做了修改完善。2018年1—3月，课题组采用分层随机抽样方法在该区选取30个乡镇，在每个乡镇选取15—20户，进行为期20余天的正式入户调查。为了确保信息准确以及农户便于理解问卷内容，在当地大学生的帮助下，调查员与受访户进行面对面访谈的同时进行笔录，访谈后受访户对问卷中一些封闭式的问题进行填写，每户问卷调查时间约为 30—45 分钟。入户调查中主要采用调查问卷、观察法等获取研究所需数据和信息，该调查数据代表 2017 年末的基本情况。最终，收回有效问卷 549 份，有效问卷比例为 95.48%，其中：经济示范区有效问卷为 49 户，恢复治理区有效问卷为 316 户，重点保护区有效问卷为 184 户。

调查内容包括：①调查对象的基本信息，包括户主的年龄、性别、受教育水平以及家庭成员的受教育水平、人口规模、从业方式、收入等；②农户家庭拥有的生计资产情况，包括人力资产、自然资产、物质资产、社会资产、金融资产等；③农户家庭面临的各种生计压力，包括自然灾害、人畜饮水困难、草场/耕地质量下降、家人患病、养老无保障、子女就业困难、婚嫁开支高、农牧产品价格波动、生态政策等；④生计压力对五大资产（人力资产、自然资产、物质资产、社会资产、金融资产）可得性的影响等。

（二）研究方法

1. 多重压力测度指标

生计压力主要指全球、国家或地区层面因环境恶化或社会经济变化，对某一地区、社区以及个体等造成的影响或潜在危害（Smit *et al.*，1999；O'Brien *et al.*，2009）。已有研究将生计压力分为气候压力与非气候压力两大类。其中，气候压力包括干旱、冰雹、强风暴、洪水、大风和海浪、热浪和海平面上升等（Dulal *et al.*，2010）；非气候压力包括地质灾害、资源枯竭、贫困、政策变化、环境退化、市场风险、城市化、旅游发展以及传统文化丧失等。这些生计压力正在单独或组合地影响居民生计、自然环境条件和最终的社会可持续性（Mcdowell and Hess，2012；Hagenlocher *et al.*，2018），尤其发展中国家的农村地区和居民更容易受到多重压力的影响（Bishal，2018；Roxburgh *et al.*，2021）。气候变化压力往往与其他环境、社会和经济压力等叠加，共同造成并加剧农户的生计脆弱性（Walsh-Dilley，2020）。

基于已有关于多重压力的相关研究及研究区的实际情况（孙梦瑶，2017），将农户面临的 17 种压力分为自然、社会、经济、政策四种类型。其中，政策冲击是指政府实施退牧还草、退耕还林等生态补偿政策后，农户生计水平变化的实际情况。在调查中，首先通过询问"近三年来，农户是否遭受该种压力？"来识别受压力影响的农户，再次询问"该种压力对农户生计造成的影响如何？"并采用五级量表来测量生计压力对农户影响的严重性程度，具体指标体系如下（表 5-1）。

表 5-1 多重压力的测度指标及赋值

分类	指标	是否遭受该压力	该压力对家庭的影响程度
自然压力	自然灾害	是=1；否=0	没有影响=1；比较轻微=2；一般=3；比较严重=4；非常严重=5
	草场/耕地退化	是=1；否=0	没有影响=1；比较轻微=2；一般=3；比较严重=4；非常严重=5
	牲畜患病	是=1；否=0	没有影响=1；比较轻微=2；一般=3；比较严重=4；非常严重=5
	水土流失	是=1；否=0	没有影响=1；比较轻微=2；一般=3；比较严重=4；非常严重=5
	农作物病虫害	是=1；否=0	没有影响=1；比较轻微=2；一般=3；比较严重=4；非常严重=5
	人畜饮水困难	是=1；否=0	没有影响=1；比较轻微=2；一般=3；比较严重=4；非常严重=5
社会压力	子女就业困难	是=1；否=0	没有影响=1；比较轻微=2；一般=3；比较严重=4；非常严重=5
	养老无保障	是=1；否=0	没有影响=1；比较轻微=2；一般=3；比较严重=4；非常严重=5
经济压力	子女学费支出高	是=1；否=0	没有影响=1；比较轻微=2；一般=3；比较严重=4；非常严重=5
	农牧产品价格下降	是=1；否=0	没有影响=1；比较轻微=2；一般=3；比较严重=4；非常严重=5
	婚嫁支出高	是=1；否=0	没有影响=1；比较轻微=2；一般=3；比较严重=4；非常严重=5
	家人患病	是=1；否=0	没有影响=1；比较轻微=2；一般=3；比较严重=4；非常严重=5
	购买假种子	是=1；否=0	没有影响=1；比较轻微=2；一般=3；比较严重=4；非常严重=5
	建房开支高	是=1；否=0	没有影响=1；比较轻微=2；一般=3；比较严重=4；非常严重=5
	家人去世支出高	是=1；否=0	没有影响=1；比较轻微=2；一般=3；比较严重=4；非常严重=5
	农/牧产品销路难	是=1；否=0	没有影响=1；比较轻微=2；一般=3；比较严重=4；非常严重=5
政策冲击	生态政策	是=1；否=0	没有影响=1；比较轻微=2；一般=3；比较严重=4；非常严重=5

2. 多重压力多样化程度评估模型

为了描述农户遭受多重压力的多样化程度，以每户家庭所遭受的压力种类作为压力多样化指数，即若农户遭受一种压力，则赋值为 1，若农户遭受如自然灾害、子女就业困难两种压力，其生计压力多样化指数为 2；不同区域农户的生计压力多样化指数则通过计算平均值得到（阎建忠等，2009）。特定区域农户的生计压力多样化指数计算公式如下：

$$D = \frac{1}{n}\sum_{i=1}^{n} d_i \tag{5.1}$$

式中，n 为不同区域的农户总数，d_i 为第 i 位农户的生计压力多样化指数，D 表示某一特定区域农户的生计压力多样化指数。

（三）农户面临的多重生计压力

甘南黄河水源补给区有 95.38%的农户面临着多重压力，仅有约 5%的农户面临单一压力，生计压力多样化指数达到 3.97。其中，经济示范区农户面临的压力种类最多，多样化指数达 4.47，而恢复治理区、重点保护区的压力多样化指数分别为 4.14、3.80。进一步分析发现（表 5-2），重点保护区与恢复治理区农户面临的自然压力最频繁，其中："自然+经济""自然+社会"型压力是重点保护区农户面临的主要压力组合，面临该类型压力的受访户占到 36.0%、24.0%；恢复治理区农户则面临"自然+经济""自然+经济+社会"两种压力组合，面临该类型压力的受访户分别占到 42.0%、33.6%；而经济示范区农户面临的社会压力最频繁，其中：面临"经济+社会"压力型的农户比例最高，占该区受访户的 25%，其次为"自然+社会"，占比为 23.21%。

表 5-2　甘南黄河水源补给区农户遭受的多重生计压力

	N+F	N+S	N+P	F+S	F+P	N+F+S	N+F+P	N+S+P	F+S+P	N+F+S+P	多样化指数
经济示范区（%）	19.64	23.21	0	25.0	0	19.64	3.45	0	1.79	10.71	4.47
恢复治理区（%）	42.0	1.20	0	12.40	1.20	33.60	3.20	0	2.40	0.04	4.14
重点保护区（%）	36.0	24.0	0.57	16.0	0	13.71	3.43	1.14	1.14	4.57	3.80
全区域（%）	39.91	1.34	0.22	15.40	1.11	29.91	0.67	4.46	2.23	5.13	3.97

注：N 为自然压力；F 为经济压力；S 为社会压力；P 为政策冲击。

生态政策对重点生态功能区农户的生计产生显著影响，但不同生态功能区存在差异。其中，重点保护区仅遭受生态政策冲击的农户比重最高，达 48.44%，恢复治理区次之，该区比重为 39.06%，而经济示范区该比重仅为 10.94%。此外，重点保护区遭受"政策+自然"压力冲击的农户比重明显高于恢复治理区与经济示范区。

总体来看，农户面临的生计压力往往会因其所处的自然与人文地理环境不同而存在显著差异，甘南黄河水源补给区农户遭受的生计压力不仅受到资源禀赋、自然环境的影响，更受所承担的主体功能等因素的影响。对于重点保护区与恢复治理区农户而言，其生计更多依赖于草场资源，而近年来受气候变化和人为活动影响，该区出现的草场/耕地退化、牲畜患病、水土流失、农作物病虫害等已影响到了该区农户的生计安全；对经济示范区农户而言，其主要分布在县城周边，且人口较为集中，较强的经济竞争力致使该区农户易受社会经济压力的影响。

二、农户的生计资产可得性变化

(一)研究方法

1. 生计资产可得性测量指标

生计资产可得性是指农户能获得生计资产的情况,农户遭受不同生计压力时,其资产的可得性受到不同程度的影响。为了定量测度多重压力下农户的资产可得性变化,基于相关研究(Keshavarz et al.,2016;斯琴朝克图等,2017)、地域特色及农户生计资产变化的实际情况,构建了多重压力下的资产可得性变化评价指标体系。其中,用家人健康是否变差及孩子是否辍学表征人力资产可得性变化情况;用草地/耕地的面积与质量变化表征自然资产可得性变化情况;用牲畜数量变化与是否获得固定资产表征物质资产变化情况;用家庭储蓄变化,是否获得借款、现金援助的机会及家庭总收入的变化表征金融资产变化情况;用获得亲友帮助及获得政府援助表征社会资产变化情况(表 5-3)。

表 5-3 生计资产可得性的测量指标及赋值

类别	一级指标	测度问题	指标描述与定义	指标说明	权重
生计资产	人力资产	家人健康变差 H_1	受到压力后家庭成员的健康变化	变差=0;不变=0.5;变好=1	0.48
		子女辍学 H_2	家庭受到压力后,子女被迫辍学	是=0;否=1	0.52
	自然资产	草地/耕地面积 N_1	压力下农户家庭的草地/耕地带来的面积变化	减少=0;不变=0.5;增加=1	0.56
		草场/耕地质量 N_2	压力下农户家庭的草地/耕地带来的质量变化	退化=0;不变=0.5;变好=1	0.44
	物质资产	牲畜数量 P_1	家庭为抵御压力而出售牲畜或者压力下牲畜数量	减少=0;不变=0.5;增加=1	0.57
		固定资产 P_2	家庭出售房屋、农具、运输工具等数量变化	减少=0;不变=0.5;增加=1	0.43
	金融资产	家庭储蓄情况 F_1	受到压力农户家庭储蓄的变化情况	减少=0;不变=0.5;增加=1	0.34
		获得借款 F_2	家庭是否获得借款以抵御压力	能=1;不能=0	0.25
		家庭总收入 F_3	在压力的影响下,家庭收入的变化情况	减少=0;不变=0.5;增加=1	0.25
		获得现金援助的机会 F_4	急需用钱时,能否获得现金援助的机会	能=1;不能=0	0.16
	社会资产	帮助网规模 S_1	家庭处于困难时期,亲友的帮助情况	变少=0;不变=0.5;变多=1	0.52
		获得政府救助 S_2	家庭遭受自然灾害等,是否及时获得政府救助	有=1;没有=0	0.48

2. 资产可得性变化程度评估模型

为了更好地衡量多重压力下农户生计资产可得性的变化程度，对表征自然、人力、物质、金融、社会五大资产可得性变化的指标进行赋值，采用因子分析法（钟赛香等，2016）计算各指标的权重，并对各指标进行加权求和，得到农户五种资产可得性变化指数。公式如下：

$$E_{ij} = \frac{1}{n}\sum_{i=1}^{n} e_{ij} \times w_{ij} \quad (5.2)$$

式中，E_{ij} 为第 i 个农户的第 j 个生计资产可得性变化指数，e_{ij} 为第 i 个农户的第 j 个生计资产可得性变化的赋值，W_{ij} 为第 i 个农户的第 j 个生计资产可得性变化的权重，n 为第 j 个生计资产可得性变化的指标个数。E_{ij} 的取值范围介于 0—1 之间，越接近 0.5，则表示生计资产可得性变化幅度越小，越接近 0 或 1，则表示生计资产可得性变化的幅度越大。

（二）多重压力下资产可得性的变化幅度

多重压力冲击导致不同区域农户的生计资产可得性变化往往存在差异。从图 5-1 来看，农户除了社会资产可得性变化处于稳定状态[①]，其余资产可得性变化均为降低状态。其中，自然资产可得性降低幅度最大，人力资产可得性降低幅度次之，再次为物质资产可得性降幅。具体来看，经济示范区农户除了金融资产与社会资产的可得性变化处于稳定状态外，其余各类资产的可得性变化均处于降低态势，其自然资产可得性降低幅度最大、金融资产可得性降低幅度最小，其可得性变化指数分别为 0.27、0.45；恢复治理区农户除了社会资产可得性处于稳定状态，其余各类资产可得性均处于降低态势，其自然资产可得性变化幅度最大、金融资产可得性变化幅度最小，其可得性变化指数分别为 0.28、0.40；重点保护区农户除了社会资产可得性处于稳定状态，其余各类资产可得性均处于降低态势，其自然资产可得性变化幅度最大、金融资产可得性变化幅度最小，其可得性变化指数分别为 0.28、0.39。

[①] 自然资产可得性：较低[0,0.424)，稳定[0.424, 0.576]，较高（0.576, 1]；物质资产可得性：较低[0, 0.424)，稳定[0.424, 0.576]，较高（0.576, 1]；人力资产可得性：较低[0, 0.430)，稳定[0.430, 0.570]，较高（0.0570, 1]；金融资产可得性：较低[0, 0.416)，稳定[0.416, 0.584]，较高（0.584, 1]；社会资产可得性：较低[0, 0.390)，稳定[0.390, 0.610]，较高（0.610, 1]。

图 5-1 多重压力对农户生计资产可得性变化的影响

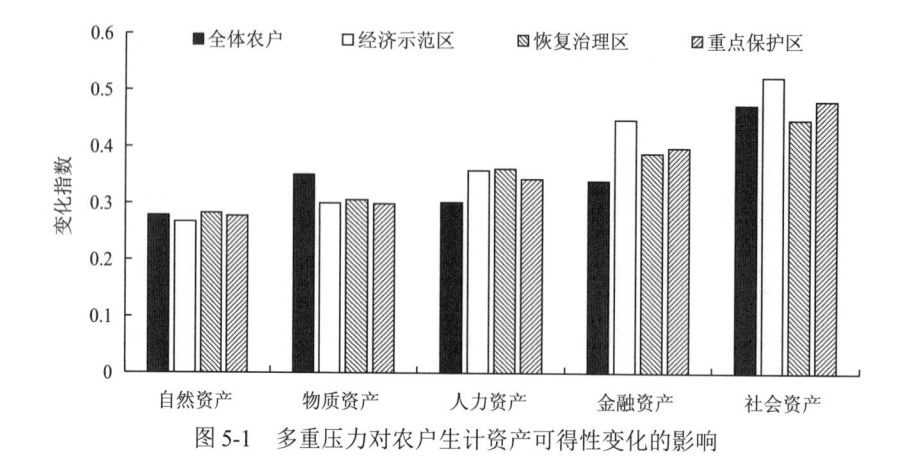

为了更精确地分析不同压力组合类型对农户生计资产可得性的影响，基于研究区农户面临的主要压力组合类型，特选取"自然+经济""经济+社会""自然+经济+社会"三类压力组合类型，进一步探讨其对农户资产可得性变化的影响（图 5-2）。总体来

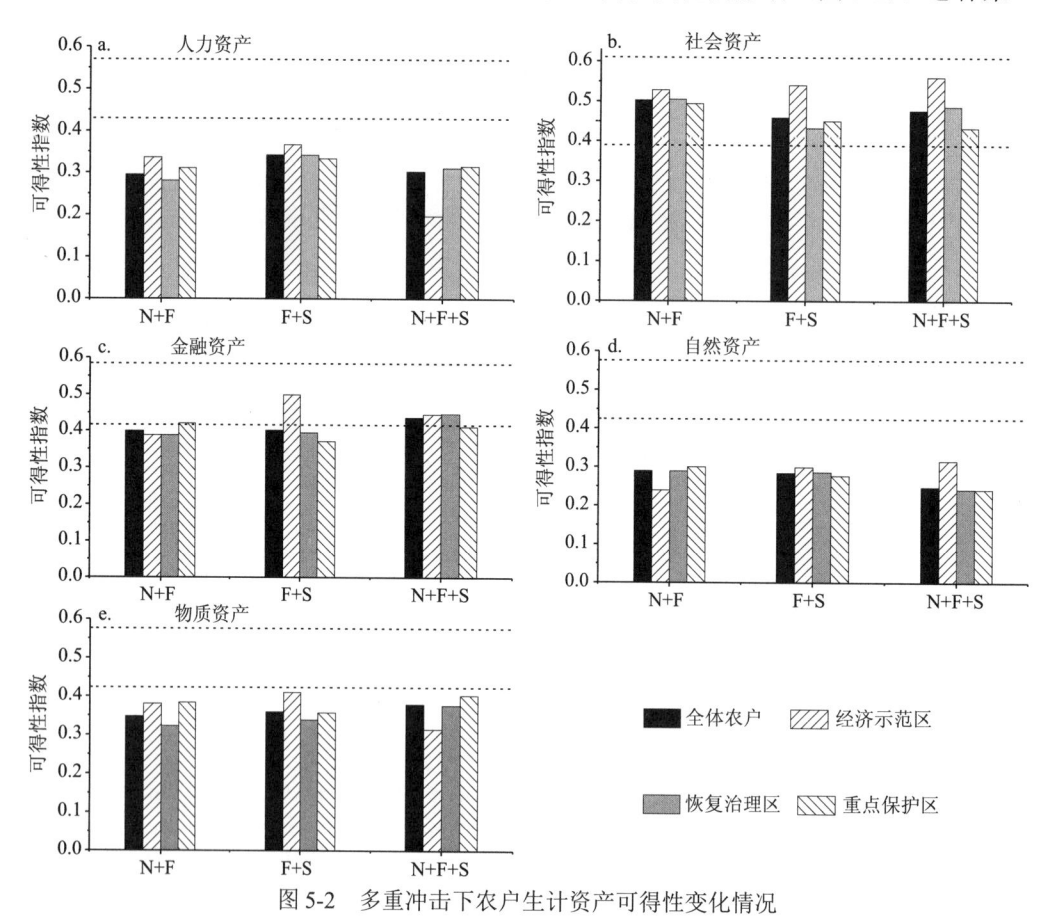

图 5-2 多重冲击下农户生计资产可得性变化情况

看，研究区农户家庭除了社会资产可得性的变化处于稳定区间，其余资产可得性都处于降低态势。具体来看，在"自然+经济""自然+经济+社会"压力的冲击下，经济示范区、恢复治理区与重点保护区农户资产可得性降低幅度最大的为自然资产与人力资产，降幅最小的均为社会资产；在"自然+社会"压力冲击下，经济示范区、恢复治理区与重点保护区农户资产可得性降幅最大的均为自然资产，降幅最小的则为物质资产与金融资产。

三、多重压力对资产可得性的影响程度

IPCC第五次评估报告（AR5）强调，气候变化与其他压力的相互作用，往往会改变生计选择和轨迹，形成新的生计结果，并加剧不平等性（马世铭等，2014）。此外，该报告还预估在未来（当前至2100年），气候变化将对发展中国家产生较大影响，尤其是对于贫困地区高度依赖自然资源的农户而言，不仅需要承受气候变化风险的冲击，更要面临气候变化导致的非气候压力冲击。

目前，国外学者多从气候变化、环境恶化、社会经济发展等视角出发探究了自然灾害、政策变化、社会经济、环境变化等家庭内外部压力对农户生计的影响（Mcdowell and Hess，2012；Tam and Mcdaniels，2013；Krishna，2018）。例如，莫卧尔和奥康奈尔（Moghal and O'Connell，2018）指出小岛屿国家的农户极易受到气候变化、社会经济、环境变化等多重压力的影响；沙梅姆等（Shameem et al.，2014）发现自然灾害与其他人文压力的相互作用削弱了渔民获取自然资产的能力，严重影响了当地的粮食安全与用水安全；塔姆和麦克丹尼斯（Tam and Mcdaniels，2013）发现在社会与环境压力作用下，社会压力是限制小农获得资产机会的关键因素；凯沙瓦茨等（Keshavarz et al.，2016）运用决策树方法得出干旱是影响农民生计安全的主要威胁因素的结论，同时，发现干旱强度与持续时间的相互作用使农民的生计更加脆弱。然而，国内学者仍在主要关注单一压力对农户生计的影响，较少考察多重压力对生计的综合影响，近年来主要开展了不同压力对生计资本、家庭消费行为、生计脆弱性、生计策略及可持续生计发展等的影响的研究（陈伟娜等，2013；吴孔森等，2016；谭淑豪等，2016；万文玉等，2017；葛传路、岳虹，2018）。例如，许汉石、乐章（2012）提出优质的生计资产是增强抵御压力的基础，并且生计压力的大小与农户如何配置其资产有密切关系；苏芳（2017）发现健康、环境和社会是影响生计资本的主要压力，而扩大农户的生计途径可以提高农户抵御外在风险的能力。总体来看，已有研究多从单一压力视角

探究了其对生计的影响,虽有部分学者分析了多重压力对生计的影响,但缺乏从微观视角更深入地分析探究多重压力的交互作用对农户生计资产可得性的影响。

(一) 研究方法

将生计资产可得性变化指数分为"生计资产可得性降低""生计资产可得性稳定""生计资产可得性增加"三类[①],作为因变量;将生计压力的严重性程度(非常轻微=1;比较轻微=2;一般=3;比较严重=4;非常严重=5)作为自变量,定量分析多重压力对生计资产可得性的影响。上述变量均为有序分类变量,故选择有序多分类逻辑回归模型识别影响农户生计资产可得性的关键压力,并利用交互变量分析压力的交互作用对生计资产可得性的影响。模型如下:

$$P(y=j|x_i) = \frac{1}{1+e^{-(\alpha+\beta x_i)}} \tag{5.3}$$

式中,x_i 代表第 i 个指标,y 则表示居民生计资产可得性的程度。

累计的 Logistic 回归模型:

$$Logit(P_j) = \ln[P(y \leq j)/P(y \geq j+1)] = \alpha_j + \beta x \tag{5.4}$$

式中,$P_j=P(y=j)$,$j=1$,2,3,4,5;β 表示与 x 相对应的一组回归参数;a_j 为截距。在一些特别情况下发生的概率可以通过下式得到:

$$P(y \leq j|x_i) = \frac{e^{-(\alpha_j+\beta x_i)}}{1+e^{-(\alpha_j+\beta x_i)}} \tag{5.5}$$

(二) 多重压力对资产可得性的影响程度

多重压力之间往往存在着交互作用(Moghal and O'Connell,2018)。为了更清晰地分析多重压力对农户生计资产可得性的影响,本研究首先采用有序 Logistic 回归方法分析 17 种单一压力对生计资产可得性的影响,然后分析生计压力的交互作用对生计资产可得性的影响。

1. 单一压力对资产可得性变化的影响

运用 SPSS 软件中的有序多分类 Logistic 回归模型分析每一种生计压力对农户生计资产可得性的影响。结果显示,对模型中自变量偏回归系数进行似然比检验,结果

---

①分类范围:生计资产可得性降低[0, $u-1/2\sigma$)、生计资产可得性稳定[$u-1/2\sigma$, $u+1/2\sigma$]、生计资产可得性增加($u+1/2\sigma$, 1],其中,σ 是某项资产可得性的标准差,u 为某项资产可得性在压力背景下保持不变所附的值。

P<0.001，说明 17 种生计压力对于解释影响农户生计资产可得性变化是有意义的；由各模型的 Deviance 值及 Cox-Snell R^2 值可以看出模型拟合度与整体有效性较好。

从拟合结果来看（表 5-4），农牧产品价格下降、婚嫁支出高、生态政策、牲畜患病、农牧产品销路难等压力是影响自然资产可得性的关键因素，其分别通过了 0.1、0.05、0.01 水平显著性检验；自然灾害、农牧产品价格下降、农牧产品销路难、水土流失等压力是影响人力资产可得性的关键因素，分别通过了 0.1、0.05、0.01 水平显著性检验；牲畜患病压力是影响物质资产可得性的关键因素，并通过了 0.01 水平显著性检验；养老无保障、农作物病虫害、人畜饮水困难、生态政策、购买假种子等压力是影响金融资产可得性的关键因素，并分别通过了 0.1、0.05、0.01 水平显著性检验；子女学费开支高、农牧产品价格下降、婚嫁支出高等压力是影响社会资产可得性的关键因素，并分别通过了 0.1、0.05 水平显著性检验。

进一步分析发现（表 5-4），在影响自然资产可得性变化的诸多压力中，退牧（耕）还草（林）等生态政策及农牧产品销路难等压力对其具有显著的负向影响，而农牧产品价格下降、婚嫁支出高及牲畜患病等压力对其有显著的正向影响；在影响人力资产可得性变化的诸多压力中，自然灾害、农牧产品销路困难对其有显著负向影响；在影响物质资产可得性变化的诸多压力中，牲畜患病对其有显著的负向影响；在影响金融资产可得性变化的诸多压力中，购买假种子、家人患病及农作物病虫害对其有显著负向影响，而养老无保障与人畜饮水困难等压力对其有显著正向影响；在影响社会资产可得性变化的诸多压力中，农产品价格下跌对其有显著的负向影响，而牲畜患病、子女学费开支高与婚嫁支出高对其有显著正向作用。

表 5-4　有序多分类 Logistic 回归模型估计结果

	自然资产可得性变化	人力资产可得性变化	物质资产可得性变化	金融资产可得性变化	社会资产可得性变化
Y=1	1.580***	1.599***	0.699***	0.443**	−1.119***
Y=2	3.268***	4.451***	2.929***	2.283***	1.461***
自然灾害	0.20	−0.154**	−0.067	−0.050	0.019
家人患病	−0.050	−0.038	0.021	−0.071*	−0.038
子女学费开支高	−0.064	0.019	−0.042	−0.042	0.090**
农牧产品价格下降	−0.189**	0.185**	−0.023	−0.008	−0.119*
养老无保障	0.058	0.053	−0.111	0.133*	−0.092
婚嫁支出高	0.292***	−0.021	−0.107	−0.004	0.126**

续表

	自然资产可得性变化	人力资产可得性变化	物质资产可得性变化	金融资产可得性变化	社会资产可得性变化
家人去世支出高	−0.177	0.142	−0.016	−0.001	0.089
建房开支高	−0.026	0.039	0.031	0.044	−0.019
生态政策	−0.544**	−0.009	−0.026	0.016*	0.030
子女就业困难	−0.071	0.036	0.031	0.038	−0.016
农作物病虫害	−0.019	0.075	−0.138	−0.174**	−0.067
牲畜患病	0.129**	0.054	−0.227***	−0.047	0.249*
农牧产品销路难	−0.145*	−0.278**	0.088	0.017	0.125
人畜饮水困难	−0.115	0.101	−0.024	0.187***	−0.019
购买假种子	0.013	0.043	0.183	−0.275*	−0.038
草地质量下降	0.052	−0.155	0.049	0.067	−0.013
水土流失	−0.001	0.212**	−0.086	−0.082	0.176
Deviance	103.869	119.493	142.751	137.760	89.146
Cox-Snell R^2	0.170	0.197	0.288	0.282	0.152

注：***$P<0.01$；**$P<0.05$；*$P<0.1$。

2. 生计压力交互作用对生计资产可得性变化的影响

限于篇幅，仅列出了通过显著性检验的交互项（表5-5）。对于自然资产可得性变化而言，婚嫁支出高与农牧产品价格下降等压力的交互作用对自然资产可得性具有显著正向影响；而牲畜患病与草场质量下降、自然灾害与子女就业等压力的交互作用对自然资产可得性有显著的负向影响，其中：婚嫁支出高与农牧产品价格下降的交互作用对自然资产可得性的影响最强烈，其次为牲畜患病与农牧产品销路难的交互作用，再次为自然灾害+农牧产品价格下降+婚嫁支出高的交互作用。

表5-5 生计压力的交互作用对资产可得性的影响结果

因变量	自变量	回归系数	自变量	回归系数
自然资产可得性变化	婚嫁支出高×农牧产品价格下降	0.342***	农业病虫害×人畜饮水困难	−0.196**
	子女学费×农牧产品价格下降	0.136**	牲畜患病×人畜饮水困难	0.127*
	家人患病×农牧产品价格下降	−0.129**	牲畜患病×农牧产品销路难	0.162***
	生态政策×农牧产品价格下降	0.347*	牲畜患病×草场质量下降	−0.128**
	家人患病×子女学费	0.044*	生态政策×子女就业	0.324*
	子女学费×生态政策	−0.217*	家人去世×建房开支	−0.083**

续表

因变量	自变量	回归系数	自变量	回归系数
自然资产可得性变化	自然灾害×子女就业	-0.098**	自然灾害×家人患病×养老无保障	-0.062*
	人畜饮水×草场质量下降×水土流失	0.034***	自然灾害×农牧产品价格×婚嫁支出高	0.035***
	牲畜患病×农牧产品销路难×草地质量	0.018**	家人患病×子女学费×建房开支	-0.026*
Deviance	395.016		Cox-Snell R^2	0.240
物质资产可得性变化	自然灾害×农牧产品价格	-0.120**	牲畜患病×水土流失	0.258**
	农牧产品价格×生态政策	0.220**	牲畜患病×草场质量下降	0.109*
	家人患病×建房开支	0.047*	农牧产品销路难×草场质量下降	-0.145*
	牲畜患病×人畜饮用水困难	-0.302**	子女学费×农业病虫害	-0.130**
	农业病虫害×农牧产品销路难	-0.159*	农业病虫害×草场质量下降	-0.175**
	自然灾害×子女学费×婚嫁支出高	-0.079*		
Deviance	625.191		Cox-Snell R^2	0.283
金融资产可得性变化	婚嫁支出高×子女就业	0.059*	自然灾害×农牧产品价格×子女就业	0.107***
	婚嫁支出高×家人患病	-0.065**	子女就业×婚嫁支出高×建房开支	-0.047*
	家人去世×建房开支	-0.128**	子女学费×婚嫁支出高×建房开支	-0.034**
	牲畜患病×水土流失	-0.199**	农业病虫害×水土流失	0.167**
	自然灾害×家人患病×家人去世	-0.198*	生态政策×家人患病×建房开支	0.040*
	牲畜患病×农产品销路难×草场质量下降	-0.134*	子女学费×婚嫁支出高×农牧产品价格×养老无保障	-0.630***
Deviance	732.090		Cox-Snell R^2	0.317
社会资产可得性变化	自然灾害×养老无保障	0.085**	建房开支×生态政策	-0.161**
	建房开支×子女就业	-0.044*	人畜饮水困难×购买假种子	-0.460*
	生态政策×子女就业	0.131*	家人患病×农牧产品价格×子女就业	-0.043*
	子女学费×养老无保障×婚嫁支出高	-0.126**	自然灾害×家人患病×农牧产品价格	-0.086**
Deviance	451.814		Cox-Snell R^2	0.147
人力资产可得性变化	子女学费×养老无保障	-0.128***	家人患病×建房开支	-0.057*
	养老无保障×生态政策	0.272***	自然灾害×水土流失	0.099*
	婚嫁支出高×子女就业	-0.095*	农业病虫害×人畜饮水困难	0.584**
	家人去世×草场质量下降	-0.624**	子女就业×农业病虫害	-0.263***
	建房开支×水土流失	0.099*	建房开支×牲畜患病	-0.172**
	自然灾害×养老无保障×子女就业	-0.141**	农牧产品价格×婚嫁支出高×子女就业	-0.900**
Deviance	399.155		Cox-Snell R^2	0.400

注：*、**、***分别表示0.1、0.05、0.01水平上显著，表中仅列举通过显著性检验的交互因子。

对于物质资产可得性变化而言，农产品病虫害与草场质量下降、自然灾害+子女学费+婚嫁支出高等压力的交互作用对物质资产可得性具有显著的负向影响；农牧产品价格下降与生态政策、家人患病支出高与建房开支等压力对物质资产可得性为显著正向影响，其中：牲畜患病与人畜饮用水困难的交互作用对物质资产可得性的影响最强烈，其次为牲畜患病与水土流失的交互作用，再次为生态政策与农牧产品价格下降的交互作用。

对于金融资产可得性变化而言，除了婚嫁支出高与子女就业、自然灾害+农牧产品价格下降+子女就业、农业病虫害与水土流失的交互作用对金融资产可得性具有显著的正向影响以外，其余压力的交互作用对其均具有显著的负向影响，其中子女学费支出高+婚嫁支出高+农牧产品价格下降+养老无保障压力的交互作用对金融资产可得性的影响最大，其次为自然灾害+农牧产品价格下降+子女就业的交互作用。

对于社会资产可得性变化而言，建房开支与子女就业等压力的交互作用对社会资产可得性具有显著的负向影响；自然灾害与养老无保障、生态政策与子女就业的交互作用对其具有显著正向影响，其中建房开支与生态政策的交互作用对社会资产可得性的影响最大，其次为子女学费+养老无保障+婚嫁支出的交互作用。

对于人力资产可得性变化而言，养老无保障与生态政策、建房开支高与水土流失等压力的交互作用对人力资产可得性均具有显著负向影响；子女学费与养老无保障、婚嫁支出高与子女就业等压力的交互作用对其具有显著正向影响，其中子女就业与农业病虫害的交互作用对社会资产可得性的影响最大，其次为子女学费与养老无保障的交互作用。

总体来看，生计资产可得性变化幅度因压力的多样化与交互作用的复杂性而表现出较大差异。万文玉等（2017）研究发现，自然风险对自然、物质和社会资产可得性有较为显著影响，健康风险对物质、金融和社会资产可得性有显著影响。但本研究发现，多个压力同时作用会改变单一压力对农户生计资产可得性所有的影响，即当农户遭受某种压力并叠加了其他压力的作用时，其资产可得性变化与其仅遭受某一种压力时的资产可得性变化存在显著差异。例如农户仅遭受生态政策冲击时，农户的自然资产可得性会降低，而同时面临生态政策与子女就业困难压力时，农户的自然资产可得性反而趋于增加。主要原因是甘南黄河水源补给区农牧民普遍缺乏发展型生计（孙特生、胡晓慧，2018），为了应对生态政策冲击及子女无法及时就业带来的不利影响，他们往往会增加耕地/草场面积来维持生计。已有研究也显示，农户往往通过调动自然资产来获得金融资产（刘艳华、徐勇，2018；Monicah et al., 2019）。此外，生计压力对资产可得性变化的影响还表现出一定的同质性特征，例如，该区农户在"自然+经济""自然+社会""自然+经济+社会"等不同压力冲击下，自然资产可得性均发生显著变化且呈现降低态势；与此同时，并非所有压力都会对生计资产可得性产生显著影响，某些资产可得性仅对特定压力的冲击具有敏感性，而另一些资产可得性对于生计压力不敏感。例如，该区所有受访户的社会资产可得性对压力的冲击不敏感，其恢复治理区农户的金融资产可得性变化仅对"自然+社会"压力敏感。

鉴于此，未来可采取以下措施提高甘南黄河水源补给区农户的生计能力，有效降低多重压力对农户生计的不利影响，促进其生计可持续发展。首先，应建立健全生计风险防范体系，加强生计风险的预警及应急能力；其次，应加大环境保护知识、自然灾害防御知识、健康知识等的宣传力度，不断扩展就业渠道，倡导低价婚嫁彩礼；再次，应增加中青年农户技能学习与双语教育的机会，培养新型职业农牧民，促进农牧民生计方式的多元化，减轻多重压力带来的负面影响；最后，多措并举引导农户合理配置生计资产。同时，应及时收集农户对于政策实施后的反馈信息，正确引导农户规避风险，降低多重压力的交互作用对农户带来的再次伤害。

第二节　多重压力对生计脆弱性的影响

进入 21 世纪以来，在人类活动与气候变化的双重作用下，全球各类自然灾害和公共安全事件频发，严重威胁了人类的生计安全。尤其许多发展中国家的贫困人口，可能会首当其冲地受到多重压力或风险的影响（Stefanidis *et al.*，2018），使其衣、食、住、文化价值和社会关系等基本需求遭受侵害，生计脆弱性加剧，更有可能威胁到当地社会的可持续发展（Nikolic，2018）。降低脆弱性已成为改善人类福祉和生计安全的必要措施（O'Brien *et al.*，2009）。因此，急需准确评估多重压力下农户的生计脆弱性，并揭示多重压力下生计脆弱性的形成机制，以便制定有效的生计脆弱性调控策略。

一、农户的生计脆弱性评价

（一）研究方法

1. 分析框架

生计脆弱性是指家庭和个体在生计活动过程中,因生计结构变化或面临社会经济、政治和环境等外力冲击时所表现出不稳定均衡的易受损状态(阎建忠等，2011；Nikolic，2018)。随着全球环境变化和人类活动影响的加剧，生计脆弱性研究日益受到重视，其研究不断扩展到自然、经济、社会等领域（杨飞等，2019）。开展生计脆弱性研究对于建立可持续社会至关重要。然而，目前农户生计脆弱性研究多针对单一压力（赵雪雁，2017），尤其关注气候变化（Shah et al.，2013；Nkondze et al.，2013）、灾害（De and Kawasaki，2018）、土地利用变化（Oberlack et al.，2016；Huang et al.，2017）冲击下的生计脆弱性。虽有学者也开展了多重压力下的农户生计脆弱性研究，例如沙梅姆等（Shameem et al.，2014）研究了孟加拉国沿海地区盐度入侵、热带气旋、土地利用变化等多重压力对农户生计的影响；尼科利奇（Nikolic，2018）运用生计脆弱性指数和可持续生计方法评估了波斯尼亚地区政治动荡、土地利用变化、市场波动、气候变化等多重压力下的生计脆弱性；阎建忠等（2011）等运用 LVI 评估了青藏高原自然资产风险、物质资产风险、金融资产风险等多重风险交互作用下农牧民的生计脆弱性。但这些研究尚未深入剖析多重压力与生计脆弱性之间的作用机理，对多重压力下农户生计脆弱性的形成过程与形成机制的理解仍非常有限（赵雪雁，2017）。

生计脆弱性源于结构性因素和胁迫性因素。其中，结构性因素源于生计内部结构，胁迫性因素是外界扰动对生计的压力，主要包括自然因素变化与人文因素变化的冲击和压力（赵雪雁，2017）。作为农村社会中最小的生计单元，农户暴露于自然、社会、经济等多种压力之下（Islam and Maitra，2012），各种压力相互作用形成多层次、复杂的反馈和嵌套关系，不仅放大了各种压力的危害性，也加强了不同压力之间的转化性（Islam，2018），使农户的生计脆弱性不断加剧。本研究结合"暴露度—敏感性—适应能力"脆弱性框架（Adger，2006；IPCC，2007；Polsky et al.，2007）和国际发展署（DFID）的可持续生计框架构建了多重压力下农户生计脆弱性的分析框架（图 5-3）。

多重压力下的生计脆弱性实际是适应选择后继续存在的净影响，它由多重压力下的生计暴露度、敏感性及适应能力共同决定。通常，生计适应能力通过调整生计暴露度和生计敏感性而改变生计脆弱性（Nazari et al.，2015）。其中，生计暴露度指在不同空间和时间上出现的可能对生计系统产生不利影响的外部压力，可以用压力发生的严重程度来衡量暴露度（Rajesh et al.，2014）；生计敏感性指农户生计系统受环境和社会变化作用而造成不利影响的难易程度，它受环境和农户自身条件的影响（Frazier et al.，2014）；适应能力是农户适应不断变化的环境和社会经济压力而作出适当调整的能力，适应能力不仅取决于接触变化的程度，更重要的是取决于人们为应对这些变化而获得的知识技能、支持和机会的数量。

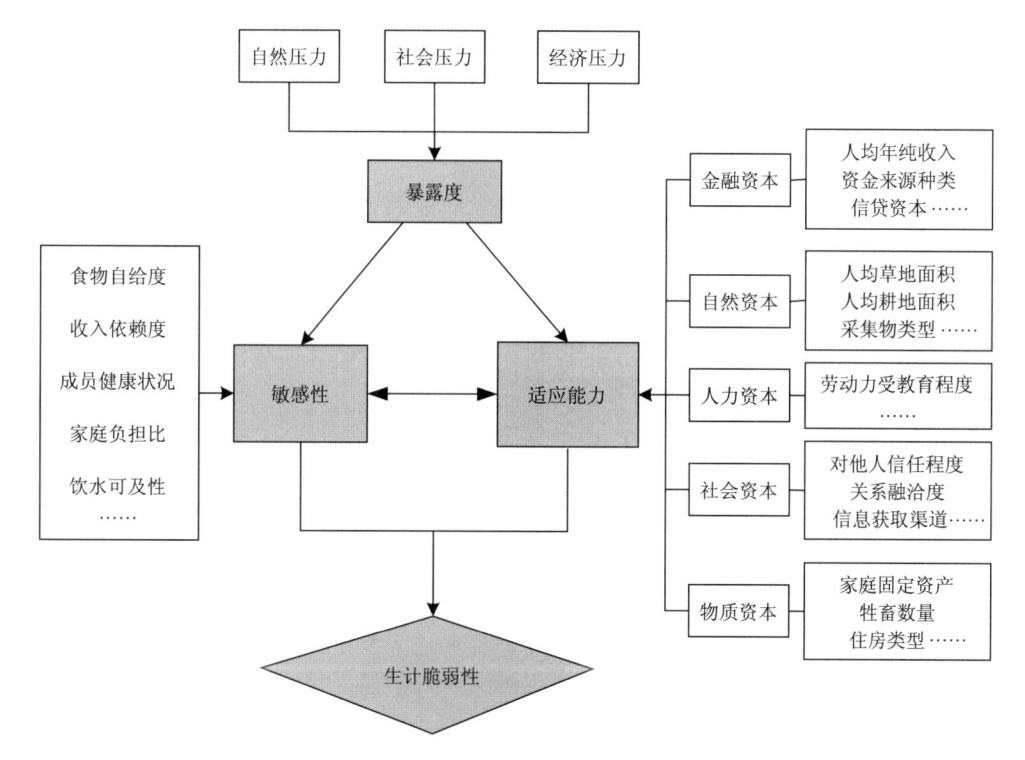

图 5-3　多重压力下的生计脆弱性分析框架

2. 指标选取

基于敏感性和适应能力的内涵及研究区的实际情况，借鉴弗雷泽等（Frazier *et al.*, 2014）提出的显式空间脆弱性模型（SERV 模型），建立多重压力下生计脆弱性评价指标体系。

调查发现，甘南黄河水源补给区农户面临的生计压力主要有自然压力（自然灾害、草场/耕地退化、水土流失、农作物病虫害）、社会压力（子女就业困难、养老无保障、人畜饮水困难、退牧还草）、经济压力（子女学费开支高、农牧产品价格下降、子女婚嫁开支高、家人患病开支大、购买假农资产品、修建房屋开支大、家人去世开支大、农/牧产品销路难、牲畜患病）3 大类 17 种生计压力（表 5-6）。

①生计敏感性。生计敏感性是指生计系统受外部干扰而造成不利影响的难易程度（IPCC, 2014），在干扰作用不变的情况下生计敏感性与生计脆弱性呈正相关。一般情况下，农户的饮水、食物和收入对自然资源的依赖度越高，表现出的敏感性越高；负担比越高、健康状况越差，则家庭的经济负担越重，对风险的敏感性也越大。因此，选取食物依赖度、收入依赖度、健康状况、家庭负担比和饮水安全性等指标来反映农

户生计的敏感性（表 5-7）。

表 5-6 生计压力测量指标体系

压力类型	测量指标	是否遭受该压力	该压力对家庭的影响程度
经济压力	子女学费开支高	是=1；否=0	没有影响=1；比较轻微=2；一般=3；比较严重=4；非常严重=5
	购买假农资产品	是=1；否=0	没有影响=1；比较轻微=2；一般=3；比较严重=4；非常严重=5
	子女婚嫁开支高	是=1；否=0	没有影响=1；比较轻微=2；一般=3；比较严重=4；非常严重=5
	家人患病开支大	是=1；否=0	没有影响=1；比较轻微=2；一般=3；比较严重=4；非常严重=5
	修建房屋开支大	是=1；否=0	没有影响=1；比较轻微=2；一般=3；比较严重=4；非常严重=5
	家人去世开支大	是=1；否=0	没有影响=1；比较轻微=2；一般=3；比较严重=4；非常严重=5
	牲畜患病	是=1；否=0	没有影响=1；比较轻微=2；一般=3；比较严重=4；非常严重=5
	农牧产品价格下跌	是=1；否=0	没有影响=1；比较轻微=2；一般=3；比较严重=4；非常严重=5
	农/牧产品销路难	是=1；否=0	没有影响=1；比较轻微=2；一般=3；比较严重=4；非常严重=5
自然压力	自然灾害	是=1；否=0	没有影响=1；比较轻微=2；一般=3；比较严重=4；非常严重=5
	草地/耕地退化	是=1；否=0	没有影响=1；比较轻微=2；一般=3；比较严重=4；非常严重=5
	水土流失	是=1；否=0	没有影响=1；比较轻微=2；一般=3；比较严重=4；非常严重=5
	农作物病虫害	是=1；否=0	没有影响=1；比较轻微=2；一般=3；比较严重=4；非常严重=5
社会压力	养老无保障	是=1；否=0	没有影响=1；比较轻微=2；一般=3；比较严重=4；非常严重=5
	子女就业困难	是=1；否=0	没有影响=1；比较轻微=2；一般=3；比较严重=4；非常严重=5
	人畜饮水困难	是=1；否=0	没有影响=1；比较轻微=2；一般=3；比较严重=4；非常严重=5
	退牧还草	是=1；否=0	没有影响=1；比较轻微=2；一般=3；比较严重=4；非常严重=5

②适应能力。适应能力是指农户能够处理、应对压力或冲突以及从压力或冲突造成的后果中恢复的能力（IPCC，2014）。适应能力可用金融资本、自然资本、物质资本、人力资本、社会资本来体现（Li *et al.*，2017）。其中，金融资本用人均年纯收入、信贷资本、资金来源种类、生计多样性表征；自然资本用采集物类型、人均草地面积、人均耕地面积表征；物质资本用牲畜数量、家庭固定资产表征；人力资本用劳动力受教育程度表征；社会资本用对他人信任程度、邻里关系融洽度、信息获取渠道表征（表 5-7）。

3. 模型设计

外部环境和社会经济压力作用于生计系统时，生计系统对这些压力的敏感程度影响着生计脆弱性，生计敏感性愈强生计脆弱性就愈强，即生计敏感性与生计脆弱性成正比；适应能力指的是生计系统应对这些生计压力而作出适当调整的能力，通常适应

表 5-7 生计敏感性与适应能力评价指标体系

维度	指标		指标描述与定义	权重
生计敏感性		食物自给度	食品支出占总支出的比重	0.298 7
		收入依赖度	农牧业收入占家庭总收入的比重	0.505 1
		成员健康状况	成员健康状况（五级量表，非常好—非常差：5—1）	0.072 4
		家庭抚养比	非劳动力人口占劳动力人口的比重	0.121 2
		饮水安全性	农户饮用水质量（五级量表，非常好—非常差：5—1）	0.002 6
适应能力	金融资本	人均年收入	家庭人均年收入/元	0.165 1
		信贷资本	由"有无从银行贷款""在银行有无存款"两个指标合成	0.033 2
		资金来源种类	农户遇到困难寻求资金的来源种类数	0.039 2
		生计多样性	家庭成员从事职业种类数	0.016 1
	自然资本	采集物类型	农户采集物的种类数	0.072 8
		人均草地面积	人均草地面积/亩	0.264 3
		人均耕地面积	人均耕地面积/亩	0.042 2
	物质资本	牲畜数量	农户家庭拥有的牲畜数量（羊单位）	0.235 3
		家庭固定资产	农户所拥有的各项生活物品情况	0.068 7
	人力资本	劳动力受教育程度	大专及以上 5；高中或中专 4；初中 3；小学 2；文盲 1	0.013 5
	社会资本	对他人信任程度	农户对政府官员、亲戚、邻居、村民的信任程度（非常信任—根本不信任：5—1）	0.004 9
		邻里关系融洽度	很好为 5；比较好为 4；一般为 3；比较差为 2；很差为 1	0.005 0
		信息获取渠道	农户对农牧产品价格波动及政策信息获取渠道的种类数	0.039 7

能力与生计脆弱性成反比。本研究主要在评估农户生计脆弱性的基础上，探讨多重压力下农户生计脆弱性的形成过程，并采用有序 Logistic 回归方法分析多重压力对生计脆弱性的影响过程和机理。其中，利用生计敏感性与适应能力的比值来测算农户的生计脆弱性（彭开丽、张安录，2015）。

首先，采用极差标准化方法对各指标进行标准化处理：

$$正向指标 \quad x_{ij}^{'} = \frac{x_{ij} - \lambda_{j\min}}{\lambda_{j\max} - \lambda_{j\min}}, (i=1, 2, \cdots, n; j=1, 2, \cdots, m)$$

$$负向指标 \quad x_{ij}^{'} = \frac{\lambda_{j\max} - x_{ij}}{\lambda_{j\max} - \lambda_{j\min}}, (i=1, 2, \cdots, n; j=1, 2, \cdots, m)$$

（5.6）

式中，x_{ij} 为脆弱性指标原始数据；$\lambda_{j\min}$ 为指标原始数据最小值；$\lambda_{j\max}$ 为指标原始数据最大值；$x_{ij}^{'}$ 为标准化后的指标值；n 为样本量；m 为指标数量。

其次，利用熵值法计算每个指标的权重；再次，计算每个农户的敏感性指数和适应能力指数，计算过程如下：

$$S_i = \sum \left(W_j \times x'_{ij} \right), \quad A_i = \sum \left(W_j \times x'_{ij} \right) \tag{5.7}$$

式中，W_j 为某个维度第 j 指标的权重，x'_{ij} 为某个维度脆弱性指标的标准化数据；S_i 代表 i 农户的敏感性指数；A_i 代表 i 农户的适应能力指数。每个区域农户的敏感性指数或适应能力指数是该区农户的敏感性指数或适应能力指数的中值。

最后，测算甘南黄河水源补给区农户的生计脆弱性，计算公式如下：

$$V = S/A \tag{5.8}$$

式中，V 代表生计脆弱性指数；S 代表敏感性指数；A 代表适应能力指数。V 值越大表示生计脆弱性越高。

（二）农户的生计脆弱性程度

重点保护区、经济示范区、恢复治理区农户的生计脆弱性依次降低，生计脆弱性指数分别为 0.633、0.629、0.590。重点保护区农户的生计敏感性居中、适应能力最低，分别为 0.161、0.286；经济示范区农户的敏感性与适应能力均最高，分别为 0.189、0.316；恢复治理区农户的敏感性最低，适应能力居中，分别为 0.160、0.300（图 5-4）。

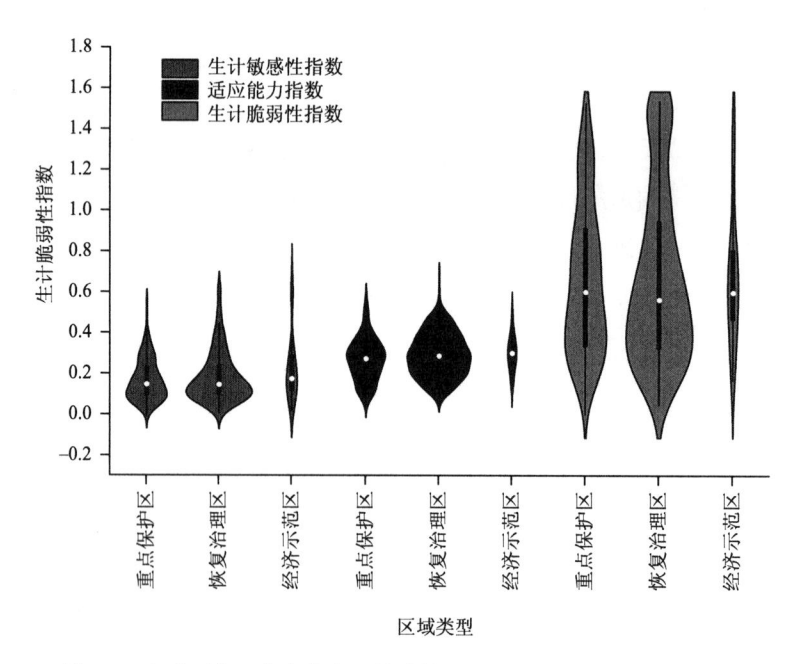

图 5-4 多重压力下农户的生计敏感性、适应能力和生计脆弱性指数

从农户的生计敏感性来看，经济示范区农户的家庭抚养比最高，高达 0.391，重点保护区的最低，仅为 0.298；重点保护区、恢复治理区、经济示范区农户的食物依赖度、收入依赖度依次降低；重点保护区农户的健康状况最差，恢复治理区农户的最好；饮水安全性最差的区域是恢复治理区，其后依次是经济示范区、重点保护区。

从农户的生计适应能力来看，经济示范区农户的金融、社会、人力资本最高，恢复治理区农户的物质资本最高，重点保护区农户的自然资本最高。经济示范区农户享受的支农惠农政策最多，63.26%的农户享受 3 种及以上支农惠农政策，而重点保护区该比例仅为 37.33%。经济示范区农户的劳动力受教育程度最高，除此之外该区农户资金来源种类数、信息获取渠道均多于其他两区。恢复治理区农户拥有的家庭固定资产也远高于经济示范区与重点保护区。

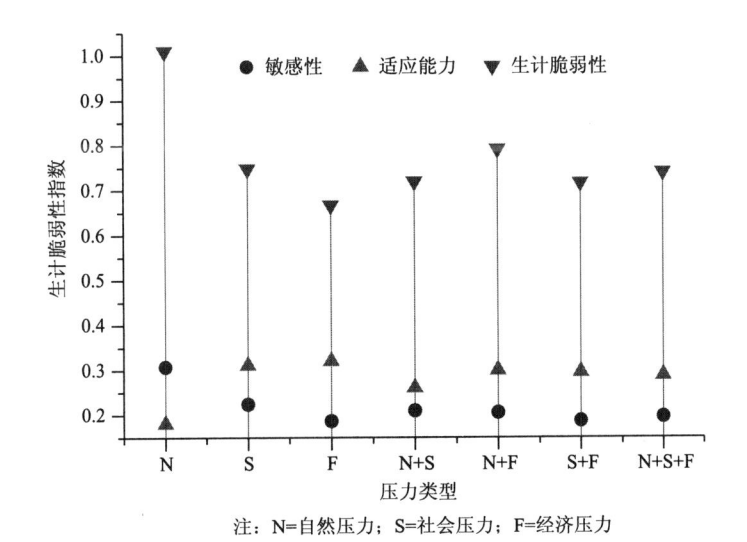

注：N=自然压力；S=社会压力；F=经济压力

图 5-5 不同压力类型下农户生计敏感性、适应能力及生计脆弱性

如图 5-5 所示，在不同压力冲击下，农户的生计敏感性及适应能力存在差别。其中，自然、社会、"自然+社会""自然+经济""自然+社会+经济""社会+经济"、经济压力冲击下农户的生计敏感性依次降低；自然、"自然+社会""自然+社会+经济""社会+经济""自然+经济"、社会、经济压力冲击下农户的适应能力依次增加；自然、"自然+经济"、社会、"自然+社会+经济""自然+社会""社会+经济"、经济压力冲击下农户的生计脆弱性依次降低。

二、多重压力对生计脆弱性的影响

（一）研究方法

为了更清晰地分析多重压力对农户生计脆弱性的影响，在采用有序Logistic回归方法分析17种单一压力对生计脆弱性影响的基础上，进一步分析了多重压力交互作用对生计脆弱性的影响。首先，运用自然断点方法将农户的生计脆弱性指数划分为五级（高脆弱性、较高脆弱性、中等脆弱性、较低脆弱性、低脆弱性），作为因变量；将生计压力的严重性程度（非常轻微=1；比较轻微=2；一般=3；比较严重=4；非常严重=5）作为自变量，定量分析多重压力交互作用对农户生计脆弱性的影响。模型如下：

$$P(y=j|x_i) = \frac{1}{1+e^{-(\alpha+\beta x_i)}} \tag{5.9}$$

式中，x_i代表第i个指标，y则表示农户生计脆弱性程度。

累计的Logistic回归模型：

$$\text{Logit}(P_j) = \ln[P(y \leqslant j)/P(y \geqslant j+1)] = \alpha_j + \beta x \tag{5.10}$$

式中，$P_j=P(y=j)$，$j=1,2,3,4,5$；β表示与x相对应的一组回归参数，a_j为截距，在一些特别情况下发生的概率可以通过下式得到：

$$P(y \leqslant j|x_i) = \frac{e^{-(\alpha_j+\beta x_i)}}{1+e^{-(\alpha_j+\beta x_i)}} \tag{5.11}$$

（二）多重压力对农户生计脆弱性的影响

1. 单一压力对生计脆弱性的影响

自然灾害、农牧病虫害、子女就业困难、家人患病对生计敏感性具有显著的正向影响，农牧产品价格下跌、子女学费开支高对生计敏感性具有显著的负向影响；自然灾害、养老保障困难对适应能力具有显著的负向影响，子女婚嫁开支高、修建房屋开支大对适应能力具有显著的正向影响；自然灾害、子女学费开支高、家人患病对农户的生计脆弱性具有显著的正向影响（表5-8）。

表 5-8 单一压力对生计脆弱性的影响

压力类型	生计压力	敏感性							适应能力					生计脆弱性
		生计敏感性	食物自给度	收入依赖度	健康状况	家庭抚养比	饮水安全性	生计适应能力	金融资本	自然资本	物质资本	人力资本	社会资本	
自然压力	自然灾害	0.087*						-0.094**	-0.111**	-0.155**	-0.103**			0.218***
	水土流失									-0.167***				
	草地耕地退化		-0.153**							-0.193**				
	农牧病虫害	0.166*	-0.191**	-0.141*										
社会压力	养老保障困难		0.134*		-0.176*	0.117*		-0.123*						
	子女就业困难	0.092*		0.600***					-0.216***					
	人畜饮水困难						-0.199**			-0.170**	-0.166**		-0.156**	
	退牧还草										-0.100**			
经济压力	子女学费开支高	-0.089**	-0.092**						-0.205***	-0.075**	-0.254***	0.201**		0.156**
	购买假衣资产品				-0.586**				0.132**					
	子女婚嫁开支高					0.144*		0.098*						
	家人患病	0.074*		-0.074**	-0.075**				-0.091***			-0.077**		0.11**
	农牧产品价格下跌	-0.121**		-0.146**					-0.153***					
	家人去世开支高							0.114**						
	牲畜患病		-0.109**								-0.316***		0.112**	
	修建房屋开支大		-0.065						-0.094**					
	产品销路困难													
Cox-Snell R^2		0.17	0.15	0.10	0.27	0.17	0.09	0.13	0.25	0.16	0.25	0.18	0.15	0.15

注：*** $P<0.01$；** $P<0.05$；* $P<0.1$。

从自然压力来看,自然灾害使农户的自然资本、金融资本、物质资本均显著下降;水土流失造成自然资本的损失;草地或耕地退化对农户的食物自给度与自然资本均产生负向影响;农作物病虫害导致食物自给度和收入自给度的降低。从社会压力的影响来看,养老无保障会增加农户家庭的食物自给度与家庭抚养比,还会使家庭成员健康状况、金融资本降低;子女就业困难使农户的收入依赖度增加,同时降低社会资本;人畜饮水困难阻碍了农户的饮水安全性,还对农户的物质资本造成损失;退牧还草对农户的物质资本、自然资本造成了损失。从经济压力的影响来看,子女学费开支高,严重削弱了农户的金融资本,也降低了农户的食物依赖度,但增加了农户的人力资本;购买假农资产品在损害家人健康状况的同时又削弱了农户的物质资本;子女婚嫁开支高会使农户的金融资本增加;家人患病降低了农户的健康状况、收入依赖度,并削弱了农户的金融资本、自然资本、人力资本;农牧产品价格下跌使农户的金融资本与收入依赖度均降低;家人去世开支高使农户的家庭抚养比增加;牲畜患病增加使农户的物质资本减少;修建房屋开支大会使农户的收入依赖度降低,但会使社会资本增加;农牧产品销路难使农户的收入依赖度、金融资本降低(图 5-6)。

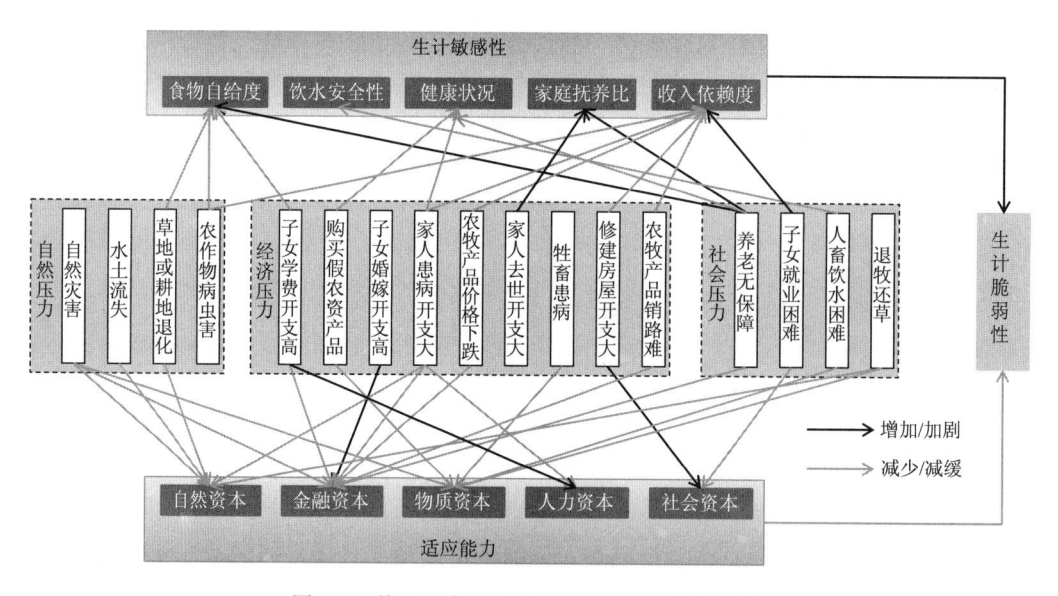

图 5-6 单一压力下农户生计脆弱性的形成过程

2. 多重压力交互作用对生计脆弱性的影响

拟合结果显示(表 5-9),自然灾害×水土流失、自然灾害×家人患病、子女就业困难×退牧还草、家人患病×家人去世开支高、家人患病×子女学费开支高、养老保障困

表 5-9 多重压力交互作用对生计脆弱性的影响

| 交互类型 | 生计压力 | 敏感性 ||||| 适应能力 ||||| 生计脆弱性 |
		生计敏感性	食物自给度	收入依赖度	健康状况	家庭抚养比	饮水安全性	生计适应能力	金融资本	自然资本	物质资本	人力资本	社会资本	
两种生计压力组合的交互	自然灾害×水土流失	0.134*					-0.444***	-0.189*		-0.18*				0.032**
	自然灾害×家人患病	0.132**			-0.306***			-0.058**	-0.046**		-0.045**	-0.073***		0.011***
	子女就业困难×退牧还草	0.196***	0.081*	0.362***					-0.336**				-0.103	0.05*
	子女学费开支高×农牧产品销路难		0.138**					-0.124**	-0.194**		-0.11**			0.015**
	家人患病×家人去世开支高	0.333**	0.242*			0.293*				-0.335*				0.071*
	自然灾害×退牧还草			-0.388**				-0.375***	-0.259***	-0.243**	-0.364**			0.226**
	自然灾害×人畜饮水困难				-0.333**	0.109***	-0.179**	-0.179**	-0.271***					0.19**
	家人患病×子女学费开支高	0.091***							-0.08**		-0.082**			0.037**
	Cox-Snell R^2	0.29	0.30	0.32	0.27	0.39	0.28	0.32	0.33	0.31	0.43	0.38	0.28	0.26
三种生计压力组合的交互	养老保障困难×牲畜患病×退牧还草	0.065*		-0.128**				-0.09*			-0.072*			0.006**
	子女学费开支高×子女业困难×修建房屋开支大		-0.053**				-0.047**	-0.066**		-0.026**	-0.031**			0.003*
	自然灾害×家人患病×子女学费开支高	0.02***	0.038***			0.135***		-0.026**	-0.019**	-0.037***		-0.057**	-0.015**	0.028***
	自然灾害×养老保障困难×人畜饮水困难				-0.128**		-0.424**				-0.242**			0.032**
	家人患病×子女学费开支高×养老保障困难		0.106**		-0.137**			-0.124**						0.044**
	家人患病×子女学费开支高×子女就业困难		0.023*	-0.355**	-0.173**				-0.016**			-0.109***		0.028***
	家人患病×养老保障困难×牲畜患病	0.095*				0.029*					-0.278**			0.014**
	Cox-Snell R^2	0.64	0.61	0.60	0.66	0.76	0.71	0.63	0.65	0.68	0.65	0.63	0.55

注：*** $P<0.01$；** $P<0.05$；* $P<0.1$。

难×牲畜患病×退牧还草、自然灾害×家人患病×子女学费开支高、家人患病×养老保障困难×牲畜患病等组合压力的交互作用增加了农户的生计敏感性；自然灾害×水土流失、自然灾害×家人患病、子女学费开支高×农牧产品销路难、自然灾害×人畜饮水困难、家人患病×子女学费开支高、养老保障困难×牲畜患病×退牧还草、子女学费开支高×子女就业困难×修建房屋开支大、自然灾害×家人患病×子女学费开支高等组合压力的交互作用降低了农户的适应能力；自然灾害×水土流失、自然灾害×家人患病、子女就业困难×退牧还草、子女学费开支高×农牧产品销路难、家人患病×家人去世开支高、自然灾害×退牧还草、自然灾害×人畜饮水困难、家人患病×子女学费开支高、养老保障困难×牲畜患病×退牧还草、子女学费开支高×子女就业困难×修建房屋开支大、自然灾害×家人患病×子女学费开支高、自然灾害×养老保障困难×人畜饮水困难、自然灾害×家人患病×养老保障困难、家人患病×子女学费开支高×子女就业困难、家人患病×养老保障困难×牲畜患病等组合压力的交互作用加剧了农户的生计脆弱性。

具体来看（图 5-7），自然灾害×水土流失通过降低农户饮水安全性、减少自然资本而加剧农户的生计脆弱性；自然灾害×家人患病通过降低家人健康状况，减少金融、物质、人力资本而加剧农户的生计脆弱性；子女就业困难×退牧还草通过增加食物自给度、收入依赖度，降低金融、社会资本而加剧农户的生计脆弱性；子女学费开支高×农牧产品销路难通过增加食物自给度，降低金融、物质资本而加剧农户的生计脆弱性；家人患病×家人去世开支高通过增加食物自给度、家庭抚养比，降低自然资本而加剧农户的生计脆弱性；自然灾害×人畜饮水困难通过降低收入依赖度、饮水安全性、金融资本、物质资本而加剧生计脆弱性；家人患病×子女学费开支高通过降低成员健康状况，增加家庭抚养比，减少金融、人力资本而加剧生计脆弱性；养老保障困难×牲畜患病×退牧还草通过降低收入依赖度、物质资本而加剧生计脆弱性；子女学费开支高×子女就业困难×修建房屋开支大通过降低食物自给度、饮水安全性、自然资本以及物质资本而加剧生计脆弱性；自然灾害×家人患病×子女学费开支高通过增加食物自给度、家庭抚养比，降低金融、自然、人力、社会资本而加剧生计脆弱性；自然灾害×养老保障困难×人畜饮水困难通过降低成员健康状况、饮水安全性，降低物质资本而加剧生计脆弱性；自然灾害×家人患病×养老保障困难通过增加收入依赖度、降低成员健康状况而加剧生计脆弱性；家人患病×子女学费开支高×子女就业困难通过增加食物自给度，降低金融、人力资本而加剧生计脆弱性；家人患病×养老保障困难×牲畜患病通过降低收入依赖度、降低健康状况，增加家庭抚养比，降低物质资本而加剧生计脆弱性。

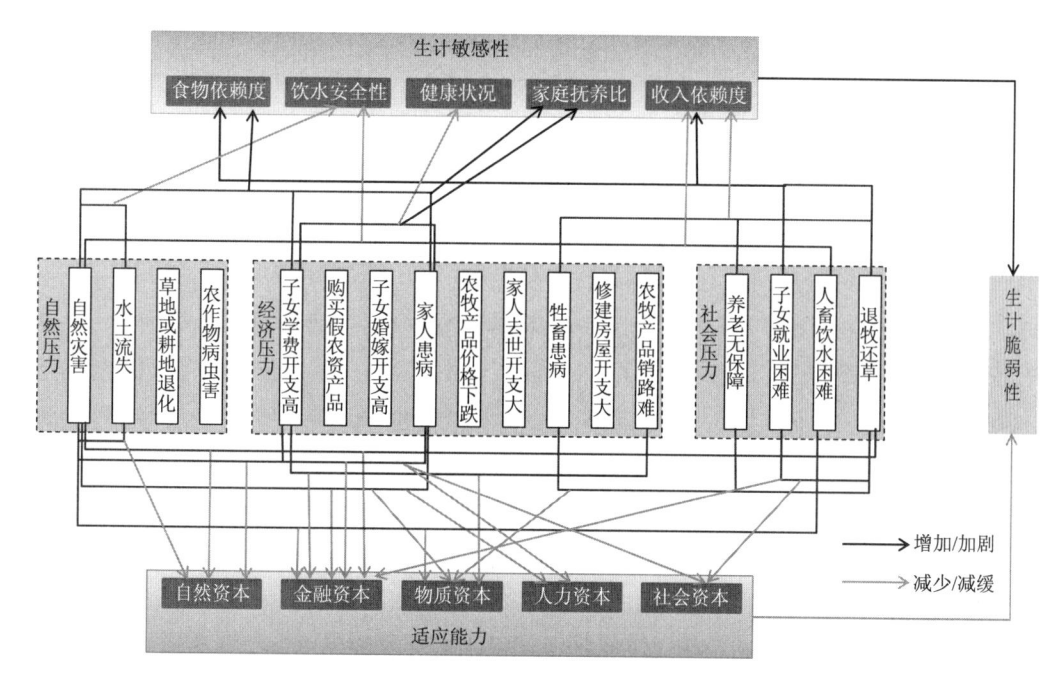

图 5-7 多重压力下农户生计脆弱性的形成过程

总体来看，农户生计不可预测地暴露于自然、社会、经济等多个压力之下，并且这些压力通过影响农户生计资本拥有量与获取机会进而对农户生计脆弱性产生影响。已有研究也发现，孟加拉国沿海地区的土地利用变化、盐度入侵、热带气旋等压力通过减少当地就业机会、加剧收入与土地的不平等现象、降低生计多样性等而减少当地农户的生计资本（Shameem et al.，2014）；家庭成员患病会大大增加低脆弱向高脆弱转化的可能性（Nkondze et al.，2013）；尼科利奇（Nikolic，2018）则发现政治动荡、土地利用变化、市场波动、气候变化等压力通过削弱农户生计资本的影响而加剧当地的生计脆弱性。同时，适应能力强的农户，面临多重压力冲击时生计脆弱性相对较低，适应能力的提升可通过对技术、基础设施的投资来帮助改善关键资源的获取，但同时必须有制度政策的支持，以确保广大低收入群体获取关键资源的途径畅通（Mcdowell and Hess，2012；Reed et al.，2013）。

鉴于此，为了有效降低当地农户的生计脆弱性，一方面，地方部门应建立健全生计风险防范体系，减少农户对生计风险的暴露，降低生计风险带来的损失。例如，有关部门可实时监测当地环境变化状况，收集气温、降水和道路交通等信息，并及时向农户传达，以减少风险带来的损失；另一方面，应加大技术及基础设施等方面的投资，改善农户对关键资源的获取能力与机会，确保其能够持续获得资产，使农户能根据自己拥有的资源应对生计压力,改善生计状况,并长期地减少脆弱性。此外,适应能力与环境密切相关,一个家庭对压力的应对能力一定程度上取决于其所处的有利环境,且其适应能力也是一个动态的过程,随着时间的变化而变化,因此要在不同的阶段制定不同的适应措施。

第三节 多重压力对生活满意度的影响

追求高质量的生活是人类社会的共同愿望,生活满意度作为衡量居民生活质量的重要参数,是人们对生活质量期望水平和实际水平间差异的判断和认知,其不仅受收入的影响,更受社会、文化及环境等因素的影响。目前,人类社会正处于一个高风险状态,并且这种状态仍将持续或不断加剧,这不仅给不同国家、地区及人群带来了严重的负面影响(WEF,2018),更降低了人们的生活质量;尤其多种风险交织在一起,无疑会放大对生活质量的负向影响。鉴于此,当前亟需辨明多重压力交互作用对农户生活满意度的影响,以便为健全乡村生计风险防范体系提供科学依据。

一、农户的生活满意度

(一)数据来源与研究方法

1. 数据来源

在对甘南黄河水源补给区进行预调查的基础上修改与完善问卷;2018年1月开展正式调查,采取分层随机抽样法选取受访户。由于语言沟通困难,访谈难度较大,特聘请当地在校大学生作为语言翻译,每户调查时间约30—45分钟;共调查575户,回收有效问卷559份,有效率达97.22%。其中,重点保护区188份,恢复治理区315份,经济示范区56份。问卷内容主要有3部分:①农户特征,包括家庭年收入、劳动力数量、受教育水平等;②生活满意度;③生计压力,包括自然灾害、草场/耕地质量下降、家人患病等17种,通过询问农户"面临哪些生计压力、生计压力对家庭造成冲击的严重程度及持续时间"获取生计压力相关信息。受访户基本情况如下(表5-10)。

表 5-10 受访户特征

农户类型	户主年龄（岁）	户主务农年限（a）	家庭规模（人/户）	劳动力数量（人/户）	劳动力受教育程度（%）					年均收入（元/户）
					文盲	小学	初中	高中/中专	大专及以上	
全体受访户	45.37	23.47	5.05	3.28	20.58	33.95	23.36	9.28	12.83	28 942.42
重点保护区农户	44.70	22.74	5.24	3.42	21.15	34.84	25.04	7.15	11.82	26 928.49
恢复治理区农户	45.55	24.52	4.92	3.22	20.53	34.35	22.90	9.67	12.54	29 331.68
经济示范区农户	46.63	20.02	5.14	3.14	16.48	35.23	24.43	10.23	13.64	33 513.88

2. 生活满意度测量

生活满意度是测度人们生活状况的重要指标，不仅受到社会交往以及社会性贫困的影响，更受到外部冲击的影响（刘同山、苑鹏，2020）。本研究采用李克特五级量表对甘南黄河水源补给区农户的生活满意程度进行测量，其中：非常满意=5；比较满意=4；一般=3；不太满意=2；非常不满=1。得分越高，表明其生活满意度水平越高。

（二）农户的生活满意度评价

甘南黄河水源补给区农户总体生活满意度处于中等水平（图 5-8），综合满意度指数为 3.68，仅 16.50%的农户对当前生活水平持非常满意态度。

对不同类型农户生活满意度进行多独立样本 Median 检验，结果发现甘南黄河水源补给区不同生计方式农户的生活满意度存在显著差异，而不同区域和不同收入农户的生活满意度则没有显著差异。具体来看，经济示范区农户生活满意度最高，达 3.73，近 59.00%的农户对生活持满意态度，恢复治理区次之，重点保护区最低；中等收入农户生活满意度水平高于低收入和高收入农户，且有 66.50%的农户对当前生活比较满意；相比于纯农户和一兼户，二兼户满意度水平较高，且非常满意的农户占比 16.00%。总体来看，农户生活满意度随收入的增加呈倒 U 形，而随生计多样化程度的提高，农户生活满意度随之提高。

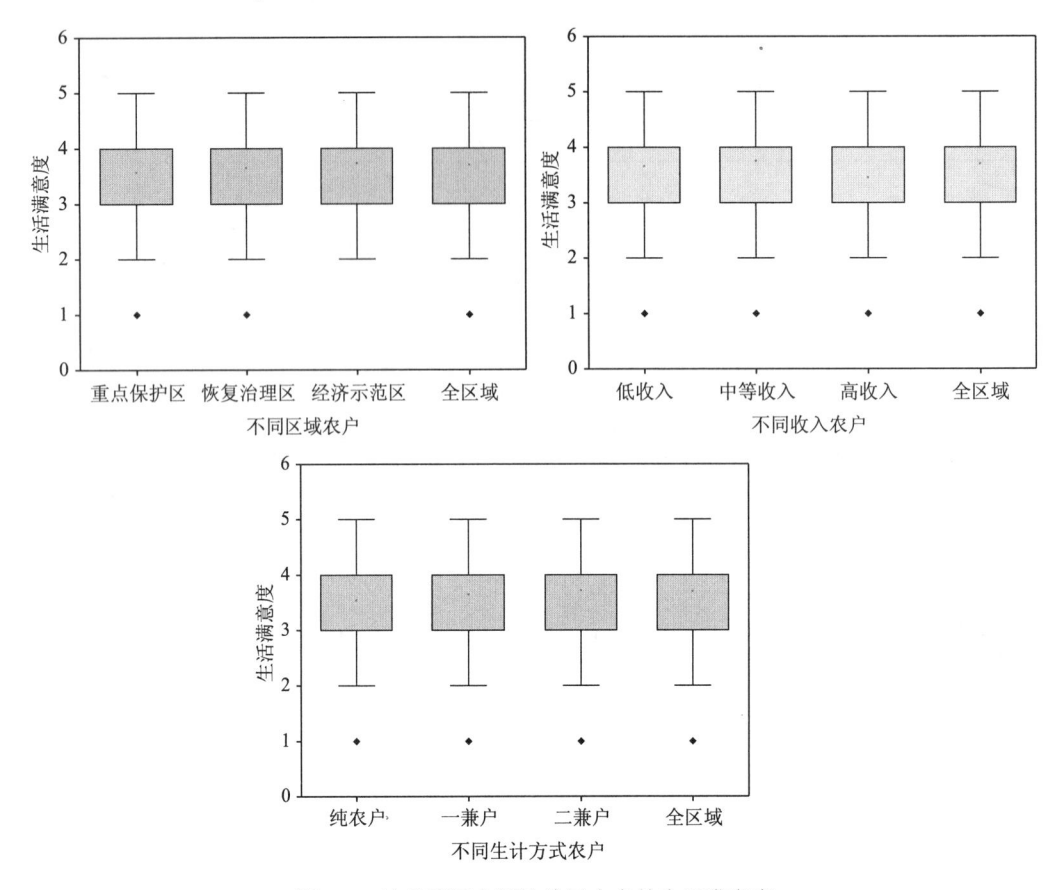

图 5-8　甘南黄河水源补给区农户的生活满意度

二、多重压力对生活满意度的影响

（一）研究方法

1. 生计压力特征测量量表

生计压力指农户面临的对其生产、生活造成不利影响的冲击程度（陈传波，2005）。已有研究发现，农户面临的生计压力包括环境、健康、教育、家庭结构变化、市场、社会、金融等（Quinn et al., 2003；Pilone and Demichela, 2018；苏芳等，2019）。本次调研中发现，甘南黄河水源补给区农户的生计不仅面临着自然灾害、草场/耕地质量下降等与自然环境相关的压力，也面临着家人患病、牲畜患病等与健康相关的压力，还面临着农牧产品价格下降、销路困难等与经济发展相关的压力，更面临着一系列与家庭和社会相关的压力，例如子女上学、建房等与家庭发展需求相关的压力，家人去世、子女婚嫁等与家庭结构变化的压力,以及子女就业、养老保障等与社会发展相关的压力,生态补偿政策也对农户生计造成一定的冲击。为更好地分析农户面临的生计压力,特将上述压力归为环境、健康、市场、家庭发展需求、家庭结构变化、政策及社会等 7 类(表 5-11)。

表 5-11　生计压力变量选取与赋值

类别	指标	是否面临该压力	压力的严重性赋值	压力的持续性赋值
环境压力	自然灾害			
	草场/耕地质量下降			
	人畜饮水困难			
	农作物病虫害			
	水土流失			
健康压力	家人患病			
	牲畜患病		非常严重=5;	非常长=5;
市场压力	农牧产品价格下降		比较严重=4;	比较长=4;
	农牧产品销路困难	是=1;否=0	一般=3;	一般=3;
	购买假农资产品		比较轻微=2;	比较短=2;
家庭发展需求压力	子女学费开支高		非常轻微=1	非常短=1
	建房开支高			
家庭结构变化压力	家人去世开支高			
	子女婚嫁彩礼高			
社会压力	养老保障困难			
	子女就业困难			
政策冲击	生态政策			

2. 多重压力的综合严重性指数与持续性指数计算方法

首先,调查农户是否面临该压力;其次,从多样化程度、严重性程度、持续性程度出发调查该生计压力的特征。其中,生计压力多样化程度指不同类型农户面临的生计压力种类数量,用所遭受的生计压力种数表征(万文玉等,2017);某种生计压力的严重性程度、持续性程度分别指该种生计压力对农户家庭生计造成影响的严重程度及持续时间,均用李克特五级值测量(Shil and Singh,2019)。

在计算各类生计压力严重性指数的基础上,借鉴内梅罗综合污染指数,构建多重压力综合严重性指数,该指数兼顾了单一压力严重性指数的平均值和最大值,能体现冲击较严重的生计压力的作用,对多重压力的冲击状况有较强的描述能力。计算方法如下:

$$R = \sqrt{\frac{(\overline{R})^2 + R_{i\max}^2}{2}} \quad \overline{R} = \frac{1}{n}\sum_{i=1}^{n} R_i \qquad (5.12)$$

式中，R 为生计压力综合严重性指数，$R_{i\max}$ 为农户遭受单一压力（或第 i 个农户所遭受压力）严重性指数中的最大值，$\bar{R}$ 为单一压力严重性指数的平均值，R_i 为赋值的数据。生计压力持续性指数计算方法同上。

3. 多重压力对生活满意度影响的模型设计

目前对生活满意度的研究主要集中在生活质量感知、满意度测度、影响满意度的因素等方面。其中，比亚吉（Biagi *et al.*，2018）指出居民对生活质量的感知与服务的可获得性、个人时间分配和人们享受的社会互动密切相关；库比舍夫斯基（Kubiszewski *et al.*，2018）通过主客观指标测度发现个体感知影响着其对生活满意度的解释；阿瓜多（Aguado *et al.*，2018）和张（Zhang *et al.*，2018）等研究发现住房条件、社会文化要素、亲环境行为、心理因素及年龄等对满意度有显著影响；田永霞等（2015）、张荣伟和李丹（2018）研究表明生活质量评价能够深入反映区域发展与居民生活质量间的关系；李俊峰等（2017）、党云晓等（2016）等研究发现居住空间特征、交通可达性、家庭相对收入及性别对生活满意度有显著影响。另外，生计压力也是影响居民生活满意度的重要因素。已有研究发现，影响居民生活满意度的因素不仅包括服务的可获得性和个体感知（Biagi *et al.*，2018；Kubiszewsk *et al.*，2018），还包括住房条件、环境质量、邻里社会环境、家庭相对收入及生计压力等（Zhang *et al.*，2018；Yuana *et al.*，2018；程超、温兴祥，2019）。其中，健康、金融、社会等生计风险或家庭、经济、工作等多维压力对居民幸福感的影响更加显著（苏芳等，2019；张圆刚等，2019）。总体来看，虽有学者分析了生计风险及压力对居民生活幸福感的影响，但多从单一压力的单一维度出发，较少从多维度综合考察生计压力对生活质量评价的影响；此外，多种压力交织会放大对生活质量评价的负向影响，而已有研究也较少关注多种压力交互作用对生活满意度的影响。

生计资本作为家庭资源禀赋的表征，是农户生计系统的核心组成部分（DFID，2000；何仁伟等，2013），也是脱贫政策干预的重要切入点（Jakobsen，2013），其不仅影响着个人或家庭的福利状况、生计多样化、生计活动选择，对于降低生计风险、提高生计适应能力和促进农户生计可持续也具有重要作用。为了探讨生计压力对生活满意度的影响，将农户的生活满意度（非常满意=5；比较满意=4；一般=3；不太满意=2；非常不满=1）作为被解释变量，以生计压力的严重性程度、持续性程度及多样化程度作为解释变量（表 5-10）；以生计资本为控制变量，并引入地区虚拟变量（国家统计局，2018），运用有序多分类 Logistic 回归模型识别生计压力对农户生活满意度的影响（王亚茹，2017）。基于已有研究，可将生计资本划分为人力资本、自然资本、金融资本、物质资本、社会资本和心理资本六种类型（表 5-12）。

表 5-12　生计资本测量指标选取与赋值

类别	测量指标	赋值	均值	标准差
人力资本	家庭整体劳动能力	全劳动力（劳动年龄内具有劳动能力的人）=3；半劳动力（劳动年龄以外但经常参加劳动的人）=2；非劳动力（劳动年龄内丧失劳动能力及劳动年龄以外不参加劳动的人）=1	13.30	3.92
	劳动力受教育水平	大专及以上=5；高中/中专=4；初中=3；小学=2；文盲=1	6.52	2.31
自然资本	耕地面积	人均实际耕种面积（亩）	1.38	1.54
	家庭固定资产拥有量	所拥有的固定资产项数占所列选项的比例	0.36	0.16
物质资本	牲畜数量	牛/马/骡/驴=4；羊=3；猪=2；鸡/鸭/鹅/兔=1	54.58	132.36
	房屋拥有情况	混凝土房/砖瓦房=5；砖木房=4；土木房=3；帐篷=2；棚圈=1 5间及以上=5；4间=4；3间=3；2间=2；1间=1	20.55	13.33
金融资本	家庭现金收入	人均现金年收入（元）	5 861.74	1 771.81
	借贷机会	能=1；否=0	0.52	0.50
社会资本	亲友关系	与亲戚朋友关系的和谐程度：非常好=5；比较好=4；一般=3；比较差=2；非常差=1	4.23	0.69
	帮助网规模	遇到困难时主动帮忙的人数：非常多=5；比较多=4；一般=3；比较少=2；非常少=1	3.79	0.70
心理资本	面对困难或逆境时的表现	非常坚强=5；比较坚强=4；一般=3；有点沮丧=2；非常沮丧=1	3.84	0.86
	应对突发事件的能力	非常好=5；比较好=4；一般=3；不太好=2；非常不好=1	3.58	0.79

有序多分类 Logistic 回归模型如下：

$$P(y=j|x_i) = \frac{1}{1+e^{-(\alpha+\beta x_i)}} \tag{5.13}$$

式中，x_i 代表第 i 个指标，y 则表示居民生活满意程度。

累计的 Logistic 回归模型：

$$\text{Logit}(P_j) = \ln\left[P(y \leqslant j)/P(y \geqslant j+1)\right] = \alpha_j + \beta x \tag{5.14}$$

式中，$P_j = P(y=j)$，$j=1，2，3，4，5$；β 表示与 x 相对应的一组回归参数，a_j 为截距。在一些特别情况下发生的概率可以通过下式得到：

$$P(y \leqslant j|x_i) = \frac{e^{-(\alpha_j+\beta x_i)}}{1+e^{-(\alpha_j+\beta x_i)}} \tag{5.15}$$

（二）多重压力对农户生活满意度的影响

1. 多重压力的综合严重性程度

甘南黄河水源补给区农户遭受的生计压力普遍比较严重（图5-9），生计压力综合严重性指数为3.802。

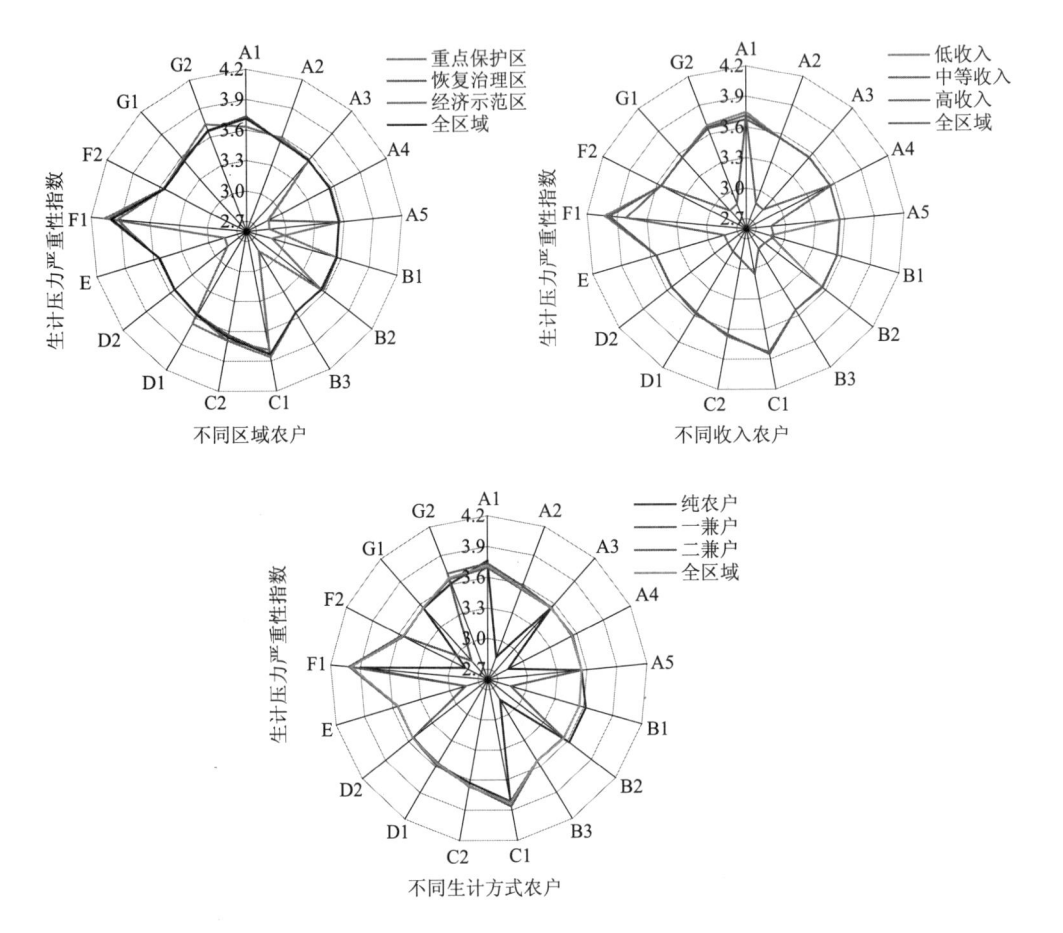

（A1.自然灾害；A2.草场/耕地质量下降；A3.水土流失；A4.人畜饮水困难；A5.农作物病虫害；B1.农/牧产品价格波动；B2.农/牧产品销路困难；B3.购买假农资产品；C1.子女学费开支高；C2.建房开支高；D1.子女婚嫁彩礼高；D2.家人去世开支高；E为政策风险，包括退牧（耕）还草（林）等生态政策；F1.家人患病；F2.牲畜患病；G1.子女就业困难；G2.养老保障困难）

图5-9 甘南黄河水源补给区农户的生计压力严重性综合指数

对不同类型农户的压力严重性程度进行多独立样本Median检验，结果发现，甘南黄河水源补给区不同区域农户遭受的子女婚嫁彩礼、农作物病虫害、自然灾害、养老保障、生态政策压力的严重性程度存在显著差异；不同收入农户遭受的家人患病、子女就业困难等压力的严重性程度存在差异；不同生计方式农户遭受的农产品价格波动、农牧产品销路困难、牲畜患病、草场/耕地质量下降、人畜饮水困难等压力的严重性程度存在显著差异。具体来看，重点保护区农户生计压力综合严重性指数最高，达 3.865，农户遭受子女学费开支、自然灾害和建房开支等压力的严重性指数高于其他 2 个区域；中等收入农户生计压力的综合严重性指数最高，达 3.850，农户遭受子女学费开支、子女婚嫁彩礼和农牧产品销路困难等压力的严重性指数高于低收入和高收入农户；相比于纯农户和二兼户，一兼户生计压力的综合严重性指数最高，为 3.880，其遭受家人患病、子女学费开支和自然灾害等压力的严重性指数高于纯农户和二兼户。

2. 多重压力的综合持续性程度

甘南黄河水源补给区农户遭受生计压力影响的持续时间普遍较长（图 5-10），生计压力综合持续性指数为 3.665。对不同类型农户的压力持续性程度进行多独立样本 Median 检验，结果发现甘南黄河水源补给区不同区域农户遭受的子女婚嫁彩礼、农作物病虫害、自然灾害、养老保障困难、生态政策冲击等压力的持续性程度存在显著差异；不同收入农户遭受的子女就业困难压力的持续性程度存在显著差异；不同生计方式农户遭受的农产品价格波动、农牧产品销路困难、草场/耕地质量下降、牲畜患病等压力的持续性程度存在显著差异。具体来看，经济示范区农户生计压力的综合持续性指数最高，为 3.771，农户遭受家人患病、子女就业困难、农牧产品价格波动等压力的持续性指数高于其他 2 个区域；中等收入农户生计压力的综合持续性指数最高，为 3.767，农户遭受子女学费开支、子女婚嫁彩礼等压力的持续性指数高于低收入和高收入农户；相比于纯农户和二兼户，一兼户的生计压力综合持续性指数较高，达 3.777，其遭受家人患病、子女学费开支、子女就业困难等压力的持续性指数高于纯农户和二兼户。

3. 多重压力对生活满意度的影响程度

运用有序多分类 Logistic 回归模型分析生计压力的严重性（模型 1）、持续性（模型 2）及综合程度（模型 3）对农户生活满意度的影响，模型系数综合检验显著性水平均为 0.000，Cox-Snell R^2 检验值分别为 0.352、0.387、0.399，且 Sig.值均大于 0.05，模型拟合效果较好（表 5-13）。

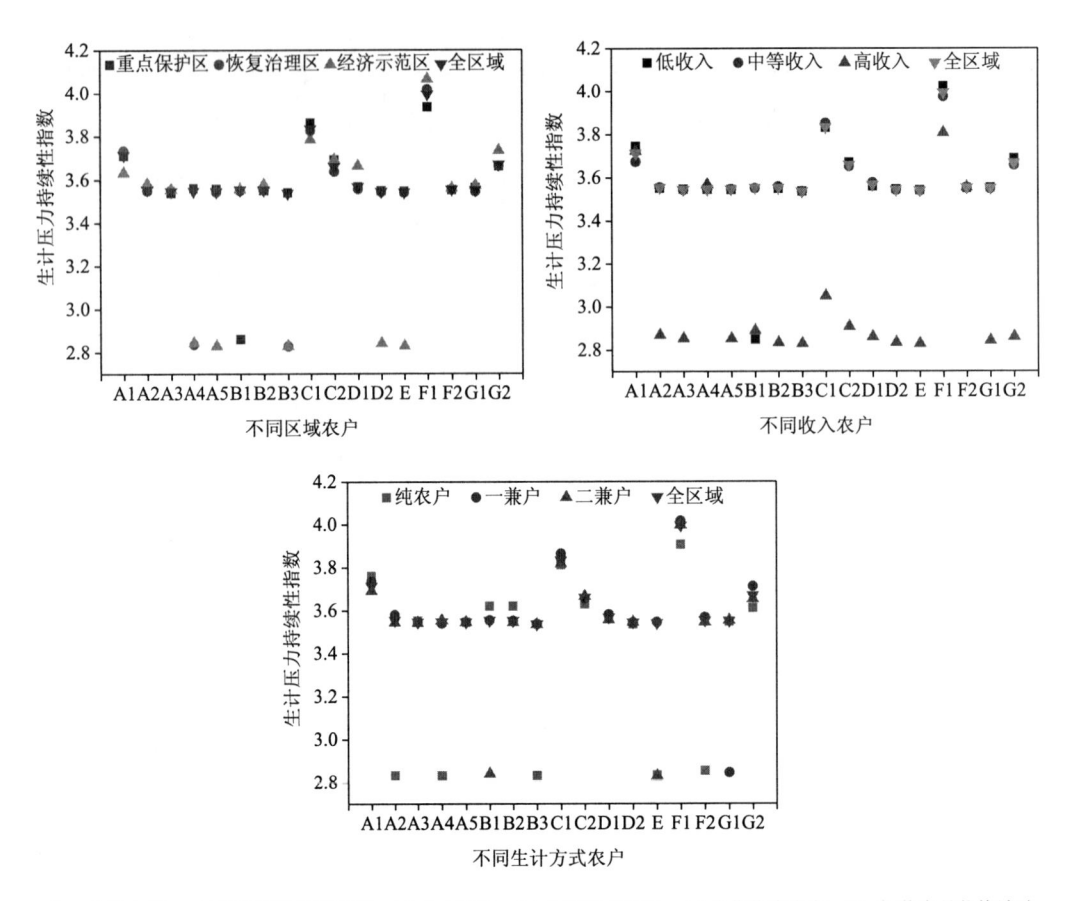

（A1.自然灾害；A2.草场/耕地质量下降；A3.水土流失；A4.人畜饮水困难；A5.农作物病虫害；B1.农/牧产品价格波动；B2.农/牧产品销路困难；B3.购买假农资产品；C1.子女学费开支高；C2.建房开支高；D1.子女婚嫁彩礼高；D2.家人去世开支高；E 为政策风险，包括退牧（耕）还草（林）等生态政策；F1.家人患病；F2.牲畜患病；G1.子女就业困难；G2.养老保障困难）

图 5-10　甘南黄河水源补给区农户的生计压力持续性综合指数

表 5-13　有序多分类 Logistic 回归模型估计结果

变量	模型 1 系数（B）	S.E	卡方值	模型 2 系数（B）	S.E	卡方值	模型 3 系数（B）	S.E	卡方值
金融资本	2.952***	0.366	65.194	2.821***	0.365	59.749	2.702***	0.363	54.690
自然资本	2.244**	0.973	5.318	2.408**	0.980	6.033	1.621*	0.965	1.882
社会资本	1.562**	0.672	5.401	1.230*	0.678	3.292	1.441**	0.677	4.132
心理资本	4.035***	0.553	53.224	3.951***	0.557	50.268	3.716***	0.547	44.695
草场/耕地质量下降	−0.187***	0.071	7.015	−0.299***	0.076	15.319			
人畜饮水困难	−0.164**	0.073	5.069	−0.130*	0.074	3.117			
子女学费开支高	−0.093**	0.045	4.219	−0.205***	0.050	17.124			

续表

变量	模型 1 系数（B）	模型 1 S.E	模型 1 卡方值	模型 2 系数（B）	模型 2 S.E	模型 2 卡方值	模型 3 系数（B）	模型 3 S.E	模型 3 卡方值
家人去世开支高	−0.166**	0.081	4.229	−0.179**	0.083	4.656			
生态政策	−0.180*	0.096	3.540	−0.184*	0.102	3.271			
家人患病	−0.056	0.045	1.563	−0.165***	0.050	10.828			
生计方式多样化程度	0.187***	0.067	7.826	0.199***	0.067	8.715	0.207***	0.066	9.321
综合严重性程度×综合持续性程度							−0.322**	0.135	5.859
偏差		1 156.977			1 125.317			1 114.641	
Cox-Snell R^2		0.352			0.387			0.399	

注：*、**、***分别表示在 0.1、0.05、0.01 水平上显著，限于篇幅表中仅列举通过显著性检验的生计压力变量。

从模型 1 和模型 2 各因素的主效应来看，草场/耕地质量下降、人畜饮水困难、子女学费开支、家人去世开支和生态政策冲击等压力对农户造成的影响越严重、持续时间越长，农户生活满意度降低越显著。从模型 3 来看，生计压力综合严重性程度与综合持续性程度的交互作用导致农户满意度水平显著下降，但金融资本、自然资本、社会资本、心理资本和生计方式多样化程度对农户生活满意度产生了积极影响。这主要因为一旦家庭成员患大病，不仅收入大幅减少，且因治病会增加额外支出，很容易使家庭陷入长期贫困；访谈中农户大都提出，希望通过子女上学改善家庭代际贫困状况，但如果上学子女数量较多，高额的学费支出将造成严重的经济负担，致使其对生活的满意度显著降低。伊斯兰等（Islam and Maitra，2012）也指出贫困农户因缺乏有效应对风险的能力，更容易陷入健康或受教育无保障的困境。同时，由于当地农户生计多依赖于草场、耕地等自然资源，其质量下降会严重威胁农户的生计安全，故草场/耕地质量下降压力的严重性和持续性对农户生活满意度的影响最强烈。

为进一步分析生计压力的交互作用对农户生活满意度的影响，特选择农户面临最多的压力组合，分别对其严重性（模型 4）与持续性（模型 5）的交互效应进行分析（表 5-14）。限于篇幅，在此仅列出了通过显著性检验的压力组合类型。模型系数综合检验显著性水平均小于 0.01，Cox-Snell R^2 检验值分别为 0.046、0.094，且 Sig. 值均大于 0.05，模型拟合效果较好。

表 5-14　多重生计压力的交互作用对农户生活满意度的影响

变量	模型 4 系数（B）	S.E	卡方值	模型 5 系数（B）	S.E	卡方值
家人患病×子女学费开支	−0.056***	0.018	10.145	−0.099***	0.020	23.321
自然灾害×子女就业困难	−0.046*	0.026	3.223	−0.035*	0.021	2.787
自然灾害×家人患病×子女学费开支×建房开支	−0.004**	0.002	3.893			
偏差		1 251.083			1 275.519	
Cox-Snell R^2		0.046			0.094	

注：*、**、***分别表示在 0.1、0.05、0.01 水平上显著，限于篇幅表中仅列出来检验显著的生计压力变量。

从各种压力的交互作用来看，家人患病与子女学费开支压力的交互作用、自然灾害与子女就业困难压力的交互作用、"自然灾害+家人患病+子女学费开支+建房开支"压力严重性的交互作用对农户生活满意度有显著的负向影响，且相较于单一压力，多重压力的交互作用对农户生活满意度的负向影响更强烈，例如同时面临家人患病与子女学费开支压力的农户，其生活满意度明显低于面临单一压力的农户。麦克道尔等（Mcdowell and Hess，2012）也指出环境脆弱地区的群体往往更容易受到多重压力的影响，且适应能力普遍较低；张圆刚等（2019）也强调多维压力致使居民幸福感呈下降趋势。

拟合结果还显示，生态政策冲击显著降低了农户对生活的满意度，原因在于其对农户的生计资本与生计方式产生了显著影响。赵雪雁等（2013）发现生态补偿后甘南黄河水源补给区农户的自然资本显著下降；在宁夏和贵州的研究也发现，退耕还林对农户种植业收入有显著负向影响（唐玉芝等，2018）。本次调查中发现，仅 40.25%的农户表示生态政策的实施使其生活水平有所好转，可见，实施生态政策的同时需注重农户生活水平的改善。此外，生计多样化可提升农户的满意度水平，其原因主要在于生计多样化可有效分散生计压力，提高适应能力（阎建忠等，2011）。

总体来看，农户对生活的满意度往往因其所遭受内外部压力的影响程度而异。生计压力的严重性、持续性均对农户生活满意度产生显著的负向影响，且不同生计压力对农户生活满意度的影响存在差异。减轻生计压力已成为提高甘南黄河水源补给区农户生活满意度的重要途径。鉴于此，首先应积极开展技术培训、拓宽劳动力就业增收渠道，以提高农户应对风险冲击的能力；其次，应加大教育扶贫力度，适当提高农户子女上学补助金额，以降低学费开支对农户生计造成的冲击；最后，应进一步完善农村养老保障制度，健全医疗服务体系，提高参保率及医疗救助水平。同时，构筑完善的综合风险防范体系，降低生计风险的冲击。

第四节 农户对多重压力的生计响应

进入 21 世纪以来，不断恶化的自然环境和多变的社会环境不仅加剧了人们的生存压力，还使人类社会可持续发展面临严峻挑战，并且潜在风险发生的可能性仍在加剧。为了减轻风险冲击带来的不利影响，科学适应已成为人类应对全球环境变化的重要途径以及人类社会保持可持续发展的重要准则（崔胜辉等，2011；Blanco et al.，2017；赵雪雁，2014）。农户作为农村社会中最基本的生计单位，也是自然资源利用与生态保护的最直接主体，在自然、社会、经济等多重压力的冲击下，生计脆弱性加剧，严重制约着农村地区的可持续发展。当前，亟需探明农户对多重压力的生计响应特征，为制定有效的生计响应政策提供借鉴。

一、农户的生计适应能力

（一）研究方法

1. 分析框架

适应作为人类社会应对全球环境变化的必然选择，引起了学术界与决策层的广泛关注。目前，国内外学者针对适应性开展了大量研究，主要涉及干旱、热浪、洪水等气候变化或极端天气事件影响下的城市或农村社区适应性（Mcdowell and Hess，2012；Chen et al.，2018；Antwi-agyei et al.，2018），以及生态移民、快速城市化、乡村旅游业发展等影响下的边缘社区或农户适应性等领域（喻忠磊等，2013；黎洁，2016；何艳冰等，2017；Pandey et al.，2018），且大多研究基于社会—生态系统适应性理论、可持续生计框架等（尹莎等，2016；吴吉林等，2017；Pandey et al.，2017），分析区域、家庭或个人层面的适应能力、适应策略、适应行为、适应结果以及适应性与脆弱性的关系等（刘永茂、李树茁，2017）。总体来看，已有研究多关注外部单一压力或风险冲击背景下的农户适应能力、适应行为和适应策略等，较少关注多重压力冲击下的生计适应性。

适应性概念源于进化生态学，此后在生物物理学、社会学、人类学等领域得到了进一步发展。全球变化背景下的适应性强调人类社会或生态系统面对全球变化导致的不利影响时，在不同尺度上进行的自我调整过程（崔胜辉等，2011）。而生计适应性通常是指个体通过配置各类生计资产来应对内外部环境变化带来的各种压力或风险冲击，以减轻其对生计可持续的不利影响，主要包括适应能力、适应行为、适应策略和适应结果四部分（黎洁，2016；Chen et al.，2018）。基于已有研究，结合甘南黄河水源补给区的独特性，本研究主要从生计压力、适应能力、适应策略和适应结果等方面构建多重压力下的生计适应性分析框架（图5-11）。

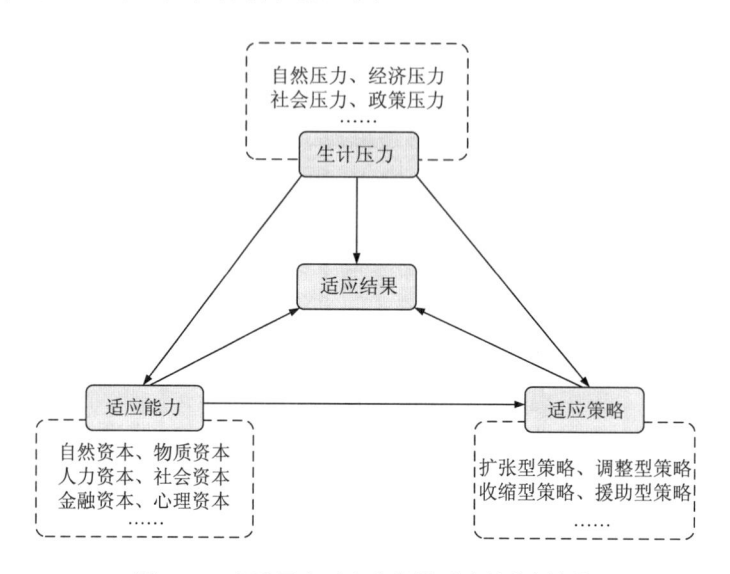

图 5-11 多重压力下农户生计适应性分析框架

生计压力是指农户在生产生活中受到的内外部风险冲击，它往往会降低个人或家庭的整体福利水平，并影响其生计可持续；适应能力反映了农户对生计压力的响应与应对能力，以及从压力造成的不利后果中恢复的能力，它与自身拥有的资产（自然资本、物质资本、人力资本、金融资本、社会资本和心理资本等）密切相关；适应策略是指农户为应对生计压力而采取的适应措施，适应策略的选择既受农户适应能力的影响，也受区域背景及外部生计压力等因素的影响；适应结果是指农户采用适应策略应对生计压力后产生的效果。农户应对风险的可用资源不同，其采取的适应策略必然不同，进而导致适应结果也存在差异。总体来看，生计压力、适应策略、适应能力和适应结果相互影响，形成了一个完整的适应过程。

2. 指标选取

适应能力是适应性的核心属性，也是研究适应性的关键。借鉴潘迪（Pandey et al.，2017）和马拉卡（Malakara et al.，2018）等人的研究，基于可持续生计框架构建了适应能力评价指标体系，并从自然资本、物质资本、人力资本、金融资本、社会资本、心理资本六个维度测量适应能力（李广东等，2012；尹莎等，2016）。

自然资本体现了农户对自然资源的依赖程度，通过草地质量、耕地质量、人均草地面积、人均耕地面积来测量；物质资本指维持生计的基本生产资料，通过房屋情况、牲畜资产、家庭物质资产来测量；人力资本取决于农户家中劳动力的受教育水平及数量，用高受教育水平劳动力占比和劳动力人口比重来测量；金融资本反映农户为适应环境变化在生产和消费领域中的资金积累和流动，通过人均收入和借贷机会来测量；社会资本表示农户利用社会资源应对环境变化的能力，通过社会网络、社会联结度和社会活动来测量；心理资本反映了农户在自然和社会环境变化过程中所拥有的积极心理资源，通过幸福感指数和自信指数来测量（表 5-15）。

表 5-15　农户适应能力评价指标体系

指数	维度	指标	指标含义与赋值	均值	标准差	指标权重
适应能力	自然资本	草地质量	草地质量情况：好=5；一般=4；轻度退化=3；中度退化=2；重度退化=1	3.87	0.74	0.29
		耕地质量	耕地质量情况：非常好=5；比较好=4；一般=3；比较差=2；非常差=1	3.10	0.66	0.04
		人均草地面积	家庭拥有的草场面积与总人数之比	3.67	5.70	0.55
		人均耕地面积	家庭拥有的耕地面积与总人数之比	1.62	1.51	0.12
	物质资本	房屋情况	混凝土房、砖瓦房间数=5；砖木房间数=4；土木房间数=3；帐篷间数=2；棚圈间数=1	3.88	0.78	0.09
		牲畜资产	牲畜资产=牛×5+马×6+骡×5+驴×3+猪×1.5+羊×1+鸡/鸭×0.05+兔×0.125	40.50	75.63	0.83
		家庭物质资产	家庭物质资产种类数	7.36	2.92	0.07
	人力资本	高受教育水平劳动力占比	家庭中成年劳动力初中以上学历人口/家庭总人口数	0.31	0.22	0.41
		劳动力人口比重	家庭劳动力数量与家庭总人口数之比	0.32	0.23	0.59
	金融资本	家庭人均年收入	家庭总收入与家庭总人数之比	7 598.18	4 870.60	0.70
		借贷机会	家庭借贷种类	1.74	0.73	0.30
	社会资本	社会网络	亲戚朋友中公职人员数量	2.27	1.46	0..71
		社会联结度	与亲戚朋友的关系：很好=5；较好=4；一般=3；较差=2；很差=1	4.24	0.72	0.03
		社会活动	参加活动/社团/组织/协会的数量	2.02	1.06	0.26
	心理资本	幸福感指数	对当前生活满意程度：非常满意=5；比较满意=4；一般=3；不太满意=2；非常不满=1	3.68	0.86	0.66
		自信指数	面对困难或逆境时态度：非常坚强=5；比较坚强=4；一般=3；有点沮丧=2；非常沮丧=1	3.85	0.88	0.34

3. 模型设计

运用熵值法（何艳冰等，2017）计算农户适应能力评价指标的权重，并利用综合评价指数法，计算农户的适应能力：

$$ACI = \sum_{j=1}^{n} W_j Y_{ij} \tag{5.16}$$

式中，ACI 为农户适应能力指数；W_j 为第 j 项指标的权重；Y_{ij} 为第 i 位农户的第 j 项指标的标准值。

（二）农户的生计适应能力

甘南黄河水源补给区农户的适应能力存在差异。其中，经济示范区农户的适应能力最高（1.88），恢复治理区次之（1.86），重点保护区最低（1.80）。具体来看，经济示范区农户拥有的人力资本、金融资本、社会资本和心理资本高于恢复治理区和重点保护区农户；而重点保护区农户除拥有较高的自然资本外，物质资本、人力资本、金融资本、社会资本、心理资本均低于经济示范区和恢复治理区农户。究其原因，主要在于经济示范区内城镇数量较多，人口集中，劳动力受教育水平高，家中公职人员数量较多，参加种植、养殖、销售合作社的机会多，经济竞争力较强，农户人均收入相对较高，因而农户适应能力较强；重点保护区农户居住分散，基础设施难以全部覆盖，经济发展水平低，农户受教育程度较低，收入渠道单一，故农户的适应能力相对较低。巴苏（Basup et al.，2019）和潘迪（Pandey et al.，2018）等人也发现高收入和地区基础设施完善的农户适应能力较强，而收入较低、交通不便和信息获取渠道单一的农户适应能力较低。

进一步分析发现，面临不同生计压力的农户，其适应能力也存在较大差异。依据前述农户面临的生计压力类型，特选取"社会+经济""自然+社会""自然+社会+经济""自然+社会+经济+政策"四种关键压力组合，分析不同生计压力组合下农户的适应能力。分析发现，遭受"自然+社会"型压力冲击的农户适应能力最高，适应能力指数为1.92；而遭受"自然+社会+经济+政策"型压力冲击的农户适应能力最低，其适应能力指数仅为1.78。调查中发现，遭受"自然+社会"型压力冲击的农户拥有的自然资本、物质资本和人力资本高于遭受其他三种组合压力冲击的农户。马拉卡等（Malakara et al.，2018）也发现面临不同生计压力的渔民适应能力存在差异。

二、农户的生计适应策略

（一）研究方法

1. 生计适应策略多样化指数

为了更好地分析农户应对生计压力的主要适应策略，将其划分为四类：①扩张型策略，是指通过扩大农业生产投资和增加收入来源来应对生计压力，例如扩大畜群规模、外出打工；②调整型策略，是指通过采取不同农业生产实践应对生计压力，例如调整畜群结构、采用新技术、移民搬迁等；③收缩型策略，是指通过减少农业生产投资，缩减农业规模应对生计压力，例如减少开支、动用储蓄、孩子辍学、变卖资产等；④援助型策略，是指依靠外部援助应对生计压力，例如向亲戚朋友借钱、向银行/信用社贷款、依靠救济等。

适应策略多样化指数是农户采取的适应策略数量的总和。例如农户采取外出打工和减少开支两种适应策略，则该农户适应策略多样化指数为 2，不同区域农户的适应策略多样化指数则通过取平均值得出，具体计算公式如下：

$$D = \frac{1}{n}\sum_{i=1}^{n} d_i \qquad (5.17)$$

式中，n 为不同区域的农户总数，d_i 为第 i 位农户的适应策略多样化指数，D 表示某一特定区域农户的生计适应策略多样化指数。

2. 影响生计适应策略选择的关键因素

为了更清晰地辨明影响适应策略选择的因素，选择农户的生计资本、生计压力的严重程度和多样化程度作为自变量，引入多元 Logistic 回归模型，以农户采取较多的三种适应策略组合（"扩张+收缩"型策略、"扩张+援助+收缩"型策略、"扩张+调整+收缩"型策略）作为因变量，并把"扩张+调整+援助+收缩"型策略作为参照，即把"扩张+收缩"型策略、"扩张+援助+收缩"型策略、"扩张+调整+收缩"型策略和"扩张+调整+援助+收缩"型策略四种分别定义为多项无序性变量 $y=(y_0, y_1, y_2, y_3)$，m 为[0, 3]，自变量为 $x=(x_1, x_2, \cdots, x_p)$。模型如下：

$$y_m = \ln\left[\frac{P(y=m|x)}{P(y=0|x)}\right] = \beta_{0m} + \beta_{1m} \times x_1 + \beta_{2m} \times x_2 + \cdots + \beta_{pm} \times x_p \qquad (5.18)$$

y 的条件概率为：

$$P(y=m|x) = \text{Exp}(y_m)/1 + \sum_{m=0}^{3}\text{Exp}(y_m) \quad (5.19)$$

式（5.18）和式（5.19）中，P 为某事件 y 发生的概率，β_0 为常数项，β_{pm} 为解释变量 x_p 的回归系数。

（二）农户的生计适应策略

甘南黄河水源补给区已有87.45%的农户采取了多种适应策略来应对生计压力，适应策略多样化指数为2.56。其中，经济示范区农户的适应策略多样化指数最高，恢复治理区次之，再次是重点保护区，适应策略多样化指数分别为2.70、2.53和2.55。

进一步分析发现（表5-16），不同区域农户在遭受相同生计压力冲击时，采取的适应策略存在差异。在遭受"社会+经济"型压力冲击时，经济示范区和恢复治理区农户选择最多的是"扩张+援助+收缩"型策略，分别占各区遭受该类压力冲击农户的23.53%、18.18%；而重点保护区农户选择最多的是"扩张+调整+援助"型策略，占遭受该类压力冲击农户的20.00%。在遭受"自然+社会+经济"型压力冲击时，经济示范区农户选择最多的是"调整+扩张+援助+收缩"型策略，占遭受该类压力冲击农户的40.00%；而恢复治理区和重点保护区农户选择最多的是"扩张+援助+收缩"型策略，分别占各区遭受该类压力冲击农户的23.97%、20.99%。在遭受"自然+社会+经济+政策"型压力冲击时，经济示范区农户选择最多的是"扩张+援助+收缩"型策略，占遭受该类压力冲击农户的50.00%；而恢复治理区农户选择最多的是"扩张+调整+援助"型策略，占遭受该类压力冲击农户的40.00%；重点保护区农户选择最多的是"调整+扩张+援助+收缩"型策略，占遭受该类压力冲击农户的31.25%。

表5-16 不同生计压力下甘南黄河水源补给区农户的适应策略

生态功能区	压力类型	扩+调	扩+援	扩+收	扩+调+援	扩+援+收	扩+调+援+收
经济示范区（%）	S+F	17.65	11.76	0	5.88	23.53	0
	N+S	0	0	0	100	0	0
	N+S+F	10.00	5.00	0	10.00	10.00	40.00
	N+S+F+P	0	0	0	0	50.00	0
恢复治理区（%）	S+F	14.55	10.91	1.82	12.73	18.18	7.27
	N+S	0	14.29	10.71	10.71	25.00	21.49
	N+S+F	5.79	7.44	8.26	4.13	23.97	21.49
	N+S+F+P	0	10.00	10.00	40.00	0	20.00

续表

生态功能区	压力类型	扩+调	扩+援	扩+收	扩+调+援	扩+援+收	扩+调+援+收
重点保护区（%）	S+F	2.50	5.00	2.50	20.00	15.00	12.50
	N+S	8.33	0	0	25.00	16.67	8.33
	N+S+F	8.64	8.64	18.52	9.88	20.99	14.81
	N+S+F+P	0	12.50	0	25.00	6.25	31.25

注：N——自然压力，F——经济压力，S——社会压力，P——政策压力；调——调整型策略，扩——扩张型策略，收——收缩型策略，援——援助型策略

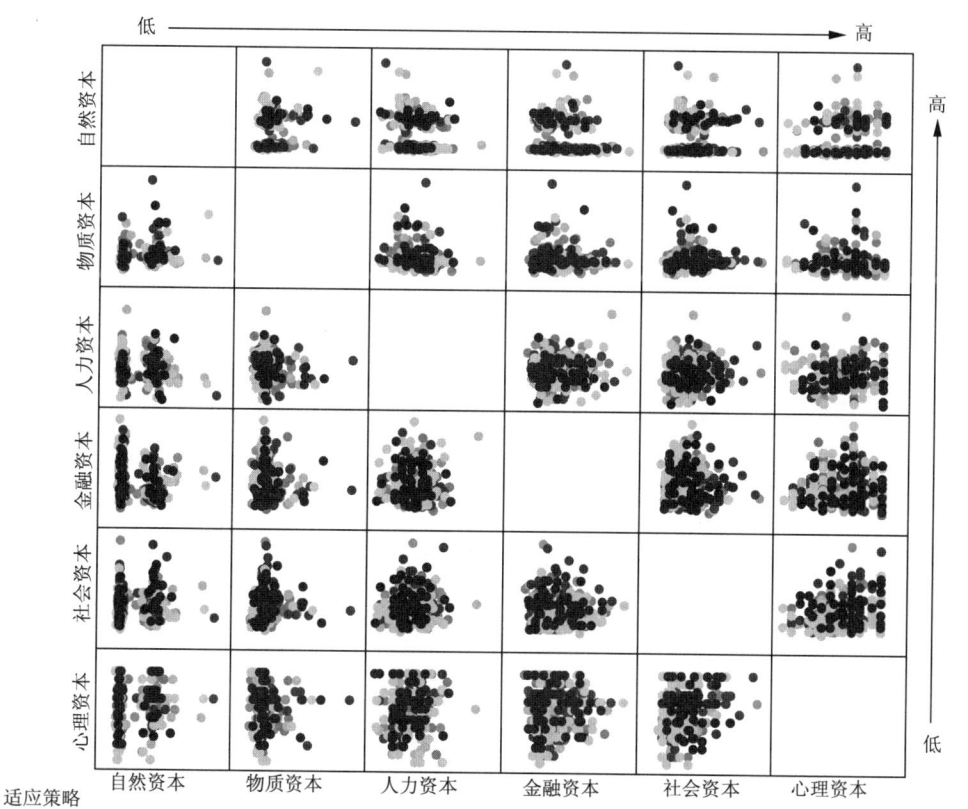

图 5-12 生计资本与适应策略的关系矩阵

农户拥有的生计资本不同，采取的适应策略也存在差异（图 5-12）。拥有较高自然资本、物质资本的农户，大多采取"扩张+调整+援助"型策略；拥有较高人力资本的农户更偏向选择"扩张+收缩"型策略；而拥有较高金融资本的农户更倾向于"扩张+援助+收缩"型策略；拥有较高社会资本的农户则偏向选择"扩张+调整"

型策略。

(三) 影响农户生计适应策略的关键因素

1. 生计适应策略类型选择的影响因素

为了进一步辨明影响甘南黄河水源补给区农户生计适应策略选择的因素，依据前文所述的四种生计适应策略组合（"扩张+收缩"型策略、"扩张+援助+收缩"型策略、"扩张+调整+收缩"型策略、"扩张+调整+援助+收缩"型策略），并把"扩张+调整+援助+收缩"型策略作为参照，分析影响农户适应策略类型选择的因素。结果显示，模型1中对数似然值为1 115.20，卡方检验值为162.23，显著性水平为0.000（<0.05），模型具有显著意义（表5-17）。

表5-17 模型参数估计系数与检验

变量	模型1 扩张+收缩 系数	Wald值	模型1 扩张+援助+收缩 系数	Wald值	模型1 扩张+调整+收缩 系数	Wald值	模型2 系数	标准差
常数	0.071	0.003	−0.408	0.102	−0.754	0.331	1.446***	0.293
自然资本指数	−0.044	0.007	1.371**	5.118	0.560	0.925	−0.096**	0.273
物质资本指数	1.182*	3.342	0.667	1.033	0.440	0.438	−0.049	0.284
人力资本指数	−0.729	1.677	−1.359**	5.275	−0.990*	3.071	−0.085**	0.332
金融资本指数	−0.522	0.995	0.525	0.932	0.830	2.414	0.097**	0.247
社会资本指数	1.697***	8.124	1.096*	3.329	0.876	2.239	0.090**	0.234
心理资本指数	0.377	0.545	0.136	0.826	0.554	0.770	0.044	0.220
自然压力严重程度	2.097***	10.619	2.033***	8.810	1.534**	5.215	−0.016	0.082
经济压力严重程度	−0.654	0.770	−0.944	1.544	0.504	0.415	0.023	0.079
社会压力严重程度	−0.086	0.012	0.905	1.766	0.786	1.326	0.063	0.000
政策压力严重程度	−0.423	0.428	−0.668	0.599	0.696	0.442	−0.010	0.039
生计压力多样化程度	2.567**	4.103	0.984	0.567	1.410	1.240	0.365***	0.048
模型检验	−2倍对数似然值		1 115.202				F统计量	10.511
	Chi-square检验值		162.230				调整后R^2	0.175

注：*、**、***分别表示在10%、5%、1%水平上显著。

结果表明，物质资本、社会资本、自然压力严重程度和生计压力多样化程度对"扩张+收缩"型策略的选择具有显著正向影响。其中，自然压力严重程度是最关键的因素，其 Wald 值为 10.619；其次是社会资本；再次是生计压力多样化程度；最后是物质资本。具体来看，农户面临生计压力种类越多，自然压力越严重，拥有的物质资本、社会资本越高，越倾向于选择"扩张+收缩"型策略。

自然资本、人力资本、社会资本和自然压力严重程度是影响"扩张+援助+收缩"型策略选择的显著因素。其中，自然压力严重程度是最关键的因素，其 Wald 值为 8.810；其次是人力资本；再次是自然资本；最后是社会资本。具体来看，自然资本、社会资本和自然压力严重程度具有显著的正向影响；人力资本具有显著的负向影响。可见，农户拥有的自然资本、社会资本越高，面临的自然压力越严重，农户越倾向于选择"扩张+援助+收缩"型策略；而拥有人力资本越高的农户，越不愿意选择该策略。

人力资本、自然压力严重程度是影响"扩张+调整+收缩"型策略的显著因素。其中，自然压力严重程度是最关键的因素，其 Wald 值为 5.215；然后是人力资本。具体来看，人力资本具有显著的负向影响；而自然压力严重程度具有显著的正向影响。可见，农户面临的自然压力越严重，农户越倾向于选择"扩张+调整+收缩"型策略；而拥有人力资本越多的农户，越不愿意选择该策略。

2. 生计适应策略多样化程度的影响因素

为了分析影响生计适应策略多样化程度的关键因素，将农户的生计资本、生计压力严重性程度与多样化程度作为自变量，适应策略多样化指数作为因变量，引入多元线性回归模型。结果如模型 2 所示（表 5-17），F 统计量为 10.511，R^2 为 0.175，显著性水平为 0.000，解释变量与被解释变量线性关系显著，并且共线性检验结果 VIF 值均小于 3.200，说明模型中的解释变量不存在严重多重共线性。

结果显示，农户的自然资本、人力资本、金融资本和人力资本均对农户选择多样化适应策略产生了显著影响，且都通过了5%水平显著性检验。其中，自然资本、人力资本对农户选择多样化适应策略有消极影响，而金融资本、社会资本则对其产生积极影响；即农户拥有的自然资本和人力资本越丰富，农户选择多样化适应策略的可能性越低，而拥有较高金融资本和社会资本的农户则更有可能采取多样化适应策略。波尔等（Pour et al., 2018）发现金融、社会和人力资本对农户选择多样化生计策略具有积极影响；李广东等（2012）发现心理资本对农户的多样化生计策略选择具有决定性影响；甘南黄河水源补给区调查中也发现，传统耕作或放牧是当地农户的主要生计，耕地（草场）面积和质量一定程度上决定了农户的家庭收入水平，并且耕地（草场）面积大且质量好的农户更愿意扩大种植规模或畜群结构。然而，农户的多样化生计适应策略选择除了受单一资本的影响外，还可能受生计资本之间协同或互补作用的影响，未来需进一步探讨不同生计资本间的交互作用对农户多样化生计适应策略选择的影响及作用机理。

同时，生计压力多样化程度也对农户选择多样化适应策略产生了显著影响，并通过了1%水平显著性检验，表明面临生计压力种类越多的农户，越有可能采取多样化的适应策略。可见，有效的适应策略选择是减缓农户生计压力、提高农户风险抵御能力和促进生计可持续的关键。安特维等（Antwi-agyei et al., 2018）也发现不恰当的适应策略往往会产生不良的适应结果，进而加剧农户的生计脆弱性。

总体来看，甘南黄河水源补给区不同区域、不同压力冲击下农户的适应能力均存在差异，且不同区域农户采取的适应策略不同。其中，自然资本、人力资本、社会资本、自然压力的严重程度和生计压力的多样化程度是影响农户适应策略选择的关键因素。为减轻甘南黄河水源补给区农户面临的生计压力，提高其生计适应能力，首先应加大生态环境保护力度，完善地质灾害监测预警体系，在地质隐患较大地区进行定期监测；其次，应积极拓宽农户增收渠道，鼓励农户提高农牧产品商品率，健全农业保险体系，降低农户因自然灾害和农产品价格波动造成的经济损失，完善农村小额信贷政策，降低农户借贷成本；再次，应加强偏远地区住房、饮水、道路等基础设施建设，完善医疗保障、养老保障等社会基本保障体系，加大教育投入力度，加强劳动人口职业技能培训，积极开展实用技术与技能培训，提升农户非农就业能力，引导农户生计转型；最后，应积极培育农村合作组织，加强不同组织、群体之间合作交流，拓宽农户社会网络，提高其风险抵御能力。

参 考 文 献

[1] 陈传波："农户风险与脆弱性：一个分析框架及贫困地区的经验"，《农业经济问题》，2005年第8期。

[2] 陈伟娜、闫慧敏、黄河清："气候变化压力下锡林郭勒草原牧民生计与可持续能力"，《资源科学》，2013年第5期。

[3] 程超、温兴祥："家庭内部相对收入、性别身份认同与中国居民生活幸福感：基于CGSS数据的实证研究"，《经济评论》，2019年第6期。

[4] 崔胜辉等："全球变化背景下的适应性研究综述"，《地理科学进展》，2011年第9期。

[5] 党云晓等："北京居民生活满意度的多层级定序因变量模型分析"，《地理科学》，2016年第6期。

[6] 高志玉等："多重压力对重点生态功能区农户生计资产可得性的影响——以甘南黄河水源补给区为例"，《地理研究》，2020年第5期。

[7] 葛传路、岳虹："征地冲击对农户消费的影响"，《经济与管理研究》，2018年第1期。

[8] 郭秀丽等："农户对生态环境变化的适应能力及驱动因子：以内蒙古自治区杭锦旗为例"，《生态学报》，2018年第21期。

[9] 国家统计局：《中国统计年鉴》，中国统计出版社，2018 年。
[10] 何仁伟等："中国农户可持续生计研究进展及趋向"，《地理科学进展》，2013 年第 4 期。
[11] 何艳冰、黄晓军、杨新军："快速城市化背景下城市边缘区失地农民适应性研究：以西安市为例"，《地理研究》，2017 年第 2 期。
[12] 黎洁："陕西安康移民搬迁农户的生计适应策略与适应力感知"，《中国人口·资源与环境》，2016 年第 9 期。
[13] 李广东等："生计资产差异对农户耕地保护补偿模式选择的影响：渝西方山丘陵不同地带样点村的实证分析"，《地理学报》，2012 年第 4 期。
[14] 李俊峰、高凌宇、马作幸："跨江择居居民的居住满意度及影响因素：以南京市浦口区为例"，《地理研究》，2017 年第 12 期。
[15] 刘同山、苑鹏："农民合作社是有效的益贫组织吗？"，《中国农村经济》，2020 年第 5 期。
[16] 刘艳华、徐勇："扶贫模式可持续减贫效应的分析框架及机理探析"，《地理科学进展》，2018 年第 4 期。
[17] 刘永茂、李树茁："农户生计多样性发展阶段研究"，《中国人口·资源与环境》，2017 年第 7 期。
[18] 马世铭、刘绿柳、马姗姗："气候变化与生计和贫困研究的认知"，《气候变化研究进展》，2014 年第 4 期。
[19] 彭开丽、张安录："土地利用变化中农户脆弱性研究——一个理论分析框架及基于中国中部五省的调研实证"，《自然资源学报》，2015 年第 11 期。
[20] 斯琴朝克图等："内蒙古半农半牧区农户生计资产与生计方式研究：以科右中旗双榆树嘎查为例"，《地理科学》，2017 年第 7 期。
[21] 苏芳："农户生计风险对其生计资本的影响分析：以石羊河流域为例"，《农业技术经济》，2017 年第 12 期。
[22] 苏芳、马南南、郑亚萍："甘肃石羊河流域农户生计风险评价及其对幸福感的影响研究"，《冰川冻土》，2019 年第 4 期。
[23] 苏芳、田欣、郑亚萍："生计风险对农户应对策略的影响分析"，《中国农业大学学报》，2018 年第 10 期。
[24] 孙梦瑶："多重冲击对中国贫困地区农户食物安全的影响及应对策略研究"，中国农业科学院，2017 年。
[25] 孙特生、胡晓慧："基于农牧民生计资本的干旱区草地适应性管理：以准噶尔北部的富蕴县为例"，《自然资源学报》，2018 年第 5 期。
[26] 谭淑豪等："气候变化压力下牧民的社会脆弱性分析：基于内蒙古锡林郭勒盟 4 个牧业旗的调查"，《中国农村经济》，2016 年第 7 期。
[27] 唐玉芝等："基于物质量评估的贵州南部地区生态系统服务及其县域差异比较"，《地理科学》，2018 年第 1 期。
[28] 田永霞等："基于主客观生活质量评价的农村发展差异分析：以北京山区经济薄弱村为例"，《地理科学进展》，2015 年第 2 期。
[29] 万文玉等："高寒生态脆弱区农户的生计风险识别及应对策略：以甘南黄河水源补给区为例"，《经济地理》，2017 年第 5 期。
[30] 王亚茹等："高寒生态脆弱区农户的气候变化适应策略评价：以甘南高原为例"，《生态学报》，2017 年第 7 期。
[31] 吴吉林、刘水良、周春山："乡村旅游发展背景下传统村落农户适应性研究：以张家界 4 个村为

例"，《经济地理》，2017 年第 12 期。

[32] 吴孔森、杨新军、尹莎："环境变化影响下农户生计选择与可持续性研究：以民勤绿洲社区为例"，《经济地理》，2016 年第 9 期。

[33] 许汉石、乐章："生计资本、生计风险与农户的生计策略"，《农业经济问题》，2012 年第 10 期。

[34] 阎建忠等："青藏高原东部样带农牧民生计的多样化"，《地理学报》，2009 年第 2 期。

[35] 阎建忠等："青藏高原东部样带农牧民生计脆弱性评估"，《地理科学》，2011 年第 7 期。

[36] 杨飞、马超、方华军："脆弱性研究进展：从理论研究到综合实践"，《生态学报》，2019 年第 2 期。

[37] 尹莎等："干旱环境胁迫下农户适应性研究：基于民勤绿洲地区农户调查数据"，《地理科学进展》，2016 年第 5 期。

[38] 喻忠磊、杨新军、杨涛："乡村农户适应旅游发展的模式及影响机制：以秦岭金丝峡景区为例"，《地理学报》，2013 年第 8 期。

[39] 张荣伟、李丹："如何过上有意义的生活：基于生命意义理论模型的整合"，《心理科学进展》，2018 年第 4 期。

[40] 张圆刚等："城市居民压力源对幸福感的影响研究：基于乡村旅游休闲参与的角度"，《地理研究》，2019 年第 4 期。

[41] 赵雪雁："农户对气候变化的感知与适应研究综述"，《应用生态学报》，2014 年第 8 期。

[42] 赵雪雁："地理学视角的可持续生计研究：现状、问题与领域"，《地理研究》，2017 年第 10 期。

[43] 赵雪雁等："多重压力下重点生态功能区农户生计脆弱性：以甘南黄河水源补给区为例"，《生态学报》，2020 年第 20 期。

[44] 赵雪雁、张丽、江进德："生态补偿对农户生计的影响：以甘南黄河水源补给区为例"，《地理研究》，2013 年第 3 期。

[45] 钟赛香等："基于合理权重赋值方法选择的多因素综合评价模型：以 JCR 中 70 种人文地理期刊为例"，《地理学报》，2016 年第 12 期。

[46] Adger, W. N. 2006. Vulnerability. *Global Environmental Change*, 16: 268-281.

[47] Aguado, M., J. A. González, K. Bellott, *et al.* 2018. Exploring subjective well-being and ecosystem services perception along a rural-urban gradient in the high Andes of Ecuador. *Ecosystem Services*, 34:1-10.

[48] Antwi-agyei, P., A. J. Dougill, L. C. Strinnger, *et al.* 2018. Adaptation opportunities and maladaptive outcomes in climate vulnerability hotspots of northern Ghana. *Climate Risk Management*,19: 83–93.

[49] Basup, L. V., C. Quinn, A. Dougill 2019. Adaptation strategies to environmental and policy change in semiarid pastoral landscapes: Evidence from Ngamiland, Botswana. *Journal of Arid Environments*, 166(7): 17-27.

[50] Biagi, B., M. G. Ladu, M. Meleddu 2018. Urban quality of life and capabilities: An experimental study. *Ecological Economics*, 150: 137-152.

[51] Bishal, K. S. 2018. Vulnerability assessment of rural livelihoods under multiple stressors. *The case study of Bosnia and Herzegovina*. Norwegian: Norwegian University of Life Science.

[52] Blanco, V., C. Brown, S. Holzhauer, *et al.* 2017. The importance of socio-ecological system dynamics in understanding adaptation to global change in the forestry sector. *Journal of Environmental Management*, 196(7): 36-47.

[53] Chen, J., S. Yin, H. Gebhardt, *et al.* 2018. Farmers' livelihood adaptation to environmental change in

an arid region: A case study of the Minqin Oasis, northwestern China. *Ecological Indicators*, 93(10): 411-423.

[54] De Silva M. M. G. T., A. Kawasak 2018. Socioeconomic vulnerability to disaster risk: A case study of flood and drought impact in a rural Sri Lankan community. *Ecological Economics*,152: 131-140.

[55] DFID. 2000. Sustainable livelihoods guidance sheets. *Department for International Development*, London, UK.

[56] Dulal, H. B., G. Brodnig, H. K. Thakur, *et al.* 2010. Do the poor have what they need to adapt to climate change? A case study of Nepal. *Local Environment*, 15(7):621-635.

[57] Ellis, F. 2011. Rural livelihoods and diversity in developing countries.

[58] Frazier, T. G., C. M. Thompson, R. J. Dezzani 2014. A framework for the development of the SERV model: A spatially explicit resilience-vulnerability model. *Applied Geography*, 51: 158-172.

[59] Hagenlocher, M., F. G. Renaud., S. Haas, *et al.* 2018. Vulnerability and risk of deltaic social-ecological systems exposed to multiple hazards. *Science of the Total Environment*, 631: 71-80.

[60] Huang, X. J., X. Huang, Y. B. He, *et al.* 2017. Assessment of livelihood vulnerability of land-lost farmers in urban fringes: A case study of Xi'an, China. *Habitat International*, 59:1-9.

[61] IPCC 2007. Climate change 2007: Working group II: Impacts, adaptation and vulnerability. *IPCC Fourth Assessment Report*. Cambridge: Cambridge University Press.

[62] IPCC 2014. Climate change 2014: Impacts, adaptation and vulnerability: Contribution of working group ii to the fifth assessment report of the intergovernmental panel on climate change. Cambridge: Cambridge University Press.

[63] Islam, A., P. Maitra 2012. Health shocks and consumption smoothing in rural households: Does microcredit have a role to play? *Journal of Development Economics*, 97(2): 232-243.

[64] Islam, M. R. 2018. Climate change, natural disasters and socioeconomic livelihood vulnerabilities: Migration decision among the Char Land people in Bangladesh. *Social Indicators Research*, 136(2): 575-593.

[65] Jakobsen, K. 2013. Livelihood asset maps: A multidimensional approach to measuring risk-management capacity and adaptation policy targeting—a case study in Bhutan. *Regional Environmental Change*, 2013, 13(2):219-233.

[66] Keshavarz, M., H. Maleksaeidi, E. Karami 2016. Livelihood vulnerability to drought: A case of rural Iran. *International Journal of Disaster Risk Reduction*, 21(7):76-88.

[67] Krishna, M. 2018. Perceptions of multi-stresses impacting livelihoods of marine fishermen. *Marine Policy*, 97:18-26.

[68] Kubiszewski, I., N. Zakariyya, R. Costanza 2018. Objective and subjective indicators of life satisfaction in Australia: How well do people perceive what supports a good life? *Ecological Economics*, 154: 361-372.

[69] Li, M. P., X. X. Huo, C. H. Peng, *et al.* 2017. Complementary livelihood capital as a means to enhance adaptive capacity: A case of the Loess Plateau, China. *Global Environmental Change*, 47: 143-152.

[70] Malakara, K., T. Mishra, A. Patwardhan 2018. Perceptions of multi-stresses impacting livelihoods of marine fishermen. *Marine policy*, 97(10) :41-49.

[71] Mcdowell, J. Z., J. J. Hess 2012. Accessing Adaptation: multiple stressors on livelihoods in the Bolivian highlands under a changing climate. *Global Environmental Change*, 22(2): 342-352.

[72] Moghal, Z., E. O'Connell 2018. Multiple stressors impacting a small island tourism destination-community: A nested vulnerability assessment of Oistins, Barbados. *Tourism Management Perspectives*, 26(8): 78-88.

[73] Monicah, M., M. Collinsond, L. Hunter 2019. Social capital is subordinate to natural capital in buffering rural livelihoods from negative shocks: Insights from rural South Africa. *Journal of Rural Studies*, 65: 12-21.

[74] Nazari, S., G. P. Rad, H. Sedighi, *et al.* 2015. Vulnerability of wheat farmers: Toward a conceptual framework. *Ecological Indicators*, 52:517-532.

[75] Nikolic, I. 2018. Vulnerability assessment of rural livelihoods under multiple stressors. *The Case Study of Bosnia and Herzegovina*. Norwegian: Norwegian University of Life Science.

[76] Nkondze, M. S., M. B. Masuku, A. Manyatsi 2013. Affecting households vulnerability to climate change in Swaziland: A case of Mpolonjeni Area Development Programme(ADP). *Journal of Agricultural Science*, 5(10): 108-122.

[77] Oberlack, C., L. Tejada, P. Messerli, *et al.* 2016. Sustainable livelihoods in the global land rush? Archetypes of livelihood vulnerability and sustainability potentials. *Global Environmental Change*, 41: 153-171.

[78] O'Brien, K., T. Quinlan, G. Ziervogel 2009. Vulnerability interventions in the context of multiple stressors: Lessons from the Southern Africa Vulnerability Initiative (SAVI). *Environmental Science & Policy*, 12(1):23-32.

[79] Pandey, R., P. Kumar, K. M. Archie, *et al.* 2018. Climate change adaptation in the western-Himalayas: Household level perspectives on impacts and barriers. *Ecological Indicators*, 84(1):27-37.

[80] Pandey, R., S. K. Jha, J. M. Alatalo, *et al.* 2017. Sustainable livelihood framework-based indicators for assessing climate change vulnerability and adaptation for Himalayan communities. *Ecological Indicators*, 79(8): 338-346.

[81] Pilone, E., M. Demichela 2018. A semi-quantitative methodology to evaluate the main local territorial risks and their interactions. *Land Use Policy*, 77: 143-154.

[82] Polsky, C., R. Neff, B. Yarnal 2007. Building comparable global change vulnerability assessments: The vulnerability scoping diagram. *Global Environmental Change*, 17(34): 472-485.

[83] Pour, M. D., A. Barati, H. Azadi 2018. Revealing the role of livelihood assets in livelihood strategies: Towards enhancing conservation and livelihood development in the Hara Biosphere Reserve, Iran. *Ecological Indicators*, 94(11): 336-347.

[84] Quinn, C. H., H. Meg, K. Hilda, *et al.* 2003. Local perceptions of risk to livelihood in semi-arid Tanzania. *Journal of Environmental Management*, 68(2): 111-119.

[85] Rahman, T. 2018. Livelihood exposure to climatic stresses in the north-eastern floodplains of Bangladesh, *Land Use Policy*, 79: 199-214.

[86] Rajesh, S., S. Jain, P. Sharma, *et al.* 2014. Assessment of inherent vulnerability of rural communities to environmental hazards in Kimsar region of Uttarakhand, India. *Environmental Development*, 12: 16-36.

[87] Reed, M, S., G. Podesta, I. Fazey, *et al.* 2013. Combining analytical frameworks to assess livelihood vulnerability to climate change and analyse adaptation options. *Ecological Economics*, 94: 66-77.

[88] Roxburgh, N., L. C. Stringer., A. Evans., *et al.* 2021. Impacts of multiple stressors on mountain

communities: Insights from an agent-based model of a Nepalese village. *Global Environmental Change*, 66: 102203.

[89] Shah, K, U., H. B. Dulal, C. Johnson, *et al.* 2013. Understanding livelihood vulnerability to climate change: Applying the livelihood vulnerability index in Trinidad and Tobago. *Geoforum*, 47: 125-137.

[90] Shameem, M. I. M., S. Momtaz, R. Rauscher 2014. Vulnerability of rural livelihoods to multiple stressors: A case study from the southwest coastal region of Bangladesh. *Ocean & Coastal Management*, 102: 79-87.

[91] Shil, S., U. K. Singh 2019. Health risk assessment and spatial variations of dissolved heavy metals and metalloids in a tropical river basin system. *Ecological Indicators*, 106:105455.

[92] Smit, B., I. Burton, R. J. T. Klein, *et al.* 1999. The science of adaptation: a framework for assessment. *Mitigation & Adaptation Strategies for Global Change*, 4(3):199-213.

[93] Soltani, A., A. Angelsen, T. Eid, *et al.* 2012. Poverty, sustainability, and household livelihood strategies in Zagros, Iran. *Ecological Economics*, 79:60-70.

[94] Stefanidis, K., Y. Panagopoulos, M. Mimikou 2018. Response of a multi-stressed Mediterranean river to future climate and socio-economic scenarios. *Science of the Total Environment*, 627: 756-769.

[95] Tam, J., T. L. Mcdaniels. 2013. Understanding individual risk perceptions and preferences for climate change adaptations in biological conservation. *Environmental Science & Policy*, 27(Complete): 114-123.

[96] The World Economic Forum 2018. *The Global Risk Report*. The World Economic Forum.

[97] Walsh-Dilley, M. 2020. Resilience compromised: Producing vulnerability to climate and market among quinoa producers in Southwestern Bolivia. *Global Environmental Change*, (65):102-165.

[98] WEF 2018. *The Global Risks Report*. Switzerland: World Economic Forum.

[99] Yuana, L., K. Shinb, S. Managi 2018. Subjective well-being and environmental quality: The impact of air pollution and green coverage in China. *Ecological Economics*, 153: 124-138.

[100] Zhang, F., C. Zhang, J. Hudson 2018. Housing conditions and life satisfaction in urban China. *Cities*, 81: 35-44.

第六章　精准扶贫与可持续生计

消除贫困不仅是世界各国面临的最大挑战，也是实现联合国 2030 年可持续发展议程的首要目标（Haushofer and Fehr，2014；刘彦随、李进涛，2017）。可持续生计作为一种国际发展思想的范式转变（Solesbury，2003），为理解农村贫困、自然资源利用、环境保护及可持续发展提供了新视角（Scoones，2009；赵雪雁，2017），其不仅有助于锁定目标、精准识别特定区域或群体贫困的深层次原因、开发具有针对性的减贫策略，也可为因地制宜地实施精准扶贫提供理论与实践指导。2020 年打赢脱贫攻坚战后，中国农村贫困状况将进入以次生贫困与相对贫困为特点的新阶段（李小云、许汉泽，2018；周扬等，2018）。面对新的贫困格局，探究脱贫农户生计演化特征，揭示精准扶贫干预对农户生计系统的影响机理，科学评估脱贫干预效果，探寻增强脱贫农户生计可持续性的优化对策，不仅是新阶段农村扶贫工作的重点，也是实施乡村振兴战略的重要基础。

第一节　易地扶贫搬迁对生计空间的影响

易地扶贫搬迁作为一项重要的政策干预，并不是简单的人口迁移或居民点重建过程，而是一项系统、复杂的庞大工程（梅淑元，2019），涉及产业结构调整、社会关系协调、生态环境建设、文化传承保护、空间重构等多方面、多层次（刘明月等，2019；涂圣伟，2020）。易地扶贫搬迁能否顺利实现其预期目标，关键在于能否为搬迁农户重新架构可持续的生计空间，并帮助其尽快适应新环境（渠鲲飞、左停，2019）。2020年打赢脱贫攻坚战后，易地扶贫搬迁工作也将全面完成"搬得出"第一步，而解决"稳得住、有事做、能致富"将是"后脱贫时代"的重难点（黄征学等，2019）。探明搬迁农户的生计空间演化特征、生计需求与重构障碍，揭示易地扶贫搬迁对生计空间的影响机理，探寻可持续生计空间构建的可行路径，可为制定易地扶贫搬迁后续帮扶政策提供重要参考。

一、农户的生计空间变化特征

（一）研究区与数据来源

1. 研究区

以地处陇南山区的坪垭藏族乡为案例地。陇南山区地处秦巴山区、黄土高原、青藏高原的交会地带，是集革命老区、民族地区、自然灾害易发多发区、生态功能区和集中连片特困地区多种社会经济功能交织的复合区域（赵雪雁等，2020），同时该区也是《甘肃省"十三五"易地扶贫搬迁规划》实施的重点区域，搬迁规模达到7.18万人，其中建档立卡户5.49万人，同步搬迁非贫困户1.69万人。坪垭藏族乡作为陇南山区25个特困片区乡镇之一，全乡共辖9村18社，共1 402户，2014年全乡有建档立卡贫困村8个，贫困户587户，贫困发生率达43.7%，人均纯收入仅为2 550元，是甘肃省唯一、全国少有的整乡易地扶贫搬迁案例点，并被列为甘肃省"十三五"重大项目。

坪垭藏族乡位于陇南市武都区西南部，距陇南市区38千米，是武都区唯一的纯藏族乡。该区地势复杂，山高谷深，海拔介于1 077—3 133m之间，大多数村社散落分布于九沟八梁上，山体崩塌、滑坡、泥石流等地质灾害多发，各村几乎每年都会遭遇因降水导致的道路中断、垮塌等情况。贫瘠恶劣的自然环境、原始落后的生产方式、薄弱的基础设施条件、承袭的传统观念等多因素共同作用导致该区贫困面貌长期难以改变。因此，政府于2018年对全乡除铧咀村外的8个村1 236户实施整村搬迁、集中安置，安置区主要位于白龙江沿线的川坝地带，地势平坦、交通便捷，并配套了完备的道路、供排水、垃圾处理等基础设施。

2. 数据来源

研究数据主要来源于问卷调查和深度访谈。首先，通过陇南市人民政府官网、"陇南乡村大数据"和"坪垭发布"微信公众平台等了解案例地社会经济发展状况，并结合已有文献，初步设计问卷和访谈提纲。其次，在根据预调查对问卷和访谈提纲进行修改完善的基础上，于2020年7月开展正式调查，采用分层随机抽样方法在每个行政村随机抽取 40—60 户进行入户调查，主要采用面对面访谈、问卷调查、观察等相结合的形式；调查员被分为 8 个小组，每组 2 人，每户调查时间约 30—45 分钟。为了克服语言障碍，特聘请 8 名当地大学生、大专生担任向导或语言翻译。最终共调查 400 户，剔除重要数据缺失的样本，最终共收回有效问卷 371 份，有效问卷比例为 92.75%，其中非建档立卡户占 54.45%，建档立卡户占 45.55%。

调查内容包括：①家庭基本特征：主要包括家庭属性（是否为贫困户、致贫原因等）、受访人特征（性别、受教育程度、婚姻状况、汉语流利程度、职业类型等）、家庭人口数、劳动力数量、家庭成员职业类型等；②家庭生计资本：主要包括家庭拥有的人力资本、自然资本、物质资本、社会资本、金融资本等；③政策措施：主要包括易地扶贫搬迁政策实施过程中农户享受的扶贫小额贷款、劳务技能培训、公益岗位、退耕还林、物质资助等各类扶贫措施。

（二）研究方法

1. 分析框架

生计是建立在个体或家庭能力、资产、经济活动之上的一种谋生方式（Haushofer and Fehr，2014），生计空间则是个体或家庭为满足生存和发展需求，利用可及资源开展各类生计实践活动的空间和场域，既在物质上表现为具有地理意义的"区域"，在行动中表现为社会关系的空间"场域"（张磊、伏绍宏，2021）。其中包括自然环境提供生计活动的地理空间、土地等物质资源与市场条件提供生计活动的经济空间、社区管理提供生计活动的制度空间、社会网络提供生计活动的社会空间（付少平、赵晓峰，2015；杨振山、王玉璇，2018）。因此，生计空间可以说是一个多元复合体，不仅包括个体或家庭进行生产、占用、控制和改造的具体场所，例如住房、晒场、农田等，也包括开展各类生计活动过程中与自然、人为环境互动所形成的空间关系和社会秩序，例如邻里关系、社会交往等（姚华松，2011；King，2011）。易地扶贫搬迁作为国家或地方政府主导的一项系统性精准扶贫政策实践，旨在通过一系列帮扶措施完成对农户生计空间的整体改变与再造，从而全面提高其生计空间质量，并最终实现生计可持续发展。

综上，结合安置区实际情况，从生活空间、生产空间、社交空间、制度空间四个维度出发，构建易地扶贫搬迁农户的生计空间分析框架（图 6-1）。其中，生活空间主要指农户的生活居住环境，是搬迁农户生计空间构建的基础；生产空间主要指承载家庭劳动力开展各类创收活动的空间场所，是确保搬迁农户生计稳定的重要前提；社交空间是指在一定地域范围内个体凭借其社会行为所构建的空间关系，是提高搬迁农户生计空间质量的关键；制度空间是指各种正式或非正式组织所代表的权力及所构建的社会秩序等，是搬迁农户生计空间构建的重要保障。此外，生计空间的四个维度并不是独立存在的，而是彼此联系、相互嵌套，只有确保四个维度质量的协同提升，才能全面提升搬迁农户的生计空间质量。

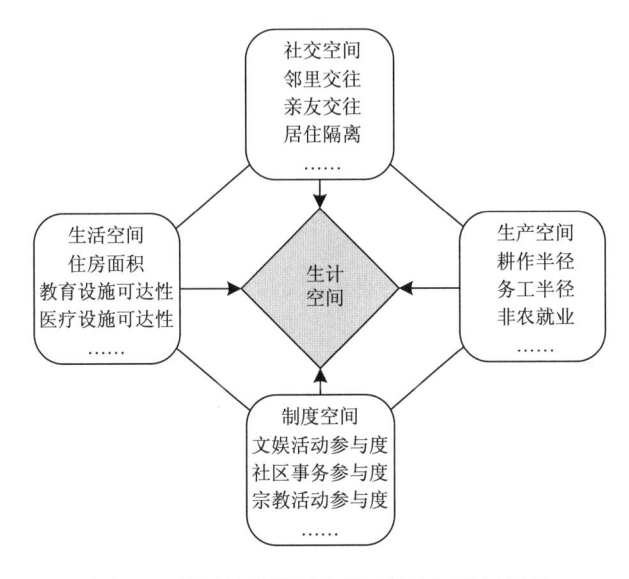

图 6-1　易地扶贫搬迁农户生计空间分析框架

2. 指标选取

通常，改善住房条件、提高基础设施和公共服务设施质量不仅是搬迁农户生活空间优化的重要表征，更是实现易地扶贫搬迁"三步走"目标的第一步，其最终目标旨在改善人居环境（樊新生等，2014；李伯华等，2019），因此，选取住房面积变化，到达乡卫生院、小学、集市等主要公共服务节点可达性变化来测度生活空间的改善效果；提高生计资源（土地、市场）可得性、增加非农就业机会等是搬迁农户生产空间优化的重要表征（郑娜娜、许佳君，2019），故选取耕作半径变化、打工半径变动和本地非农就业情况等来测度生产空间的改善效果；基于血缘、地缘、业缘等的社会网络及交往互动变化是搬迁农户社会空间重构的重要表征（艾大宾、马晓玲，2004），也是提高其生计行动能力的重要途径，故选取搬迁前后与家人、村民、亲戚朋友、陌生人等来往的紧密度和广度变化来测度社交空间的改善效果；正式或非正式组织对生计空间的管控、治理是制度空间优化的重要表征，而搬迁农户对不同组织或管理制度的了解程度以及对各类社区活动的参与度则是制度空间改善效果的客观反映（邢成举，2016），制度空间不完善往往会降低搬迁农户的社区参与度，导致其不断被边缘化，进而致使安置社区凝聚力出现下降，故选取搬迁前后农户参与村民会议、宗教活动、文娱活动等的频次变化来衡量制度空间的改善效果（表6-1）。

表6-1 搬迁农户生计空间质量评价指标体系

类型	指标层	指标定义及赋值	均值	标准差
生活空间 (LS)	住房面积（x_1）	搬迁后住房面积变化：增加很多（30m² 及以上）=5；增加一点（30m² 以内）=4；不变=3；减少一点（30m² 以内）=2；减少很多（30m² 以上）=1	1.884	1.215
	教育设施可达性（x_2）	搬迁后到达小学的耗时变化：减少很多（15min 及以上）=5；减少一点（15min 以内）=4；不变=3；增加一点（15min 以内）=2；增加很多（15min 及以上）=1	3.596	1.108
	医疗设施可达性（x_3）	搬迁后到达乡卫生院的耗时变化：减少很多（15min 及以上）=5；减少一点（15min 以内）=4；不变=3；增加一点（15min 以内）=2；增加很多（15min 及以上）=1	4.836	0.495
	集贸市场可达性（x_4）	搬迁后到达最近集市的耗时变化：减少很多（15min 及以上）=5；减少一点（15min 以内）=4；不变=3；增加一点（15min 以内）=2；增加很多（15min 及以上）=1	4.458	0.831
生产空间 (FS)	耕作半径（x_5）	搬迁后耕作半径增加量：5km 以内=5；[5—10)km=4；[10—15)km=3；[15—20)km=2；20km 及以上=1	1.747	1.229
	打工半径（x_6）	搬迁后外出打工半径变动情况：增加=1；无变化=0.5；减少=0	0.667	0.265
	本地非农就业（x_7）	搬迁后本地非农就业人数变化：增加=1；无变化=0.5；减少=0	0.075	0.274
社交空间 (SS)	与亲友关系紧密度（x_8）	搬迁后与亲戚朋友的来往次数变化：增加很多=5；增加一点=4；不变=3；减少一点=2；减少很多=1	3.402	0.959
	与村民关系紧密度（x_9）	搬迁后与村民来往次数变化：增加很多=5；增加一点=4；不变=3；减少一点=2；减少很多=1	3.175	0.856
	社交广度变化（x_{10}）	搬迁后认识新朋友或村民的数量：非常多=5；比较多=4；一般=3；比较少=2；没有=1	3.369	0.851
	家庭关系变化（x_{11}）	搬迁后是否存在"少搬老不移"情况：不存在=1；存在=0	0.779	0.415
制度空间 (OS)	村民会议参与频次（x_{12}）	搬迁后参加村民会议次数变化：增加很多=5；增加一点=4；不变=3；减少一点=2；减少很多=1	2.962	1.045
	宗教活动参与频次（x_{13}）	搬迁后参加宗教活动次数变化：增加很多=5；增加一点=4；不变=3；减少一点=2；减少很多=1	2.334	1.049
	文娱活动参与频次（x_{14}）	搬迁后参加文艺活动次数变化：增加很多=5；增加一点=4；不变=3；减少一点=2；减少很多=1	3.011	1.001

3. 模型设计

依据生计空间质量评价指标体系，采用加权求和方法分别计算生活空间（LS）、经济空间（FS）、社交空间（SS）以及制度空间（OS）质量指数，从而更清晰反映易地扶贫搬迁对农户生计空间的影响效果。

首先，采用极差标准化对测量指标进行标准化处理，其中：

$$\text{正向指标：} Y_{ij}=(X_{ij}-X_{j\min})/(X_{j\max}-X_{j\min}) \quad (6.1)$$

$$\text{负向指标：} Y_{ij}=(X_{j\max}-X_{ij})/(X_{j\max}-X_{j\min})$$

式中，Y_{ij} 为第 i 个搬迁农户 j 指标的标准化值，X_{ij} 为第 i 个脱贫农户的 j 指标值，$X_{j\max}$ 和 $X_{j\min}$ 分别为相应指标的最大值和最小值。

然后，采用等权重加权法分别计算易地搬迁农户的生计空间质量指数，计算公式如下：

$$LS=\sum_{j=1}^{m}w_{aj}LS_{aj}, \quad FS=\sum_{j=1}^{m}w_{bj}FS_{bj}, \quad SS=\sum_{j=1}^{m}w_{cj}SS_{cj}, \quad OS=\sum_{j=1}^{m}w_{dj}OS_{dj} \quad (6.2)$$

$$ZS=\frac{1}{4}(LS+FS+SS+OS) \quad (6.3)$$

式中，ZS 为生计空间质量综合指数，w_{aj}、w_{bj}、w_{cj}、w_{dj} 和 LS_{aj}、FS_{bj}、SS_{cj}、OS_{dj} 分别为生活空间（LS）、经济空间（FS）、社交空间（SS）和制度空间（OS）各具体指标的权重和标准化值。ZS 指数值介于 0—1 之间，指数值越大，表明易地扶贫搬迁对农户生计空间的重构效果越好或改善程度越显著，反之则越差。

最后，采用自然断点法对生计空间质量指数进行分类。自然断点法可通过计算数据的显著断裂点，将相似值进行最恰当分组，使分组后的数据，组内差异最小，组间差异最大（王录仓、武荣伟，2016）。为此，将搬迁农户的生计空间质量指数划分为很好、较好、一般、较差、很差 5 个等级（表 6-2）。

表 6-2 生计空间质量指数的等级划分

类型	很好	较好	一般	较差	很差
生计空间质量指数	[0.818，0.656）	[0.656，0.583）	[0.583，0.516）	[0.516，0.438）	[0.438，0.297］

（三）农户的生计空间变化特征

搬迁农户生计空间质量综合指数为 0.551，处于一般等级（参见表 6-2 中的等级标准划分），其中仅有 36.39%的农户认为易地扶贫搬迁对生计空间的改善效果较好，而超过 30%的受访户则认为生计空间改善效果较差。观察小提琴图[①]发现（图 6-2），受访户生计空间质量综合指数的四分位间距较窄，上下限距箱体距离基本一致，且中位数几近于箱体中间位置，表明搬迁农户的生计空间质量综合指数呈正态分布，集中程度较高，且家庭间差异较小。从不同维度来看，易地扶贫搬迁对生活空间的改善效果最佳，指数达到 0.670，其次为社交空间（0.629），再次为生产空间和制度空间，指数分别为 0.464 和 0.442。此外，与生活空间质量指数和社交空间质量指数相比，生产空间质量指数和制度空间质量指数的中位数显著偏离中心位置，且四分位间距相对较宽，表明二者分布的偏态性较强，离散程度更高，家庭间存在较大差异。

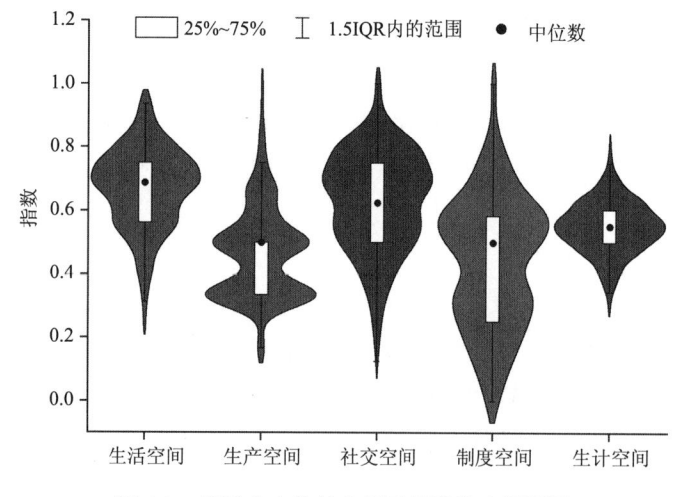

图 6-2 搬迁农户生计空间质量指数小提琴图

1. 生活空间变化特征

易地扶贫搬迁对农户生活空间的改善效果最佳，指数达到 0.670，其中医疗设施可达性提升最为显著（0.945），其次是集贸市场可达性（0.865）和教育设施可达性（0.649），而安置房面积的显著减少以及住房结构变化，一定程度上改变了农户的日常生活习惯。对比搬迁前后通勤时间发现，搬迁后农户前往乡卫生院、集贸市场等的耗时显著缩短，由搬迁前的 40—60 分钟缩短至 10—20 分钟，尽管孩子步行上学时间

[①]小提琴图可以直观呈现数据的分布特征和变异程度，小提琴"胖瘦"反映了样本数据分布密度的高低（宽度越宽，表示该区间范围对应的样本越多）；中间箱体表示上下四分位数的间距，箱体的高度反映了数据的集中程度，从其延伸的细黑线分别代表上下四分位以外 1.5 倍四分位数差的范围（即上下限），如果上侧线或下侧线较长，则表明数据间存在明显的离散值（即内部差异）；黑点为中位数，中位数偏离上下四分位数中心位置越大，则表明数据分布的偏态性越强。

仍保持在 10—20 分钟左右，但硬件教育设施的显著改善促进了当地城乡教育资源的均衡化。从村庄资源分布来看，搬迁前以小卖部、活动广场、寺院、农田、学校、道路等为主且功能相对单一的基础设施和公共服务设施构成了社区的主要资源，集中安置后快递点、手机店、驾校、合作社、装修店等新业态的出现不仅丰富了社区资源，提高了基础设施和公共服务设施的可及性，而且在促进搬迁农户生活空间趋于城镇化的同时，也缩小了城乡公共服务水平差距。

住房作为解决移民安置的首要条件，安置区住房布局、结构、面积等变化直接影响着经济空间、社交空间和制度空间的构建效果。调查显示，搬迁前受访户住房总面积平均达到 168 平方米，且不包括院落以及院落内饲养牲畜的棚圈，搬迁后住房面积平均减少约 38 平方米。紧凑布局、"千篇一律"的住房设计以及院落的消失，不仅压缩了居民日常活动空间，也致使以家庭为单位开展的生计活动趋于单一化，尤其对于老年人而言，庭院经济的消失更打破了其"日出而作日落而息"的生活习惯，也增加了其适应新环境的难度。

易地扶贫搬迁对生活空间的重构过程不仅会显著改善基础设施和公共服务设施水平，也会对搬迁农户的生计活动、出行方式与频率、职业等产生显著影响。对比搬迁前后不同职业类型农户的主要生计活动和出行频率发现，不同职业类型农户的生计活动选择和活动频率均发生了显著变化。

受访者 A 是当地家庭主妇的典型代表（图 6-3）。搬迁前和村里大多数妇女一样，主要负责操持家务、照顾孩子、饲养牲畜、农田经营等。搬迁后生活空间重构不仅显著缩短了其前往商店、诊所、学校、县城等的通勤时间，增加了出行频率，而且促进了其生计活动的非农化。原本以农田、娘家、商店为代表的生计活动场所逐渐被扶贫车间、农田、商店等所替代，主要经济活动空间由耕地转向扶贫车间，并且其职业也由家庭主妇转变为打工人员。另外，居住空间压缩与布局调整一定程度上改变了其日常的邻里互动方式与交往频率，使原本以帮忙、聊天为目的的社会关系网络逐渐被弱化，进而导致其社交空间趋于原子化。

受访者 B 是当地一名村干部（图 6-4）。尽管搬迁前后职业没有发生改变，但生活空间重构导致了出行频率和出行距离的变化。搬迁以前，村委会、农田、乡政府等构成了其日常生计活动的主要场所，并且前往农田的频率相对较高。搬迁后，尽管主要活动场所没有发生显著改变，但距离缩短导致其前往乡政府和村委会的频率显著增加，而耕作距离的显著增加则降低了其前往耕地的频次。

(a) 搬迁前　　　　　　　　　　　　　(b) 搬迁后

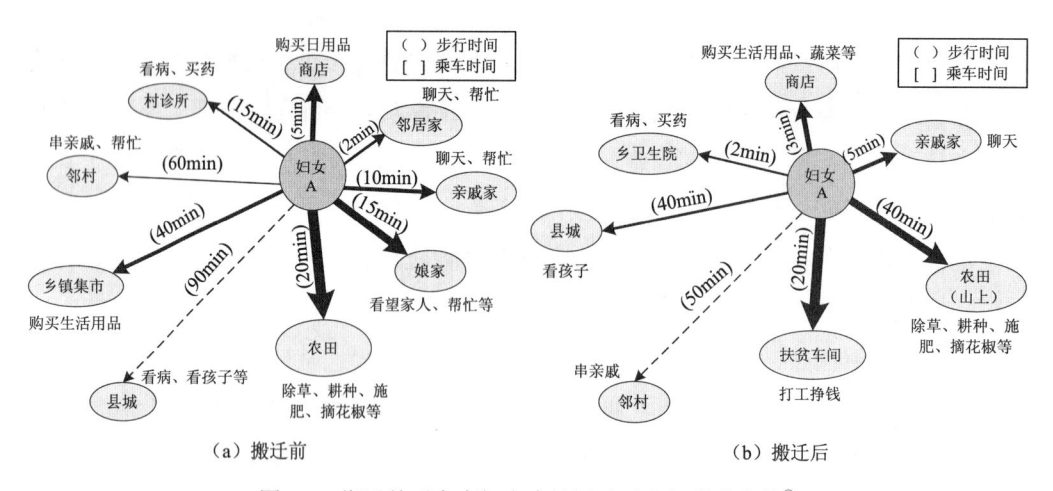

图 6-3　搬迁前后家庭妇女生计活动及出行方式变化①

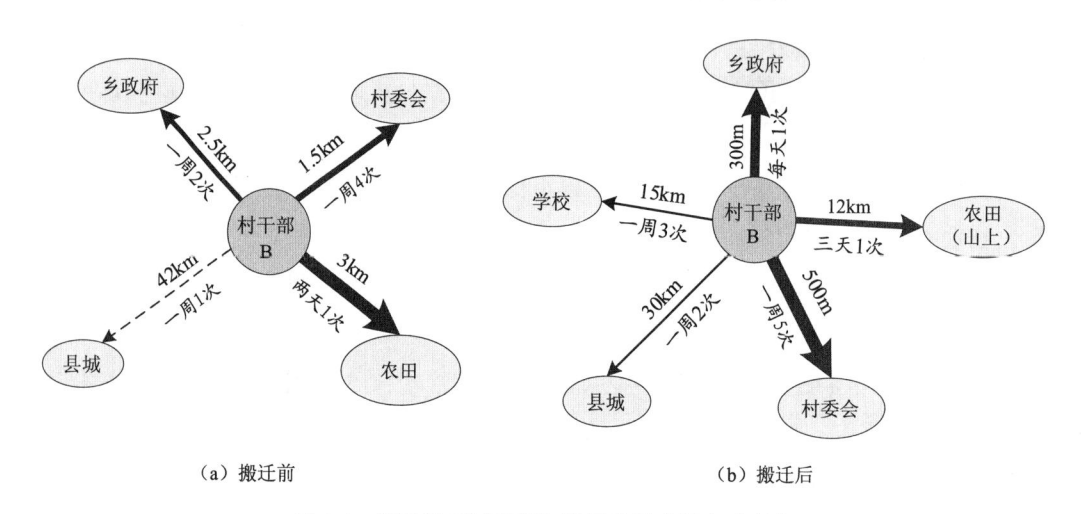

(a) 搬迁前　　　　　　　　　　　　　(b) 搬迁后

图 6-4　搬迁前后村干部生计活动及出行方式变化

2. 社交空间变化特征

易地扶贫搬迁对农户社交空间的改善效果较好，指数为 0.629。打破原有居住结构和居民点布局的住房安置模式，尽管解体了长期形成的邻里关系，改变了原有相对熟悉、封闭的社会关系网络，但在一定程度上又促进了农户社交空间的拓展。调查发现，超过 80%的搬迁农户原有邻居发生了更换，部分家庭在重新安置后左邻右舍甚至来自于其他村社，尽管分别有 16.98%和 18.87%的农户表示搬迁后与亲友和村民的来往频

---

①线条长短表示距离远近，线条越长，表示距离越远；箭头的粗细表示去的频率，箭头越粗，表示频率越高；椭圆的大小表示重要性，椭圆大小表示对村民很重要，椭圆越大，表示对村民越重要。

次有所下降，原有基于亲友、邻居形成的互助网功能逐渐被弱化，但另外分别有49.06%和34.77%的农户则表示搬迁后与村民、亲友的交往频次有所增加，并且随着外出务工人员的增加，95.96%的农户在搬迁后结交了新朋友或认识了新邻居，进而又促进了搬迁农户社会网络或社会支持的多元化。

此外，安置初期仍有近20%的家庭存在"少搬老不移"现象，寺院作为藏区农户最重要的精神空间和文化载体，安置区寺院的缺失加剧了该类现象的发生，同时"少搬老不移"现象的出现也加剧了家庭代际间居住的分散化和家庭关系的疏远化程度，尤其对于在外租房陪读供孩子上学的"两半户"家庭而言，更有可能存在"一家三居"情况。谈及家庭分居，农户C这样说：

"搬迁以前，我和掌柜子主要种地、养牛、喂猪，儿子儿媳在外地打工。搬下来后，我参加了村里的公益岗位（打扫卫生），正好孙子上小学，我就在新区接送孙子上下学，负责给孙子做饭，掌柜子继续在山上种一些吃的土豆、养一些牲畜，儿子儿媳还是在外地打工。"（资料来源：对C的访谈）

3. 生产空间变化特征

易地扶贫搬迁对农户生产空间的改善效果相对较差，指数仅为0.464。搬迁后地方政府以电工、钢筋工、厨师等为主开展的劳务技能培训，以及公益岗位、扶贫车间设立等举措在促进劳动力省内、跨省流动和非农就业的同时，也推动了农户生产活动空间由耕地、林地、园地等向建筑工地、扶贫车间、工厂等的转移，并使农户生产空间趋于扩大化。调查发现，易地扶贫搬迁显著促进了劳动力外流，务工人员数量由搬迁前的1.63人/户增加至搬迁后的1.92人/户，尤其是建档立卡户，更是从搬迁前的1.62人/户增加至1.93人/户。

尽管以扶贫车间为主的非农就业安置稳定了大部分搬迁农户的家庭收入，但不稳定的就业环境和市场条件，例如扶贫车间存在的停产、经营不稳定、带动就业效益差，以及技能培训转化为实践活动能力不足等问题，致使搬迁农户面临的经济风险不断增加，并迫使部分已放弃农业的搬迁户往返于新区和原住地"重操旧业"，并形成了"候鸟迁徙"式的生计模式。调查显示，搬迁后77.35%的家庭耕作半径均扩大15千米以上，这不仅导致耕作成本增加、耕作便利性降低，而且一定程度上还打乱了原有的耕作体系和耕作方式，导致耕地质量下降、土地撂荒面积增加，进而促使农户生产空间趋于无序化。焦点小组访谈中部分农户反映道：

"刚搬下来时，8个村共有400人左右在扶贫车间上班，每月能收入2400元左右，但现在车间效益不好，只剩20—30人，工资也不能按时发放，住在新区无事可干，每

天还要花销,好多人又回到原住地了。如果扶贫车间效益好的话,更多人愿意在山下定居。"(资料来源:焦点小组访谈)

4. 制度空间变化特征

易地扶贫搬迁对农户制度空间的改善效果一般,指数仅为0.442。其中,宗教活动参与频次和村民会议参与频次下降显著,而文娱活动参与频次则基本保持不变。调查显示,搬迁后53.37%的受访户参加宗教活动的次数有所减少,安置区寺院的缺失降低了农户的文化认同和归属感,并且"少搬老不移"现象的出现以及劳动力外流加剧,导致以祭祀"山神"和跳牛头马面(傩面舞)为代表的宗教活动参与人员不断减少,参与积极性也逐渐降低,进而致使寺管会、村委会等主体的组织功能逐渐被弱化。农户D描述了搬迁后村里最重要节日(祭祀山神)的参与情况:

"搬迁以前,祭祀山神活动主要由寺管会组织,村民都是自愿参加,积极性很高。搬迁到新区后,山上住一部分,新区住一部分,还有外出打工的一部分,居住都比较分散,参加的人也就少了,而且现在路程增加了不少,打车上山一趟还要花好多钱。再者,现在年轻人的信仰越来越淡,搬下来后山上寺院也缺少维修,慢慢也塌了。"(资料来源:对D的访谈)

搬迁后参与村民会议和文艺活动的次数不仅反映了搬迁农户对村庄管理制度和相关政策的了解程度,也是社区凝聚力的重要体现。调查发现,搬迁后近30%的受访户表示,参与村民会议和文艺活动的次数有所减少,原来以传统"大喇叭"形式开展的村民会议逐渐被微信群等虚拟形式所替代,原来召开村民会议的村级组织活动室也被公共开放空间所取代,并且搬迁后居住分散化程度的加剧,也限制了农户参与村民会议和村集体活动的频次。农户E的描述证实了这一情况:

"搬迁以前都是喇叭会或者在村活动室召开村民会议,现在一部分人在山下新区,一部分人在山上。现在一般第二天要开会,前一天晚上会通过喇叭通知大家,需要到下面新区开会。我在青海承包种地,听说现在都是通过微信群通知事情的,但我现在没有加那个群。"(资料来源:对E的访谈)

二、易地扶贫搬迁对生计空间的影响机理

(一)研究方法

为进一步识别影响搬迁农户生计空间构建效果的主要障碍因素,揭示易地扶贫搬迁对农户生计空间的影响机理,特引入障碍度模型(何艳冰等,2017),具体公式如下:

$$B_j = (1-Y_{ij})w_j \bigg/ \sum_{j=1}^{13}(1-Y_{ij})w_j \times 100\% \qquad (6.4)$$

式中，$1-Y_{ij}$ 为指标偏离度，表示各单项指标与最优目标值（最大值）之间的差距或偏离程度，即各指标标准化值与100%之差；w_{ij} 为单项指标权重；B_j 为障碍度，障碍度大小表示第 j 项指标对生计空间质量的影响程度，即 B_j 越大，表明该指标对农户生计空间质量提升的阻碍越大。

（二）易地扶贫搬迁对生计空间的影响机理

1. 生计空间质量障碍因子诊断

通过计算搬迁农户生计空间各维度评价指标的障碍度，进一步诊断影响搬迁农户生计空间质量的关键障碍因子。按照障碍度大小，对各因子进行排序。结果显示，影响搬迁农户生计空间质量的关键因素依次为耕作半径（x_5）、房屋面积（x_1）、宗教活动参与频次（x_{13}）、村民会议参与频次（x_{12}）、文艺活动参与频次（x_{14}）、在本地非农化就业（x_7）等（表 6-3）。

表 6-3　易地搬迁农户生计空间指标层因子障碍度（%）

排序	1	2	3	4	5	6	7	8	9	10	11	12	13	14
障碍因子	x_5	x_1	x_{13}	x_{12}	x_{14}	x_7	x_9	x_{10}	x_8	x_2	x_6	x_{11}	x_4	x_3
障碍度（%）	13.82	13.11	10.93	8.18	7.96	7.82	7.43	6.65	6.42	5.73	5.47	3.34	2.21	0.92

2. 易地扶贫搬迁对生计空间的影响机理

易地扶贫搬迁作为新时期自上而下政府主导的生计干预政策，旨在通过一揽子帮扶措施（例如就业帮扶、产业扶持、基础设施与公共服务设施建设等），完成对贫困农户各类生计资源的重新配置、生计空间的优化与重构等，从而确保搬迁农户稳定脱贫不返贫，并最终实现生计可持续发展。对于贫困农户而言，易地扶贫搬迁又是一种外部冲击，具有双刃剑作用，政策支持和自身潜力的激发在为农户带来资本积累的同时，也会给农户的生计恢复带来不利影响（李聪等，2019）。

人口迁移、住房安置、技能培训与转移就业是易地扶贫搬迁政策背景下推进搬迁农户生计空间重构、构建可持续生计空间的重要动力和手段（图 6-5）。

人口迁移是贫困山区农户构建可持续生计空间的重要前提。易地扶贫搬迁旨在将生活在自然条件较差的山区农户搬迁至生存和发展条件相对较好的地区，通过不断提升医疗、教育、商贸市场等服务质量和可及性，缩小城乡间公共服务水平差距，并促使搬迁农户的生活空间呈现出城镇化和集约化特征。从不利的情形上讲，搬迁后在没有摆脱原住地传统农业生产的前提下，人口迁移引发的耕作半径扩大和家庭分居现象加剧等问题，不仅致使土地撂荒面积显著增加，生产投入减少，耕地质量下降，而且导致搬迁农户生产空间趋于扩大化，同时原有耕作体系和耕作方式的破坏也使生产空间呈现出一定的无序化特征。此外，人口迁移过程中"少搬老不移"现象的出现加剧了家庭代际间居住的分散程度和家庭关系的疏远程度，并直接导致搬迁农户社交空间的疏远化，同时家庭分居又通过制约社区活动参与人员数量间接影响了制度空间的改善效果，并导致制度空间功能趋于弱化和边缘化。

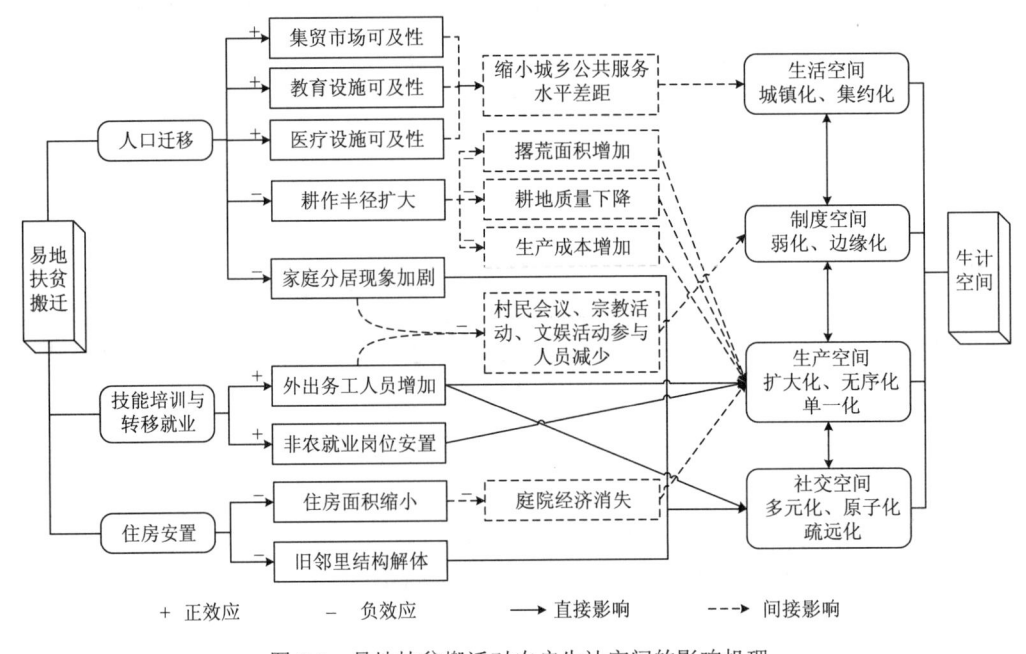

图 6-5　易地扶贫搬迁对农户生计空间的影响机理

住房安置是贫困山区农户构建可持续生计空间的基本保障。集中安置和紧凑型住房设计显著压缩了居住空间，并导致以家畜饲养和蔬菜种植为代表的庭院经济消失，进而致使搬迁家庭生产空间趋于单一化。另外，打破原有居住结构和居民点布局的住房安置形式，解体了原住地长期形成的基于血缘、地缘的社会关系网络，导致搬迁农户社交空间在安置初期呈现出原子化特征。

技能培训与转移就业是贫困山区农户构建可持续生计空间的根本动力，也是确保搬迁群众"稳得住、能致富"的关键。以扶贫车间、公益岗位、劳动技能培训等为主开展的各类帮扶不仅促使搬迁农户逐渐脱离传统低效的农业生产活动,实现生计活动的非农化和多样化转变,而且外出务工和本地务工人员数量的增加一定程度上也促进了搬迁农户生产空间的扩大化。与此同时,外出务工人员数量的增加一定程度上又加剧了安置区的空心化程度,致使参与村民会议、文娱活动的人员数量不断减少,进而导致制度空间呈现出边缘化特征。

总体来看,可持续生计空间塑造不仅是后脱贫时代确保搬迁农户稳定脱贫不返贫、获得发展机会、实现增收致富亟待解决的重要现实问题,更是推动乡村振兴战略的有效途径。2020年打赢脱贫攻坚战后,易地扶贫搬迁工作也已全面完成"搬得出"第一步。但这并不意味着贫困的终结,通过一系列后续扶持,确保搬迁农户"稳得住、有事做、能致富"将是后脱贫时代更重要、更艰巨的长期任务。鉴于此,未来可采取以下措施提高易地扶贫搬迁农户的生计适应能力。首先,应进一步拓宽就业渠道,稳定就业环境,加快促进搬迁农户生计转型。后续帮扶政策的制定需要多措并举开发更多就业岗位,充分发挥扶贫车间稳定的带贫减贫功效,实现搬迁家庭劳动力本地非农化就业。针对不同群体开展精准、实用性强的职业技能培训,并提供失业保险,从而在促进劳动力多渠道稳定就业的同时,降低被安置人员重返失业或贫困的风险。其次,应通过落实和完善融资贷款、配套设施建设补助、税费减免、土地流转等扶持政策,引导工商资本积极投身乡村振兴战略,借助扶贫车间、专业合作社、"三变改革"、乡村旅游发展等途径进一步强化和拓宽搬迁农户的社会关系网络,在促进其收入来源多样化的同时,提高生计适应能力。最后,后续帮扶应注重发挥社会、市场、村民等政府以外力量的协同作用,确保自下而上的空间使用需求与自上而下的空间生产逻辑相融合。

第二节 精准扶贫对生计策略的影响

精准扶贫战略实施以来,贫困地区乡村的生产、生活与生态状况得到了极大改善,但发展基础薄弱、抗风险能力弱、"三农"问题等依然突出,乡村可持续发展仍面临严峻挑战(赵雪雁等,2020)。农户作为乡村地区最基本的经济活动主体,也是乡村发展转型最重要的行动者,其生计转型不仅是响应农村人地关系变化的最佳选择,也是消除贫困、增进福祉的重要途径,更是推动乡村振兴战略的关键(陈佳等,2020)。为此,亟需探明精准扶贫战略实施以来农户的生计转型轨迹、特征及规律,揭示影响农户生计策略选择或生计转型的关键驱动因素,从而为新时期山区推进巩固脱贫攻坚成果同乡村振兴有效衔接提供参考。

一、精准帮扶措施识别

（一）研究区与数据来源

1. 研究区

陇南山区位于甘肃省东南部，地处秦巴山区、黄土高原和青藏高原的交会处，总面积 27 900 平方千米。境内地势西北高、东南低，形成了高山峻岭与峡谷、盆地相间的复杂地形。陇南山区水土流失严重，滑坡、崩塌、泥石流等地质灾害频发，其中水土流失面积占总面积的 47.23%，泥石流沟约有 6 262 条，泥石流区域面积约占总面积的 32.65%，是我国主要的滑坡和泥石流严重危害地区之一。同时，该区还是秦巴山集中连片特困区的核心部分，2013 年，境内 9 县（区）均为国家级贫困县，贫困人口达 83.94 万人，贫困发生率为 34.10%，农村居民人均可支配收入仅为 3 535.8 元。自精准扶贫战略实施以来，陇南山区立足山区资源优势，通过采取产业扶贫、电商扶贫、旅游扶贫、生态补偿扶贫、易地扶贫搬迁、就业扶贫和金融扶贫等多元帮扶措施，发展龙头企业 185 户、贫困村合作社 7 190 个，发展以花椒、核桃、中药材等为代表的特色产业面积 1 000 万亩以上；发展网店 14 000 家，带动就业 9 万人；开发公益性岗位 5 万多个、创建扶贫车间 401 家。截至 2020 年年底，陇南山区贫困人口全部脱贫，农村居民人均可支配收入达 7 734 元。但当前该区脱贫户的生计存在一定脆弱性，农村居民人均可支配收入仅相当于甘肃省的 74.77% 和全国的 45.23%，可持续生计仍面临巨大挑战。

2. 数据来源

研究数据主要来源于问卷调查。2020 年 5 月，课题组成员在陇南市随机抽取 3 个乡镇、每个乡镇随机选取 3 个村，每个村随机选取 10 户家庭进行预调查，根据预调查中发现的问题对问卷进行了修改完善。正式调查前，聘请生源地为陇南市的在校研究生和本科生作为调查员，课题组对他们进行了入户访谈及数据收集方法的培训。2020 年 7 月至 8 月进行正式调查，在每个县区采用分层随机抽样法选取 3—5 个乡镇，每个乡镇随机选取 2 个村，每个村选取 25 户进行调查，由课题组成员带队进行入户调查。最终共调查农户 1 189 户，剔除信息不全的问卷，最终收回有效问卷 1 115 份，问卷有效率为 93.77%。其中，建档立卡农户 884 户，非建档立卡户 231 户；高山区 282 户，半山区 622 户，川坝河谷区 211 户。

调查内容主要包括：①家庭基本特征，包括家庭属性、受访人特征、户主特征、家庭规模等；②生计资本情况，包括自然资本、物质资本、人力资本、金融资本及社会资本等；③农户的生活状况，包括生活质量、娱乐丰富度、技能培训机会和信息获取渠道等；④2014年以来农户享受的各项帮扶措施情况，包括帮扶措施对脱贫作用的大小、脱贫效果的满意度等。

（二）研究方法

为描述农户享受的帮扶措施多样化程度，以农户享受的帮扶措施种类为帮扶多样化指数，即将农户享受的每种帮扶措施赋值为1，例如某户享受电商扶贫、产业扶贫两种帮扶措施，其帮扶多样化指数为2；不同区域农户的帮扶多样化指数计算公式如下：

$$D = \frac{1}{n}\sum_{i=1}^{n} d_i \qquad (6.5)$$

式中，n 为不同区域的农户总数，d_i 为第 i 位农户的帮扶多样化指数，D 表示某一特定区域农户的帮扶多样化指数。

（三）脱贫户享受的帮扶措施

2014—2019年，陇南山区脱贫户享受的帮扶措施多样化指数为2.14，59.84%的脱贫户享受两种或两种及以上的帮扶措施。其中，享受"产业扶贫+生态补偿扶贫"的农户比重最高，占比25.66%，其次为"产业扶贫+金融扶贫+生态补偿扶贫"，占比14.69%；尚有40.16%的脱贫户仅享受单一帮扶措施，其中单一享受生态补偿扶贫和就业扶贫的农户最多，分别占该类农户的54.25%和25.49%。

从不同地貌类型区来看[①]，川坝河谷区、半山区、高山区享受多维帮扶措施的农户比重依次下降，具有明显的梯度性；其中，川坝河谷区该类农户比重达87.30%，帮扶措施多样化指数为2.26，而高山区该类农户比重为40.45%，帮扶措施多样化指数为1.98；具体来看，高山区脱贫户享受"金融扶贫+就业扶贫"和"产业扶贫+生态补偿扶贫"较多，分别占该区受访户的21.28%和20.00%；而半山区和川坝河谷区脱贫户享受"产业扶贫+生态补偿扶贫"最多，分别占比21.40%和21.35%（图6-6a）。享受单一帮扶措施的农户比重呈由高山区、半山区、川坝河谷区递减的态势；其中，高山

---

① 根据农户所在区域的海拔将其划分为川坝河谷区农户（≤1 300 m）、半山区农户（1 300—1 800 m）和高山区农户（≥1 800 m）。

区和半山区农户均享受生态补偿扶贫最多，分别占该区受访户的 72.73%和 45.28%；而川坝河谷区农户享受就业扶贫最多，占比 52.38%（图 6-6b）。

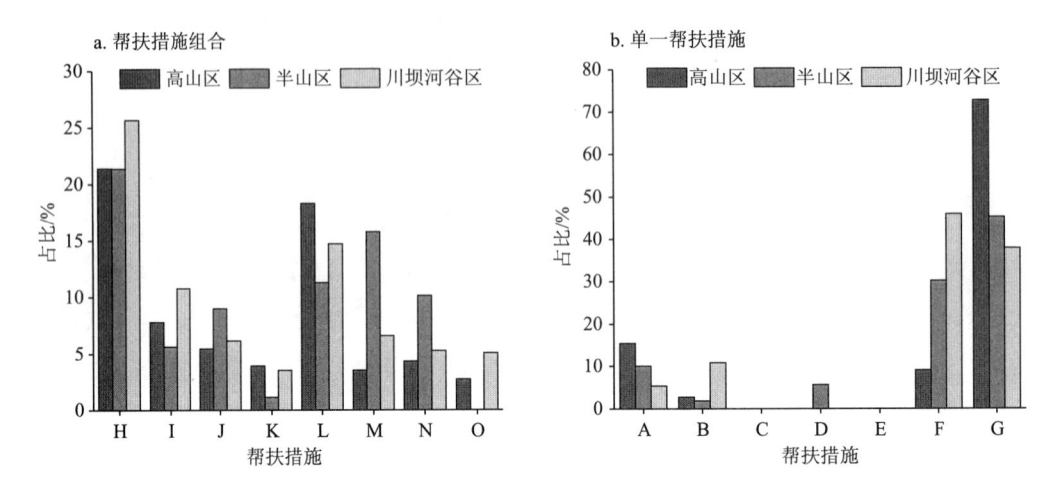

单一帮扶措施：A 为产业扶贫，B 为电商扶贫，C 为旅游扶贫，D 为金融扶贫，E 为易地扶贫搬迁，F 为就业扶贫，G 为生态补偿扶贫；干预措施组合：H=A+G, I=D+G, J=F+G, K=A+C+G, L=A+D+G, M=A+F+G, N=A+D+F+G, O=A+B+F+G

图 6-6　陇南山区脱贫户享受的帮扶措施

二、精准扶贫干预下农户的生计转型过程

（一）研究方法

1. 生计转型阶段划分

生计作为人类最主要的生活方式，并不是恒定不变的，而是处于不断变迁之中（赵雪雁，2017）。当生计环境、生计资本及政策制度发生变化时，农户会通过不断调整生计活动的方式来适应新环境，这种生计方式或策略的调适与转变通常称之为生计转型。当前生计转型已成为人类响应人地关系变化的最佳选择（王新歌、席建超，2015；Liu and Liu，2016）。

在传统农业时期，乡村发挥着传统的农业生产和居住功能，经济结构为依靠农业生产的自然经济，大量人口从事农业生产，非农就业机会相对较少（曹智等，2019）。这一时期农户的生计处于初级发展阶段，对自然环境依赖性较强，生计方式单一，绝大部分农户的生计方式以种植粮食作物为主，且农产品大多用于自给，商品化程度较低。尤其在自然条件恶劣、资源禀赋差的贫困山区，恶劣的农业生产条件和频发的自然灾害加剧了农户的生计脆弱性,并降低了其抵御风险冲击的能力(图6-7)。

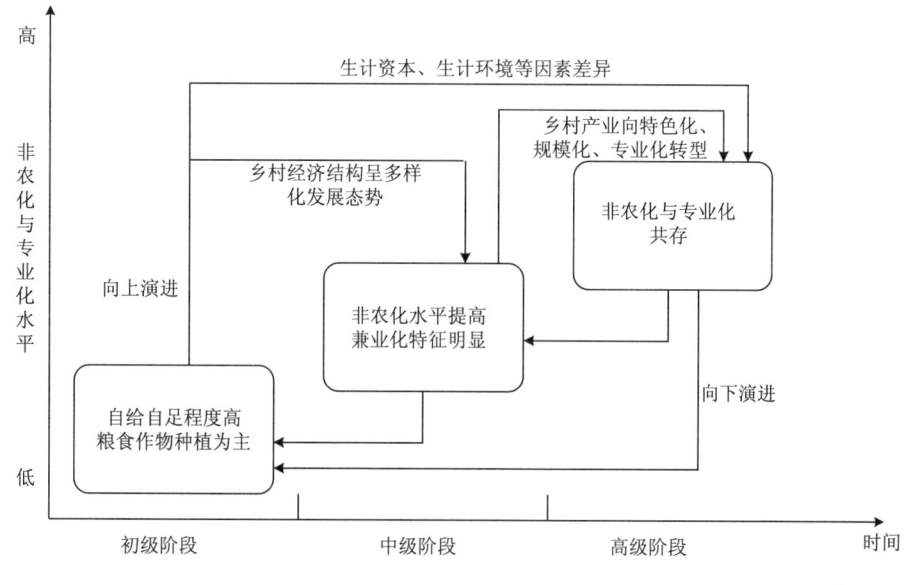

图6-7 山区农户生计转型轨迹

随着工业化和城市化的推进,人口、土地、资金等生产要素不断从乡村流向城市(臧玉珠等,2019),城乡之间的差距不断加大,农村剩余劳动力大规模外流,乡村经济结构也呈多样化发展态势,乡村进入转型发展阶段。农户作为乡村最主要的经济活动主体,其生计方式也随之发生变化,生计发展进入中级阶段。在该时期,大部分农户不再单纯依赖农作物种植维持生计,而是转向经济作物种植或外出务工(曹智等,2019),尤其在贫困山区,大部分农户选择通过外出务工来增加家庭收入。但受劳动技能水平限制,外出务工也很难获得稳定且高报酬的工作,故该时期农户以非农兼业型生计方式为主。此外,经济作物虽然市场价格高,但对资金、技术等的要求也相对较高,加之受传统生产观念的影响,贫困山区从事农业生产的农户多采取粮食作物与经济作物兼种的生计方式(赵雪雁等,2020)。总体来看,该阶段随着兼业化程度的提升,贫困山区农户的收入水平较初级阶段有所提高,抗风险能力也有所增强。

进入新时期后,在城乡融合及乡村振兴战略等宏观政策的驱动下,乡村产业逐渐向特色化、规模化、专业化转型,农户的生计也随之进入高级发展阶段,生计方式呈现非农化与农业专业化共存的特征。尤其在贫困山区,随着精准扶贫战略的大力实施,农户生计方式发生了显著改变,部分农户通过参与乡村旅游、电商等非农活动实现增收致富,另外一部分农户则在合作社、龙头企业的带动下,通过务工、规模化养殖或种植等方式实现增收,这不仅提高了非农化水平,也促使农户生计活动向特色化、规模化、专业化方向转变(龙花楼等,2018;全磊等,2019)。在该阶段,农户抗风险能力显著增强,生计可持续性进一步提升。

总体来看,随着乡村可持续发展水平的提升,大部分农户生计呈现由初级阶段—中级阶段—高级阶段的向上演进态势,但由于生计资本禀赋、生计环境等差异,致使部分农户生计发展阶段也出现了跃迁(由初级阶段向高级阶段演进)、不变(保持原有生计发展阶段不变)或后退(向下演进)的分化现象。因此,综合已有研究(Jiao et al., 2017;Walelign and Jiao, 2017)和陇南山区的实际情况,将生计转型方式分为向上演进、保持不变和向下演进三种类型。其中,向上演进是指在一定时期内农户的生计阶段由初级阶段向中级阶段或高级阶段演变,或由中级阶段向高级阶段演变;保持不变是指农户的生计阶段未发生变化;向下演进是指农户的生计由高级阶段向中级或初级阶段演变,或由中级阶段向初级阶段演变。

2. 生计方式划分

生计转型是生计在时间维度的变化图景(赵雪雁,2017),揭示了某一地区农户在特定时间段的生计演变过程,其本质是生计策略的变化(Liu and Liu, 2016);而生计策略则由生计方式组合形成(张芳芳、赵雪雁,2015)。因此,可用生计方式组合变化表征生计转型。

当前对生计方式类型的划分多基于家庭收入(李文龙、匡文慧,2019),但家庭收入受自然灾害、价格波动等外部环境影响具有明显的波动性和随机性,无法准确、客观地刻画生计方式类型。鉴于此,宜采用综合指标划分农户的生计方式类型。

陇南山区农户主要从事粮食作物种植、经济作物种植、外出务工等生计活动。其中,粮食作物主要包括玉米、小麦、土豆、荞麦、高粱和豆类等;经济作物主要包括花椒、核桃、中药材、蔬菜、水果、油橄榄、油菜等;花椒作为该区的特色农产品,种植面积大,经济产值高,对农户生计发展有重要影响。

为了更清晰刻画陇南山区农户的生计方式类型,从农作物种植面积、收入比重、劳动力数量等维度出发,选择农业劳动力人数、非农业劳动力人数、粮食作物种植面积、花椒种植面积、其他经济作物种植面积、粮食作物收入占比、花椒收入占比、其他经济作物收入占比、务工收入占比、其他非农收入占比等10个变量作为聚类分析的投入指标,进行K均值聚类分析。根据聚类分析结果,最终得到粮食作物主导型、务工+粮食作物+花椒兼营型、其他经济作物+务工兼营型、务工主导型、务工+粮食作物兼营型和花椒+务工兼营型六种生计方式类型(表6-4)。

表 6-4 陇南山区农户的生计方式类型

类型	粮食作物主导型 2014	粮食作物主导型 2019	务工+粮食作物+花椒兼营型 2014	务工+粮食作物+花椒兼营型 2019	其他经济作物+务工兼营型 2014	其他经济作物+务工兼营型 2019	务工主导型 2014	务工主导型 2019	务工+粮食作物兼营型 2014	务工+粮食作物兼营型 2019	花椒+务工兼营型 2014	花椒+务工兼营型 2019
农业劳动力人数	1.37	—	1.26	—	1.29	1.52	1.35	1.28	—	1.42	—	1.56
非农业劳动力人数	1.03	—	1.78	—	1.12	1.62	2.23	2.07	—	1.47	—	1.43
粮食作物种植面积	4.95	—	2.43	—	2.66	2.54	1.78	1.62	—	3.37	—	1.29
花椒种植面积	0.05	—	0.98	—	0.55	0.52	0.60	0.40	—	0.24	—	5.28
其他经济作物种植面积	0.14	—	1.96	—	4.95	5.84	0.64	0.56	—	1.34	—	1.59
粮食作物收入占比	0.68	—	0.33	—	0.15	0.06	0.14	0.08	—	0.21	—	0.05
花椒收入占比	0.01	—	0.16	—	0.07	0.03	0.06	0.05	—	0.01	—	0.52
其他经济作物收入占比	0	—	0.09	—	0.47	0.50	0.04	0.03	—	0.06	—	0.03
务工收入占比	0.25	—	0.37	—	0.21	0.32	0.65	0.68	—	0.48	—	0.32
其他非农收入占比	0.03	—	0.03	—	0.15	0.08	0.09	0.11	—	0.15	—	0.09
农户数量（户）	144	—	290	—	260	206	421	542	—	143	—	224

（二）农户的生计转型过程

1. 农户的生计方式转型

2014—2019 年陇南山区有 65.73% 的受访户实现生计方式转型，主要是由务工+粮食作物+花椒兼营型转向花椒+务工兼营型（图 6-8）。2014 年，陇南山区农户主要采取粮食作物主导型、务工+粮食作物+花椒兼营型、其他经济作物+务工兼营型和务工主导型四种类型的生计方式；2019 年，农户主要采取其他经济作物+务工兼营型、务工主导型、务工+粮食作物兼营型和花椒+务工兼营型四种类型的生计方式。进一步分析发现，2014—2019 年最主要的转型方式是由务工+粮食作物+花椒兼营型转向花椒+务工兼营型，其次为由其他经济作物+务工兼营型转向务工主导型，分别有 22.65%、15.28% 的农户采取了上述两种转型方式。

不同贫困类型农户的生计方式转型轨迹存在差异（图 6-9）。2014—2019 年，分别有 65.27% 和 67.53% 的脱贫农户、非贫困户实现了生计方式转型。其中，脱贫户中最主要的转型方式是由务工+粮食作物+花椒兼营型转向花椒+务工兼营型，而非贫困户

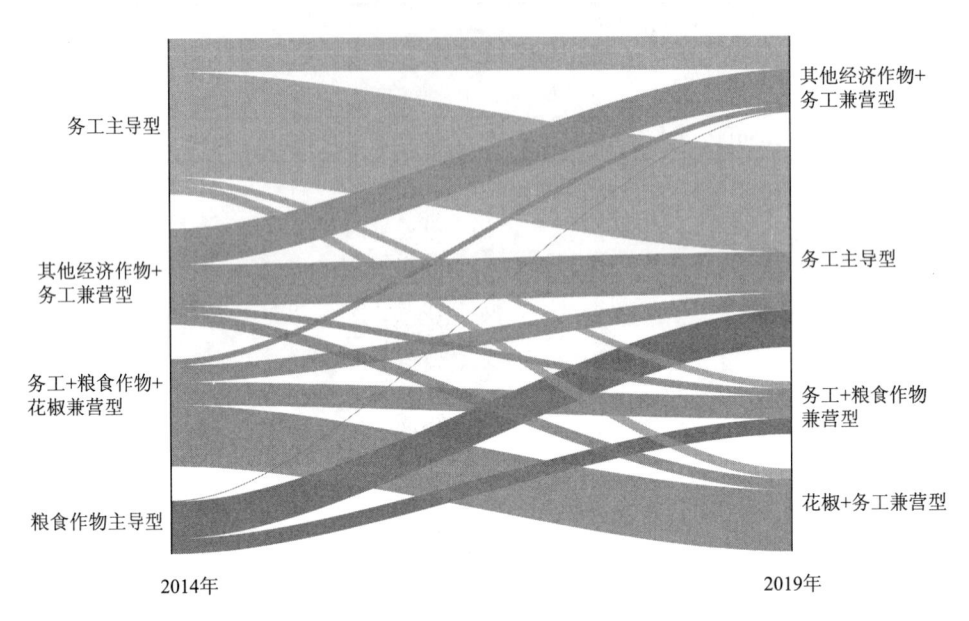

图 6-8　2014—2019 年陇南山区农户的生计方式转型轨迹

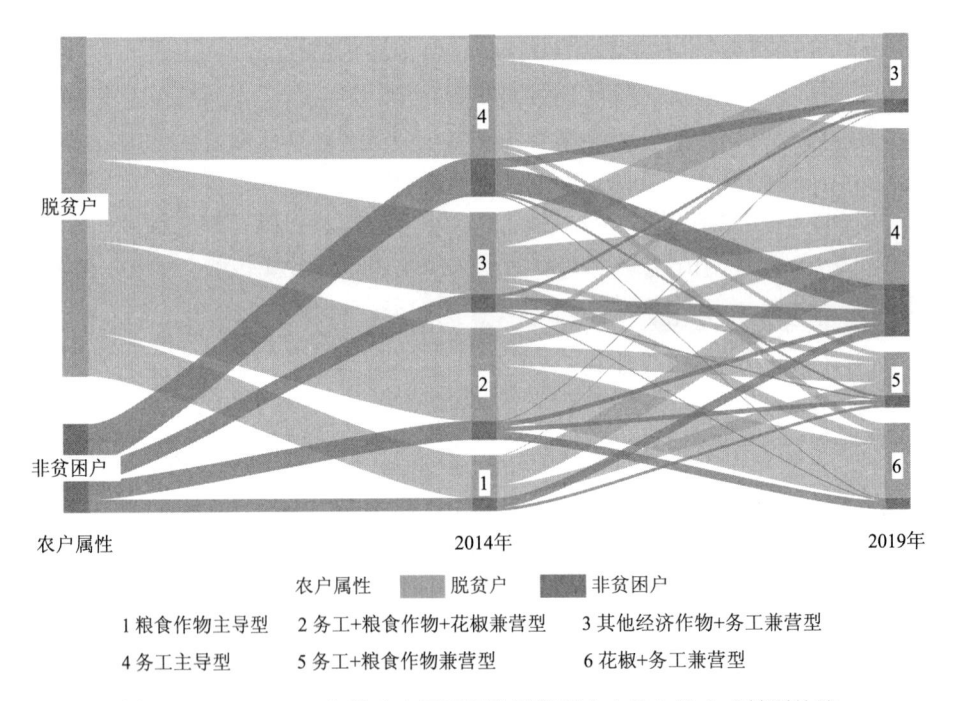

农户属性　　■ 脱贫户　　■ 非贫困户

1 粮食作物主导型　　2 务工+粮食作物+花椒兼营型　　3 其他经济作物+务工兼营型
4 务工主导型　　5 务工+粮食作物兼营型　　6 花椒+务工兼营型

图 6-9　2014—2019 年陇南山区不同贫困类型农户的生计方式转型轨迹

则由其他经济作物+务工兼营型转向务工主导型，分别有 24.96%的脱贫农户、20.51%的非贫困农户采取上述转型方式；在脱贫农户中第二位的转型方式是由其他经济作物+务工兼营型转向务工主导型，而在非贫困户中则是由粮食作物主导型转向务工主导型、务工主导型转向其他经济作物+务工兼营型，分别有 13.56%的脱贫农户、16.03%与 16.03%的非贫困农户采取上述转型方式。

不同地貌类型区农户的生计方式变化轨迹存在差异（图 6-10）。2014—2019 年，分别有 67.73%、67.04%和 59.24%的高山区、半山区和川坝河谷区农户生计方式发生了转型。其中，位居首位的生计方式转型是由务工+粮食作物+花椒兼营型转向花椒+务工兼营型，分别有 20.94%、23.50%和 22.40%的高山区、半山区和川坝河谷区农户采取该种转型方式；第二位的生计方式转型，在高山区农户中表现为粮食作物主导型转向务工主导型，而在半山区和川坝河谷区农户中是由其他经济作物+务工兼营型转向务工主导型，分别有 15.70%的高山区农户、14.87%的半山区农户和 16.80%的川坝河谷区农户采取上述转型方式。

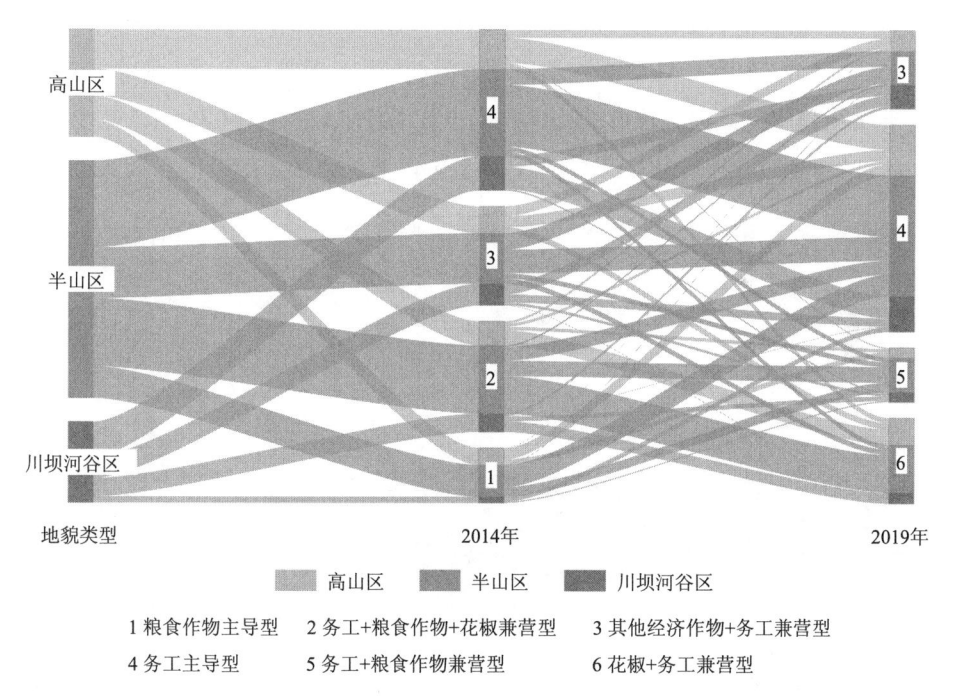

图 6-10　2014—2019 年陇南山区不同地貌类型农户的生计方式转型轨迹

2. 农户的生计阶段转型

在生计转型的过程中，农户通过调整生计方式响应人地关系变化，并推动生计阶段发生改变。2014年,陇南山区农户的生计大多处于中级阶段,即49.33%的农户生计方式呈现兼业化特征,37.76%的农户生计方式具有非农化特征,仅有12.91%的农户生计方式具有传统农业特征。其中,生计处于初级阶段的非贫困户比重低于脱贫农户,脱贫农户中该比重为12.56%,而非贫困户中该比重仅为7.43%;从高山区、半山区到川坝河谷区,随着海拔高度的降低,生计处于初级阶段的农户比重依次降低,其中在高山区该类农户占15.96%,而在川坝河谷区该类农户比重仅为7.58%。

2019年,陇南山区有48.61%农户的生计处于高级阶段。具体来看,生计处于高级阶段的非贫困户比重高于脱贫农户,其中非贫困户中该比重为58.87%,脱贫农户中该比重为45.93%;从高山区、半山区到川坝河谷区,随着海拔高度的降低,生计处于高级阶段的农户比重依次上升,其中川坝河谷区该类农户占比为50.73%,而高山区该类农户占比为44.55%。

2014—2019年,陇南山区39.19%的农户生计阶段发生了变化(图6-11)。有27.00%的农户生计阶段实现向上演进,其中3.95%的农户由初级阶段向中级阶段演进,8.97%的农户则由初级阶段向高级阶段演进,还有14.08%的农户由中级阶段向高级阶段演进。此外,有12.19%的农户生计呈现向下演进态势,且均由高级阶段转向中级阶段。具体来看,非贫困户中生计向上演进的比重高于脱贫农户,分别有33.76%、25.23%的非贫困户、脱贫农户由初级阶段向中级阶段、高级阶段演进或由中级阶段向高级阶段演进。

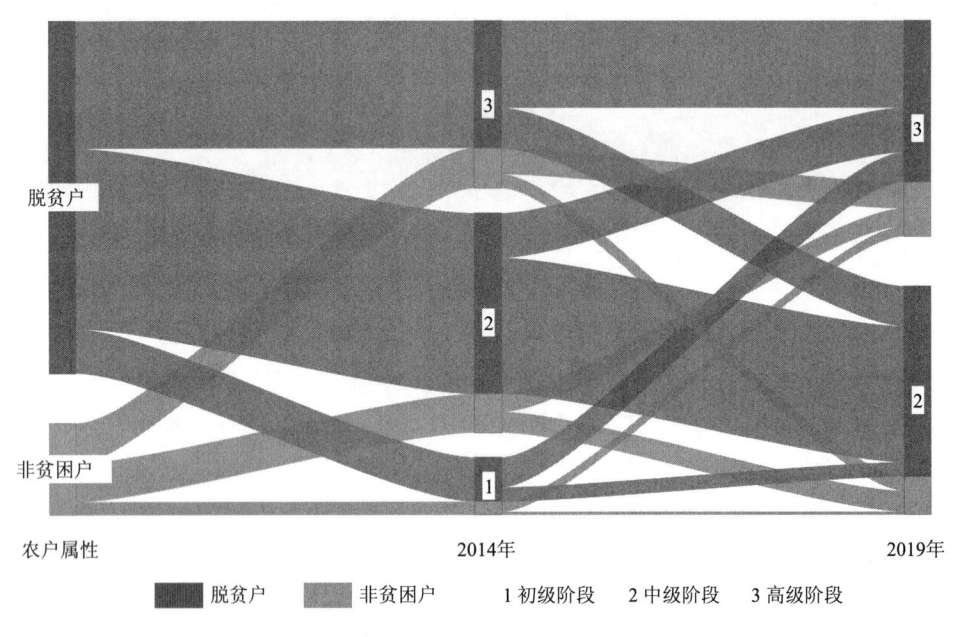

图6-11 2014—2019年陇南山区不同贫困类型农户的生计阶段变化轨迹

其中，脱贫农户中有 23.15%的农户属于跨越式演进，直接由初级阶段转向高级阶段，而非贫困户则多呈阶梯式演进，均由中级阶段演进为高级阶段，该类农户占生计转型非贫困户的 39.82%。此外，脱贫农户中生计转型向下演进的比重高于非贫困农户，该类农户占生计转型脱贫农户的 31.17%。

究其原因，主要在于非贫困户的生计资本丰富，原有的生计基础较好，能够较好地响应宏观政策和市场变化，及时调整生计方式，更容易实现生计发展阶段的向上演进；对于脱贫农户而言，原有的生计基础较差，生计资本贫乏，大多采取以传统农业为主的生计方式，但在产业扶贫、电商扶贫或旅游扶贫等政策干预下，生计方式得到显著的优化调整，故实现跨越式转型的农户比重较高。诺沃特尼等（Novotny et al.,2021）研究发现中等规模家庭的生计轨迹往往保持不变，劳动力移民的家庭其生计轨迹趋于退出农业，而承租土地的家庭其生计轨迹呈向上流动态势；冉恩等（Thanh et al.,2021）指出，累积、波动和边缘化是依赖渔业和水产养殖家庭的三类主要生计轨迹，在渔业经济和气候变化背景下，有效的生计转型可以增强家庭的生计恢复力，保持原有生计方式可能会加剧其生计脆弱性。

从高山区、半山区到川坝河谷区，随着海拔高度的降低，生计向上演进的农户比重依次降低（图 6-12）。具体来看，高山区由初级阶段向中级阶段、高级阶段演进或由中级阶段向高级阶段演进的农户比重为 32.62%，而在川坝河谷区该类农户比重为 18.00%；半山区由中级阶段向高级阶段演进的农户比重高于高山区和川坝河谷区，占比为 19.57%；从高山区、半山区到川坝河谷区，随着海拔高度的降低，生计阶段实现跨越式演进的农户比重依次降低，其中高山区该类农户占比为 25.00%，而在川坝河谷区该类农户比重为 18.57%。此外，高山区向下演进的农户比重高于川坝河谷区和半山区，该类农户占高山区生计转型农户的 44.17%。究其原因，主要在于山区地理条件复杂，农户的生存环境随着海拔变化有明显差异。与半山区、川坝河谷区相比，高山区土壤肥力差，农业耕种条件恶劣，大批农户靠外出务工维持生计。近年来在精准扶贫政策和鼓励农民工返乡就业等政策影响下，不少高山区农户返乡，其生计方式由外出打工向兼业化转变，生计发展阶段呈现向下演进态势。同时，与高山区相比，川坝河谷区的交通条件、基础设施等都很优越，为农户的生计发展阶段向上演进提供必要条件。

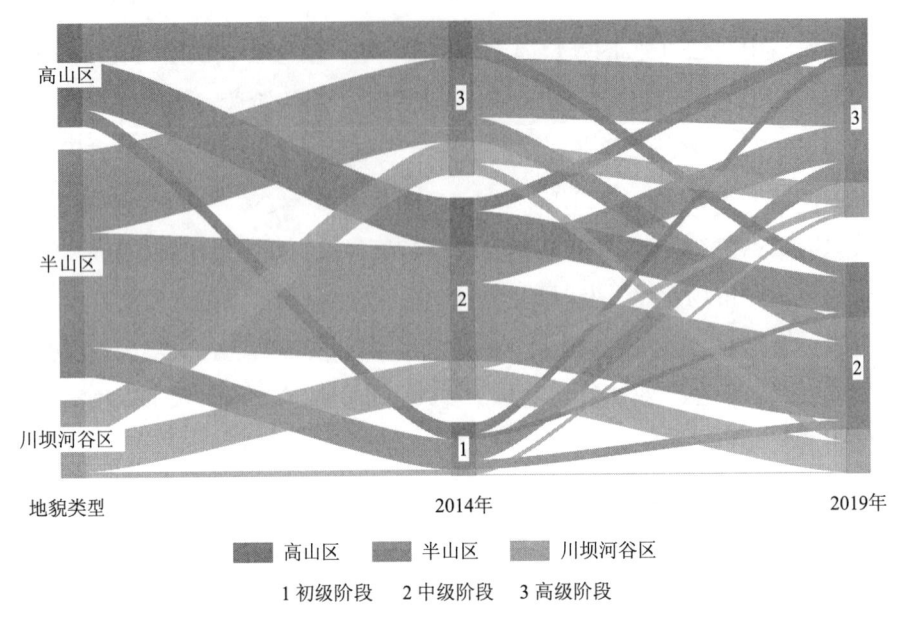

图 6-12　2014—2019 年陇南山区不同地貌类型农户的生计阶段变化轨迹

三、精准扶贫干预下农户的生计策略选择

（一）研究方法

1. 生计策略类型划分

生计策略是指个体或家庭为达到某种生计目标而采取的各种生计活动，是建立在能力、资产和活动基础上的一种谋生方式（孙晗霖等，2019）。根据实地调研情况并借鉴已有研究（刘俊等，2019），以农户收入来源及所占比例、劳动力主要投入方向为依据对农户的生计策略进行划分，将陇南山区受访户所采取的生计策略划分为传统务农型、特色务农型、补贴依赖型、务工主导型、经商主导型和均衡型六种类型（表 6-5）。

2. 生计策略选择的依赖度

参考已有研究（宓泽锋等，2018），引入路径依赖系数刻画农户生计策略选择的路径依赖性。皮尔逊相关系数可以测度两数列间的拟合程度，能较好表征路径依赖系数。通过"收入比重"及"劳动力投入方向"两个层面，对 2014 年和 2019 年农户生计策略结构的相似程度进行测度；将两个层面的相关系数取平均值作为农户的路径依赖系数。计算公式为：

表 6-5　农户生计策略类型及划分依据

农户类型	划分依据		主要生计活动及收入来源	占比（%）
	收入比重	劳动力主要投入方向		
传统务农型	粮食作物+牲畜养殖收入≥50%	农业	种植粮食作物（土豆、小麦、玉米、荞麦等）及养殖活动（牛、羊、猪、蜜蜂等）	6.04
特色务农型	经济作物收入≥50%	农业	种植经济作物（花椒、油橄榄、核桃、蔬菜等）	15.09
补贴依赖型	补贴性收入≥50%	农业	养老金/退耕还林/低保金等补贴	2.10
务工主导型	务工收入≥50%	非农业	本地及外地打工	63.52
经商主导型	经商收入≥50%	非农业	电商/个体经营等活动	2.36
均衡型	非农混合收入≥50%	农业、非农业	种植业、务工、电商、个体经营等	10.89

$$P_k(x,y) = \frac{n\sum x_i y_i - \sum x_i y_i}{\sqrt{n\sum x_i^2 - (\sum x_i)^2} \times \sqrt{n\sum y_i^2 - (\sum y_i)^2}} \quad (6.6)$$

式中，$P_k(x, y)$表示农户k的路径依赖系数；x_i表示农户k在2014年指标i的数值；y_i表示农户k在2019年指标i的数值；n代表指标的个数。皮尔逊相关系数的大小直接反映两阶段的相关程度，越接近于1，则表示两者之间相关性越强，路径依赖性越高。根据相关系数的取值范围对其进行阈值划分：$|P|\leq0.3$表示不相关或极弱相关；$0.3<|P|\leq0.5$表示弱相关；$0.5<|P|\leq0.8$表示中等相关；$|P|>0.8$表示强相关。

3. 精准扶贫对生计策略选择影响的分析模型

（1）变量选择

农户是理性的决策者，会根据自身拥有的生计资本、所处的环境及政策制度的变化对其生计策略做出适当的调整与选择（Sun et al., 2021）。已有研究显示，生计资本是影响农户生计策略选择的关键内部因素，一般而言，资产越多的人，往往具有更多的选择权及较强的处理胁迫和冲击、发现和利用机会的能力，越能够在各种生计策略中灵活转换以保护其生计安全（Koczberski and Curry, 2005）。生计环境及政策制度是影响生计策略选择的重要外部因素。其中，农户所处的自然环境和资源禀赋为其生计策略选择提供了物质基础，农户的初始生计策略往往对其具有较强的依赖性（赵雪雁等，2011）；政策制度决定着资源的可得性，影响着不同类型生计资本之间的交换条件及生计策略选择。因此，以脱贫干预为解释变量，以生计资本和生计环境为控制变量，分析影响脱贫农户生计策略选择的因素。

英国国际发展部（DFID）提出的可持续分析框架将农户的生计资本分为自然资本、人力资本、物质资本、金融资本与社会资本（DFID，2000），后续有研究又引入了心理资本（李广东等，2012）；生计环境包括自然环境、经济环境和区位条件；精准扶贫干预包括农林产业扶贫、电商扶贫、旅游扶贫、金融扶贫、易地扶贫搬迁、就业扶贫和生态补偿扶贫。参照上述概念框架和有关变量指标，赵雪雁等（2011）设计了生计资本测量指标，采用李克特五级量表对其赋值，并利用极差标准化法对各指标进行标准化处理，利用熵权法确定各指标权重，最后运用加权求和法计算了生计资本指数及生计环境指数，如表6-6所示。

表6-6 解释变量选择及赋值

变量		测量指标	指标说明	均值	标准差
生计资本	自然资本	耕地面积	耕地面积（亩）	4.60	3.57
		林地面积	林地面积（亩）	4.47	13.04
	人力资本	劳动力数量	18—60岁家庭成年劳动力数量	3.65	1.29
		劳动力受教育水平	大专及以上=5；高中/中专=4；初中=3；小学=2；文盲=1	11.71	5.05
	物质资本	人均住房面积	住房面积/家庭规模（m²/人）	32.21	31.54
		耐用消费品数量	家庭拥有家用电器、交通工具、农机具的数量	8.79	3.73
	金融资本	家庭人均年收入	家庭年收入/总人数（元/人）	8 976.50	5 699.25
		家庭欠债	是否有贷款或欠债？有=1；没有=0	0.32	0.47
	社会资本	亲友关系	与亲戚朋友的关系：非常好=5；比较好=4；一般=3；比较差=2；非常差=1	3.94	0.66
		帮助网规模	遇到困难主动帮忙的人数：非常多=5；比较多=4；一般=3；比较少=2；非常少=1	3.85	1.05
	心理资本	对未来生活的期望指数	一定会变好=5；有可能会变好=4；说不上=3；可能会变差=2；肯定会变差=1	4.08	0.82
		面对困难或逆境的表现	非常坚强=5；比较坚强=4；一般=3；有点沮丧=2；非常沮丧=1	4.04	0.79
生计环境	自然环境	地貌	农户所处地貌：川坝河谷区=3；半山区=2；高山区=1	1.88	0.66
		气象灾害	是否遭遇冰雹/干旱/暴雨/病虫害：否=2；是=1	1.22	0.42

续表

变量	测量指标		指标说明	均值	标准差
生计环境	经济环境	农牧产品销售难易程度	非常容易=5；比较容易=4；一般=3；比较困难=2；非常困难=1	3.06	0.87
		农牧产品价格波动	非常小=5；比较小=4；一般=3；比较大=2；非常大=1	2.34	0.75
	区位条件	与村主干道距离	距离主干道路距离	4.20	0.79
		距离最近集市距离	距离最近集市距离	2.57	1.34
精准扶贫干预	农林产业扶贫	农林产业扶贫干预强度		1.73	1.89
	电商扶贫	电商扶贫干预强度		0.46	1.27
	旅游扶贫	旅游扶贫干预强度	对脱贫作用的大小：非常大=5；比较大=4；一般=3；比较小=2；非常小=1；未享受=0	0.36	1.14
	金融扶贫	扶贫小额贷款干预强度		1.14	1.14
	易地扶贫搬迁	易地扶贫搬迁干预强度		0.21	0.92
	就业扶贫	劳务技能培训干预强度		0.77	1.46
	生态补偿扶贫	退耕还林/草干预效果		2.13	1.85

（2）模型设计

为深入分析帮扶措施对农户生计策略选择的影响，首先，将陇南山区脱贫户的生计多样化指数作为因变量，以农户拥有的生计资本、生计环境为控制变量，以帮扶措施为自变量，采用多元线性回归模型（模型1）分析影响农户生计多样化程度的关键因素。

其次，采用多元 Logistic 回归方法分析影响农户生计策略选择的因素，并利用最大似然估计法对其回归参数进行估计。设无序多分类的被解释变量为农户的生计策略 $y=(y_1, y_2, y_3, y_4, y_5, y_6)$，生计策略类型包括"传统务农型""特色务农型""务工主导型""经商主导型""补贴依赖型""均衡型"六种；y 的取值范围为[1, 6]，并将 y_1 作为模型的参照水平，自变量为 $x=(x_1, x_2, \cdots, x_6)$。相应的 Logistic 回归模型为（模型2）：

$$y_m = \ln\left[\frac{p(y=m|x)}{p(y=0|x)}\right] = \beta_{0m} + \beta_{1m} \times x_1 + \beta_{2m} \times x_2 + \cdots + \beta_{pm} \times x_p \tag{6.7}$$

y 的条件概率为：

$$p(y=m|x) = \mathrm{Exp}(y_m)/1 + \sum_{m=0}^{6} \mathrm{Exp}(y_m) \tag{6.8}$$

（二）脱贫农户的生计策略选择

1. 脱贫户的生计策略选择

陇南山区脱贫户的生计策略以务工主导型为主，该类农户占63.52%；其次是特色务农型和均衡型生计策略，选择该类生计策略的农户分别占15.09%和10.89%（表6-7）。

表6-7 陇南山区脱贫户的生计策略选择（%）

	传统务农型	特色务农型	务工主导型	非农经商主导型	补贴依赖型	均衡型
高山区	5.00	19.09	65.45	1.36	0.91	8.18
半山区	7.69	13.94	63.22	2.40	2.40	10.34
川坝河谷区	2.38	11.90	61.11	3.97	3.17	17.46
年轻家庭	8.00	18.55	55.64	1.82	1.82	14.18
中年家庭	4.64	11.75	69.67	2.46	1.91	9.56
老年家庭	3.70	17.59	64.81	2.78	2.78	8.33
全体受访户	6.04	15.09	63.52	2.36	2.10	10.89

从高山区、半山区到川坝河谷区，随着海拔的降低，选择特色务农型和务工主导型生计策略的农户比重依次下降，而选择经商主导型、均衡型生计策略的农户比重依次上升。其中，高山区选择特色务农型和务工主导型生计策略的农户比重分别为19.09%和65.45%，而川坝河谷区该比重分别为11.90%和61.11%。从户主年龄来看[①]，无论年轻家庭、中年家庭还是老年家庭，选择务工主导型、特色务农型生计策略的均较多。进一步分析发现，选择均衡型和特色务农型生计策略的年轻家庭占比最高，分别为46.99%和44.35%，选择务工主导型生计策略的中年家庭占比最高，为52.69%。

2. 脱贫户生计策略选择的路径依赖性

陇南山区脱贫户生计策略选择的路径依赖性总体呈中等水平（0.75），其中有50.39%的脱贫户生计策略呈强依赖特征，仅有15.61%的脱贫户生计策略呈弱依赖和不依赖特征（图6-13）。从不同地貌类型区来看，高山区脱贫户生计策略的路径依赖系数的中位数和均值均较低，其四分位间距最大，中位数与上、下四分位的间距相当，表明高山区脱贫户生计策略的路径依赖性较弱，内部存在较大差异，但分布较为均衡（图6-13）。究其原因，主要在于高山区自然条件恶劣，资源禀赋较差，大部分农户享受了

[①] 根据户主年龄分为年轻家庭（≤44岁）、中年家庭（45—59岁）、老年家庭（≥60岁）。

退耕还林政策，迫使其转变了原有生计策略，而川坝河谷区自然条件相对优越、交通通达度高，农户会有较多的生计策略选择机会（赵雪雁等，2020）。

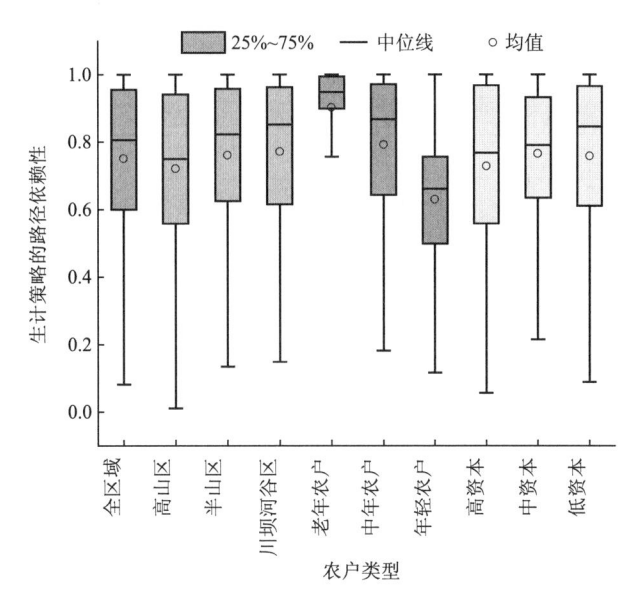

图 6-13　不同类型农户生计策略选择的路径依赖性

从户主年龄来看，相较于年轻家庭和中年家庭，老年家庭的中位数和均值最高，分布在 0.8—1.0 区间呈强依赖，同时，其四分位间距最窄，中位数与上、下四分位的间距相当，表明老年家庭生计策略的路径依赖性较强，呈高值簇的均衡分布状态（图6-13）。究其原因，可能在于年轻农户更愿意尝试新事物，也有更多的时间与精力从事多样化的生计活动，即使有部分年轻农户选择务农，但其选择种植特色经济作物（例如花椒、油橄榄等）的意愿更高。吴等（Wu and Jin，2021）也发现年轻农户生计策略的路径依赖性最弱且生计多样化程度高，多偏向选择均衡型和特色务农型生计策略。

从不同生计资本禀赋来看，低生计资本禀赋农户生计策略的路径依赖系数中位数最高，并接近上四分位，高资本禀赋农户生计策略的路径依赖性最弱，但其生计多样化程度最小（图6-13）。主要由于高资本禀赋农户的抗风险能力较强，可以更灵活地转换生计策略，虽有能力实施多样化生计策略，但他们更偏好于从事具有更高收益的专业化活动。

（三）精准扶贫对生计策略选择的影响

以生计策略为被解释变量，以帮扶措施强度为解释变量，以生计资本、生计环境为控制变量,采用多元 Logistic 模型分析帮扶措施对农户生计策略选择的影响(表 6-8)。模型的-2 倍最大似然值为 1 362.032,显著性水平为 0.000($x<0.01$),说明模型具有显著意义。

表 6-8 模型参数估计系数与检验

变量	模型1 系数	模型2 特色务农型 系数	Exp(B)	务工主导型 系数	Exp(B)	经商主导型 系数	Exp(B)	补贴依赖型 系数	Exp(B)	均衡型 系数	Exp(B)
自然资本	0.589	0.535	1.707	-4.848***	0.008	-3.023**	2.067E^{-19}	1.254	3.503	0.813	2.255
人力资本	0.796***	2.165	8.711	2.118	8.312	-0.247	0.781	-8.589***	0.006	1.852	6.202
物质资本	0.033	2.537	12.636	-1.309	0.270	5.164	174.874	1.382	3.982	3.372	29.124
金融资本	0.333***	-0.777	0.460	-0.342	0.710	3.672**	0.025	-1.176	0.309	1.077*	2.937
社会资本	0.179	-0.577	0.561	-0.992	0.371	3.923**	0.020	-0.441	0.644	0.097	1.102
心理资本	-0.367	-2.102	0.122	1.099	3.001	3.173	23.884	3.042	20.954	-0.783	0.457
自然环境	-0.118	-0.624	0.536	-0.029	0.971	0.224	1.251	0.602	1.827	0.156	1.168
经济环境	-0.637**	-1.469	0.230	-1.011	0.364	-3.778	0.023	-0.029	0.972	-2.409	1.129
区位条件	0.176*	-1.378**	0.252	0.260	1.298	3.921***	50.439	-1.123	0.325	0.145	1.156
产业扶贫	0.067	1.134**	3.108	-2.407***	0.090	1.570	4.804	-0.560	0.571	-0.938	0.391
电商扶贫	0.934***	1.624**	0.197	-1.067**	0.344	1.608**	4.993	-0.418	0.658	-0.821	0.440
就业扶贫	0.551***	0.575	1.777	1.694**	5.442	0.694	0.462	-2.000	0.819	2.447***	11.551
生态补偿扶贫	0.252***	0.060	1.062	2.634***	13.936	2.245**	9.437	7.531***	1865.723	2.230***	9.300
旅游扶贫	0.309**	-3.424***	0.033	0.193	1.213	0.089	1.093	-33.850	3.540E^{-15}	-1.066	0.344
金融扶贫	0.280***	-0.774	0.461	0.366	1.442	-0.778	0.462	-0.250	0.779	0.231	1.260
易地扶贫搬迁	-0.448**	-1.613	0.199	-0.324	0.723	-21.028	7.373E^{-10}	-34.850	7.372E^{-16}	-0.730	0.482
模型检验	调整 R^2 0.183 F 统计值 11.661			-2 倍最大似然值 1362.032 Cox-Snell R^2 0.406							

注:*、**、***分别表示在10%、5%、1%水平上显著。

结果显示,产业扶贫、生态补偿扶贫、就业扶贫和电商扶贫均对陇南山区脱贫户的生计策略选择产生显著影响。其中,产业扶贫和电商扶贫对特色务农型生计策略选择有显著正向影响,二者的帮扶强度每增加 1 个单位,农户选择特色务农型生计策略的概率将分别扩大 3.108 倍和 0.197 倍;生态补偿扶贫和就业扶贫对务工主导型和均衡型生计策略选择均有显著正向影响;电商扶贫和生态补偿扶贫对经商主导型生计策略选择均有显著正向影响;此外,生态补偿扶贫对补贴依赖型生计策略也有显著正向影响。首先，生态补偿扶贫对农户生计策略选择的影响最大，其对务工主导型、均衡型、经商主导型和补贴依赖型生计策略均有影响；究其原因，主要由于陇南山区坡耕地多，实施退耕还林等生态扶贫虽降低了农户的自然资本存量，但通过发展花椒、核桃等特色经济林，不仅为农户提供一定补偿金额，也提高了农户的积极性；通过访谈得知，近80%的受访户参与了退耕还林工程，截至2020年陇南山区已全面完成151.73万亩的退耕还林退牧还草任务；此外，生态补偿扶贫减少了农业劳动力数量，为农户从事其他类型的生计策略提供了可能。其次，电商扶贫对特色务农型和经商主导型生计策略均有影响。调查发现，电商扶贫通过改善当地基础设施环境（硬化通村公路、发展物流企业、铺设4G网络等）、提供专业的电商技术培训，以及电商扶贫专项贷款等措施，引导农户通过阿里巴巴、京东、拼多多等互联网渠道共开办网店1.4万多家，不仅拓宽了"大红袍花椒""礼县苹果""康县木耳"等特色农产品的销路，还大幅增加了农户的经营性收入，形成了陇南电商模式。

从生计资本来看，社会资本和金融资本对农户选择经商主导型生计策略有显著正向影响；而自然资本对农户选择务工主导型和经商主导型生计策略有显著负向影响；人力资本对农户选择补贴依赖型生计策略有显著负向影响。从生计环境方面来看，区位条件对农户选择经商主导型生计策略有显著正向影响。可见，农户拥有的社会资本、金融资本越高，所在地区交通越便捷、距离集市越近，越倾向于选择经商主导型的生计策略。戴等（Dai *et al.*，2020）研究发现草地面积和耕地面积对牧民放牧有显著正向影响；张等（Zhang *et al.*，2019）则发现农户拥有的土地面积对生计策略非农化具有负面影响，而家庭劳动力教育水平作为人力资本要素，是决定家庭能否从事高报酬的生计策略，以及生计策略能否向上流动的主要因素；此外，较高的社会资本意味着农户具有更广阔的交际圈和更丰富的社会资源，可获得更多的教育、培训和交流机会，有助于提高个体获取信息和新技术的能力，从而增加农户的非农就业机会；周丽等（2020）指出社会资本对易地扶贫搬迁农户由农业主导型生计策略向务工主导型生计策略的转化有显著影响。

为进一步探究帮扶措施对农户生计策略选择路径依赖性的调节作用，特检验了帮扶措施与生计策略选择的路径依赖系数的交互作用对生计策略选择的影响（表6-9）。模型3的–2倍最大似然值为1 528.066，模型系数综合检验显著性水平均小于0.01，模型拟合效果较好。

表 6-9 精准扶贫措施的交互作用对生计策略选择的影响

变量	模型 3								
	特色务农型		务工主导型		经商主导型		补贴依赖型		均衡型	
	系数	Exp(B)	系数	Exp(B)	系数	Exp(B)	系数	Exp(B)	系数	Exp(B)
电商扶贫×路径依赖系数	−0.596	0.551	−0.988	0.372	2.408**	11.108	−1.268	0.281	−1.274	0.280
产业扶贫×路径依赖系数	0.890	2.435	−3.256***	0.039	0.650	1.915	−1.013	0.363	−1.148	0.371
就业扶贫×路径依赖系数	0.551	1.735	2.377**	10.777	−0.310	0.734	0.022	1.023	2.779***	16.097
易地扶贫搬迁×路径依赖系数	−2.207	0.110	0.801	0.449	−1.122	1.495E^{-48}	−1.536	1.857E^{-60}	−1.866	0.155
金融扶贫×路径依赖系数	−0.455	0.634	0.825	2.282	−1.739	0.176	0.373	1.452	0.840	0.522
生态补偿扶贫×路径依赖系数	0.557	1.745	3.964***	52.659	1.810*	6.113	4.255***	68.400	2.737***	15.439
旅游扶贫×路径依赖系数	−4.256**	0.014	−0.097	0.907	1.209	3.352	−1536	2.077E^{-60}	−0.838	0.433
−2 倍最大似然值					1 528.066					
Cox-Snell R^2					0.262					

注：*、**、***分别表示在 10%、5%、1%水平上显著。

结果显示，电商扶贫与路径依赖系数的交互作用对经商主导型的生计策略选择有正向影响；就业扶贫与路径依赖系数的交互作用对务工主导型和均衡型生计策略选择有正向影响；生态补偿扶贫与路径依赖系数的交互作用对务工主导型、经商主导型、补贴依赖型和均衡型的生计策略均有正向影响。总体来看，帮扶措施与路径依赖系数交互作用后，对农户生计策略选择的影响更加强烈，表明帮扶措施对农户生计策略选择的路径依赖性具有调节作用。

精准扶贫过程中要推进各项帮扶措施，实现农村居民人均可支配收入增长，增强贫困农户自身造血功能，均依赖于贫困户"业"的转变和提升（刘倩等，2020）。根据研究结果分析发现，陇南山区帮扶措施采取多元方式，通过"输血"与"造血"的途径对贫困农户的"人""财""物"三要素进行帮扶，从而提高生计资本，改善生计环境，调节路径依赖性，促使农户优化其生计策略（图 6-14）。其中，就业扶贫、电商扶贫、产业扶贫等帮扶措施对农户进行技能培训，极大促进了农户的交流与信息获取；健康扶贫和教育扶贫为农户身心健康提供一定保障并提高文化水平，增强内生发展动力，从而提高人力资本、心理资本和社会资本；金融扶贫、生态补偿扶贫等通过为农户提供小额贷款、免息免税等政策红利，可以增加农户收入，改善收入分配，从而提高金融资本，使农户得以配合其他资本实现生计策略调整，但在实施过程中，对贫困农户的配套资本要求较高,否则难以融入更高价值链的生计活动;产业扶贫和生态补偿扶贫等帮扶措施为农户提供树苗、牲畜幼崽等物资,扩大了经济林的种植面积,提高了农户的物质资本和自然资本,改变了农户的土地利用方式或生产方式。此外,易地扶贫搬迁、电商扶贫等帮扶措施通过完善村域水、电、环境卫生等基础设施、搭建物流快递互联网平台等改善了农户的生计环境,增加了贫困农户生计资本的可获得性,并促使其利用改善后的资本和生计条件做出相应的生计策略优化,例如外出务工、经商等(刘艳华、徐勇,2018)。在此过程中,帮扶措施、生计资本和生计环境相互作用与转换,也会调节农户生计策略选择的路径依赖性,促使其调整种植养殖结构、发展非农活动。总体来看,帮扶措施通过提高资产可得性或引进替代生计,促使农户就业机会更加多元化,在改善原有生计的基础上,实现了路径创造式发展。

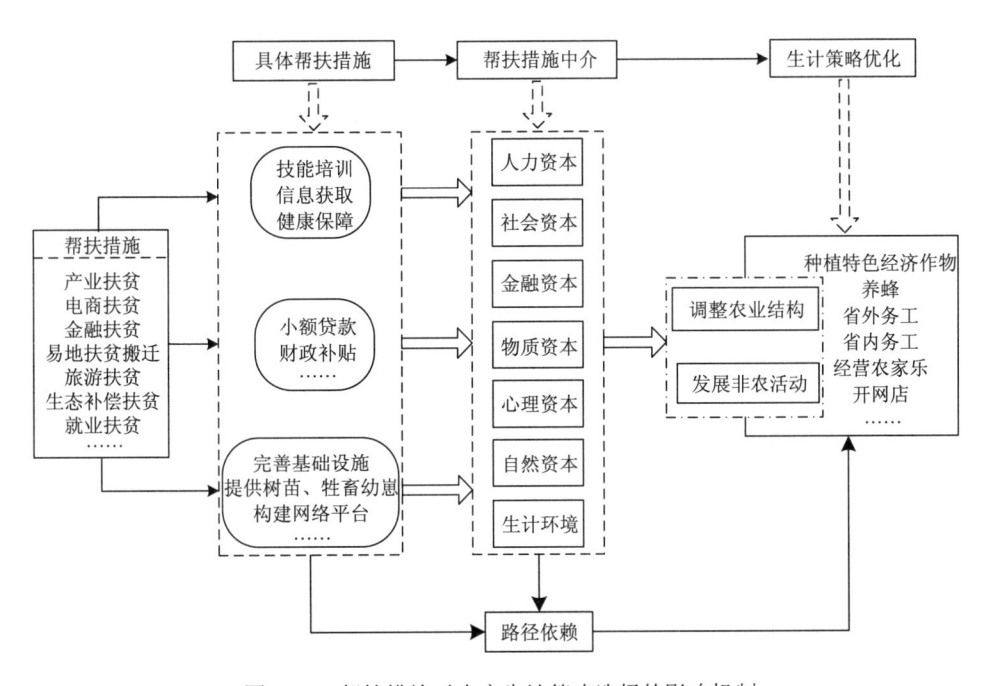

图 6-14 帮扶措施对农户生计策略选择的影响机制

总体来看,陇南山区脱贫户享受了多元帮扶措施,但不同类型农户生计策略选择存在显著差异,且生计策略选择的路径依赖性也存在异质性。因此,为进一步优化脱贫农户的生计策略,首先应注重生态补偿扶贫的稳定性与长期性,根据市场价格波动,动态调整生态补偿金额,在生态环境大幅改善的同时,深入挖掘当地文化特色,适度开发"生态+文化"的旅游项目,推动餐饮、服务等非农产业的发展;其次,应加快推动农村创业创新,注重脱贫农户综合能力培养,吸纳更多脱贫农户就地就近就业;最后,应立足当地农产品特色,加大特色产业和电商培育力度,提高农产品附加值,延长产业链、价值链,促使更多年轻农户加入电商行业,利用个性化、品牌化的精准服务,在保障农户收入稳定的情况下,增加资产储备,为乡村产业和经济的进一步发展奠定基础。

第三节 精准扶贫对生计恢复力的影响

2013年中国启动了精准扶贫战略,多元化的精准帮扶措施不仅提高了贫困群体的收入,也提升了农户的风险应对能力。2020年底,中国在现行标准下实现了贫困人口的全部脱贫和贫困县的全部摘帽。然而,由于农村贫困人口生计的脆弱性、兜底保障的有限覆盖率以及贫困线的可能变动性,该目标的完成意味着中国农村贫困已进入了一个以相对贫困和次生贫困为主的新阶段。面对新的贫困格局,急需科学评估精准扶贫措施的实施效果,探寻精准扶贫过程中存在的薄弱环节,为新时期脱贫地区后续帮扶政策的实施与调整提供支撑,同时为探索巩固脱贫攻坚成果同乡村振兴的有效衔接方式提供借鉴。

一、精准扶贫对生计恢复力的作用效果

(一)研究方法

(1)指标选取

生计恢复力为解决贫困问题开拓了新思路(Rajesh et al., 2014),基于斯佩兰扎等(Speranza et al., 2014)提出的"生计恢复力"分析框架,从缓冲能力、自组织能力和学习能力三个维度出发构建生计恢复力评价指标体系(表6-10)。

缓冲能力是建立生计恢复力的基本保障和前提,通常拥有越多生计资本的农户,缓解冲击和利用新机会获得更好生计产出的能力越强(赵雪雁等,2020);自组织能力是构建生计恢复力的核心,它强调农户在制度体系、社会网络、社区组织等要素交互作用下,可通过自发和集体行动,提高农户的组织化水平,从而促进生计恢复力的提

表 6-10 农户生计恢复力变化评价指标体系

指标		指标描述及赋值	均值 2014	均值 2019	标准差 2014	标准差 2019
缓冲能力	人力资本 / 家庭劳动力数量	18—60岁家庭成年劳动力数量（人）	2.88	2.90	1.24	1.24
	人力资本 / 劳动力受教育程度	劳动力受教育程度：小学及以下=1；初中=2；高中=3；大专=4；大学及以上=5	9.51	11.45	4.58	4.64
	自然资本 / 实际耕地面积	实际耕地面积（亩）	12.89	12.65	18.77	18.74
	物质资本 / 住房总面积	住房总面积（m²）	116.29	111.80	44.33	41.64
	物质资本 / 生活耐用品和生产工具数量	生活耐用品和生产工具数量（件）	3.82	8.80	3.17	3.86
	金融资本 / 人均年收入	家庭人均年收入（元/人）	4 961.75	7 812.88	4 691.40	6 020.38
自组织能力	社会网络 / 亲友网络紧密度	与亲戚朋友关系：很差=1；较差=2；一般=3；较好=4；很好=5	2.96	3.96	0.63	0.67
	社会网络 / 邻里关系	与同村人关系：很差=1；较差=2；一般=3；较好=4；很好=5	3.01	3.89	0.57	0.66
	社会网络 / 亲友网络规模	遇到困难可求助人数：非常少=1；较少=2；一般=3；较多=4；非常多=5	2.47	3.45	0.71	0.75
	社区组织参与度 / 参与社区活动的频次	参与社区活动的频次：非常低=1；较低=2；一般=3；较高=4；非常高=5	2.19	3.15	0.85	0.94
	社区赋权 / 亲戚、朋友担任干部人数	亲戚朋友中担任村/镇/县干部的人数（人）	0.49	0.75	1.17	1.72
学习能力	技能获取能力 / 参与技能培训机会	家庭成员参与技能培训次数（次/年）	2.23	3.19	1.26	1.30
	对外界威胁的认知能力 / 自然灾害可能性感知	了解到气象灾害相关信息情况：非常不及时=1；比较不及时=2；一般=3；比较及时=4；非常及时=5	2.90	3.73	0.61	0.76
	信息获取能力 / 外出务工人数	外出务工人数（人）	1.22	1.42	0.81	0.83
	信息获取能力 / 信息获取渠道	信息获取渠道数量	2.46	2.91	1.34	0.92

升（Obrist et al.，2010），可采用社会网络、社区组织参与度、社区赋权来衡量（陈佳等，2016）；学习能力是指农户获得知识和技能并将其转化为当前行动的能力，它是提升生计恢复力的关键（温腾飞等，2018），可用技能获取能力、对外界威胁的认知能力及信息获取能力来衡量（Uddin et al.，2020），其中：农户获取技能与信息的能力越强，则越有利于学习能力提升，农户判断意外风险的准确性越高、对外来威胁的认知能力

越强，其学习能力越强（张延吉等，2018）。

（2）模型设计

首先，采用等权重加权求和法计算农户五年前后的缓冲能力指数、自组织能力指数及学习能力指数，在此基础上计算生计恢复力指数。生计恢复力指数计算公式如下：

$$LR_i = \frac{1}{3}(B_i + O_i + L_i) \tag{6.9}$$

$$\Delta LR_i = LR_{it} - LR_{it_0} \tag{6.10}$$

式中，LR_i 为第 i 个农户的生计恢复力指数，B_i、O_i、L_i 分别为第 i 个农户的缓冲能力指数、自组织能力指数、学习能力指数。ΔLR_i 为第 i 个农户的生计恢复力变化幅度，LR_{it} 为 2019 年第 i 个农户的生计恢复力指数，LR_{it_0} 为 2014 年第 i 个农户的生计恢复力指数。

其次，采用倾向得分匹配法（Propensity Score Matching，PSM），通过比较对照组与处理组农户的生计恢复力变化情况的差异来测算精准扶贫作用效果（ATT）。PSM 方法的核心思想是根据多维观测变量计算倾向得分（Propensity Score），将处理组和对照组的倾向得分作为距离函数进行匹配，使两组的观测变量最大限度相似，有效消除选择偏差影响，检测多元扶贫干预的"净效应"。匹配时始终利用是否享受某种或某几种扶贫干预方式作为分组变量。其中，处理组为五年内享受扶贫干预政策的农户，对照组为五年内未享受扶贫干预政策的农户。为保证两组农户匹配的精准性，消除偏差的影响，特选择五年前两组农户的户主及家庭特征变量，即户主年龄、性别、受教育程度、家庭劳动力数量、耕地数量、人均年收入、生活耐用品及生产工具数量作为协变量，以确保其发展基础与发展潜力相似，运用 Logistic 回归估计选择进入模型的样本。采取近邻匹配法（1∶1）、核匹配法及半径匹配法（$\varepsilon=0.01$，$\varepsilon \leqslant \sigma_{pacore} \approx 0.02$，$\sigma_{pacore}$ 为倾向得分的样本标准差，将半径卡尺范围定为 0.01）将两组样本进行匹配，针对匹配后两组样本的生计恢复力变化情况差异，评估不同维度扶贫干预的平均作用效果（ATT）及其显著性。通过对匹配后的样本进行质量检验，保证可达到随机试验效果。

通过比较匹配前后对照组与处理组的标准化偏差可看出，匹配后的标准化偏差绝对值均在 10%以下，说明匹配后对照组与处理组的协变量间没有明显差异，平衡效果较好（图 6-15a）；对变量进行综合性检验时，以不同干预方式匹配为例，半径匹配法（$\varepsilon=0.01$）、近邻匹配法（1∶1）及核匹配法的 B 值均在 25%以内，其中半径匹配法 B 值最小，为 14.6%，因此采用半径匹配法进行倾向得分匹配，利用近邻匹配和核匹配的结果进行稳健性检验。对样本的倾向得分共同取值范围图进行分析发现，大部分对照组及处理组样本的倾向得分观测值在共同取值范围内，匹配效果较好，满足假设条件（图 6-15b）。

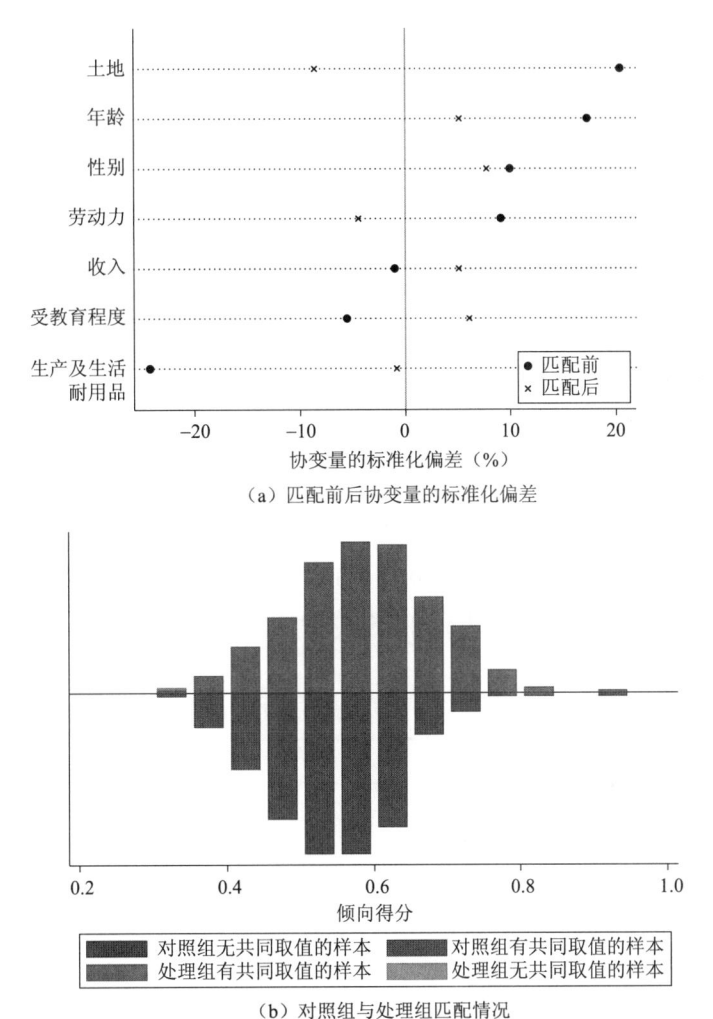

(a) 匹配前后协变量的标准化偏差

(b) 对照组与处理组匹配情况

图 6-15 倾向得分匹配情况及检验

（二）精准扶贫对生计恢复力的作用效果

1. 精准扶贫的总体效果

精准扶贫对陇南山区贫困农户的生计恢复力有正向作用效果，处理组的生计恢复力变化指数较对照组平均提升了 0.143 3，增幅为 4.27%（表 6-11）。不同匹配方法结果均显示，享受精准扶贫农户的生计恢复力提升程度都较未享受农户更为显著，且均在5%的水平上显著。其中，半径匹配法（ε=0.01）结果显示，匹配后处理组农户生计恢复力变化指数较对照组提高了0.14；近邻匹配法（1∶1）和核匹配法结果进一步验证了该结果的有效性。可见，精准扶贫对贫困山区农户的生计恢复力具有显著提升作用。

表 6-11 精准扶贫总体作用效果

指标	方法	处理组	对照组	ATT	标准误	T-test
生计恢复力变化指数	近邻匹配（1∶1）	3.50	3.35	0.15	0.03	4.75**
	半径匹配（ε=0.01）	3.50	3.36	0.14	0.02	5.48**
	核匹配	3.50	3.36	0.14	0.02	5.59**

注：**表示在5%的水平上显著。

2. 不同扶贫方式的作用效果

不同扶贫方式的作用效果存在显著差异（表6-12，图6-16a）。三种匹配方法计算结果均在5%的水平上显著。其中，半径匹配法（ε=0.01）结果显示，单一干预[①]处理组的生计恢复力变化指数较对照组增加了0.09，增幅为2.68%，二元干预处理组、多元干预处理组较对照组分别增加了0.15、0.17，增幅分别为4.46%、5.04%；核匹配法和近邻匹配法（1∶1）的结果也验证了上述结果的有效性。

表 6-12 不同扶贫方式的作用效果

扶贫方式	方法	处理组	对照组	差值	标准误	T-test
单一干预	近邻匹配（1∶1）	3.45	3.34	0.11	0.04	3.19**
	半径匹配（ε=0.01）	3.45	3.36	0.09	0.03	3.06**
	核匹配	3.45	3.36	0.09	0.03	3.25**
二元干预	近邻匹配（1∶1）	3.51	3.36	0.15	0.04	4.05**
	半径匹配（ε=0.01）	3.51	3.36	0.15	0.03	5.17**
	核匹配	3.51	3.35	0.16	0.03	5.57**
多元干预	近邻匹配（1∶1）	3.54	3.36	0.18	0.04	4.57**
	半径匹配（ε=0.01）	3.54	3.37	0.17	0.03	5.52**
	核匹配	3.54	3.35	0.19	0.03	5.99**

注：**表示在5%的水平上显著。

[①] 采用农户享受的帮扶措施种类来测算干预措施。即某农户仅享受产业扶贫，则为一元干预；某户享受产业、就业扶贫两类干预措施，则称之为二元干预，其余类推。基于此将农户划分为单一干预、二元干预、多元干预农户和未享受干预农户。

（a）不同扶贫干预方式　　　　（b）不同区域　　　　（c）不同脱贫时间

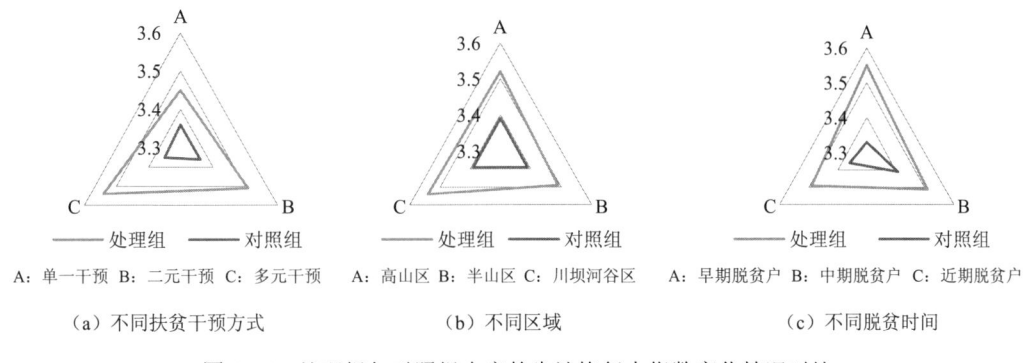

图 6-16　处理组与对照组农户的生计恢复力指数变化情况对比

综合三种匹配方法，单一干预、二元干预和多元干预下农户的生计恢复力变化指数分别提升了 2.88%、4.27% 和 5.36%。可见，享受单一干预、二元干预、多元干预农户的生计恢复力变化指数较对照组均有所增加，且干预效果与干预方式的多样化程度呈显著正相关关系；但随着干预方式多样化程度的增加，干预效果的增速有所减缓。

3. 精准扶贫对不同地貌类型区的作用效果

不同区域农户的精准扶贫效果存在显著差异（表 6-13，图 6-16b）。高山区和川坝河谷区 3 种匹配方法计算结果均在 10% 的水平上显著，半山区 3 种匹配方法计算结果均在 5% 的水平上显著。其中，半径匹配法（$\varepsilon=0.01$）匹配后，高山区处理组的生计恢复力变化指数较对照组增加了 0.10，增幅为 2.92%，半山区、川坝河谷区处理组较对照组分别增加了 0.11、0.15，增幅分别为 3.25%、4.42%；核匹配法和近邻匹配（1∶1）计算结果也验证了上述结果的有效性。综合三种匹配方法，高山区、半山区和川坝河谷区农户在扶贫政策干预下生计恢复力变化指数分别提升了 3.53%、3.05% 和 3.62%。可见，高山区、半山区、川坝河谷区农户处理组较对照组的生计恢复力变化指数均有所增加，且川坝河谷区的扶贫效果优于高山区和半山区。究其原因，主要在于川坝河谷区的区位条件优越、交通便利，且该区农户的生计基础较好，拥有良好的发展相关产业的资本条件（赵雪雁等，2020），因此精准扶贫作用效果最好。余汝艺等（2021）研究也发现，低海拔地区生计资本与发展承载力的耦合度高，促使其成为扶贫政策实施效果较为理想的主要发展空间。

表 6-13　不同地区精准扶贫作用效果

地区	方法	处理组	对照组	差值	标准误	T-test
高山区	近邻匹配（1∶1）	3.52	3.40	0.12	0.06	2.04*
	半径匹配（ε=0.01）	3.52	3.42	0.10	0.05	1.61*
	核匹配	3.52	3.38	0.14	0.05	2.56*
半山区	近邻匹配（1∶1）	3.49	3.39	0.10	0.04	2.59**
	半径匹配（ε=0.01）	3.49	3.38	0.11	0.04	3.32**
	核匹配	3.49	3.39	0.10	0.03	3.34**
川坝河谷区	近邻匹配（1∶1）	3.54	3.39	0.15	0.11	1.94*
	半径匹配（ε=0.01）	3.54	3.39	0.15	0.11	2.12*
	核匹配	3.52	3.45	0.07	0.09	0.73*

注：**、*分别表示在5%、10%的水平上显著。

4. 精准扶贫对不同脱贫年限农户的作用效果

精准扶贫对不同脱贫年限农户的作用效果也存在显著差异（表6-14，图6-16c）。早期、近期脱贫户的3种匹配方法计算结果均在5%的水平上显著，中期脱贫户的3种匹配方法计算结果均在10%的水平上显著。其中，半径匹配法（ε=0.01）匹配后，早期脱贫户处理组的生计恢复力变化指数较对照组增加了0.22，增幅为6.61%，中期、近期脱贫户处理组较对照组分别增加了0.10、0.13，增幅分别为2.93%、3.87%；核匹配法和近邻匹配（1∶1）法计算结果再次验证上述结果的有效性。综合三种匹配方法，早期脱贫户、中期脱贫户和近期脱贫户在政策干预下生计恢复力变化指数分别提升了

表 6-14　不同脱贫年限农户的精准扶贫作用效果

脱贫时间	方法	处理组	对照组	差值	标准误	T-test
早期脱贫户（2014—2015）	近邻匹配（1∶1）	3.55	3.32	0.23	0.05	4.87**
	半径匹配（ε=0.01）	3.55	3.33	0.22	0.07	4.68**
	核匹配	3.55	3.34	0.21	0.05	4.93**
中期脱贫户（2016—2017）	近邻匹配（1∶1）	3.51	3.42	0.09	0.07	1.27*
	半径匹配（ε=0.01）	3.51	3.41	0.10	0.07	1.30*
	核匹配	3.51	3.39	0.12	0.06	1.93*
近期脱贫户（2018年以来）	近邻匹配（1∶1）	3.49	3.36	0.13	0.05	2.66**
	半径匹配（ε=0.01）	3.49	3.36	0.13	0.04	2.85**
	核匹配	3.49	3.36	0.14	0.04	3.24**

注：**、*分别表示在5%、10%的水平上显著。

6.61%、2.93%和3.87%。可见，早期脱贫户、中期脱贫户、近期脱贫户处理组较对照组农户的生计恢复力变化指数均有所提升，且早期脱贫户的扶贫效果优于近期脱贫户和中期脱贫户。究其原因，主要在于早期脱贫户发展基础较好，且在脱贫后已实现了生计转型，形成稳定的发展路径。已有研究也表明，早期脱贫农户的生计资本、生计环境和生计策略均较为优越，且逐渐形成了较为稳定的可持续发展系统（赵雪雁等；2020），而近期脱贫农户因原有生计基础较差，脱贫难度大，在脱贫政策干预下，生计恢复力增幅较大，脱贫效果较为明显。

二、影响精准扶贫对生计恢复力作用效果的关键因素

（一）研究方法

1. 指标选取

已有研究显示，精准扶贫对生计恢复力的作用效果不仅受农户内生动力的影响，也受干预措施特征以及区域特征的影响（苏芳等，2020；赵雪雁等，2020）。通常，内生动力指农户对摆脱贫困、提升福祉水平的积极性，具有较强内生发展动力的农户，往往会积极响应扶贫措施，脱贫效果较好。因此，以农户的市场关注度、未来生活期望、克服困难的信心、参与技能培训的积极性及对扶贫政策的了解程度来衡量农户的内生动力。其中，农户对未来生活的期望与克服困难的信心可有效促进自我发展能力，培育农户的"造血"功能，提升脱贫效果；技能培训参与度、市场关注度以及对扶贫政策的了解程度，不仅会提升农户生产技术水平，也有助于其树立战胜贫困的信心，不断提升脱贫能力（苏芳等，2020）。与此同时，扶贫措施多样化程度及干预强度也会直接影响脱贫效果（James et al.，2019），采用李克特五级量表对扶贫干预强度进行测量（表6-15）。

表6-15 解释变量描述

变量	测量指标	指标赋值	均值	标准差
内生发展动力	对市场的关注度	一直关注=5；经常关注=4；偶尔关注=3；有时关注=2；从来不关注=1	3.42	0.99
	对未来的生活期望	一定会变好=5；可能会变好=4；说不上=3；可能会变差=2；一定会变差=1	4.06	0.81
	克服困难信心	非常有信心=5；比较有信心=4；一般=3；比较没信心=2；非常没信心=1	4.02	0.79

续表

变量	测量指标	指标赋值	均值	标准差
内生发展动力	参与脱贫培训的积极性	非常积极=5；比较积极=4；一般=3；比较不积极=2；非常不积极=1	3.07	0.97
	政策了解程度	非常了解=5；比较了解=4；一般=3；不太了解=2；完全不了解=1	3.47	0.85
扶贫政策	扶贫干预措施多样化	享受1类=1；享受2类=2；享受3类=3；享受4类=4；享受大于5类=5	2.25	1.04
	产业扶贫强度		1.89	1.89
	电商扶贫强度		0.57	1.38
	旅游扶贫强度	干预强度：非常大=5；比较大=4；一般=3；比较小=2；非常小=1；未享受=0	0.39	1.19
	易地扶贫搬迁强度		0.25	0.98
	金融扶贫强度		0.87	1.63
	就业扶贫强度		0.83	1.47
	生态补偿扶贫强度		2.62	1.66
区域		高山区=1；半山区=2；川坝河谷区=3	1.94	0.66
脱贫时间		近期=1；中期=2；早期=3	1.42	0.98

2. 模型设计

为了探索影响精准扶贫对生计恢复力作用效果的关键因素，以农户生计恢复力变化情况作为被解释变量（Y），以农户的内生发展动力、扶贫干预措施为解释变量（x_1—x_{13}）（表6-15），以区域位置和脱贫时间为控制变量，以享受扶贫干预的农户为分析单元，采用多元线性回归模型识别影响扶贫干预效果的关键因素。具体公式如下：

$$Y = \beta_0 + \beta_1 x_1 + \beta_2 x_2 + \cdots + \beta_k x_k + \xi \tag{6.11}$$

式中，β_0为常数项，x_1, x_2, $\cdots$, x_k为解释变量，ξ为随机误差项，β_1, β_2, $\cdots$, β_k为回归系数，表示各变量对被解释变量的影响方向，其绝对值大小表示各变量对解释变量的影响程度。

（二）精准扶贫对生计恢复力作用效果的影响因素

模型检验显示，多元线性回归模型的VIF值均小于3，说明模型的解释变量不存在多重共线性，R^2为0.516，F统计量为47.518，在0.00水平上显著，说明模型拟合较好（表6-16）。

表 6-16　模型参数估计系数与检验

	变量	B	标准误	VIF
内生发展动力	市场关注度	0.015**	0.006	1.129
	未来生活期望	0.037***	0.008	1.326
	克服困难的信心	0.022***	0.008	1.280
	参与技能培训的积极性	0.031***	0.006	1.241
	扶贫政策了解程度	0.048***	0.007	1.260
扶贫政策	扶贫干预措施多样化	0.029***	0.009	2.812
	产业扶贫强度	0.014***	0.004	1.686
	电商扶贫强度	0.012***	0.004	1.115
	旅游扶贫强度	0.019***	0.005	1.126
	易地扶贫搬迁强度	0.006	0.007	1.314
	金融扶贫强度	0.000	0.004	1.431
	就业扶贫强度	0.001	0.004	1.256
	生态补偿扶贫强度	0.007**	0.004	1.132
控制变量	区域	−0.026***	0.009	1.124
	脱贫时间	−0.008	0.006	1.145
	F	47.518	Sig.	0.000
	R^2	0.516	D-W	1.567

注：***、**、*分别表示在1%、5%、10%的水平上显著。

结果显示，市场关注度、未来生活期望、克服困难的信心、参与技能培训的积极性、扶贫政策了解程度、扶贫干预措施多样化、产业扶贫强度、电商扶贫强度、旅游扶贫强度和生态补偿扶贫强度均对扶贫干预效果产生正向影响。具体来看，农户的市场关注度在5%的水平上显著，而其对未来生活期望、克服困难的信心、参与技能培训的积极性以及对扶贫政策的了解程度均在1%的水平上显著，上述影响因素每增加一个单位，农户生计恢复力变化指数值分别增加0.015、0.037、0.022、0.031和0.048个单位。调查发现，自身发展动力较强的农户，对市场关注度、对未来生活的期望值也会越高，更具有克服困难的信心，并愿意主动参加技能培训、深入了解相关政策，他们通常会积极响应帮扶政策，主动寻找发展机会。王蓉等（2020）研究发现农户内生动力的提升会帮助其实现生计策略转型，并降低其对自然环境的依赖。管睿等（2019）也指出内生动力对生计资本的利用水平及生计策略的选择产生影响，促使家庭收入的增加。

扶贫干预措施的多样化程度、产业扶贫强度、电商扶贫强度、旅游扶贫强度均在1%的水平上显著，生态补偿扶贫强度在5%的水平上显著，上述影响因素每增加一个单位，农户生计恢复力变化指数分别增加0.029、0.014、0.012、0.019、0.007个单位，而区域位置对扶贫干预效果产生了显著的负向影响。调查中发现，电商扶贫、旅游扶贫对陇南山区的经济结构、社会文化、资源配置、生态环境及农户的生计能力均产生了重要影响，并成为促进当地农业增效、农民增收、农村发展的新途径。截至2020年，陇南市已培育销售额千万元以上的电商网点102户，并获得"国家电子商务示范市"称号，同时接待游客达到2 170万人，实现旅游综合收入117.4亿元。在政策干预中，扶贫政策干预方式的多样化程度对扶贫干预效果影响更显著。究其原因，虽然针对性的干预措施能有效缓解贫困，但由于陇南山区农村贫困具有多维性，且致贫原因复杂，单一扶贫干预措施具有局限性，而多元政策干预以多维度为切入点，通过复杂的多重反馈机制，可增强贫困农户的生计恢复力，保障其生计可持续发展。王志章等（2017）也发现，扶贫干预方式的多元化将促使减贫效果更明显，多种扶贫方式的有机组合更有助于减少农村贫困并促进生计可持续。但多种干预措施叠加后，受农户自身能力及外部环境等因素的影响，脱贫效果的增幅会呈现一定的边际效应递减特征。此外，生态补偿扶贫强度也对扶贫干预效果产生显著正向影响，主要原因在于生态补偿扶贫在改善生态环境的同时，也促进了农户生计资本调整与生计策略多样化选择。吴和金（Wu and Jin，2020）发现生态补偿扶贫在缩小贫富差距、创造就业机会、提升农户收入方面均发挥了重要作用；赵雪雁等（2013）则指出生态补偿扶贫有利于农户生计总资本及生计多样化指数的增加。

（三）精准扶贫对生计恢复力的影响机理

实施多元精准扶贫政策不仅会增强农户自身的生计能力，也会提升整体外部环境。多元化的干预措施通过"人、财、物"的形式作用于农户，将其关注点和行动决策逐步转移到强化致富动能的状态，在不断调整和优化各类生计资本结构的基础上，增强农户的发展能力与内生动力，实现资本禀赋、社会网络与自身能力等生计要素的深度融合，从根本上提升农户生计恢复力（李小云等，2019）。精准扶贫对生计恢复力的影响机理见图6-17。

具体来看，产业扶贫政策通过免费提供种苗化肥等生产材料、产业资金奖补、开展技术培训以及加入合作社或龙头企业等举措，对提高农户生计恢复力起到了积极的作用。其中，免费的种苗化肥及产业资金奖补增加了物质资本和金融资本，从而为农

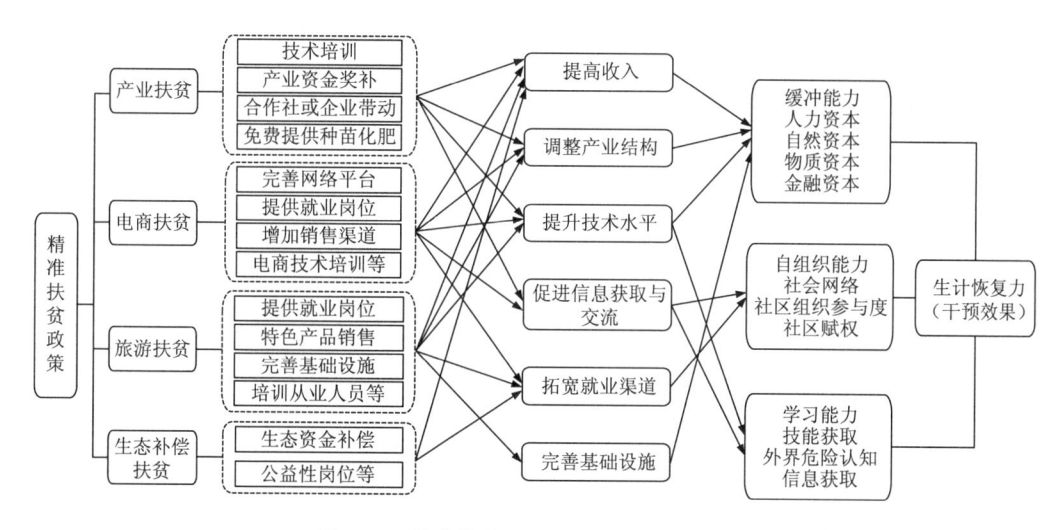

图 6-17　精准扶贫对生计恢复力的影响机理

户提供了发展产业的基础；技术培训通过引进农林畜牧业等专业技术人员，破除了农户参与产业发展的技术障碍，并扩展其社会网络规模促进自组织能力提升；农民专业合作社或龙头企业的融合模式为农户提供了农业技术支持，并通过回购特色农产品来保障收入权益，拓宽其增收渠道，提升生计恢复力。电商扶贫和旅游扶贫则利用电子商务和乡村旅游平台，增加了农产品销售渠道，并对从业者进行技术培训提高其人力、金融资本使其缓冲能力得到提升，在参与产业链的过程中增加了信息交流机会、通过提高社区组织参与度增强其自组织能力，而技术培训与信息交流的过程又加强了农户的学习能力，随着新型业态的发展不断完善的基础设施服务也成为降低生计风险、保障产业发展的助推器。生态补偿扶贫则利用生态资金补偿和公益性岗位等措施在提高其金融资本的基础上拓宽就业渠道、增加收入来源，并促进农户缓冲能力和自组织能力的提升。政策干预对农户生计恢复力的提升起到了决定性作用，在增强家庭自身发展能力的基础上激励了农户发展意愿与信心，彼此之间形成了良性循环，作用于农户生计的长久发展。

总体来看，精准扶贫对陇南山区农户的生计恢复力具有显著的提升作用，但不同扶贫干预方式产生的作用效果存在显著差异。因此，急需进一步优化陇南山区的扶贫干预方式，降低脱贫农户的返贫风险。一方面，陇南山区应继续激发农户内生动力，依据实际产业发展和农户需求加强技能培训，通过"扶志"与"扶智"，加强农户的技能与能力，引导其积极响应干预政策，主动寻找发展机会和发展路径，促进农户生计转型；另一方面，应基于多元要素精准识别帮扶群体，以确保干预措施实施的效益最大化。对于扶贫干预效果较差的农户，在多方举措提升其内生动力的同时，应加强教育、交通等公共服务与基础设施建设，稳固发展基础，同时大力发展"订单农业"，利用与合作社、公司的合作稳定农产品销量及价格，降低农户生计风险，防止返贫；对于扶贫干预效果较好的农户，应继续发挥其"示范效应"，不断创新发展模式，充分利用"互联网""大数据"优势，借助淘宝、拼多多、快手等平台进行旅游项目宣传与特色农产品销售，改善农户的生计环境，优化农户的生计策略，从而增强农户的生计恢复力。

第四节 脱贫农户的生计可持续性

2020 年打赢脱贫攻坚战后，中国将进入一个以次生贫困与相对贫困为主的新阶段，扶贫目标群体也将转变为转型贫困群体与潜在贫困群体（周扬等，2018）。在后脱贫时代，增强脱贫农户的生计可持续性、防止返贫，不仅是新时期农村扶贫的现实需求，更是推动乡村振兴战略的客观要求（汤青等，2018）。因此，综合评估脱贫农户的生计可持续性，探明不同类型脱贫农户实现可持续生计的障碍因子，可为新时期脱贫山区后续帮扶政策的实施与调整提供参考。

一、脱贫农户的生计可持续性

（一）数据来源

研究所需的社会经济数据来自《甘肃省统计年鉴》《陇南市统计年鉴》；海拔数据来自地球系统科学数据共享平台（www.geodata.com）；脱贫农户的相关数据通过问卷调查获取。2019 年 6 月，课题组成员在陇南市武都区进行了预调查，根据预调查结果对问卷做了修改完善；2019 年 7—8 月，利用大学生暑期社会实践的机会，由来自生源地陇南市的在校大学生担任调查员进行入户调查。为了确保问卷质量，特对调查员进行了研究目标、样本抽取方法、调查内容、调查方法等方面的培训。调查采取"乡镇—村—脱贫农户[①]"分层随机抽样方式在陇南山区随机抽取 18 个乡镇，每个乡镇随

---

① 脱贫农户是指依据国家和《甘肃省精准脱贫验收标准及认定程序》，年人均纯收入稳定超过国家扶贫标准且"两不愁三保障"全部达标后验收通过的建档立卡贫困户。

机抽取 4—6 个村，每个村抽取 40—50 户脱贫农户进行入户调查。调查中，采用面对面调查形式，每户调查时间约 15 分钟。共调查 81 个村、3 600 户脱贫农户，删除信息不全的问卷，最终收回有效问卷 3 527 份，有效问卷比例为 97.97%。

（二）研究方法

1. 农户的类型划分

为了更好地识别不同脱贫农户的生计可持续性，综合已有研究（刘艳华、徐勇，2015），结合陇南山区的实际情况，对脱贫农户进行类型划分。根据生计策略，可分为传统务农型脱贫户（务农收入占家庭收入比重≥60%）、务工型脱贫户（务工收入占家庭收入比重≥60%）、补贴型脱贫户（转移收入及各类补贴收入占家庭收入比重≥60%）、农工互补型脱贫户（务农与务工收入分别占家庭收入的 30%—60%）及综合型脱贫户（上述比重以外）；根据不同地貌类型，可分为高山村农户、半山村农户和川坝河谷村农户三种类型；根据脱贫年份，可分为 2014 年脱贫户、2015 年脱贫户、2016 年脱贫户、2017 年脱贫户、2018 年脱贫户。

2. 生计可持续性评估方法

（1）指标选取

准确评估脱贫农户的生计可持续性不仅是科学实施精准扶贫战略的关键环节和首要任务，也是精准脱贫研究中要解决的重要科学问题。生计可持续是指人们有能力加强与确保他们未来的生计。英国国际发展部（DFID）提出的可持续生计分析框架为开展脱贫农户的生计可持续性评估提供了行动指南，该框架指出生计系统由脆弱性背景、生计资本、政策和制度转变、生计策略及生计结果等生计要素组成，诸要素间通过多重反馈，共同促进生计系统的演化。其中，脆弱性背景作为人们生活在其中的外部环境，影响着生计资产的可得性与可控性，是实现生计可持续的关键载体（Obrist *et al.*, 2010）；生计资本是实现生计可持续的核心要素，直接影响着生计活动的选择与结果；生计策略作为人们实现生计目标的活动与选择的组合，是实现生计可持续的重要手段（刘艳华、徐勇，2015；何仁伟等，2017）；在一定生计环境中，生计资产通过生计策略而结合在一起，产生期望的生计结果（例如增加收入、改善福利、减少脆弱性及改善环境等）；制度过程以及组织结构不仅影响着生计资产的可得性与可控性，而且影响着生计资本之间的交换条件及生计策略的选择（Obrist *et al.*, 2010）。基于此，本研究从生计资本、生计策略及生计环境（主要考察脆弱性背景）等维度出发，构建了脱贫农户的生计可持续性评价指标体系，考察脱贫农户的生计是否可持续（表 6-17）。

表 6-17　脱贫农户生计可持续性评价指标体系

测量维度	一级指标	二级指标	指标定义及赋值	均值	标准差	作用方向
生计资本可持续性	人力资本	劳动力数量	18—60岁家庭成年劳动力数量	2.75	1.20	+
		劳动力受教育水平	劳动力的受教育年限之和/劳动力数量	7.40	2.85	+
		家庭成员健康状况	家庭中患病人数占总人数比例（%）	14.62	21.67	−
	自然资本	生物生产面积	耕地面积×2.8+牧草面积×0.5+林地面积×1.1+鱼塘×0.2+林果面积×1.1	28.43	23.09	+
	物质资本	人均住房面积	住房面积/家庭规模	27.14	14.72	+
		是否有卫生厕所	有=1；无=0	1.42	0.49	+
	金融资本	人均收入	家庭年收入与总人数之比	6 209.15	2 993.43	+
	社会资本	是否加入农民专业合作社	是=1；否=0	0.59	0.49	+
		是否通广播电视	是=1；否=0	0.96	0.19	+
		是否有龙头企业带动	是=1；否=0	0.17	0.38	+
		是否有创业致富带头人带动	是=1；否=0	1.00	0.02	+
		人均参加各种保险的数量	参加各种保险的总人次/家庭总人口	3.14	0.79	+
生计策略可持续性	环境资源依赖性	农业收入比重	农业收入占家庭收入的比重	27.70	25.53	−
		生活能源来源	清洁能源=1；煤炭=2；干畜粪/柴草/其他=3	2.69	0.57	−
	劳动能力依赖性	外出务工人员受教育水平	文盲=1；小学=2；初中=3；高中=4；大专及以上=5	2.13	1.14	+
		外出务工者比例	外出务工人数/家庭总人数	31.26	22.41	+
	政策制度依赖性	政策补贴型收入比重	各类补贴收入/家庭总收入	8.97	15.47	+
生计环境可持续性	自然环境	海拔	农户所在村的海拔（m）	1 401.32	266.81	−
	交通通达性	与村主干道距离	1km 以内=5；[1—3) km=4；[3—5) km=3；[5—10) km=2；10km 以上=1	4.33	0.99	+
		入户道路类型	泥土路=1；砂石路=2；水泥路=3；沥青路=4	2.05	0.97	+
		市场便利度	到大型综合类市场的时间	10 分钟以内=5；[10—30) 分钟=4；[30—60) 分钟=3；[60—90) 分钟=2；90 分钟以上=1	2.21	1.19	+

通常，拥有较多生计资本的人们往往具有更多的选择权及较强的处理胁迫和冲击、发现和利用机会的能力（赵雪雁，2011），生计可持续性水平较高（王振振、王立剑，2019），故采用脱贫农户拥有的自然资本（张志强等，2001）、物质资本、金融资本、人力资本及社会资本存量来测量其生计资本丰度；高效的生计策略有助于产出期望的生计结果，并形成正反馈环，增强生计可持续性。研究发现，当人们成功地采取一种更高回报的生计策略时，其收入及福祉会向上流动；而当其采取较低回报的生计策略时，其收入与福祉会向下流动（Jiao et al.，2017）。山区生态环境脆弱，高度依赖于环境资源的生计策略不仅会加剧生态环境退化，还会影响农户增收，致使农户的生计可持续性较低，已有研究也发现贫困家庭对环境资源的依赖度往往较高（Charlery and Walelign，2015）。此外，严重依赖于政府补贴的生计策略，自我造血功能不足，致使农户缺乏保障未来生计的能力，生计可持续性较差。以非农化为主的生计多样化不仅有利于增加农户收入、减少饥荒威胁、降低生计脆弱性，更有利于减轻生态压力（赵雪雁，2013），从而促使农户向上流动，生计可持续性增强。目前，贫困山区大部分农户依赖其劳动能力，通过外出打工实现了脱贫。鉴于此，利用环境资源依赖度、劳动能力依赖度及政策补贴依赖度来测量生计策略效益；良好的生计环境不仅有利于降低生计风险的发生概率，减轻农户的生计脆弱性，而且有利于增强资产可得性、优化生计策略，从而提高农户的生计可持续性，故采用自然环境、市场便利度、交通通达性来测量生计环境质量。通常，自然环境越恶劣，农户的生计环境质量越差（何仁伟等，2017），而市场便利度及交通通达性越高，农户的生计环境质量越高（李君等，2016）。

（2）模型设计

首先，采用标准差标准化方法对测量指标值进行标准化处理。其中：

$$\text{正向指标：} Y_{Sij}=(X_{ij}-X_{j\min})/(X_{j\max}-X_{j\min}) \tag{6.12}$$

$$\text{负向指标：} Y_{Sij}=(X_{j\max}-X_{ij})/(X_{j\max}-X_{j\min})$$

式中，Ys_{ij}为第 i 个脱贫农户 j 指标的标准化值，X_{ij} 为第 i 个脱贫农户的 j 指标值，$X_{j\max}$ 为 j 指标的最大值，$X_{j\min}$ 为 j 指标的最小值。

然后，采用等权重加权法计算脱贫农户生计可持续指数。计算公式如下：

$$C_i=\frac{1}{5}(H_i+N_i+S_i+P_i+F_i) \tag{6.13}$$

$$S_i=\frac{1}{3}(R_{ci}+A_{bi}+P_{oi}) \tag{6.14}$$

$$E_i = \frac{1}{3}(E_{ni} + T_{ci} + M_{ki}) \tag{6.15}$$

$$LS_i = \frac{1}{3}(C_i + S_i + E_i) \tag{6.16}$$

式（6.13-6.16）中，LS_i 为第 i 个脱贫农户的生计可持续指数；C_i 为第 i 个脱贫农户的生计资本丰度指数；S_i 为第 i 个脱贫农户的生计策略效益指数；E_i 为第 i 个脱贫农户的生计环境质量指数；式（6.13）中，H_i、N_i、S_i、P_i、F_i 分别为第 i 个脱贫农户的人力资本指数、自然资本指数、社会资本指数、物质资本指数及金融资本指数；式（6.14）中，R_{ci}、A_{bi}、P_{oi} 分别为第 i 个脱贫农户的环境资源依赖度、劳动能力依赖度、政策制度依赖度；式（6.15）中，E_{ni}、T_{ci}、M_{ki} 分别为第 i 个脱贫农户的自然环境质量指数、交通通达度、市场便利度。LS_i、C_i、S_i、E_i 均介于 0—1 之间，指数越大代表脱贫农户的生计可持续性越强、生计资本丰度越高、生计策略效益越强、生计环境质量越优良。

为了进一步对比分析不同类型农户的生计可持续性差异，采用 K 值聚类法（王新越、朱文亮，2019）将陇南山区脱贫农户的生计资本丰度指数、生计策略效益指数、生计环境质量指数及生计可持续指数划分为三个等级（表 6-18）。

表 6-18　生计可持续指数的等级划分

指数	等级	取值区间	等级	取值区间	等级	取值区间
生计资本丰度指数	丰裕	>0.350 2	一般	0.262 0—0.350 2	紧缺	<0.262 0
生计策略效益指数	高	>0.640 8	一般	0.469 2—0.640 8	低	<0.469 2
生计环境质量指数	良好	>0.679 4	一般	0.467 3—0.679 4	恶劣	<0.467 3
生计可持续指数	可持续	>0.514 9	一般	0.420 2—0.514 9	不可持续	<0.420 2

（三）脱贫农户的生计可持续性

1. 脱贫农户的生计资本

陇南山区脱贫农户的生计资本丰度指数为 0.295，处于一般等级（参见表 6-18 的等级划分）。

其中，多独立样本 Median 检验发现，不同类型脱贫农户的生计资本丰度存在显著差异。从不同区域来看，自高山区、半山区到川坝河谷区，脱贫农户的生计资本丰度依次下降（图 6-18a），但不同区域脱贫农户最缺乏的生计资本均为自然资本与金融资本，其中川坝区河谷脱贫农户的自然资本尤为短缺，其自然资本指数仅为 0.047（图 6-18b）。究其原因，这与陇南山区的耕地资源禀赋及农户收入状况有关，该区耕地资源紧缺，仅占土地总面积的 19.76%，人均耕地面积为 2.89 亩，但多为坡耕地。2018 年该区农民人均纯收入仅为 7 012 元，分别相当于甘肃省及全国平均水平的 79.65%、47.97%，这也说明提高脱贫农户的收入、加强高标准农田建设、提高耕地生产能力仍是陇南山区新时期脱贫工作的重要任务。从不同脱贫时间来看，早期脱贫农户的生计资本丰度较低，后期脱贫农户的生计资本丰度较高，且随脱贫时间的向后推移，脱贫农户的社会资本、自然资本呈增长趋势，但人力资本呈下降趋势（图 6-18c）。从不同生计策略来看，务工型脱贫农户的生计资本最丰裕，其次为综合型脱贫农户，传统务农型脱贫农户的生计资本最贫乏；相比而言，传统务农型脱贫农户的物质资本与社会资本均较低，补贴型脱贫农户的金融资本较高，但人力资本较低，农工互补型脱贫农户虽拥有较高的人力资本，但金融资本及社会资本较低（图 6-18d）。

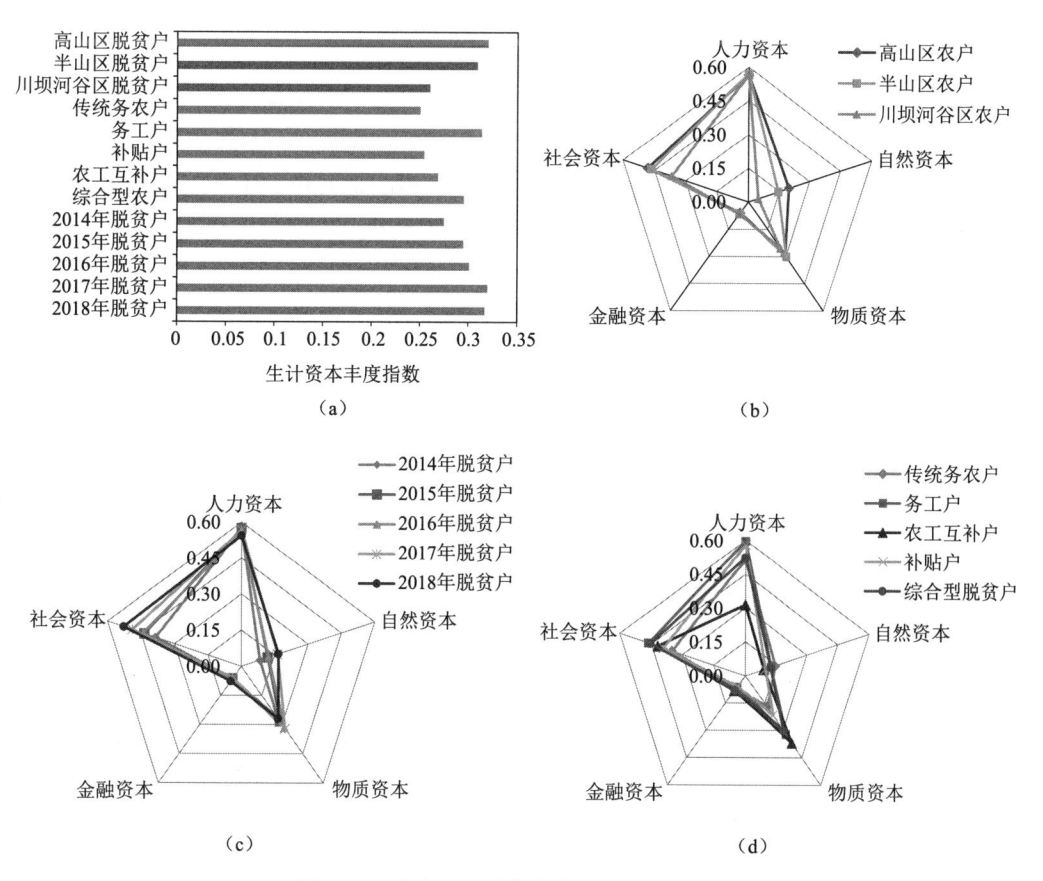

图 6-18 陇南山区脱贫农户的生计资本丰度

人力资本指数为 0.568，对生计资本丰度的贡献度最高；而金融资本指数仅为 0.065，对生计资本丰度的贡献度最小。从生计资本丰度看，生计资本丰裕型脱贫农户仅占样本总量的 27.62%，而生计资本紧缺型脱贫农户占到 40.32%（表 6-19）。可见，生计资本缺乏依然是阻碍陇南山区脱贫农户生计可持续的关键因子。具体来看，人力资本丰裕型脱贫农户较多，其比重达 53.36%，而金融资本丰裕型脱贫农户较少，其比重仅为 0.14%。

表 6-19 陇南山区脱贫农户的生计资本丰度类型

生计资本丰度	自然资本指数		人力资本指数		物质资本指数		金融资本指数		社会资本指数		生计资本指数	
	比重%	均值	比重%	均值	比重%	均值	比重%	均值	比重%	均值	比重%	均值
丰裕	5.98	0.371	53.36	0.660	2.27	0.726	0.14	0.658	16.22	0.728	27.62	0.395
一般	36.86	0.182	42.56	0.494	39.41	0.571	2.55	0.191	81.57	0.388	32.07	0.306
紧缺	57.16	0.054	4.08	0.123	58.32	0.079	97.31	0.060	2.21	0.104	40.32	0.218

2. 脱贫农户的生计策略

陇南山区脱贫农户的生计策略效益指数为 0.573，处于一般等级（参见表 6-18 的等级划分）。多独立样本 Median 检验发现，不同类型脱贫农户的生计策略效益指数也存在显著差异（表 6-20）。从不同区域来看，自川坝河谷区、半山区到高山区，脱贫农户的生计策略效益指数依次降低；其中，高山区脱贫农户对环境资源、政策制度的依赖性远高于半山区及川坝河谷区脱贫农户，而河谷川坝区脱贫农户对劳动能力的依赖性要高于高山区与半山区脱贫农户。从不同生计策略来看，务工型脱贫农户的生计策略效益最强，农工互补型脱贫农户次之，补贴型脱贫农户最低；与其他类型脱贫农户相比，补贴型脱贫农户对环境资源的依赖性较低，而务工型脱贫农户对政策制度的依赖性较低，务农型脱贫农户则对劳动能力的依赖性较低。从不同脱贫时间来看，早期脱贫农户的生计策略效益指数较高，而后期脱贫农户的生计策略效益指数较低；随脱贫时间的向后推移，脱贫农户的生计策略效益呈下降趋势。

表 6-20 陇南山区脱贫农户的生计策略效益

类型	具体分类	环境资源依赖度	劳动能力依赖度	政策制度依赖度	生计策略效益指数
不同地貌区	高山区脱贫户	0.637	0.288	0.092	0.520
	半山区脱贫户	0.584	0.357	0.091	0.561
	川坝河谷区脱贫户	0.491	0.417	0.085	0.613

续表

类型	具体分类	环境资源依赖度	劳动能力依赖度	政策制度依赖度	生计策略效益指数
不同脱贫时间	2014年脱贫户	0.528	0.385	0.075	0.594
	2015年脱贫户	0.571	0.376	0.087	0.573
	2016年脱贫户	0.549	0.374	0.112	0.571
	2017年脱贫户	0.593	0.350	0.086	0.557
	2018年脱贫户	0.611	0.327	0.126	0.530
不同生计方式	务农型脱贫户	0.853	0.138	0.072	0.404
	务工型脱贫户	0.493	0.419	0.043	0.628
	农工互补型脱贫户	0.644	0.400	0.047	0.570
	补贴型脱贫户	0.396	0.173	0.675	0.367
	综合型脱贫户	0.527	0.372	0.277	0.523
全体脱贫农户平均值		0.560	0.369	0.090	0.573

从生计策略效益来看，陇南山区生计策略高效型脱贫农户比重仅为26.20%，低效型脱贫农户占16.84%。具体来看，政策制度依赖性高的脱贫农户较少，其比重仅为3.26%，但环境资源依赖度及劳动能力依赖度高的脱贫农户比重分别为22.65%、19.34%（图6-19）。

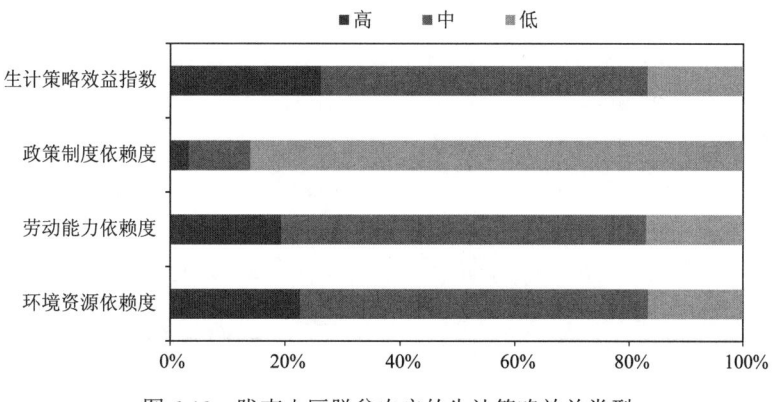

图6-19 陇南山区脱贫农户的生计策略效益类型

3. 脱贫农户的生计环境

陇南山区脱贫农户的生计环境质量指数为0.532，处于一般等级（参见表6-18的等级标准）。其中，市场便利度相对较差，其指数仅为0.302，而自然环境质量相对较好，其指数为0.705（表6-21）。多独立样本Median检验发现不同类型脱贫农户的生计环境质量也存在差异。从不同区域来看，自川坝河谷区、半山区到高山区，脱贫农户的生计环境质量依次下降；其中，高山区脱贫农户的自然环境质量及市场便利度远低于川坝河谷区脱贫农户。从不同生计策略看，农工互补型脱贫农户的生计环境质量最好，而务农型与务工型脱贫农户的生计环境质量较差，这也在一定程度上说明生计环境恶劣是大批脱贫农户外出打工的主要原因。与其他类型农户相比，农工互补型脱贫农户的自然环境及交通通达度较好，而补贴型脱贫农户的市场便利度较好。从脱贫时间看，早期脱贫农户的生计环境质量较好，而后期脱贫农户的生计环境质量相对较差；随脱贫时间的向后推移，脱贫农户的生计环境质量呈下降趋势。

表 6-21　陇南山区脱贫农户的生计环境质量

	农户类型	自然环境	交通通达度	市场便利度	生计环境可持续性
不同地貌区	高山区脱贫户	0.301	0.607	0.133	0.347
	半山区脱贫户	0.640	0.520	0.192	0.451
	川坝河谷区脱贫户	0.951	0.729	0.573	0.751
不同脱贫时间	2014 年脱贫户	0.749	0.655	0.376	0.593
	2015 年脱贫户	0.706	0.648	0.303	0.552
	2016 年脱贫户	0.673	0.602	0.354	0.543
	2017 年脱贫户	0.658	0.473	0.204	0.445
	2018 年脱贫户	0.669	0.451	0.153	0.424
不同生计方式	务农型脱贫户	0.580	0.621	0.299	0.500
	务工型脱贫户	0.717	0.558	0.263	0.513
	农工互补型脱贫户	0.738	0.689	0.423	0.617
	补贴型脱贫户	0.726	0.627	0.434	0.596
	综合型脱贫户	0.731	0.579	0.312	0.541
全体农户平均值		0.705	0.590	0.302	0.532

从脱贫农户的生计环境质量来看（表 6-22），生计环境良好的脱贫农户比重为 30.31%，生计环境恶劣的脱贫农户达 44.46%。具体来看，自然环境良好型脱贫农户比重为 30.03%，但市场便利度良好型脱贫农户仅占 13.16%，恶劣型脱贫农户比重高达 41.25%。

表 6-22 陇南山区脱贫农户的生计环境质量类型

生计环境可持续类型	自然环境		交通通达度		市场便利度		生计环境质量指数	
	比重%	均值	比重%	均值	比重%	均值	比重%	均值
良好	30.03	0.951	50.18	0.793	13.16	0.827	30.31	0.766
一般	58.95	0.648	38.02	0.459	45.59	0.423	25.23	0.591
恶劣	11.03	0.336	11.79	0.149	41.25	0.000	44.46	0.340

4. 脱贫农户的生计可持续性

陇南山区脱贫农户的生计可持续性指数为 0.47，处于一般等级。其中，生计可持续型脱贫户仅占 28.44%，不可持续型脱贫户占到 28.83%。多独立样本 Median 检验发现不同类型脱贫农户的生计可持续性存在差异（图 6-20）。从不同区域来看，自川坝河谷区、半山区到高山区，脱贫农户的生计可持续性依次降低；其中，川坝河谷区脱贫农户的生计环境质量指数较高，而高山区与半山区脱贫农户的生计策略效益指数较高；究其原因，主要在于川坝河谷区交通通达度高、市场便利、自然环境较优越，且农户的金融资本相对充足，生计策略已开始逐步转型，而高山区农户的生计策略转型迟缓，且生计环境质量相对较差。从不同生计方式来看，务工型与农工互补型脱贫农户的生计可持续性较强，而务农型脱贫农户的生计可持续性较低，且除务工型脱贫农户外，其余脱贫农户的生计环境质量指数均高于其生计策略效益指数及生计资本丰度指数；调查发现，外出打工已成为贫困山区农户提高生计可持续性的主要措施，许多农户都

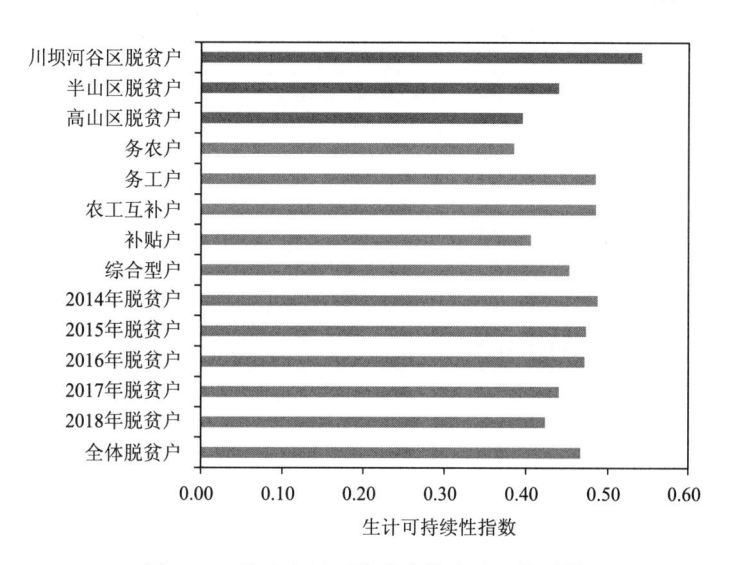

图 6-20 陇南山区脱贫农户的生计可持续性

提到"家里只要有一个人外出打工，日子就比较好"，但他们也提到"因缺乏技术，只能从事体力劳动，收入较低"的问题。从脱贫时间来看，早期脱贫农户的生计可持续性较强，后期脱贫农户的生计可持续性较差；调查中发现，早期脱贫户的生计环境质量及生计策略效益均优于后期脱贫户，生计环境较好的地区，因脱贫阻力小率先脱贫，而越到后期，脱贫难度越大，且早期脱贫户的生计策略已开始转型，但因生计资本积累的贡献度较小，致使早期脱贫户的生计资本丰度低于后期脱贫户。

陇南山区生计不可持续脱贫农户的情况见图6-21。具体来看，从高山区、半山区到川坝河谷区，生计不可持续型脱贫农户的比重依次下降，高山区该比重达61.82%，川坝河谷区仅为2.82%；从生计方式看，传统务农型与补贴型脱贫农户中生计不可持续的比重较高，而农工互补型与务工型脱贫农户中该比重较低；从脱贫时间看，早期脱贫农户中生计不可持续的比重较低，而后期脱贫农户中该比重较高，且随脱贫时间的推移，脱贫农户中生计不可持续的比重呈增加趋势。

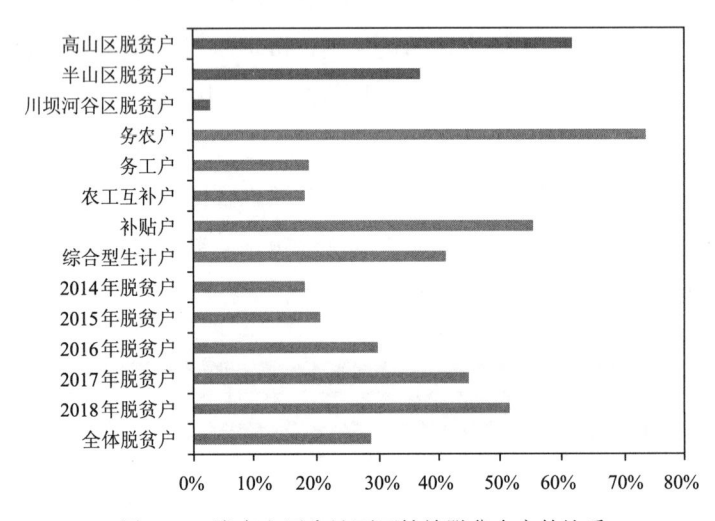

图 6-21　陇南山区生计不可持续脱贫农户的比重

二、脱贫农户的生计障碍识别

（一）研究方法

基于生计不可持续型脱贫农户的生计资本丰度指数、生计策略效益指数及生计环境质量指数的聚类结果，将处于紧缺（不可持续或恶劣）组别的要素作为该脱贫农户面临的障碍因子（何仁伟等，2017）。根据障碍因子的组合类型，可将脱贫农户面临的生计障碍分为不同类型（表6-23）。

表 6-23　生计障碍类型的划分

生计障碍类型	障碍因子
多维资本阻滞型	两种及以上生计资本
多维资本—策略阻滞型	生计策略和两种及以上生计资本
多维资本—环境阻滞型	生计环境和两种及以上生计资本
单维资本—环境阻滞型	生计环境和一种生计资本
多重要素阻滞型	生计策略、生计环境和一种及以上生计资本

（二）脱贫农户的生计障碍

准确识别脱贫农户的生计障碍是进行有效干预的前提（周宏浩、陈晓红，2018）。陇南山区面临多维资本—环境阻滞型及多重要素阻滞型障碍的脱贫农户较多，分别占生计不可持续型脱贫农户的 36.17%、32.45%，面临多维资本阻滞型障碍的脱贫农户较少，其比重仅为 1.57%（图 6-22）。不同类型的生计不可持续脱贫农户面临的生计障碍存在差异。从不同区域来看，面临多重要素阻滞型障碍的以高山区脱贫农户居多，面临多维资本—环境阻滞型障碍的以半山区脱贫农户居多，川坝河谷区农户面临多维资本—策略阻滞型障碍的占比最大；从不同生计策略来看，生计不可持续型务农户与综合户中面临多重要素阻滞型障碍的较多，而务工户与农工互补户中较多的为多维资本—环境阻滞型障碍，补贴户中则为多维资本—策略阻滞型；从脱贫时间来看，2014年生计不可持续脱贫农户中面临多维资本—环境阻滞型障碍的较多，而 2015 年与 2016 年中较多的为多重要素阻滞型障碍，2017 年与 2018 年则为多维资本—环境阻滞型障碍。

总体来看，陇南山区脱贫农户的生计可持续发展仍然面临诸多挑战，亟需对陇南山区农户进行多维生计干预，将生计资本提升、生计环境改善、生计策略转型优化组合在一起，充分发挥生计要素之间的多重反馈关系，形成生计要素之间的良性循环，才可有效提高脱贫农户生计的可持续性，有效巩固脱贫成果（Jiao et al., 2017）。鉴于此，首先应通过加大高标准农田建设力度、充分发挥各类信贷作用、积极开展技能培训等措施，提高脱贫农户的紧缺型资本存量，激活生计资本之间的转化性及带动性；

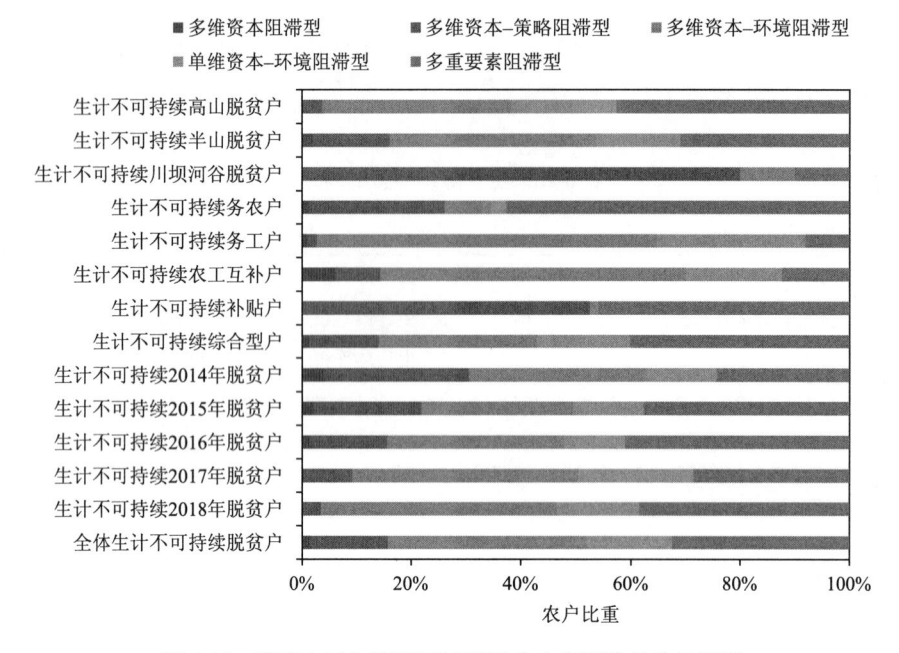

图 6-22　陇南山区生计不可持续脱贫农户面临的生计障碍

其次，应加大对脱贫农户的产业支持力度，切实推动"三变"改革，鼓励脱贫农户发展特色种养业和林下经济，引导脱贫农户及农民合作组织发展适度规模经营，延伸农业产业链。同时，加大产业融合力度，发挥"互联网+""乡村旅游+"的优势，充分利用电商平台及其他新媒体，拓宽特色农产品及旅游产品的销售渠道，促使脱贫农户的生计策略提质增效。最后，应结合美丽乡村建设，加大基础设施建设投资力度，改善交通通信状况，提高乡村集市的服务能力，健全特色农产品"线上+线下"销售渠道。

参 考 文 献

[1] 艾大宾、马晓玲："中国乡村社会空间的形成与演化"，《人文地理》，2004 年第 5 期。
[2] 曹智、李裕瑞、陈玉福："城乡融合背景下乡村转型与可持续发展路径探析"，《地理学报》，2019 年第 12 期。
[3] 陈佳等："旅游发展背景下乡村适应性演化理论框架与实证"，《自然资源学报》，2020 年第 7 期。
[4] 陈佳、杨新军、尹莎："农户贫困恢复力测度、影响效应及对策研究"，《中国人口·资源与环境》，2016 年第 1 期。
[5] 陈良敏、丁士军、陈玉萍："农户家庭生计策略变动及其影响因素研究：基于 CFPS 微观数据"，《财经论丛》，2020 年第 3 期。
[6] 樊新生等："农户活动空间选择的影响因素及其收入效应：河南省农户调查与实证"，《地理科学》，2014 年第 8 期。
[7] 付少平、赵晓峰："精准扶贫视角下的移民生计空间再塑造研究"，《南京农业大学学报》（社会

科学版), 2015 年第 6 期。

[8] 戈大专、龙花楼、乔伟峰:"改革开放以来我国粮食生产转型分析及展望",《自然资源学报》, 2019 年第 3 期。

[9] 管睿、王文略、余劲:"可持续生计框架下内生动力对农户家庭收入的影响",《西北农林科技大学学报》(社会科学版), 2019 年第 6 期。

[10] 何仁伟等:"可持续生计视角下中国农村贫困治理研究综述",《中国人口·资源与环境》, 2017 年第 11 期。

[11] 何仁伟等:"基于可持续生计的精准扶贫分析方法及应用研究:以四川凉山彝族自治州为例",《地理科学进展》, 2017 年第 2 期。

[12] 何艳冰、黄晓军、杨新军:"快速城市化背景下城市边缘区失地农民适应性研究:以西安市为例",《地理研究》, 2017 年第 2 期。

[13] 黄征学等:"中国长期减贫,路在何方?——2020 年脱贫攻坚完成后的减贫战略前瞻",《中国农村经济》, 2019 年第 9 期。

[14] 李伯华等:"传统村落人居环境转型发展的系统特征及动力机制研究:以江永县兰溪村为例",《经济地理》, 2019 年第 8 期。

[15] 李聪、刘若鸿、许晏君:"易地扶贫搬迁、生计资本与农户收入不平等:来自陕南的证据",《农业技术经济》, 2019 年第 7 期。

[16] 李二玲等:"农业结构调整与中国乡村转型发展:以河南省巩义市和鄢陵县为例",《地理科学进展》, 2018 年第 5 期。

[17] 李广东等:"生计资产差异对农户耕地保护补偿模式选择的影响:渝西方山丘陵不同地带样点村的实证分析",《地理学报》, 2012 年第 4 期。

[18] 李君等:"社会经济因素对乡村聚落区位影响的适宜性评价分析:以云南环洱海地区为例",《经济地理》, 2016 年第 8 期。

[19] 李文龙、匡文慧:"草原牧区旅游发展对牧户生计的影响:以内蒙古希拉穆仁草原为例",《地理科学》, 2019 年第 1 期。

[20] 李小云、许汉泽:"2020 年后扶贫工作的若干思考",《国家行政学院学报》, 2018 年第 1 期。

[21] 李小云、于乐荣、唐丽霞:"新中国成立后 70 年的反贫困历程及减贫机制",《中国农村经济》, 2019 年第 10 期。

[22] 刘俊等:"旅游地农户生计资本评估与生计策略选择:以海螺沟景区为例",《自然资源学报》, 2019 年第 8 期。

[23] 刘明月、冯晓龙、汪三贵:"易地扶贫搬迁农户的贫困脆弱性研究",《农村经济》, 2019 年第 3 期。

[24] 刘倩等:"秦巴山集中连片特困区农户多维贫困测度与影响机理分析:以商洛市为例",《地理科学进展》, 2020 年第 6 期。

[25] 刘彦随、李进涛:"中国县域农村贫困化分异机制的地理探测与优化决策",《地理学报》, 2017 年第 1 期。

[26] 刘艳华、徐勇:"中国农村多维贫困地理识别及类型划分",《地理学报》, 2015 年第 6 期。

[27] 刘艳华、徐勇:"扶贫模式可持续减贫效应的分析框架及机理探析",《地理科学进展》, 2018 年第 4 期。

[28] 龙花楼、张英男、屠爽爽:"论土地整治与乡村振兴",《地理学报》, 2018 年第 10 期。

[29] 马彩虹等:"乡村产业发展对农户生计的影响研究:以宁夏红寺堡区为例",《地理科学进展》,

2021年第5期。
[30] 梅淑元："易地扶贫搬迁农户农地处置：方式选择与制度约束——基于理性选择理论"，《农村经济》，2019年第8期。
[31] 宓泽锋等："生态文明建设的路径依赖与互动关系变化：基于2003—2015年长江经济带地级市面板数据"，《地理研究》，2018年第10期。
[32] 渠鲲飞、左停："协同治理下的空间再造"，《中国农村观察》，2019年第2期。
[33] 全磊、陈玉萍、丁士军："新型城镇化进程中农民工家庭生计转型阶段划分方法及其应用"，《中国农村观察》，2019年第5期。
[34] 苏芳等："不同帮扶措施执行效果的差异分析：基于可持续生计分析框架"，《中国软科学》，2020年第1期。
[35] 孙晗霖、刘新智、张鹏瑶："贫困地区精准脱贫户生计可持续及其动态风险研究"，《中国人口·资源与环境》，2019年第2期。
[36] 汤青等："半城镇化农民可持续生计与农村可持续发展：理论框架、研究进展及未来展望"，《地理科学进展》，2018年第8期。
[37] 涂圣伟："脱贫攻坚与乡村振兴有机衔接：目标导向、重点领域与关键举措"，《中国农村经济》，2020年第8期。
[38] 王录仓、武荣伟："中国人口老龄化时空变化及成因探析：基于县域尺度的考察"，《中国人口科学》，2016年第4期。
[39] 王蓉等："重点生态功能区农户生计对环境资源的依赖性：以甘南高原为例"，《应用生态学报》，2020年第2期。
[40] 王新歌、席建超："大连金石滩旅游度假区当地居民生计转型研究"，《资源科学》，2015年第12期。
[41] 王新越、朱文亮："山东省乡村旅游竞争力评价与障碍因素分析"，《地理科学》，2019年第1期。
[42] 王振振、王立剑："精准扶贫可以提升农村贫困户可持续生计吗？基于陕西省70个县（区）的调查"，《农业经济问题》，2019年第4期。
[43] 王志章、韩佳丽："贫困地区多元化精准扶贫政策能够有效减贫吗？"，《中国软科学》，2017年第12期。
[44] 温腾飞等："黄土高原半干旱区农户生计恢复力及其影响因素研究：以榆中县为例"，《中国农业资源与区划》，2018年第5期。
[45] 邢成举："搬迁扶贫与移民生计重塑：陕省证据"，《改革》，2016年第11期。
[46] 徐黎丹等："中国县域多维贫困与相对贫困识别及扶贫路径研究"，《地理学报》，2021年第6期。
[47] 杨伦等："农户生计策略转型及对环境的影响研究综述"，《生态学报》，2019年第21期。
[48] 杨振山、王玉璇："开发区流动人口生计资本测量及生计空间特征分析：以广州南沙新区为例"，《地理研究》，2018年第11期。
[49] 姚华松："流动人口空间再造：基于社会地理学视角"，《经济地理》，2011年第8期。
[50] 余汝艺等："村域尺度旅游效率空间分异及形成机理：以洛阳市375个旅游村为例"，《自然资源学报》，2021年第4期。
[51] 臧玉珠、杨园园、智曹："大城市郊区乡村转型与重构的典型模式分析：以天津东丽区华明镇为例"，《地理研究》，2019年第3期。
[52] 张芳芳、赵雪雁："我国农户生计转型的生态效应研究综述"，《生态学报》，2015年第10期。
[53] 张磊、伏绍宏："移民再嵌入与后扶贫时代搬迁社区治理"，《农村经济》，2021年第9期。

[54] 张延吉、秦波、唐杰："基于倾向值匹配法的城市建成环境对居民生理健康的影响"，《地理学报》，2018 年第 2 期。

[55] 张志强等："中国西部 12 省（区市）的生态足迹"，《地理学报》，2001 年第 5 期。

[56] 赵雪雁："生计资本对农牧民生活满意度的影响：以甘南高原为例"，《地理研究》，2011 年第 4 期。

[57] 赵雪雁："不同生计方式农户的环境影响：甘南高原为例"，《地理科学》，2013 年第 5 期。

[58] 赵雪雁："地理学视角的可持续生计研究：现状、问题与领域"，《地理研究》，2017 年第 10 期。

[59] 赵雪雁等："多重压力下重点生态功能区农户的生计适应性研究"，《中国人口·资源与环境》，2020 年第 1 期。

[60] 赵雪雁等："生计资本对甘南高原农牧民生计活动的影响"，《中国人口·资源与环境》，2011 年第 4 期。

[61] 赵雪雁等："贫困山区脱贫农户的生计可持续性及生计干预：以陇南山区为例"，《地理科学进展》，2020 年第 6 期。

[62] 赵雪雁等："生态补偿对农户生计的影响：以甘南黄河水源补给区为例"，《地理研究》，2013 年第 3 期。

[63] 郑娜娜、许佳君："易地搬迁移民社区的空间再造与社会融入：基于陕西省西乡县的田野考察"，《南京农业大学学报》（社会科学版），2019 年第 1 期。

[64] 周宏浩、陈晓红："东北地区可持续生计安全时空分异格局及障碍因子诊断"，《地理科学》，2018 年第 11 期。

[65] 周丽、黎红梅、李培："易地扶贫搬迁农户生计资本对生计策略选择的影响：基于湖南搬迁农户的调查"，《经济地理》，2020 年第 11 期。

[66] 周扬、郭远智、刘彦随："中国县域贫困综合测度及 2020 年后减贫瞄准"，《地理学报》，2018 年第 8 期。

[67] Charley, L., S. Z. Walelign 2015. Assessing environmental dependence using asset and income measures: Evidence from Nepal. *Ecological Economics*, 118(10): 40-48.

[68] Dai, X. H., B. Li, Z. L. Wu, *et al.* 2020. Pastoral livelihood transition via divergent pathways: A case study in northern Xinjiang, China. *Journal of Arid Environments*, 174(3): 104083.

[69] DFID 2000. Sustainable livelihoods guidance sheets. *Department for International Development*, London, UK.

[70] Ge, D. Z., Z. H. Wang, S. S. Tu, *et al.* 2019. Coupling analysis of greenhouse-led farmland transition and rural transformation development in China's traditional farming area: A case of Qingzhou City. *Land Use Policy*, 86(7): 113-125.

[71] Haushofer, J., E. Fehr 2014. On the psychology of poverty. *Science*, 344 (6186):862-867.

[72] James. H., H. Jon, R. Todd, *et al.* 2019. Climate risk management and rural poverty reduction. *Agricultural Systems*, 172: 28-46.

[73] Jiao. X., M. Pouliot, S. Z. Walelign 2017. Livelihood strategies and dynamics in rural Cambodia. *World Development*, 97(9): 266-278.

[74] King, B. 2011. Spatialising livelihoods: Resource access and livelihood spaces in South Africa. *Transactions of the Institute of British Geographers*, 36(2):297-313.

[75] Koczberski, G., G. N. Curry 2005. Making a living: Land pressures and changing livelihood strategies among oil palm settlers in Papua New Guinea. *Agricultural Systems*, 85(3):324-339.

[76] Liu, Z. X., L. M. Liu 2016. Characteristics and driving factors of rural livelihood transition in the east coastal region of China: A case study of suburban Shanghai. *Journal of Rural Studies*, 43(2): 145-158.

[77] Novotny, I. P., M. H. Fuentes-Ponce, S. Lopez-Ridaura, *et al.* 2021. Longitudinal analysis of household types and livelihood trajectories in Oaxaca, Mexico. *Journal of Rural Studies*, 81(1): 170-181.

[78] Obrist, B., C. Pfeiffer, R. Henley 2010. Multi-layered social resilience: A new approach in mitigation research. *Progress in Development Study*, 10 (4): 283-293.

[79] Rajesh, S., S. Jain, P. Sharma, *et al.* 2014. Assessment of inherent vulnerability of rural communities to environmental hazards in Kimsar region of Uttarakhand, India. *Environmental Development*, 12(1): 16-36.

[80] Scoones, I. 2009. Livelihoods perspectives and rural development. *The Journal of Peasant Studies*, 36(1): 171-196.

[81] Solesbury, W. 2003. Sustainable livelihoods: A case study of the evolution of DFID policy. *Overseas Development Institute*, London, UK.

[82] Speranza, C. I., U. Wiesmann, S. Rist 2014. An indicator framework for assessing livelihood resilience in the context of social: Ecological dynamics. *Global Environmental Change*, 28(1): 109-119.

[83] Sun, Z., L. Zhao, S. Wang, *et al.* 2021.Targeted poverty alleviation and households' livelihood strategy in a relation-based society: Evidence from Northeast China. *International Journal of Environmental Research and Public Health*, 18(4):1747.

[84] Thanh, H. T., P. Tschakert, M. R. Hipsey 2021. Moving up or going under? Differential livelihood trajectories in coastal communities in Vietnam. *Journal of Rural Studies*, 138(2): 105219.

[85] Uddin, M. S., C. E. Haque, D. Walker, *et al.* 2020. Community resilience to cyclone and storm surge disasters: Evidence from coastal communities of Bangladesh. *Journal of Environmental Management*, 264:110457.

[86] Walelign, S. Z., X. Jiao 2017. Dynamics of rural livelihoods and environmental reliance: Empirical evidence from Nepal. *Forest Policy and Economics*, 83(10): 199-209.

[87] Wu, L., L. S. Jin. 2020. How eco-compensation contribute to poverty reduction: A perspective from different income group of rural households in Guizhou, China. *Journal of Cleaner Production*, 275: 122962.

[88] Wu, Z. L., X. H. Dai, B. Li, *et al.* 2021. Livelihood consequences of the grain for green programme across regional and household scales: A case study in the Loess Plateau. *Land Use Policy*, 111(12): 105746.

[89] Zhang, J., A. K. Mishra, P. X. Zhu 2019. Identifying livelihood strategies and transitions in rural China: Is land holding an obstacle? *Land Use Policy*, 80(1): 107-117.